Heinrich Glareanus

Glareani Dodecachordon. Basilae, 1547

Heinrich Glareanus

Glareani Dodecachordon. Basilae, 1547

ISBN/EAN: 9783744657457

Hergestellt in Europa, USA, Kanada, Australien, Japan

Cover: Foto ©ninafisch / pixelio.de

Weitere Bücher finden Sie auf **www.hansebooks.com**

GLAREANI

Dodecachordon

BASILEÆ
MDXLVII.

ÜBERSETZT UND ÜBERTRAGEN

VON

Peter Bohn.

- - - ⸰◆⸰ - - -

XVI. BAND

der

PUBLIKATION
ÄLTERER PRAKTISCHER UND THEORETISCHER MUSIKWERKE

herausgegeben von der

Gesellschaft für Musikforschung.

———

LEIPZIG,
Breitkopf & Härtel.
1888.

Vorwort.

Glarean, eigentlich Heinrich Loriti, war im Juni 1488 in dem Dorfe Mollis in dem Kanton Glarus in der Schweiz geboren, woselbst seine Eltern ein Gut besaßen. Den Namen Glarean legte er sich nach damaliger Sitte von dem sehr nahen Hauptorte Glarus bei. Auf dem Titelblatte eines Werkes, enthaltend verbesserte Zeitrechnung und Anmerkungen zu Livius, welches 1540 erschien, legte er sich zuerst das Prädikat Patrizier aus Glarus bei, welches er später beibehielt; seine früheren Werke tragen das Prädikat „poeta laureatus". Seine Eltern waren wohlhabende Leute; nach P. Schubiger's Bericht in dessen Werkchen: „Die Pflege des Gesanges in der Schweiz", wird das Geschlecht der Loriti in dem noch jetzt erhaltenen Anniversarienbuche vom 15. Jahrhundert vielfach als Stifter von Jahrzeiten erwähnt. Bis zu seinem 12. Jahre wurde Glarean gleich seinen übrigen Geschwistern zur Haushaltung verwendet und spricht er selbst davon, dass er als Knabe von noch nicht 12 Jahren auf den Alpen die Herde hütete und dabei sich in der Dichtkunst versuchte. Die erste Schule, welche der lernbegierige Knabe außerhalb seiner Heimat bezog, war die des Michael Rubellus zu Bern, dem er auch später nach dessen Vaterstadt Rotweil folgte und daselbst noch zwei Jahre verblieb. Unter diesem trefflichen Lehrer, den Glarean sehr hoch schätzte, legte er den Grund zu seinem guten lateinischen Stil und zu seiner Kenntnis in der Musik. Auch Johannes Cochlaeus hatte er als Lehrer in der Musik, wahrscheinlich während seines Aufenthaltes an der Universität zu Köln, welche er im Juni 1506 bezog. Er trat in die artistische Fakultät ein, wurde im folgenden Jahre Baccalaureus und 1510 unter dem Vicekanzler der Universität Adam von Boppard[1]) Magister der Theologie. Im März desselben Jahres wurde er Lizentiat.[2]) In Köln trat er auch in Beziehung zu sehr berühmten Männern, wie Andreas Bardwick, Rudger von Venlo, Mathias von Aachen, Johannes Caesarius von Jülich u. a. Bei einem von Kaiser Maximilian im Jahre 1512 zu Köln abgehaltenen Reichstage verfasste Glarean ein Lobgedicht auf den Kaiser, welches er auf Aufforderung in öffentlicher Versammlung der Reichsfürsten nach der dorischen Weise absang und hierfür vom Kaiser mit einem Lorbeerkranze geschmückt und mit einem Brillantringe beschenkt wurde. Von nun an wandte er sich hauptsächlich der Pflege der schönen Wissenschaften zu. Im Jahre 1514 begab sich Glarean an die Universität zu Basel, an welcher er zwar nie eine wirkliche Stelle bekleidete. Er errichtete ein Pensionat für junge Leute, deren Zahl bis auf 30 stieg, die unter seiner Aufsicht beisammen wohnten und denen er Unterricht in der lateinischen und

---

[1]) An demselben Adam von Boppard richtete Wollick die Epistola seines Opus aureum etc. Cöln bei Heinrich Quentel 1501. cf. Monatshefte für Musikgeschichte, Jahrg. IX., No. 3. Das daselbst angeführte Gymnasium Cornelianum ist die Corneliaburse. Es bestanden nämlich damals in Köln für den vorbereitenden Unterricht zum Fachstudium vier Bursen: Montana, Laurentia, Kukana und Cornelia.

[2]) In der Montanerburse erteilte er Unterricht in den mathematischen Wissenschaften.

1*

griechischen Grammatik, in der Poesie, Musik und Mathematik erteilte. Unter seinen Zöglingen waren die Tschudi, Peter, Valentin und Egidius, aus Glarus, Jak. Amann aus Zürich, von der Gilgen aus Luzern. In Basel trat er in eine innige Beziehung zu Erasmus. Von der hier im Jahre 1515 von ihm erschienenen „Helvetiae descriptio" etc. händigte er der eben in Zürich versammelten Tagsatzung der Eidgenossen Exemplare ein, was ihm außer 20 rheinischen Gulden ein jährliches Stipendium von 100 Gulden bei dem Herzoge von Mailand eintrug, die er auf der Universität von Pavia beziehen sollte. Im selben Jahre begab er sich auch nach Italien, kehrte jedoch bald wieder nach Basel zurück. Auf Verwendung derselben Tagsatzung erhielt Glarean von Franz I. ein Stipendium zum Besuche der Universität von Paris und bezog dieselbe mit den meisten seiner Schüler im Mai 1517. Im Jahre 1518 trug man ihm daselbst die Professur der Poesie an, welche er jedoch ausschlug, weil er sonst auf sein Stipendium hätte verzichten müssen. In Paris kam er in Berührung mit Budäus, Wilh. Copus, Faustus Andralinus, Johannes Mouton und besonders Faber Stapulensis. Seinen Plan, wieder nach Basel zurückzukehren und wie früher Pensionat zu halten, führte er im März 1522 aus, in welchem Jahre er sich auch mit einer Baslerin verehelichte, welche nach kinderloser Ehe 1539 starb. In Basel entwickelte er eine große Thätigkeit; er hielt öffentliche Vorlesungen, die außerordentlich stark besucht waren. Im Jahre 1529 erhielt er an der Universität zu Freiburg im Breisgau die Professur der Poesie, zuerst auf Probe und 1530 definitiv. Hier las er teils öffentlich, teils privatim oft fünf Stunden des Tages über Livius, Homer, Ovid's Metamorphosen und Virgil vor einer so großen Zuhörerschaft, dass ihm mehrmals die Aula eingeräumt werden musste. Auch entfaltete er hier seine größere schriftstellerische Thätigkeit. In Freiburg vollendete er sein Dodecachordon. Daselbst ergötzte ihn auch der Stiftsprediger Johann Alus aus Solothurn mit seinem Orgelspiel und mit Aufführungen Josquin'scher Kompositionen.[1]) Nach dem Tode seiner ersten Frau heiratete er die Barbara Speyr, Wwe. Dr. Wonnecker, welche ihm fünf Kinder mit in die Ehe brachte, während seine Ehe kinderlos blieb. Glarean starb vollständig erblindet in der Nacht vom 27.—28. März 1563 und wurde seinem Wunsche gemäß im Predigerkloster begraben. Seine reichhaltige Bibliothek hatte er früher an den Bischof Joh. Angolph von Knöringen in Augsburg verkauft, welcher sie nachher der Universität Ingolstadt verschenkte, von wo sie in neuerer Zeit ohne Zweifel nach München gekommen ist.

Glarean's Leistungen als Schriftsteller umfassen beinahe den ganzen Kreis der schönen Wissenschaften und haben dieselben seinen Ruhm bis auf unsere Zeit begründet. Sein Biograph Dr. Heinrich Schreiber fuhrt S. 118 von demselben 27 Werke auf, von denen folgende über die Musik handeln.

1. Isagoge In Mvsicen | Henrici Glarea- | ni Helvetii | Poe. Lav. etc. (Basileae) 1516. Er widmet dieses aus 20 Blättern in Kleinquart bestehende 10 Kapitel enthaltende Werkchen dem Schultheißen Peter Falk zu Freiburg, bei Gelegenheit dessen Rückkehr von einer Reise nach Syrien, zugleich um den Bitten seiner Schüler Peter und Valentin Tschudi (Scudi) und Hirudaeus zu willfahren. Der den Titel umfassende Kranz, auf dessen unterm Rande sich das Wappen des Frobenius befindet, ist ein Holzschnitt von Hans Holbein. Der Inhalt des Werkchens erstreckt sich auf die Anfangsgründe der Musik, so über die Erklärung der Musik, über deren drei Genera, die guidonische Skala, Bildung der Tetrachorde, Mutation, Intervalle, Phthongus, Teilung des Tones, Modi, deren Vergleichung und Gebrauch, Schluss, Ausdehnung, Kenntnis und Vermischung, mit Hinzufügung der Abbildungen, wie sie sich auch

---

[1]) Von seinen freundschaftlichen Beziehungen zu den bedeutendsten Komponisten damaliger Zeit und von deren hilfreicher Unterstützung macht er öfter in seinem Dodecachordon Erwähnung.

im Dodecachordon, I. Buch bis Kap. 15 finden. Am Ende ist auch das dem Dodecachordon beigesetzte Gedicht Glarean's: „In laudem citharae et musices" beigefügt.[1]

2. Dodecachordon, dessen Übertragung hier vorliegt. Dasselbe umfasst in Folioformat (6 Bll. auf den Bogen): Titelblatt, zwei Blätter Epistola, sieben Blätter Inhaltsangabe, 470 Seiten Abhandlung und Notenbeispiele in 3 Büchern, 5 Seiten Errato.[2])

Wenn auch nach dem Zeugnisse Glarean's selber sein System von den zwölf Modi von manchen Musikern seiner Zeit mit Kopfschütteln aufgenommen wurde, so fehlt es doch auch nicht an Zeugnissen von namhaften Musikgelehrten seiner Zeit, dass es in Wirklichkeit nicht nur acht sondern zwölf Modi gebe. So sagt Gregor Faber, der Professor der Musik an der Akademie zu Erlangen, in seinem 1552 zu Basel erschienenen Werkchen: Musices practicae erotematum lib. II.: „Heinrich Glarean, wie in allen guten Künsten und Disciplinen, so auch in der Musik sehr erfahren, erwähnt und zeigt in seinem Dodecachordon 12 Modi, nach welchen er auch sein Buch betitelt. Hierin scheint er nach meinem Dafürhalten das ganze Pensum absolviert und seine Sorgfalt auf die Erneuerung aller litterarischen Disciplinen den Beifall der Menschen erworben zu haben. Und wenn jemand tiefer in die Sache eindringt, kann er nicht in Abrede stellen, dass jener so gelehrte Mann aus sieben Oktavengattungen durch die harmonische und arithmetische Teilung zwölf eigentliche und wahre Modi nachgewiesen hat." Hierher gehört auch, dass Franz Ehlers oder Elerus aus Uelzen im Lüneburgischen seine im Jahre 1588 als Musikdirektor in Hamburg daselbst herausgegebenen Cantica sacra zu den 12 Modi nach der Lehre Glarean's eingerichtet hat. Man sehe auch, was P. Schubiger in dem Werkchen: Die Pflege des Kirchengesanges etc. von Ulrich Witwyler aus Rorschach, einem ehemaligen Schüler Glarean's in Freiburg und nachherigem Fürstabte des Stiftes Einsiedeln, erzählt, wie derselbe in aufrichtiger Verehrung seines sel. Lehrers gedenkt und alle seine gegenwärtigen und nachfolgenden Ordenssöhne ermahnt, die kirchliche Tonkunst nach den gründlichen Werken Glarean's zu studieren, und wie er nicht nur alle glareanischen Werke für den Gebrauch seiner Conventualen anschaffte, sondern auch neue Chorbücher schreiben ließ, und in diesen und anderen schon vorhandenen die altgriechischen Tonarten, in denen sie nach den Anschauungen Glarean's zu singen waren, mit eigener Hand bei jedem Tonstücke am Rande beifügte.

Im Jahre 1557 erschien zu Basel bei Heinrich Petri ein Auszug aus dem Dodecachordon unter dem Titel: „Musicae Epito- | me sive Compendi- | um ex Glareani Dodecachordo. | Basileae. | " Am Ende: 1557.

Statt einer Vorrrde folgt eine von Freiburg aus 1556 Calend. Maiis datierte Epistola des *Joh. Ludwig Wonnegger*, eines Stiefsohnes Glarean's, dessen Betragen an der Universität zu vielerlei Klagen Veranlassung bot. Das Büchlein zählt mit Ausschluss der Epistola und des Druckfehler-Verzeichnisses 150 Seiten in kl. Oktav. Es zerfällt in zwei Teile. Der I. Teil, welcher über den cantus planus handelt, zählt 103 Seiten, das Übrige nimmt der II. über die Mensuralmusik handelnde Teil ein. Der I. Teil enthält XVI Kapitel, von welchen die ersten 15 Auszüge sind aus den 15 ersten Kapiteln des I. Buches des Dodecachordion, in dem XVI. Kapitel werden in Kürze die einzelnen Modi nach dem II. Buche des Dodecachordon behandelt.

---

[1]) Exemplare besitzen die Universitäts-Bibl. zu Freiburg i. Br., die Bibl. des germanischen Museums in Nürnberg, die Gymnasialbibl. in Heilbronn, die Stadtbibl. in Lüneburg, die Ratsschulbibl. in Zwickau, die Kgl. Bibl. zu Berlin und die Stadtbibl. in Elbing. Eine genaue Beschreibung des Druckes in Monatsh. f. Musikg., I., 67.

[2]) Exemplare sind so vielfach sowohl in öffentlichen wie privaten Bibliotheken vertreten, dass deren Aufzählung fast unmöglich ist. Daher ist auch davon Abstand genommen der neuen Ausgabe den Originaltext beizugeben, da das Original so leicht zu beschaffen ist.

Der II. Teil, über die Mensuralmusik, enthält im Texte die 12 ersten Kapitel des III. Buches des Dodecachordon, als Beispiele sind nur die kleinern aufgenommen, während die im Dodecachordon aus *Franchinus* wegblieben. Das X. Kapitel, über die *Alteration*, bringt als Beispiel ein Kyrie aus *Fortuna Jusquini*; das XI. Kapitel, über die Syncope, hat als Beispiel dasselbe wie Dodecachordon, jedoch mit Zufügung des Textes, einer Interpolation des Gloria de B. M. V.; auch in Kapitel XII. sind mehrere Beispiele dieselben, wie im Dodecachordon, mit hinzugefügtem Texte. Den Schluss bilden ein *Agnus Dei* für 3 Stimmen von *Johannes Vannius* und einige Übungen mit *mi* oder *fa* in *b fa ♮ mi*.[1]

Eine deutsche Ausgabe dieses Werkchens in gleichem Format mit 140 Seiten führt den Titel: „Uß Glareani Mußck ein ußzug, mit verteil- | ligung und hilff Glareani" etc.[2]

Das von mir benützte Exemplar *Dodecachordon* ist Eigentum der Trierschen Stadtbibliothek. Die mir zur Einsicht vorgelegenen Exemplare der *Isagoge* und des *Compendiums* wurden mir von der Universitätsbibliotheks-Verwaltung zu Freiburg i. Br. auf mein Ersuchen bereitwilligst zugemittelt; beiden Verwaltungen meinen besten Dank!

Was nun die deutsche Übersetzung anbetrifft, so schliefst sich dieselbe eng, jedoch nicht sklavisch an den Text an, ohne den Leser durch Beibehaltung gewisser Eigenheiten des Schriftstellers zu stören, die ihren Grund zum gröfsten Teile in dem Bestreben haben, die verpönten „barbarischen" termini technici zu entschuldigen oder durch klassische Wendungen zu ersetzen. Die Schwierigkeiten bei der Übersetzung waren zuweilen bedeutend, weil Glarean aus den älteren Schriftstellern sich einzelne Phrasen herausnimmt und sie sich gleichsam dienstbar macht und dabei in der schwulstigen Weitschweifigkeit oft schwer verständlich wird. Die so vielfach in dem Texte vorkommenden griechisch gedruckten Wörter sind demnach auch weggefallen, während ganze Stellen griechischen Textes beibehalten worden sind.

Die Notenbeispiele sind von mir aufgelöst und die mehrstimmigen Tonsätze in Partitur gebracht und Herr *Rob. Eitner* hat darauf dieselben nochmals mit dem Original und anderen Drucken verglichen, Fehler des Originals verbessert, zweifelhafte Stellen nach seinem Ermessen geändert, nebst Hinzufügung der Versetzungszeichen ergänzt und übernimmt hierüber die Verantwortung. — Über die Partituren wäre noch zu erwähnen, dass der Text möglichst nach der Glarean'schen Unterlage beibehalten ist, soweit er überhaupt Anspruch auf eine sinngemäße Unterlage beanspruchen kann. Wo eine Wiederholung mancher Worte nicht zu umgehen war, ist dieselbe stets in Klammer gestellt, sowie überhaupt jegliches anderweitige Zusatz, der nicht im Glarean steht, in Klammer gesetzt ist. Fehlerhafte Noten und Pausen des Originals sind über den Noten eingeklammert, wogegen die hinzugefügten Versetzungszeichen frei darüber stehen. Die voranstehenden Schlüssel sind die des Originals. Die angehängte Fehlerverbesserung im Glarean ist ohne weitere Bemerkung im Texte benutzt.

Schliefslich erachte ich es als ganz besondere Pflicht, meinem Kollegen *Birkle* für die in so freundschaftlicher Weise bei Übersetzung des Textes mir geleistete Unterstützung meinen allerbesten Dank auszusprechen. Gerne werde ich jedes Verdienst mit demselben teilen, wenn solches mir durch günstige Aufnahme des Werkes zuteil werden sollte.

---

[1] Exemplare auf der Universitäts-Bibl. in Freiburg i. Br. u. der Universitäts-Bibl. in Breslau bekannt. Beschreibung in Bohn's Bibliographie, p. 10.

[2] Beschreibung des Werkes in Monatsh. f. Musikgesch., IV, 39. Exemplare besitzen die Kgl. Bibl. in Berlin, die Staatsbibl. zu München u. die Universitäts-Bibl. in Freiburg i. Br.

GLAREANI

ΔΩΔΕΚΑΧΟΡΔΟΝ

Plagij	Authentæ
A Hypodorius	D. Dorius
Hypermixolydius Ptolemæi	
B Hypophrygius	E Phrygius
Hyperæolius Mar.Cap.	
C Hypolydius	F Lydius
	Hyperphrygius Mar.Cap.
D Hypomixolyd.	G Mixolydius
Hyperiaſtius uel Hyperionicus Mar.Cap.	Hyperlydius Mart.Cap.
E Hypoæolius	A Aeolius
Hyperdorius Mart. Capell.	
G Hypoionicus	C Ionicus Porphyrio
Hypoiaſtius Mart.Cap.	Iaſtius Apuleius & Mar.Cap.
F Hyperphrygius	⋆ B Hyperæolius
Hyperlydius Politia, ſed eſt error	

BASILEÆ.

Dem hochwürdigsten Vater in Christo, dem erlauchten

FÜRSTEN OTTO,

des h. römischen Reiches Erbtruchsefs,

BARON von WALDPURG,

Kardinal der h. römischen Kirche unter dem Titel

* der h. Albina,

und dem ehrwürdigsten und angesehensten

BISCHOF von AUGSBURG

gewidmet von

GLAREANUS.

Hochwürdigster Vater! Athenäus lib. 14 berichtet nach Artemon, dass *Thimotheus von Milet*, ein sehr berühmter Musiker, von den Lacedämoniern getadelt worden sei als ein Verderber der althergebrachten, ernsten Musik, weil er ein System gebrauchte, das mehr Saiten als die *Magadis* hatte. Der göttliche *Severinus* (Boethius) behauptet in der Vorrede seines Werkes über die Musik, *Timotheus* sei sogar aus Lacedämonien verbannt worden, weil er zu den gebräuchlichen Saiten eine neue zugefügt und dadurch die Musik reichlicher gemacht habe. Er teilt in griechischer Sprache den über denselben verhängten Beschluss mit, in welchem es heifst: „Die Spartaner gerieten deshalb über den *Timotheus von Milet* in Zorn, weil er durch seine Erweiterung der Musik den Gemütern der Knaben, die er zur Unterweisung aufgenommen, an der Bescheidenheit ihres Wandels hindere." So *Boethius* über *Timotheus* nach griechischen Schriftstellern. Wenn das sich so verhält, wie es glaubwürdige Schriftsteller berichtet haben, was wird mit mir geschehen, der ich zu den *acht Modi* der musikalischen Gesänge, die schon so viele Jahrhunderte bei allen gebräuchlich waren, *vier Modi* hinzufüge und aus dem *Achtsaiter* den *Zwölfsaiter* mache? Der ich das ganze Altertum gleichsam der Unwissenheit anklage und der Unachtsamkeit überführe, ja sogar die zwei von allen Alten verworfenen, verbannten und gleichsam abgestorbenen Modi jetzt mit Gottes Hülfe, wie man zu sagen pflegt, zurückrufe, in ihre Gerechtsame aufnehme und zum Leben wieder erwecke? Verdiene ich es nicht, nicht blos aus Lacedämonien, sondern von dem ganzen Erdkreise, wo nur immer vernünftige Menschen wohnen, verworfen, verjagt und verstofsen zu werden? Wenn ich mich nicht von diesen so harten Vorwürfen, von diesen so wuchtigen Anklagen reinige und dem Leser zeige, dass die Sache sich anders verhält, wie man mir vorwirft: was bleibt mir dann übrig, als besiegt die Hände darzureichen und für meine Verwegenheit zu büfsen? Da jedoch bei einem billigen Richter, Verehrungswürdigster Vater, unverhört nie einer verurteilt worden ist, heifse

ich alle, welche mir wohlwollen, und welche nicht wollen, dass ich dieser Beschuldigung unter-
liege, getrosten Mutes zu sein; denn leicht werde ich die Beweise der gegnerischen Partei
widerlegen, wenn ich über jenen lacedämonischen Volksbeschluss werde gesprochen haben.
Athenäus sagt an der angegebenen Stelle, dass, als dem *Timotheus* ein Lacedämonier die über-
zähligen Saiten auf seiner Lyra abschneiden wollte, dieser ihm zu verstehen gegeben habe,
es sei auch bei den Spartanern einer, welcher sich einer gleichen Anzahl Saiten auf der Lyra
bediene; und auf diese Anzeige hin sei er entlassen worden. Weil inbetreff dieser Geschichte
verschiedene Meinungen bestehen, und es nicht fest steht, (worauf doch viel ankommt) ob die
Schriftsteller, welche die Verurteilung des Timotheus mitteilen, von den Saiten der *Lyra*
oder denen der *Cithara* sprechen: und da er ferner durch das Hinzufügen neuer Saiten zur
Cither Lob verdient, wie er ja auch mit *Histiäus* aus Colophon von allen Lehrern dieser Kunst
gelobt wird, weil er aus dem Enneachord das Hendecachord gemacht habe, so können
wir dieses weglassen und zur Sache selbst übergehen. Diejenigen, welche da schreien, wir
hätten über die 12 Modi eine neue Erklärung eingeführt, zeigen fürwahr vortrefflich, dass sie
nur ganz oberflächlich die alten Schriftsteller gelesen, ja dass sie sich nur mit dem Usus dieser
paar Jahrhunderte beschäftigt haben, in denen zur Absingung der Psalmen acht oder neun
Modi ausreichten. Jedoch wir müssen Autoren beibringen, wenn auch wenige, aber doch
solche, welchen man Glauben schenken muss. Plato, der öfter der Modi gedenkt, nennt sie
Harmonien und zählt lib. 3 de republ. sechs Hauptmodi auf; wenn wir nur diesen die
einzelnen plagalischen Modi beifügen, kann man dann leugnen, dass es zwölf Modi giebt?
Nach demselben Autoren und dessen ebenso gelehrtem Schüler Aristoteles erhellt klar, dass
zu dieser Zeit die Kenntnis der Modi allen Gelehrten sehr geläufig war. Den Aristoxenus
haben wir nicht gelesen; aber alle halten ihn für den Autor der zwölf Modi, indem sie auch
die Namen derselben angeben, welche wir in dem zweiten Buche dieser Abhandlung folgen
lassen wollen. Ich übergehe hier die unzähligen Griechen, von denen viele sogar ins Lateinische
übersetzt sind. Unter den römischen Schriftstellern stellte Boethius, wirklich ein lumen dieser
Kunst, sieben Oktavengattungen auf, aus welchen leicht zwölf, oder wenn man will, vierzehn
Modi durch die arithmetische und harmonische Teilung erlangt werden. Denn er sagt nicht
nur an einer Stelle, die achte Oktavengattung sei dieselbe wie die erste und von Ptolemäus
besonders deshalb zugefügt, um das gröfste System, das der Doppeloktave, auszufüllen; andern-
falls würden es sechzehn sein, die wir mit Auslassung der zwei unechten mit Aristoxenus
zu zwölf ansetzen. Martianus Capella zeigt uns deren fünfzehn, über die wir gehörigen
Ortes sprechen werden. Die römische Kirche bedient sich bei den Intonationen der Psalmen
neun Modi, hat jedoch Gesänge in dreizehn Modi, wie wir in dem zweiten Buche durch
Beispiele aus den Kirchengesängen zeigen werden. *Georg Valla* begnügte sich damit, die
Meinungen der Einzelnen durchzugehen, und, was er irgendwo über die Musik Geschriebenes
fand, zusammenzuhäufen. So hat auch der mehr als *zwölf Modi.* Daher ist ausgemacht, dass
diese unsere Annahme von *zwölf Modi* nichts Neues, sondern eine nützliche Erneuerung des
Altertums ist. Aber dieses braucht der Leser nicht zu glauben, bis ich es durch mathematische
Berechnungen bewiesen und die Regeln durch sehr klare Beispiele dargethan habe, was, wie
ich überzeugt bin, in den zwei letzten Büchern geschehen ist. Übrigens pflege ich mich häufig
zu wundern, dass, während in unserer Zeit sich doch niemand des bei den Alten so sehr gebräuchlichen chromatischen und enharmonischen Tongeschlechtes bedient, doch alle
Musiker unserer Zeit sie immer und immer wieder vorbringen und beinahe ängstlicher über
diese Anleitung geben, als über das diatonische Geschlecht, dessen wir uns ausschliefslich
bedienen. Wir haben dieses soviel als möglich in diesen Büchern vermieden, und nachdem

wir in dem ersten Buche die Elemente dieser Kunst einfach angegeben, haben wir die Modi selbst, derentwegen wir diese beschwerliche Arbeit unternahmen, mit Beispielen in den zwei folgenden Büchern hinzugefügt. Jedoch mehr mag man sich wundern, dass manche ex professo über die Musik Schreibende so oft entweder nach *Apulejus* die Einfachheit des *Aeolius*, die Mannigfaltigkeit des *Jastius*, oder nach *Lucianus* das Gottbegeisterte des *Phrygius*, das Bacchische des *Lydius*, das Majestätische des *Dorius* und das Zierliche des *Jonicus* rühmen, aber wenn sie gefragt werden, wie sie vom dorischen den aeolischen, vom lydischen den jonischen Gesang unterscheiden, und wie sie dieses durch ein Beispiel zeigen, hierauf nicht mehr antworten, als wenn ein harter Kieselstein oder ein marpesischer Fels da stände,[1] sondern einen an die Sänger weisen. Diese scheinen mir jenen sehr ähnlich zu sein, welche, nachdem sie irgend ein heilsames Kraut angepriesen haben, aber gebeten, dasselbe zu beschreiben, entweder nichts antworten oder zu den Apothekern schicken, welche noch unwissender sind als die Gefragten. Auch das gehört hierher, dass, wenn ich über eine nicht so sehr dunkle als vielmehr verlorene Sache sogar die Fürsten der Wissenschaft in unserer Zeit fragte, sie meistenteils antworten, das sei nicht ihre Sache. Genug hierüber; ich kehre zu unserm Thema zurück. Ich gestehe, Ehrw. Vater, ich habe eine solche Sache begonnen, dass ich beim ersten Angriffe (denn nicht weniger als 20 Jahre wälze ich diesen Stein) selbst innerlich mein Unternehmen belächelte, jedoch wie das zu geschehen pflegt, ich wurde immer durch die Hoffnung, das Ziel zu erreichen, angelockt, zumeist bewogen durch jenen Ausspruch des Komikers: „Nichts ist so schwierig, das nicht durch Suchen aufgespürt werden könnte.“ Oft habe ich Christum angerufen, damit er das zu seiner Ehre begonnene Werk zu glücklichem Ende führe; von ihm allein habe ich Hülfe erbeten, von ihm allein auch meinen Lohn hoffend; denn von den Menschen darf man insgemein Schimpf erwarten, und dieses wegen einer noch so geringen Sache; denn den einen scheinen wir nicht glatt genug, als wenn wir hier Rhetorik lehrten, den anderen bin ich unzweifelhaft zu weitschweifig, anderen im Gegenteil zu kurz. Aber wer kann allen gefallen? Ich glaube, der wird schön genug sprechen, er mag eine Kunst lehren, welche er will, welcher diese, wie sie ist, natürlich, klar und aufrichtig lehrt, ohne geschmückte und geschminkte Rede, und der mehr ein Lehrer sein als ein Gelehrter scheinen will. Jedoch möchte ich nicht den Schein haben wollen, als hätte ich den, welcher schlecht und barbarisch redet und durch seine abscheuliche Sprache die Kunst selbst entstellt, empfehlen wollen. Hierüber anderswo mehr. Folgendes schien uns eher für die Verteidigung erinnernswert; eine nicht kleine Schwierigkeit nämlich bereitet uns der Umstand, dass die Kirchengesänge jetzt bei den verschiedenen Nationen außerordentlich von einander abweichen, zudem in den verschiedenen Diözesen und Orden verändert, kurz von vielen übel entstellt sind. Aber wenn ich mich nicht täusche, hat der Predigerorden einen bessern Gesang als die übrigen Orden; ich meine nämlich die Messgesänge; diesen sind wir hauptsächlich in dem zweiten Buche gefolgt, obgleich ich nicht einmal diesen überall beipflichte. An dem Fuße des Schwarzwaldes ist ein Benediktinerkloster, genannt zum h. Georgius,[2] in der Nähe der Prygen, einer Quelle der Donau, (Herodot scheint sie Pyrenen genannt zu haben) zwischen Freiburg im Breisgau und Rotweil und Villingen, zwei prächtigen Städten des Schwarzwaldes, jedoch ist es näher zu Rotweil und Villingen als zu Freiburg. Diesem Kloster stand der ehrw. Pater Herr Dr. *Joannes Kern* zu meiner Zeit als Abt vor. Dieser hatte einen Codex, welcher verschiedene Abhandlungen über alle Wissenschaften enthielt, eine sogenannte

---

[1] Virgil Aeneid. VI. 471.
[2] Set. Blasien.

Encyklopädie. Dieser Codex [1]) enthielt fünf Bücher über Musik des *Severinus* (Boethius), aufserdem einiges von *Guido*, *Berno*, *Wilhelmus*, *Otto*, *Theogerus* Bischof und *Joannes* nachherigem Papste Joannes XXII. Ich kann nicht leugnen, dass ich durch diese Bücher und besonders durch die hier so gut als möglich gesäuberten Bücher des *Boethius*, welche mir früher unvollständig zur Hand waren, kühner gemacht wurde, obgleich ich in keinem die ganze Nomenklatur der Modi fand. Deshalb war es nötig, aufserdem die Griechen zu Rate zu ziehen, und mit Recht; denn was es an Wissenschaften irgend nur giebt, haben wir diesen gutzuschreiben. Diese Disziplin ist im Vergleich zu den übrigen ganz griechisch, alle Themata, alle Benennungen dieser Kunst sind griechisch; nur haben die Lateiner einen viel kürzern Weg beschritten, indem sie mit kürzern Worten und Namen diese Kunst leichter machten, was wir in diesem Werke selbst zu zeigen haben.

Dieses nun unterbreite ich Dir, Ehrwürdigster Vater, und zugleich dem Ehrwürdigsten Senate der Kardinäle als den Rechtsverwaltern der ganzen Kirche zur Prüfung. Zu Christi Lob habe ich gänzlich diese Arbeit unternommen; daher mögen die urteilen, welchen die Herde Christi anvertraut ist. Was mich angeht, so hoffe ich, diese Materie so behandelt zu haben, dass alle billigdenkenden Richter einsehen, dass ich für die Frömmigkeit der Christen und die Würde der Kirche besorgt war. Sollte jedoch diese Absicht nicht den gewünschten Erfolg haben, so war wenigstens der Wille, die h. Religion zu mehren, lobenswert.

Genug der Worte, die Sache selbst wird sprechen: Lebe wohl!

Freiburg im Breisgau, 1547.

---

[1]) Dieser Codex ging 1768 bei einem Brande des Klosters verloren. cf. Gerbert: De cantu et musica sacra etc. Praetatio.

DODECACHORDON.

Erstes Buch.

Erstes Kapitel.

Die Einteilung und Erklärung der Musik.

Die Musik ist eine zweifache, eine theoretische und eine praktische. Erstere beschäftigt sich mit der Betrachtung der musikalischen Dinge und ist nach *Boethius* Buch I, Kap. 2 eine dreifache, nämlich: 1. eine Musik des Weltalls, welche die Übereinstimmung der ganzen Welt und ihrer Teile betrachtet, 2. eine menschliche Musik, welche das Verhältnis des Körpers und der Seele und deren Teile untereinander behandelt, und 3. eine Musik, welche auf Instrumenten beruht; und über diese Musik handelt derselbe Autor in fünf Büchern. Die praktische Musik besteht in der Ausführung des Gesanges und erstreckt sich auf den Rhythmus, auf das Metrum und auf die Töne. Die Töne werden teils durch Instrumente, deren es verschiedene giebt, und teils durch die menschliche Stimme hervorgebracht, über welche wir jetzt hauptsächlich handeln werden, nämlich über die zum Singen eingerichtete Musik. Diese ist ferner zweierlei: einfach und einförmig, wie wir sie jetzt durchgehends in der Kirche gebrauchen, und von welcher die *musica plana* oder der *gregorianische Choralgesang* handelt, und verschieden und mannigfaltig, *Figural-* oder auch *Mensuralmusik* genannt. Weil über letztere nach meinem Wissen bei den Alten Bestimmtes sich nicht findet, werde ich in dem Spätern den Mitteilungen der Autoren unserer Zeit folgen.

Erklärung der theoretischen Musik.

Die theoretische Musik ist die Fähigkeit, welche die Unterschiede der höheren und tieferen Töne mit dem Gefühle und mit dem Verstande abwägt. Boethius Buch 5, Kap. 1.

Erklärung der praktischen Musik.

Die praktische Musik ist die Fertigkeit, richtig zu singen. H. Augustinus.

Zweites Kapitel.

Die Anfangsgründe der praktischen Musik.

Da die Mathematik überhaupt auf Darlegung beruht und weder die Dinge an sich besprochen noch die Laute geschrieben werden können, so haben die Musiker für die Töne

Zeichen erfunden, und zwar teils Figuren, jetzt Noten genannt, teils Silbenbenennungen, deren sechs gebräuchlich sind: *ut, re, mi, fa, sol, la.*[1]) Diese werden jetzt häufig Stimmen (voces) genannt, indem man das Zeichen für die bezeichnete Sache setzt. Die Sitze dieser Stimmen nennt man Schlüssel (claves) und diese sind in den Gesängen durch Linien und Zwischenräume getrennt, und zwar durch für das Auge von einander gleich weit entfernte parallele Linien, während doch die Töne unter sich nicht alle gleich weit von einander abstehen, wie wir später bei den Intervallen weitläufiger zeigen werden. Die alten Musiker nannten die Stimmen phthongī, die Schlüssel nervī. Diese Schlüssel hat Guido von Arezzo, ein Mann von großer Gelehrsamkeit, dem man jetzt folgt, in eine Stufenleiter geordnet nach der frühern griechischen Aufstellung der Saiten in der Weise, dass er in die unterste Stufe die parallele Linie die Stimme *ut* mit vorgesetztem *Γ*, dem dritten Buchstaben des griechischen Alphabets, setzte, damit wir nicht vergessen sollten, dass diese, wie alle übrigen Wissenschaften, von den Griechen herrühre. In den zunächst über der ersten parallelen Linie folgenden Zwischenraum setzte er *re* mit vorgesetztem *A*, hierauf in die zweite parallele Linie *mi* mit vorgesetztem *B*, welches nach einigen in der Form eines *Quadrats* zu schreiben ist, in der Weise, dass die rechte Seite unter der Grundlinie hinab-, die linke Seite aber über die Hypotenuse hinaufsteigt, in dieser Form: ♮. So lehrte *Franchinus von Lodi*, ein in unserer Zeit in dieser Kunst sehr ausgezeichneter Mann aus dem Grunde, damit ein Unterschied sei zwischen den beiden Stimmen *mi* und *fa* in der Oktave; daher *b fa ♮ mi*. Hierauf setzt *Guido* in den Zwischenraum über der zweiten Linie zwei Stimmen, *fa* und *ut*, mit vorgesetztem *C*, so dass hier eine neue Ordnung der sechs Stimmen anfängt, welche die vorhergehende, die nicht höher steigt, aufnimmt, jedoch nicht am Ende, sondern in der Mitte, so dass von Natur ähnliche Stimmen in dieselben Schlüssel kommen, wie unsere Musiker sagen, bei denen es ausgemacht ist, dass eine gewisse Ähnlichkeit in der Natur der Quarte einer jeden Stimme besteht, wie *ut* mit *fa*, *re* mit *sol*, *mi* mit *la*, obgleich ich glaube, der Grund zu dieser Einteilung ist der gewesen, damit immer an der dritten Stelle, zwischen *mi* und *fa*, gemäß der Form des diatonischen Geschlechtes, worüber wir später handeln werden, ein Halbton sei. Denn ich weiß nicht, nach welchem Autoren man *ut fa* als Moll-, *re sol* als natürliche und *mi la* als Dur-Stimmen angiebt, wenn man nicht so sehr den Usus als die Theorie in betracht ziehen will.[2]) Denn welcher Gesang ist weinerlicher und weicher als der, worin *mi* herrscht, nach welcher Weise einige die Klagelieder des Jeremias und die Klage der ehrwürdigen Magdalena am Grabe des Herrn: *Tulerunt Dominum meum* behandelt haben? Vielleicht haben unsere Musiker dieses von der Beschaffenheit der Modi hergenommen; denn in dem *Iydius*, einem weichlichen Modus, wie es manchen geschienen hat, der aber noch weicher ist als der *Ionicus*, herrscht *ut fa* in der obern Quarte; in dem tiefern und ernstern *Dorius* herrscht *re sol*, in dem religiösen und harten *Phrygius* *mi la;* aber das werden wir später erklären, hier ist es noch zu schwer. Den Anfängern wird besser vorgetragen, dass es unter den sechs Stimmen drei tiefere: *ut re mi* und drei höhere:

---

1) Mit diesen Silben wurden die Töne in folgender Weise bezeichnet:

$$Γ \quad A \quad C \quad D \quad E \quad F \quad G \quad a \quad b(h) \quad c \quad d \quad e \quad f \quad g \quad aa \quad bb(hh) \quad cc \quad dd \quad ee$$

```
                    ut  re  mi  fa  sol  la,  Hexachordum durum
                        ut  re  mi  fa  sol  la,  Hexachordum naturale
Hexachordum molle:  ut  re  mi  fa  sol  la
    Hexachordum durum:  ut  re  mi  fa  sol  la
        Hexachordum naturale:  ut  re  mi  fa  sol  la
            Hexachordum molle:  ut  re  mi  fa  sol  la
                Hexachordum durum:  ut  re  mi  fa  sol  la
```

2) Siehe die voranstehende Anmerkung.

fa sol la giebt, und dass im Aufsteigen die tieferen und im Absteigen hingegen die höheren zu nehmen sind.

Die übrigen von *Guido* gesetzten Schlüssel finden sich an folgenden Stellen: *D* in der dritten Parallele mit den Stimmen *sol* und *re*, *E* im Zwischenraum mit den zwei Stimmen *la* und *mi*, *F* in der vierten Parallele mit *fa* und *ut*, *G* im Zwischenraum mit den drei Stimmen *sol re ut;* denn hier beginnt die neue Ordnung der sechs Stimmen, welche *Diezeugmenon*, d. i. das Tetrachord der Getrennten heifst und *mi* in *b*-Schlüssel hat, während die vorhergehende Ordnung, die in *F* beginnt und *Synemmenon*, d. i. das Tetrachord der Verbundenen heifst, *fa* in *b*-Schlüssel hat. Von *A* bis hierher reichen die sogenannten wesentlichen Schlüssel: *A, B, C, D, E, F, G;* die übrigen wiederholen sich in derselben Weise, jedoch mit mehr hinzugefügten Stimmen wegen des *mi* und *fa* in dem *b*-Schlüssel und mit den kleinen Buchstaben *a, b, c, d, e, f, g,* nach welchen die fünf verdoppelten *aa, bb, cc, dd, ee* folgen. Die Stimmen *mi* und *fa* in dem *b*-Schlüssel sind jedoch nicht gleichweit von dem kleinen *a* entfernt, denn *mi* ist vom kleinen *a* um einen Ton, *fa* aber nur um einen kleinen Halbton entfernt. Daher stehen, wie es scheint, die beiden Stimmen, obgleich sie in demselben Schlüssel stehen, unter sich weiter von einander ab, als *mi* von *fa* in dem kleinen *c*, oder *fa* von *mi* in dem kleinen *a*, welches wir später, wenn wir über die Teilung des Tones sprechen, deutlicher zeigen werden. Wenn wir den *b*-Schlüssel als einen Schlüssel zählen, so erhalten wir die zwanzig Schlüssel der guidonischen Leiter in dieser Ordnung: Γ *ut*, *A re*, ♭ *mi*, *C fa ut*, *D sol re*, *E la mi*, *F fa ut*, *G sol re ut*, *a la mi re*, *b fa*♮ *mi*, *c sol fa ut*, *d la sol re*, *e la mi*, *f fa ut*, *g sol re ut*, *aa la mi re*, *bb fa*♯ *mi*, *cc sol fa*, *dd la sol*, *ee la*, so dass in einem aufgezeichneten Gesange das *Γ* in die erste Linie, das *A* aber, wie wir gesehen haben, in den Zwischenraum über die erste Linie kommt. Hierauf nehmen abwechselnd Linie und Zwischenraum die Stimmen im Aufsteigen stufenweise auf, bis man damit zu Ende gekommen ist. Denn sowohl im Auf- als Absteigen wird man das Bild einer gewissen Leiter erhalten, wie es in nebenstehender Zeichnung zu sehen ist.

Dann möchte ich hier dem Leser sagen, dass es nicht anging volkstümliche Benennungen zu verschmähen, welche von allen, die über diese Sache handeln, angenommen worden sind. Denn entweder mussten wir, da es eine Bezeichnung aus dem Altertum nicht gab, neue Benennungen bilden, damit aber hätten wir uns dem Vorwurfe der Arroganz ausgesetzt, oder wir mussten dem Usus so vieler Jahre ein Zugeständnis machen. Kurz ich weifs nicht, warum jemand diese gleichsam neuen, aber durch den Usus aufgenommenen Worte vermeiden sollte, da doch die Sache gewissermafsen neu ist. Aus welcher andern Ursache sind bei den Lateinern die Wörter *quadrans*, *triens*, *quincunx* und die übrigen Teile von *as assis* Masculina, als weil *assis* dieses Geschlechtes ist. Aus demselben Grunde sind *oriens*, *occidens* Masculina wegen *sol* und ist *continens* ein Femininum wegen *terra*. So seien auch uns die Ausdrücke *secunda*, *tertia*, *quarta* gestattet, da sich diese auf *consonantia* beziehen. Denn warum sagen die Griechen lieber *Diapason* als *Diapanton?* Kurz, der, welcher lehrt, muss deutlich sprechen und hauptsächlich darnach trachten, dass er verstanden werde; deshalb darf er nicht alles vermeiden oder verwerfen, was irgendwie für seinen Zweck dienlich ist, und möge sich der Leser erinnern, dass *Cicero* anders sprach, wenn er die Philosophie behandelt, als wenn er das römische Volk, sein Alles, mit süfser Rede bezaubert.

Wir lassen jetzt eine Übersichtstabelle folgen, in welcher wir jeder Saite ihren Buchstaben beisetzen und die Bezeichnung der griechischen und lateinischen Schlüssel den Zahlenverhältnissen zur Seite beifügen, worüber wir vollständiger in dem 18. Kapitel dieses Buches handeln werden.

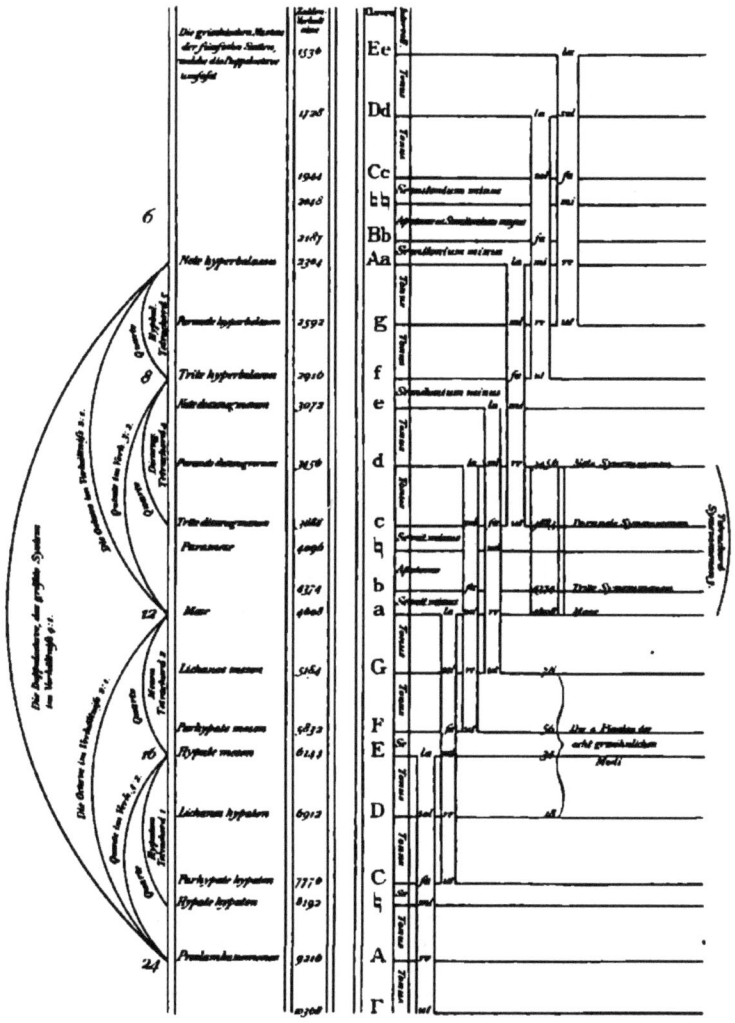

Übersichtstabelle der Musik im diatonischen Geschlechte in gleichen Zwischenräumen nach pythagoräischer Messung aufgestellt von Guido von Arezzo.

Drittes Kapitel.

Was die Schüler dieser Kunst in der Tabelle des Guido zu beachten haben.

Erstens ist zu wissen notwendig, dass nicht ohne Grund zu Anfang der Schlüssel Buchstaben gesetzt werden; denn das ist für die Lernenden sehr wichtig. Man unterscheidet sieben von Natur verschiedene Schlüssel, die mit ebenso vielen Buchstaben, nämlich mit *a b c d e f g* bezeichnet werden. Durch Wiederholung entstehen deren zwanzig, welche von den Musikern mit der Unterscheidung bezeichnet werden, dass die sieben ersten nach Γ mit grofsen, die sieben folgenden mit kleinen und die fünf letzten mit verdoppelten Buchstaben bezeichnet werden. Deshalb sagen wir: das grofse oder tiefe *A*, das kleine oder hohe *a*, das verdoppelte *a a*; bei den übrigen in derselben Weise. Zweitens sind die Entfernungen der Schlüssel zu merken; denn ein Schlüssel ist vom nächsten um eine Secunde, vom dritten um eine Terz, vom vierten um eine Quarte entfernt u. s. w. Überhaupt steht jeder Buchstabe von dem nächsten seines Namens um eine Octave entfernt, wie *Γ ut* von *G sol re ut*, *A re* von *a la mi re*; bei den übrigen gilt dasselbe. Daher die allgemeine Regel: Von der Octave gilt dasselbe sowohl rücksichtlich der Stimmen als auch rücksichtlich der Natur des Gesanges. Denn die Stimmen, welche in *G sol re ut* sind, können auch richtig in *Γ ut* gesungen werden, und welche in *a la mi re*, können in *A re*, und die in *b fa ♮ mi* können ebenso in ♮ *mi* gesungen werden; und ähnlich gilt es von den obersten. Drittens ist zu wissen, dass die Anordnung der Schlüssel bis ins Unendliche fortgeführt werden kann mit Beobachtung des Gesetzes, welches die oben angegebene Regel aufstellt. Jedoch ist es nötig, dass irgendwo ein Anfang und ein Ende sei. Wenn zufällig irgend eine Note (wie das oft geschieht) unterhalb *Γ ut* gesetzt wird, fragst du, was zu singen sei? Antwort: Man muss von diesem ab die Octave berücksichtigen. Denn wie unterhalb *G sol re ut F fa ut* ist, so wird auch unterhalb *Γ ut ffa ut* sein; auf ähnliche Weise wird, wenn über *e e la* hinaus eine Note ist, auch der Schlüssel der Octave zu beurteilen sein. Aber die menschliche Stimme überschreitet diese Grenzen nicht, jedoch vierstimmige Gesänge und musikalische Instrumente überschreiten häufig diesen Umfang. Indessen wird man die Stimmen, welche in den Octaven sich ergeben, nicht gut *fictae* (nachgebildete) nennen, sondern richtiger die, welche weder in diesen Schlüsseln, in denen sie mit Licenz gebraucht werden dürfen, noch in deren Octaven enthalten sind, wie *mi* in *F fa ut*, *sol* in *E la mi*, *fa* in *a la mi re* u. s. w. Ferner muss man sich an die Schlüssel gewöhnen, um sie genau dem Gedächtnisse einzuprägen, damit man, ohne sich lange zu bedenken, weifs, welche Stimmen der Schlüssel enthält, auf dass man nicht *mi* singt, wo *fa* zu singen ist, und umgekehrt. Das Übrige wird leicht durch Übung gelernt.

Viertes Kapitel.

Über die Schlüssel, über die Verteilung der Stimmen in den Schlüsseln und über die Form der Noten.

Die Benennung Schlüssel ist ohne Zweifel eine von dem eisernen Schlüssel genommene Metapher, weil, wie jener das Schloss, dieser den Gesang aufschliefst. Da es aber nicht angeht, alle Buchstaben an den Anfang des Gesanges zu setzen, so notieren unsere Musiker einen oder den andern Buchstaben ganz vorn an den Rand, damit aus diesem die übrigen erkannt werden können und nennen die so vorgesetzten Buchstaben bezeichnete Schlüssel (literas signatas). Einige Musiker, wie der in unserer Zeit ausgezeichnete *Sebald Heyden*, nennen sie charakteristische Stimmen, welche Bezeichnung, wenn sie allgemein wäre, mir wohlgefiele.

Am häufigsten werden die zwei Buchstaben *F fa ut* und *c sol fa ut* vorgezeichnet, zuweilen auch *g sol re ut* für die oberste Stimme mehrstimmiger Gesänge; *Γ ut* oder *dd la sol* vorzuzeichnen, ist überflüssig. Kennt man den vorgezeichneten Schlüssel, so hat man nachzusehen, mit welchem Schlüssel der Gesang beginnt und ist dann nach den schon angegebenen Regeln zu verfahren, dass im Aufsteigen die unteren und im Absteigen die oberen Stimmen genommen werden. Auch muss man die Intervalle zu bemerken und sich dieselben eigen zu machen suchen, damit man nicht, wo *fa re* steht, *fa mi*, und wo *sol ut* steht, *sol re* singt. Deshalb pflegt man den Knaben einfache Deduktionen zu geben, welche zu ihrer Ausbildung im Singen nützlich sind; sie werden sich die Linien und Zwischenräume vom untersten bis zum obersten zur Geläufigkeit machen, weil *ut re mi fa sol la* siebenmal in der Scala wiederholt werden. Wer uns aber diese Methode gezeigt hat, der hat den Schülern ein gutes Werk gethan und seine Erfindung ist durchaus nicht zu verachten, denn er ist ein wahrer Lehrer und guter Führer in dieser Kunst. Er hat das Einfache mit dem Einfachen verbunden, hat in kleinen Dingen die verschiedenen Formen zusammengebracht, so dass er die Anfänger auf herrliche Weise allmählich dahin bringt, sich an das Höhere zu wagen. Mit glücklichem Erfolg hat unser Landsmann *Ludwig Senfl* die Deduktionen zu dem Tenor *Fortuna* vierstimmig gesetzt. Anfänger dürfen diese daher keineswegs vernachlässigen.

Beispiel der ersten Deduktion aus Γ ut.

Beispiel der zweiten Deduktion aus C fa ut.

Beispiel der dritten Deduktion aus F fa ut.

Beispiel der vierten Deduktion aus G sol re ut, welche der ersten entspricht.

Beispiel der fünften Deduktion aus C sol fa ut, welche der zweiten entspricht.

Beispiel der sechsten Deduktion aus F fa ut, welche der dritten entspricht.

Beispiel der siebenten Deduktion aus g sol re ut, welche der ersten und vierten entspricht.

Auch darauf muss man sehr achten, dass man dem jugendlichen Gedächtnisse der Kinder die Unterschiede der ganzen und halben Töne fleifsig einpräget, oder, wie man gewöhnlich sagt, sie den Unterschied zwischen *mi* und *fa* erkennen lässt. Daher will ich ein einziges Beispiel, aber mit doppelter Notierung des *mi* und *fa* beifügen.

I - te in or - bem u - ni - ver - sam, et praedi - ca - te

di - cen - tes al - le - lu - - - ia

Vielleicht wäre es auch nicht unnütz, eine oder die andere Cantilene in andere Schlüssel zu versetzen und den Knaben zu zeigen, wie weit die Harmonie in der Versetzung abweicht, wenn sie aus ihren Schlüsseln wie die Thüre aus den Angeln herausbewegt wird; z. B. wenn einer das *Requiem* in *a la mi re* anfinge. Jedoch diese Andeutung wird einem sorgfältigen Lehrer genügen. Es verlohnt sich nunmehr, über die Form der Noten zu sprechen, über welche *Franchinus* [1]) mit vieler Genauigkeit und Gelehrsamkeit redet, und von denen er eine dreifache Art angiebt: die einfache, die zusammengesetzte und die mittlere Note. Eine einfache Note, sagt er, ist eine solche, welche nicht mit einer andern verbunden ist, und welche die Form

[1]) Franchino Gafori, 1451—1522, lebte zuletzt in Mailand.

eines Quadrates hat, nämlich so: ■. Zuweilen wird ihr auf der rechten Seite ein abwärts gehender Strich angehängt nach der Weise einer mensurierten Longa, wie hier: ■. Eine zusammengesetzte Note ist nach demselben die, welche mit einer anderen zusammengeschrieben ist und dann in verschiedener Form vorkommt; so jener. Eine mittlere Note nennt er die von der Form eines Rhombus, von welcher Art die Semibrevis im mensurierten Gesange ist, nämlich so: ♦, von welcher er sagt, dass niemals eine allein, sondern zwei oder noch mehr und zwar meistens im Absteigen gesetzt werden, wie das in den vorhergehenden Übungen, wo sie sehr oft absteigend vorkommt, zu sehen ist. Weiter macht er einen dreifachen Unterschied in den verbundenen Noten (Ligatur) mit Bezug auf den Anfang, die Mitte und das Ende. In Beziehung des Anfangs giebt er zwei an; wenn nämlich die zweite aufwärts steigt, so ist die erste ohne Schweif, wie hier bei *B*; steigt die zweite abwärts, so hat die erste auf der linken Seite abwärts einen Schweif, wie bei *C*. Die mittleren Noten sind alle ohne Schweif und werden entweder quadrat- oder rautenförmig geschrieben, wie bei *D*. Inbezug auf das Ende aber bemerkt er einen dreifachen Unterschied, nämlich: entweder steigt die letzte abwärts, und dann ist sie ohne Schweif, wie bei *E*; oder sie steigt aufwärts, und dieses ist zweifach; entweder wird sie senkrecht höher gezeichnet, wie bei *F*, oder zur rechten Seite und hat dann immer einen Schweif, wie bei *G*.

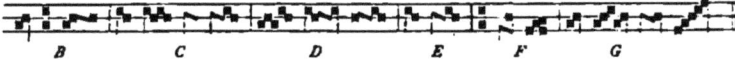

B   C   D   E   F   G

Aber diese alte Schreibweise haben manche verändert, besonders in Deutschland, obgleich hier die Klöster noch möglichst die alte Manier beobachten. Übrigens sind diese Zeichen dem Gutdünken der Sänger anheimgegeben, die wohl der eigensinnigste Menschenschlag sind.

Fünftes KapiteL
Über die fünf Tetrachorde und über die drei Tongeschlechter.

Nach *Nicomachus* bei *Severinus* [1]) war die Musik einst so einfach, dass sie nur vier Saiten hatte; so blieb sie bis zu *Orpheus*. Man nannte eine solche Verbindung von vier Saiten *Tetrachord*. Darauf wuchs sie allmählich zum *Pentachord, Hexachord, Heptachord, Octochord, Enneachord, Decachord, Hendecachord, Dodecachord* und schliefslich zu vierzehn Saiten an. Die diesen vierzehn Saiten hinzugefügte fünfzehnte Saite füllte die Doppeloctave aus, und wurde deshalb *Proslambanomenos* (die Hinzugenommene) genannt, wie es bei demselben *Severinus* 1. Buch, 20. Kap. genau erörtert ist. Aber die frühere Einteilung der Saiten in Tetrachorde blieb, denn so sehr gefiel die Einfachheit der Alten hier den Nachkommen. Deshalb werden in der ganzen griechischen Ordnung dieser Skala fünf Tetrachorde gesetzt nach dem Verhältnis von 3 : 4, d. i. einer reinen Quarte z. B. *mi la*. Das erste Tetrachord beginnt nach dem *Proslambanomenos* und heifst *Hypaton*, d. i. das der ersten und vornehmsten Saiten; es sind die vier: *Hypate hypaton, Parhypate hypaton, Lichanos hypaton* und *Hypate meson*, nach der guidonischen Skala *: C D E*. Das zweite Tetrachord heifst *Meson*, d. i. das der mittleren, dem vorigen verbunden, da sie nämlich eine gemeinsame Saite haben. Daher sind die vier Saiten dieses Tetrachords: *Hypate meson, Parhypate meson, Lichanos meson* und *Mese*; bei Guido: *E F G a*. Das dritte Tetrachord heifst *Synemmenon*, d. i. das verbundene und hat diese vier Töne: *Mese, Trite synemmenon, Paranete synemmenon* und *Nete synemmenon;* bei Guido: *a b c d*. Das vierte Tetrachord heifst *Diezeugmenon*, d. i.

---

[1]) Hiermit ist stets **Boethius** gemeint.

das getrennte; denn dieses Tetrachord ist nicht mit dem vorigen verbunden, sondern von *Mese* um einen Ton entfernt. Seine Saiten sind: *Paramese, Trite diezeugmenon, Paranete diezeugmenon* und *Nete diezeugmenon;* bei Guido: ♭ *c d e.* Das fünfte Tetrachord ist *Hyperbolaeon,* d. i. das der allerhöchsten und hat mit dem vorhergehenden Tetrachorde einen Ton gemeinsam. Seine Saiten sind: *Nete diezeugmenon, Trite hyperbolaeon, Paranete hyperbolaeon* und *Nete hyperbolaeon;* bei Guido: *e f g aa.* Das dritte Tetrachord ist *Synemmenon* genannt worden, weil es mit *Mese* verbunden ist, von dem Worte *synaptesthai* (verbunden werden). Das Wort ist bei den Autoren verdorben worden, wie bei *Vitruv* 5. Buch, 4. Kap., wo in den bekannten Codices *Synemmenon* für *Synemmenon* gelesen wird. Umgekehrt sagt man *Diezeugmenon,* weil es sich um einen Ton von *Mese* absondert, wie wir gesehen haben. Dieses erklärt *A. Gell.* 16. Buch, 8. Kap. auf dieselbe Weise. *Nete* oder gleichsam *Neate* (neueste) nennen die Musiker die äußerste und höchste Saite des Tetrachords; *Paranete* hat den Namen daher, weil sie neben *Nete* ist. *Trite* ist die dritte von *Nete; Meson* ist die mittlere, *Paramese* neben der *Mese, Lichanos* d. i. der Unterscheidende. *Suidas* glaubt, der Name werde von *Leicho* abgeleitet. Da aber zwei verbundene Tetrachorde keine Oktave ausfüllen, deshalb ist den untersten Tetrachorden, *Meson* und *Hypaton* noch der untere Ton von *Hypate hypaton* zu *Proslambanomenos* zugefügt worden, und ebenso den beiden obersten Tetrachorden *Hyperbolaeon* und *Diezeugmenon* ein anderer Ton von *Paramese* zur *Mese;* und so entsteht in beiden Fällen eine Oktave, welche mit einander verbunden die Doppeloktave, das größte Intervall in der Musik, von *Proslambanomenos* zur *Nete hyperbolaeon* hervorbringen. Außerdem erklärt die in der Mitte der guidonischen Skala gesetzte Zahl das Tonverhältnis. Denn *Proslambanomenos* steht zur *Mese* in dem doppelten Verhältnis und wird durch die Zahlen 9216 und 4608 ausgedrückt. In demselben Verhältnis steht die *Mese* zur *Nete hyperbolaeon* durch die Zahlen 4608 und 2304 ausgedrückt. Deshalb steht *Proslambanomenos* zur *Nete hyperbolaeon* im vierfachen Verhältnis. Dieses kann auch durch die kleineren Zahlen, die wir in der Tabelle beigeschrieben haben, leicht eingesehen werden. *Severinus* bediente sich aber so großer Zahlen wegen der Teilung des Comma in *Schismata,* was wir später, wenn wir über die Teilung der Töne handeln, weitläufiger auseinander setzen werden. Übrigens ist mir nicht unbekannt, dass viele meinen, diese von Guido aufgestellte Ordnung der Saiten sei verkehrt und geradezu gegen den natürlichen Lauf der Himmelskörper, nach welchem diese Formel genommen ist, gerichtet, da die oberen Himmelskörper wegen ihrer Größe einen tiefern Ton von sich geben. Das scheint auch der große Severinus überall in seinen Darlegungen beachtet zu haben. Hierauf könnten wir kurz antworten, dass andere anderer Ansicht waren, nämlich, dass die höheren Himmelskörper einen höheren Ton geben, wegen ihrer schnelleren Bewegung; das ist die Ansicht von M. T. Cicero 6. Buch über die Republik, wie Severinus 1. Buch, 27. Kap. erzählt. Manche haben dieses nach Aristoteles als thörichte Einbildung verlacht; ich aber will bei dem Ansehen so vieler ausgezeichneter Männer das, was über den Klang der himmlischen Sphären das Altertum entweder sich einbildete oder lehrte, weder bestätigt noch in Zweifel gezogen haben, sondern das verfolgen, was unseren Zwecken notwendiger ist. Mögen wir nun auch das umkehren, so dass die tieferen Saiten die höheren sind, wenn wir nämlich das Tetrachord *Hypaton* mit *Proslambanomenos* an die oberste Stelle setzen, was Severinus entweder wegen des Namens *hypatos* oder, weil es den ersten Gelehrten dieser Kunst so beliebte, einigemal thut; denn auch viele alten Instrumente, wie Trichord, Tetrachord und Hexachord haben es bis jetzt so, oder mögen wir sie so ordnen, dass die tieferen unten sind, wie es die guidonische Skala verlangt und es die Saiten der Cithara und die Orgel jetzt zeigen, so hat das auf das musikalische Verhältnis keinen Einfluss; denn alles, was wir hier darlegen, wird davon nicht beeinflusst. Nach meiner Meinung beginnt die Stimme häufiger von unten als von oben, wie es auch die Redner über die Stärke der Stimme vorschreiben und die Einleitungen berühmter Redner zeigen. Die Rede des Ulisses gegen Ajax bei Ovid kann sogar hiervon ein Beispiel sein. Vieles hat das noch ungebildete Altertum erfunden, was die Nachkommen später verbessert haben; aber öfters sehen wir, dass das Bessere nicht nur nicht angenommen, sondern sogar beseitigt wird, so zähe hält die Welt fest, was sie einmal angenommen hat. Deshalb darf sich der Leser wegen der Anordnung des Guido nicht verwirren lassen, wenn sie dem Altertum nicht ganz entspricht. Auch hierüber werden wir später mehr sagen. Dasselbe gilt auch für die drei Tongeschlechter, von denen wir jetzt nur eines im Gebrauch haben, und vielleicht nicht in derselben Unversehrtheit wie es einst gewesen ist. Das *diatonische Tongeschlecht* schreitet durch die Intervalle eines kleinen Halbtones, eines ganzen und wieder eines ganzen Tones hindurch. Das *chromatische Tongeschlecht* besteht aus kleinem Halbton, grofsem Halbton und drei Halbtönen, oder was dasselbe ist, aus kleiner Terz. Das *enharmonische Tongeschlecht* ist aus *Diaschisma* und *Diaschisma* (was Boethius auch *Diesis* nennt) und der kleinen Terz zusammengesetzt. *Diaschisma* ist die Hälfte eines kleinen Halbtones. Die zwei letzteren Tongeschlechter sind verloren gegangen, wie sehr auch Severinus und andere Musiker für dieselben besorgt gewesen waren. Mir ist aus unserer Zeit niemand bekannt, der einen Gesang darnach einzurichten verstünde, oder richtiger, einzurichten versucht hätte. So sehr schwierig ist die Sache nicht, wenn jemand die Halbtöne auffinden kann, was die leicht wissen, welche heutzutage die Orgeln einrichten. Hier folgt die Darstellung der drei Tongeschlechter im Tetrachord *Hypaton*, weil in allen Tetrachorden dasselbe Verhältnis ist.

E		6144		6144		6144	
	T *Hypate meson*		**S** *Hypate meson*		**D** *Hypate meson*		
	o		**e**		**i**		
	n		**mi**				
	u		**di**		**t**		
	s 6912		**t**		**o**		
D			**o**				
	T *Lichanos hypaton*		**n**		**n**		
	o		**u**				
	n		**e** 7296		**u**		
	u		*Semi-*				
	s 7776		*tonium* *Lychanos hypaton*		**s**		
C			*minus* 7776			7776	
	Semi- *Parhypate hypaton*		*Semi-* *Parhypate hypaton*		*Dia-* *Lychanos hypaton*		
	tonium		*tial-*		*schis-* *ma*		7988
	minus 8192		*um* *minimum* 8192		*Dia-* *Parhypate hypaton*		
					schis- *ma* 8192		
=	*Hypate hypaton*		*Hypate hypaton*		*Hypate hypaton*		
	Diatonicum		*Chromaticum*		*Enharmonicum*		

Tetrachordum Hypaton.

Sechstes Kapitel.
Über die Mutation der Stimmen durch alle Schlüssel.

Die Mutation nennen wir hier die übereinstimmende Veränderung einer Stimme in eine andere. Unter den Stimmen, sagt *Franchinus*, verstehe ich die sechs Silben der Hexachorde. Daher wird nicht die Stimme in eine andere höhere oder tiefere Stimme, sondern die Silbe in eine andere Silbe verändert. Die Musiker haben aus dem Grunde die *Mutation* erfunden, weil eine einzige *Deduction*, d. i. der Verlauf der sechs Silben, zu dem Umfange, den die Gesänge haben, nicht ausreicht. Zu dem Zwecke hat man sieben *Deductionen* aufgestellt, so dass sie sich selbst durch ihre gegenseitigen Dienste unterstützen und die einen für die anderen einrücken, so jedoch, dass Stimmen nur mit Stimmen von derselben Natur wechseln. So endigt die erste Deduction in *E la mi*, wo die Stimme *mi*, mit *la* von derselben Natur, eintritt; denn *mi* ist von *la* um eine Quarte entfernt, und wir haben gesagt, dass jede Quarte an sich von derselben Natur sei. Aber ich möchte diese keineswegs schwere Sache nicht durch viele Vorschriften verwirren, wie man das bei so vielen Musikern unserer Zeit sehen kann, die fast Ungeheuerliches lehren. Die Mutation geschieht überhaupt beim Aufsteigen aus der höheren in die tiefere, und beim Absteigen umgekehrt aus der tieferen in die höhere Stimme. So mutiert in *C fa ut* aufsteigend *fa* in *ut* und abwärts steigend *ut* in *fa*; in *D sol re* mutiert *sol* in *re* und *re* in *sol*; in *E la mi*, *la* in *mi* und *mi* in *la*; in *F fa ut* gerade so wie in *C fa ut.*[1]

Beispiele der Schlüssel, die zwei Stimmen haben.

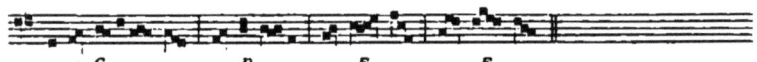

      C   *D*   *E*   *F*

In den Schlüsseln, die drei Stimmen haben, ist zu beachten, dass man auf den Schlüssel *b fa ♮ mi* Rücksicht nimmt, nach welchem alles sich zu richten hat; denn dieser hat *fa*, so oft ein dünnes ♭ (♭ *tenue*) an den Rand gezeichnet wird; er hat aber *mi*, wenn kein ♭ vorgezeichnet ist. Hiernach sind die übrigen Stimmen zu setzen. Denn wenn man aufsteigend in *b fa ♮ mi*, *mi* singen will, muss man mit *ut* und nicht mit *re* in G anfangen, weil *ut* im Absteigen wieder in *sol* mutiert wird. Will man hingegen in *b fa ♮ mi* „fa" singen, so muss man in demselben Schlüssel G *re* nehmen und nicht *ut*, und dieses *re* mutiert abwärts in *sol*. Auf ähnliche Weise geschieht's bei *a*. Aber in den höheren Schlüsseln *d la sol re* ist *la*, wenn nämlich *fa* in *b* ist, aber *sol*, wenn *mi* in demselben Schlüssel ist. Auf gleiche Weise muss man bei *c* verfahren. Fragt aber jemand, woher ich wüsste, wann *fa* und wann *mi* in b-Schlüssel (♭ *clave*) sein wird, so sage ich: Die Musiker unseres Jahrhunderts (wie alt diese Sitte ist, weiß ich nicht bestimmt) sind gewohnt, an den Anfang der Gesänge ein dünnes ♭ zu setzen, so oft *fa* in dem b-Schlüssel zu singen ist; wenn aber *mi* zu singen ist, so sind sie gewohnt, nichts zu setzen. Die Fehler

---

[1] Eine treffliche Erklärung giebt Kornmüller in seinem Lexikon. Er schreibt: „So lange die Melodie ein Hexachord nicht überschritt, behielt jeder Ton seine nach dem Hexachord ihm gebührende Silbe; sobald aber ein H. überschritten wurde, mussten die Silben nach dem neuen H., in dem nun die Melodie sich bewegte, benannt, d. h. mutiert werden, damit die Silben *mi fa* wieder unter den Halbton kamen. Deshalb musste schon der Überleitungston im Sinne des neu zu betretenden H. benannt werden:

                      Hexach. naturale   Hexach. naturale

                                    oder

                           H. durum   H. molle

                               (la)   (sol)

ut re mi fa sol re mi fa   ut re mi fa re mi fa sol

(Siehe p. 411 o. O. Näheres.)

der Codices wird derjenige, der die Modi kennt, leicht erkennen; aber über dieses später. Als Beispiel der Schlüssel, die drei Stimmen haben, möge folgendes dienen.

  Das sind Beispiele, in denen der Gesang von gleicher Natur ist, und die für das Singen keine Schwierigkeit bieten. Übrigens ändert sich zuweilen die Natur der Gesänge, so dass einem rauhen Gesange ein weicher eingemischt wird, wie das nach dem Zeugnisse des *Franchinus* die Ambrosianer öfter gethan haben, und wie wir es heute noch in den sogenannten Gradualien sehen, wo zuweilen zwischen *c* und *F* die dritte Quintengattung *fa—fa* gesungen wird, darauf der Gesang bis ans Ende durch die vierte Quintengattung *ut mi* durch Verwandlung des *mi* in *fa* in b-Schlüssel geführt wird. Darüber dieses Beispiel:

  Um den sprungweisen *Triton*[1]) zu vermeiden, der im diatonischen Geschlechte unerhört und unangenehm ist, muss oft dieselbe Mutation des *mi* in *fa* geschehen, wie in diesen Beispielen:

  Übrigens muss nach meiner Ansicht alles Harte, wie wir bald Beispiele angeben werden, gemieden und ans Ende der Welt verbannt werden, wenn nicht ein bestimmter Grund vorliegt, wie wir ihn bei den Gradualien angegeben haben. Dieses mögen folgende Beispiele des *Franchinus* zeigen.

  Bei ungleicher Höhe der Stimmen in *b fa ♮ mi* zu mutieren ist gänzlich unpassend. Auch ein Gesang, der nirgends als in *b* eine Mutation zulässt, ist unpassend; denn das diatonische Tongeschlecht, dessen wir uns jetzt nur bedienen, gestattet dieses nicht. Auch hierüber ein Beispiel aus *Franchinus*.

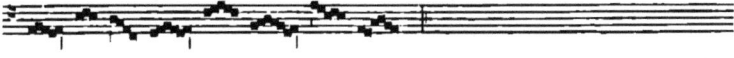

  Zuletzt ist zu bemerken, dass in grofsen Sprüngen, wie in Oktaven, Septimen und Sexten keine Mutation stattfindet, ebenso nicht in den Quinten *mi—mi, fa—fa*, denn diese überschreiten die Ordnung der Hexachorde; sondern es werden einfach die Stimmen genommen, wie sie in den Schlüsseln gefunden werden. Beispiele:

[musical notation]

---

[1]) Übermäßige Quart.

Siebentes Kapitel.

Über die Transposition der bezeichneten Schlüssel.

Bei unseren Musikern ist bis dahin die Sitte geblieben, den Gesang mit nicht mehr als mit fünf, öfter sogar mit nur vier Linien zu notieren. Nun aber überschreitet diese der Gesang zuweilen, deshalb ist mit Hülfe der Schlüssel eine Transposition erfunden worden, indem diese in den Linien versetzt werden, und sowie diese von der Stelle weichen, wechseln mit denselben die Noten. Hier ist einzig das zu beachten, dass man sich merkt, in welchem Schlüssel die vorhergehende Note gestanden hat, und ebenso, in welchem die folgende Note steht. Wenn man das beachtet, ist der Unterschied leicht zu bestimmen. Wenn so die vorausgehende Note in *F fa ut*, die folgende aber in *c sol fa ut* sein wird, so ist es sicher, dass die beiden eine Quinte von einander entfernt sind. Jedoch handeln die vorsichtiger, welche, so oft es geschehen kann, die Schlüssel am Rande (am Anfange der Notenzeile) transponieren; denn auf diese Weise nimmt der Gesang seinen Verlauf, ohne dass der Singende sich irrt. Ebenso ist hier eine Regel unserer Musiker nicht unnütz, wenn sie nicht irre macht. Soweit, sagen sie, der Schlüssel aufwärts steigt, soweit steigt die Note abwärts, und umgekehrt, soweit der Schlüssel abwärts steigt, soweit steigt die Note aufwärts. Sie beziehen dies nur auf die Harmonie oder den Klang und nicht auf die Figur, d. i. die Note muss so viel höher oder tiefer gesungen werden. Dieses (die Versetzung der Schlüssel) hat bei unseren Musikern aufgehört und sie fügen lieber unten oder oben eine Linie zu, als dass sie eine Transposition anwenden.[1] Wir haben aber nur dies wenige sagen wollen, damit der Anfänger in der Lage sei, hierüber zu antworten oder zu sprechen, wenn ihm zufällig irgendwo eine Transposition begegnet. Wir wollen nun noch ein Beispiel hinzufügen aber in zweifacher Form, zuerst einfach mit oben und unten angefügten Linien, dann mit Versetzung der Schlüssel, wie es vor vielen Jahren Sitte war und jetzt noch nicht ganz aufser Gebrauch ist. Dieser Gesang gehört dem jonischen oder jastischen, dem jetzigen 5. Modus an und hat in der Mitte die vierte Quintengattung, nämlich *ut sol*, fügt aber oben die dritte Quartengattung *ut fa* und unten die kleine Terz hinzu. Übrigens haben wir diesen Gesang, den der Franzose *Johannes Mouton*, ein ausgezeichneter Musiker, sehr schön vierstimmig gesetzt hat, einfach, wie er zuerst herausgegeben worden war, zur Fortschreitung und Übung der Anfänger aufgenommen. Aus der früheren Stelle des Jonicus ist er durch die Quarte versetzt worden, denn sein eigentlicher Sitz ist *C*; aber jetzt kann er wegen des Tetrachord *Synemmenon* seinen Sitz in *F* haben, wie wir in unserer Zeit die meisten Gesänge dieser Art transponiert sehen, aus welcher Ursache, werden wir später weiter angeben, wenn wir über die Modi handeln. Es ist ein Gedicht in Hexametern aus dem Jahrhundert, in welchem es mehr Musiker als Dichter gab. Manche halten den *Hermann Contractus* für den Autor; über denselben mehr in dem folgenden Buche. Dieser Gesang, wie er jetzt aufgenommen ist, wenn er in *F* beginnt, bewegt sich innerhalb sechs Linien und fünf Zwischenräumen; aber wenn er seinen Anfang in *C* nimmt, was jetzt aufser Gebrauch ist, wird er durch fünf Linien notiert, indem nach unten und nach oben eine einzige Note aufser den Linien gesetzt wird.

Al · · · ma   Re-dempto - ris   ma - ter,   quae per - vi - a   coe - li   por-

[1] Der Wechsel der Schlüssel in einem Tonsatze läast sich noch in Drucken bis 1550 verfolgen; auch Glarean selbst wendet ihn noch an.

ta ma · nens. Et stel · la ma · ris suc · cur · re ca · den · ti sur · ge · re qui

cu · rat po · pu · lo: Tu quae ge · nu · i · sti na · tu · ra mi · ran · te

tu · um sanctum ge · ni · to · rem. Vir · · go pri · · us ac po · ste · ri · us

Ga · bri · e · lis ab o · · re su · mens il · lud A · ve, pec·ca · to · rum mi · se · re · re.

E v o v a e.[1]

Al · · · · · ma Re · dempto · ris ma · · ter, quae per · vi · a coe · li por · ta

ma · nens. Et stel · la ma · ris suc · cur · re ca · den · ti sur · ge · re qui

cu · rat po · pu · lo: Tu quae ge · nu · i · sti na · tu · ra mi · ran · te tu · um

sanctum ge · ni · to · rem. Vir · · go pri · · us ac po · ste · ri · us Ga·bri · e · lis ab

o · · re su · mens il · lud A · ve, pec·ca · to · rum mi · se · · re · re. E v o v a e.

Achtes Kapitel.

Über die musikalischen Intervalle und wie die Gattungen der Konsonanzen zu nehmen sind.

Diese Untersuchung ist wichtig und sie enthält den größeren Teil der Musikwissen-schaft, nämlich die Elemente und Prinzipien dieser Disziplin, welche wir kurz durchgehen werden. Zuerst folgt das, was unsere Zeit darüber vorschreibt, und darauf werden wir die alten Traditionen wenigstens berühren. Nach *Boethius* ist ein Intervall der Abstand eines hohen und tiefen Klanges, wie *ut re, ut mi, ut fa* etc. Nützlich wird es sein, wenn wir die Namen der einzelnen Intervalle erschließen und dem Namen gemäß das Wesen eines jeden derselben er-klären. Es giebt fünfzehn Intervalle, wie die Musiker unserer Zeit lehren: *Unitonus, Tonus, Se-mitonium minus, Ditonus, Semiditonus, Tritonus, Diatessaron, Diapente, Semidiapente, Tonus cum diapente, Semitonium cum diapente, Ditonus cum diapente, Semiditonus cum diapente, Diapason, Semidiapason.* Hierbei

---

[1] Dieses E v o v a e besteht aus den Vokalen der Schlussworte eines jeden Psalmes: „saeculorum. Amen".

nennt man den *Unisonus* ein Intervall, wie die Mathematiker die Einheit eine Zahl nennen. Von den übrigen je zwei Intervallen ist das eine vollkommen das andere unvollkommen, da das Wort *umi* nicht Mitte, sondern Unvollkommenheit bezeichnet. Die Zusammensetzung aller Intervalle besteht aus *Tonus* und *Semitonium minus*, wobei sich die Darlegung zwischen den Grenzen der sieben wesentlichen Schlüssel und der Oktave hält. Wir sprechen hier über das diatonische Tongeschlecht, in welchem die *Apotome*, d. i. der grofse Halbton, nicht vorkommt; darüber später ausführlicher. Jetzt werden wir die Intervalle selbst der Reihe nach untersuchen.

I. *Unisonus*, Einklang, ist die Wiederholung einer und derselben Stimme, wie *ut ut ut, re re re, mi mi mi* etc. Wir bedienen uns desselben am meisten beim Singen der Psalmen in der Kirche; denn der ganze Vers hat den Einklang, nur die Mitte und der am Ende befindliche sogenannte Schweif haben eine oder die andere abweichende Note.

Unisonus.

II. *Tonus*, vollkommene Sekunde, geht von einer Note in die nächste, wie aus *ut* in *re, re* in *mi;* nur ausgenommen sind die neben einander stehenden und unter sich verbundenen *mi fa;* denn diese machen keinen Ganzton, sondern weniger als die Hälfte eines Tones, aber von einander getrennt und mit anderen verbunden, machen sie ebenso einen Ganzton aus, wie andere, wie *mi* mit *re, fa* mit *sol.*

Tonus.

III. *Semitonium minus*, unvollständige Sekunde, geht, wie schon gesagt, von *mi* in *fa*. Aus diesen beiden Intervallen, Ganzton und kleinem Halbton, entstehen die übrigen Intervalle; daher sind sie erst dem Gedächtnisse einzuprägen, ganz besonders aber die Lagen der kleinen Halbtöne, denn nach diesen werden hauptsächlich die Gattungen der Intervalle genommen.

Semitonium minus.

IV. *Ditonus*, vollkommene Terz, besteht aus zwei Tönen; es giebt deren zwei Gattungen: *ut mi* und *fa la*. In dieser Entfernung stehen *Nete* und *Paranete* im enharmonischen Tongeschlechte.

Ditonus.

V. *Semiditonus*, unvollkommene und weichere Terz, besteht aus einem Tone und kleinem Halbtone; deren giebt es zwei Gattungen: *re fa* und *mi sol*. In dieser Entfernung stehen *Nete* und *Paranete* im chromatischen Tongeschlechte, wie wir früher gesehen haben.

Semiditonus.

VI. *Tritonus*, harte Quarte, im diatonischen Tongeschlechte gänzlich unpassend, besteht aus drei Tönen, deren sich sprungweise in einem Gesange niemand bedient, wohl aber kommt sie in der zweiten und dritten Quintengattung vor, indem ihr oben und unten ein kleiner Halbton verbunden ist z. B. von *F fa ut* in *mi* in b-Schlüssel.

Tritonus.

VII. *Diatessaron*, weichere Quarte, ist zu allen Tongeschlechtern passend, weil in ihr nämlich die äufsersten Töne aller Tetrachorde von einander abstehen, und besteht aus zwei Tönen und einem kleinen Halbton, wie auch die mittleren Töne geordnet sein mögen. Es giebt drei Quartengattungen nach der verschiedenen Lage der Halbtöne: *re sol, mi la* und *ut fa*.

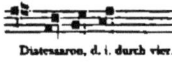

Diatessaron, d. i. durch vier.

VIII. *Diapente*, vollkommene Quinte, besteht aus drei Tönen und einem Halbton. Nach der verschiedenen Lage der vier Halbtöne giebt es vier Quintengattungen: *re la, mi mi, fa fa, ut sol;* man fügt entweder der Quarte einen Ton oder dem Triton einen kleinen Halbton hinzu. Kaum ist irgend ein Intervall dem Ohre des Menschen lieblich klingender, wenn sie an richtiger Stelle steht.

Diapente, d. i. durch fünf.

IX. *Semidiapente*, unvollkommene Quinte, besteht aus zwei Tönen und ebenso vielen kleinen Halbtönen, wie sie oft vorkommt aus dem E-Schlüssel nach *fa* in b-Schlüssel. Sie wird sprung-

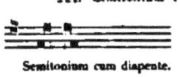

Semidiapente.

weise auftretend im Gesange nicht zugelassen, sondern nur in stufen-
weisem Auf- und Absteigen. Obgleich sie eine Quinte ist, fehlt ihr
doch ein Komma am Triton und sie übertrifft die Quarte nur um einen
kleinen Halbton.

X. *Tonus cum diapente* (von jetzt an bezeichnen wir ein Intervall mit zwei Namen), vollkommene Sexte, besteht aus vier Tönen und einem kleinen Halbton
und wird sprungweise auftretend kaum zugelassen, denn sie ist in der
That hart. Guido hat innerhalb derselben seine Hexachorde errichtet.

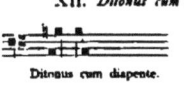

Tonus cum diapente.

XI. *Semitonium cum diapente*, unvollkommene Sexte, besteht aus drei Tönen und zwei
kleinen Halbtönen, wie *mi fa* aus *E la mi* zu *c sol fa ut* und ebenso an
anderen ähnlichen Stellen. Dieselbe ist dem Modus *Phrygius* sehr eigen
und hat ein wunderbar annehmliches Wesen, wenn sie an passender Stelle angewendet wird.

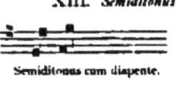

Semitonium cum diapente.

XII. *Ditonus cum diapente*, die grofse Septime, besteht aus fünf Tönen und einem kleinen
Halbtone, wie *ut mi* aus *C fa ut* zu *b fa ♮ mi* und an vielen anderen Stellen;
sprungweise auftretend ist sie zu vermeiden. Sie ist um einen kleinen
Halbton kleiner als die Oktave und übertrifft die verminderte Oktave
um ein Komma.

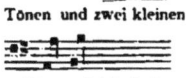

Ditonus cum diapente.

XIII. *Semiditonus cum diapente*, die kleine Septime, besteht aus vier Tönen und zwei kleinen
Halbtönen, wie aus *D* zu *c* oder *E* zu *d*. Auch das sprungweise Auftreten dieses Intervalls ist wenig im Gebrauch; sie ist um einen Ton
kleiner als die Oktave.

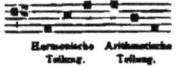

Semiditonus cum diapente.

XIV. *Diapason*, die Königin aller Konsonanzen, die volle ganze Oktave, besteht aus fünf
Tönen und zwei kleinen Halbtönen. Es giebt sieben Oktavengattungen, nämlich von den sieben
grofsen Buchstaben aus zu den sieben kleinen. Die Oktave entsteht
aus der Verbindung der Quarte und Quinte und wird durch dieselben
in der Mitte auf zweifache Weise geteilt. Denn zuweilen wird die

Diapason, d. i. durch alle.

Quinte unterhalb der Quarte gesetzt, zuweilen umgekehrt die Quarte unterhalb der Quinte.
Die erstere Teilung wird von den Musikern unserer Zeit die harmonische, die letztere die
arithmetische Mitte genannt. Der Grund hierfür wird später mitgeteilt,
wenn wir über die Modi handeln. Das Intervall ist sicherlich *Diapason*
genannt worden, weil es alle sogenannten wesentlichen Töne umfasst.

Harmonische   Arithmetische
Teilung.   Teilung.

Denn was über diese sieben Stufen hinausgeht, kehrt wieder in die früheren Stufen zurück,
und nicht ohne Grund wird gewöhnlich gesagt, dass, wie auch früher erinnert worden ist, von
den Oktaven dasselbe gelte.

XV. *Semidiapason*, unvollkommene Oktave, besteht aus vier Tönen und drei kleinen Halbtönen und ist auf dieselbe Weise von einem Buchstaben zu dem Buchstaben desselben Namens,
aber wie *mi* gegen *fa* gesetzt, wie aus ♮ *mi* zu *fa* in *b fa* ♮ *mi*; dieses
Intervall wird nirgends angetroffen. Obgleich es Oktave heifst, fehlt
ihm doch, wie gesagt, ein Komma an der grofsen Septime, dem zwölften

Semidiapason.

Intervall, ähnlich wie wir früher über die verminderte Quinte und übermäfsige Quarte gesagt
haben. Daher ergiebt sich, dass die Entfernungen der Noten auf den Linien nur für die Augen
da sind, während ihnen der wirkliche Abstand nicht entspricht, wie wir im 2. Kap. gelegentlich
gesagt haben. Wenn über die angeführten Entfernungen hinaus noch andere Intervalle vorkommen, so werden diese aus den schon angegebenen leicht beurteilt werden, indem mit *Diapason*
Tonus, Ditonus etc. zu verbinden ist, bis zur Doppeloktave, welche das gröfste aller Intervalle ist.

Das ist die Vorschrift der Musiker unserer Zeit, die wir zwar nicht für wertlos aber auch nicht für ganz vollkommen halten. Zum Vorteile der Schüler wollen wir den bekannten zum Auswendiglernen sehr nützlichen Gesang beifügen, welcher nur der Intervalle erwähnt, welche in häufigem Gebrauche sind. Daher nennt er drei mal drei *Modi*, da es doch fünfzehn Intervalle giebt, weil er weder den Triton noch die Semidiapente, noch Ditonus mit diapente, noch Semiditonus mit diapente aufzeichnet, weil diese sprungweise fast gar nicht gebraucht werden, auch nicht die Semidiapason, weil diese vollständig zu vermeiden ist. Er nimmt zwar den Einklang auf, obgleich er ihn nicht für ein Intervall hält. Die Intervalle nennt er uneigentlich *Modi*, da *Modi* das sind, was unsere Zeit *Töne* nennt, wiewohl auch dieses uneigentlich ist, da, wenn der Name eines Tones der vollkommenen Sekunde zugestanden wird, wie das deutlich aus dem Früheren erhellt, dieser Name von dem vollkommenen Ertönen herkommt, wie manche berichtet haben.

Ter ter - ni   sunt   mo - di, qui - bus om - nis   can - ti - le - na   con - te - xi - tur: sci - li - cet   U - ni-

so - nus, Se - mi - to - ni - um, To - nus, Se - mi - di - to - nus, Di - to - nus, Di - a - tes - sa - ron, Di - a - pen - te,

Se - mi - to - ni - um cum di - a - pen - te, To - nus cum di - a - pen - te. Ad hos so - nat Di - a - pa - son,

Si quem de - lec - tat psal - le - re, hos mo - dos es - se cog - no - scat.   E v o v a e

Die Intervallengattungen werden nach Cleonidas „introductio harmonica" am passendsten von der verschiedenen Lage der Halbtöne hergenommen. So hat die erste Quartengattung, *re sol*, den Halbton in der Mitte, die zweite, *mi la*, im Anfange, und die dritte, *ut fa*, denselben am Ende. Die erste Quintengattung hat den Halbton an zweiter, die zweite an erster, die dritte an letzter und die vierte an dritter Stelle. Die Oktave, aus den Quarten- und Quintengattungen zusammengesetzt, verändert auf dieselbe Weise in ihren sieben Gattungen die beiden Halbtöne. Daher die Hauptregel, dass jedes Intervall immer eine Gattung weniger hat, als die Zahl der Klänge beträgt, was der grofse Severinus 4. Buch, 13. Kap. mit diesen Worten sagt: Es wird, sagt er, immer eine Gattung der Konsonanzen weniger sein, als es Stimmen sind, so dass die Quarte, welche vier Stimmen hat, drei Gattungen, die Quinte, welche fünf Stimmen hat, vier Gattungen, die Oktave endlich, welche acht Stimmen hat, sieben Gattungen hat, welches durch die folgende Tabelle sich deutlicher zeigt.

sol la fa   la mi fa sol   la mi fa sol mi fa sol

re mi ut   re mi fa sol   re mi fa sol mi fa sol

3 Quartengattungen.   4 Quintengattungen.   7 Oktavengattungen.

Neuntes Kapitel.

Was Phthongus, Konsonanz und Dissonanz ist, wie viele Arten von Konsonanzen es bei den Alten und wie viele es deren bei den Neueren giebt.

Phthongus, sagt Severinus im 1. Buch, 8. Kap., ist der melodische, d. h. für den Gesang passende Fall der Stimme auf eine einzige Tonhöhe. Andere bezeichnen den Phthongus als den kleinsten Teil der Melodie; noch andere sagen, er sei ein bestimmter Klang einer und derselben Saite; andere, wie Ptolemaeus, sagen, er sei ein Klang, der einen und denselben Ton aushält. Gerade so, wie die Einheit das Prinzip der Zahl, der Punkt das Prinzip der Linie, der Moment das Prinzip der Zeit ist, so ist der Phthongus das Prinzip der Harmonie, eine unteilbare Stimme, die dabei als Element auftritt, aus der jede Melodie besteht und in welche sie sich auflöst. *Emmeles Phthongi* sind solche, welche unter sich eine den Ohren zusagende Stimme bewirken, wenn nicht, so werden sie *emeles* genannt. Die Konsonanz wird bei dem nämlichen Severinus erklärt als das Gemisch eines hohen und tiefen Tones, welches lieblich und als Einheit zu den Ohren gelangt. Ebenso ist die Konsonanz, sagt er, die zur Einheit gebrachte Vereinigung unter sich verschiedener Stimmen. Manche meinen, Severinus pflichte dort dem Plato und hier dem Nicomachus bei; denn Plato sagt bei demselben, dass auf folgende Weise die Konsonanz in dem Ohre entstehe: Es ist notwendig, sagt er, dass ein höherer Ton auch schneller sei; da dieser also dem tiefen vorausgeht, gelangt er rascher ans Ohr, und schon matter gemacht und gleichsam zurückgeschlagen, kehrt er in wiederholter Bewegung als tieferer Ton zurück und, mit dem tiefen Tone vermischt, kommt er als gleicher heran und erregt mit dem anderen eine Konsonanz. Aber Nicomachus meint, das sei nicht der Wahrheit gemäß, denn die Konsonanz sei nicht die Vereinigung ähnlicher, sondern vielmehr unähnlicher Klänge zu einem einzigen Klange; wenn man aber einen tiefen Klang mit einem tiefen Klange mische, entstände keine Konsonanz, weil nicht die Ähnlichkeit sondern die Unähnlichkeit diese Übereinstimmung der Phthongi bewirkt. Er selbst aber erforscht das Wesen der Konsonanz so: Wenn zwei verschiedene Saiten angeschlagen werden, so begegnen sich diese zwei Klänge; wenn diese messbar sind, wird dieses Maß mit sich selbst vermischt eine Konsonanz der Stimmen bewirken. Wofern sie aber unmessbar sind und jede, nachdem sie zugleich in Bewegung gesetzt worden waren, für sich gehen will, muss notwendig eine Dissonanz entstehen. Hierauf erklärt Severinus auch die Dissonanz so: Die Dissonanz, sagt er, ist der an unser Ohr gelangende rauhe und unangenehme Zusammenschlag zweier mit sich selbst vermischter Klänge; denn während sie nicht vermischt sein wollen und jeder unversehrt zu bleiben sucht, hindert der eine den anderen und beide berühren unlieblich das Gefühl.

Wunderbar ist, wie unsere Zeit von der alten Tradition in betreff der Zahl der Konsonanzen abweicht, denn man wird kaum mehr als sechs bei den bewährtesten alten Autoren angeführt finden. Severinus selbst, 2. Buch, 16. Kap. und in den zwei folgenden Kapiteln, wo er über die Ordnung der Konsonanzen handelt, zählt deren nur fünf auf. Über die Berechnung derselben wollen wir einiges beifügen, damit auch die Jugend einen kleinen Geschmack davon bekomme. Die Pythagoräer nun sagten, die Oktave sei die erste aller Konsonanzen und stehe im doppelten Verhältnis, wie 12 zu 6, oder wie 24 zu 12; aber die Duodecime stehe im dreifachen Verhältnis, wie 18 zu 6, oder wie 24 zu 8; die Doppeloktave im vierfachen Verhältnis, wie 24 zu 6; nach diesen die Quinte im anderthalbteiligen Verhältnis, wie 9 zu 6 oder 12 zu 8; die Quarte im ein- und eindritteiligen Verhältnis, wie 8 zu 6 oder · 12 zu 9. Dieses sind die fünf Konsonanzen, worüber Severinus handelt; diesen wird der

Ganzton, der aber deswegen doch keine Konsonanz ist, wie derselbe 1. Buch. 16. Kap. sagt, hinzugefügt; er steht im Verhältnis wie 9 zu 8. Das alles wird durch dieses Beispiel klar, indem die Zahlenverhältnisse und die Buchstaben der Schlüssel nach der guidonischen Tonleiter hinzugefügt sind.

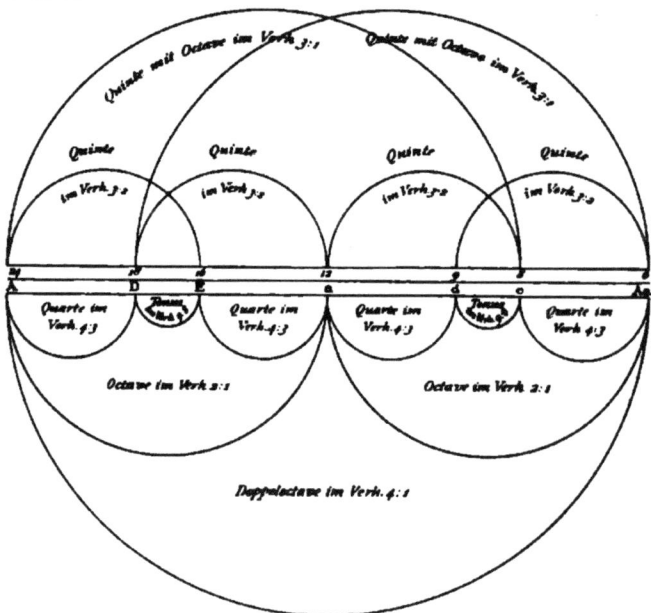

Dieses nun ist die Überlieferung der Alten, wovon wir hier eine kleine Probe gegeben haben. Aber in unserer Zeit fällt der Ganzton, den einige der Alten gesetzt haben, aus der Zahl der Konsonanzen fort und wird derselbe nur in den sogenannten Synkopen zugelassen (denn das ist der neuen Sache neuer Name) wo er jedoch nicht gehört wird, wie er in dem folgenden Zusammenklange des Contratenors vor der Hälfte der vorletzten Note mit der vorletzten Note des Tenors sich findet.

Auch die Quarte wird verworfen, wofern sie nicht die Quinte oder die große oder die kleine Terz unter sich hat. Dafür dieses Beispiel aus Franchinus.

$_{3}$*

Aufserdem dieses einfache Beispiel.

Die neueren Musiker teilen die Konsonanzen in vollkommene und in unvollkommene ein; alle dazwischenliegenden sind vielmehr als Dissonanzen zu bezeichnen. Der vollkommenen Konsonanzen giebt es fünf: der Einklang, die Quinte, die Oktave, die Duodecime und die Decimaquinte. In dem mensurierten Gesange folgen nie je zwei derselben Gattung auf einander; jedoch schliefsen sie meistens den Gesang, wenn die Stimmen gleichsam durch die Anstrengung ermüdet wieder zum Frieden und zur Ruhe gekommen sind. Unvollkommene Konsonanzen giebt es vier: die Terz, die Sexte, die Decime und die Decimaterz, die man bei den Alten wohl nirgends findet. Sie sind aber zur Fuge in zwei zugleich mit einander fortschreitenden Stimmen sehr passend und haben viel Annehmlichkeit, wenn sie endlich in vollkommenen Konsonanzen endigen und wie verirrt zurückkommen. Sie sind übrigens erst aufgekommen, als man anfing vier Stimmen zugleich zu gebrauchen, um wenigstens den aus der Wiederholung der vollkommenen Konsonanzen entstandenen Überdruss zu beseitigen. Es könnte mehr hierüber gesagt werden, allein es gehört nicht hierher. Der Dissonanzen, welche das Gehör heftig beunruhigen und angreifen, giebt es sechs: die Sekunde, die Quarte, die Septime, die None, die Undecime und die Decimaquarte. Wir sprechen aber über die Intervalle, welche innerhalb der Grenzen der Doppeloktave eingeschlossen sind; denn die Intervalle, welche darüber hinaus vorkommen, haben keine richtige Verschmelzung und Verbindung der *Phthongi*, wenn auch einige zusammentönen, wie die Decimaseptime, Decimanone und Vicesima; die mittlere dieser drei zählt man unter die vollkommenen, die anderen unter die unvollkommenen Konsonanzen. Die Decimaseptime gebrauchen in unserer Zeit häufig die gelehrtesten Komponisten, seltener aber die Decimanone und Vicesima, aber soweit ich urteile, wenden sie dieselben mehr aus der Ursache an, damit die höchsten Stimmen in der Höhe gleichsam mitspielen, als damit eine richtige Harmonie und eine wahre Vermischung der Töne stattfindet. Hier folge eine Übersicht über alle.

5 vollkommene Konsonanzen.   4 unvollkommene Konsonanzen.   6 Dissonanzen.

Zehntes Kapitel.
Über die Teilung des Tones und über die Erklärung dieser Teile.

Da wir aber in dem 8. Kapitel das Komma und in dem Früheren sogar oft den Halbton erwähnten, so lohnt es sich der Mühe, dass wir diese jetzt, wie wir damals versprochen haben, deutlicher erklären. Wir werden daher die Teilung des Tones, wie sie bei Severinus ist, mit kurzen Worten und nackter Beschreibung angeben. Es ist bei den Musikern durch sichere Beweise vollends gezeigt worden, dass der Ganzton in zwei gleiche Teile nicht geteilt werden könne, weil das überteilige Verhältnis des Tones nicht in zwei gleiche Teile geteilt werden kann, wie derselbe das vortrefflich im Anfange des 3. Buches zeigt; daher wird der im Verhältnis von 9 zu 8 stehende Ganzton in einen gröfseren und in einen kleineren Halbton geteilt. Die Griechen nennen den gröfseren Halbton *Apotome*, den kleineren aber *Diesis* oder *Lemma*. Der kleinere Halbton wird in zwei *Diaschismata* geteilt. Der Überschuss, um den der gröfsere Halbton den kleineren übertrifft, heisst *Comma*, welches auch in zwei Teile geteilt wird, die Philolaus bei Boethius *Schismata* nennt. *Philolaus* giebt bei Boethius auch die Erklärungen aller dieser Teile an. *Diesis*, sagt er, ist das Intervall, um das die Sesquiterz-Proportion gröfser ist, als zwei Ganztöne. *Comma* aber ist das Intervall, um welches die Sesquioktav-Proportion gröfser ist, als zwei Diesen, d. h. als zwei kleinere Halbtöne. *Schisma* ist die Hälfte eines Comma und *Diaschisma* aber die Hälfte der Diesis, d. h. des kleineren Halbtones. So jener. Aus diesen Erklärungen und aus der folgenden Tabelle kann man leicht ausrechnen, in wie viele Diaschismata und kleinere Zwischenräume der Ton geteilt wird. *Boethius*, dem wir dieses entnommen haben, zeigt im 3. Buche, 8. Kap., dass dieses auf mehrfache Art geschehen kann. Es liegt uns nicht ob; diese Kunst bis ins einzelne zu verfolgen, sondern nur, das anzugeben, was uns notwendig erscheint. Deshalb führen wir das vor Augen und zeigen, dass es so ist; warum es aber sich so verhält, ist eine höhere Aufgabe. Jedoch ist hier zu bemerken, dass hier *Diesis* in der eigentlichen Bedeutung steht, wenn es aber für *Diaschisma* gebraucht wird, wie es die Alten im enharmonischen Tongeschlechte thun, dann in der uneigentlichen Bedeutung.

Aber nun setzen wir die Figur:

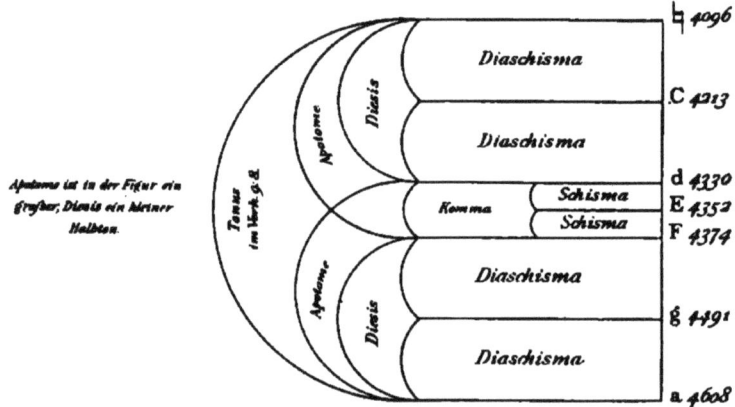

Apotome ist in der Figur ein gröfser, Diesis ein kleiner Halbton.

Es sei a♮ ein Ganzton, ♮d oder fa ein kleiner Halbton oder Lemma oder Diesis, wie die Griechen nach Boethius 2. Buch, 27. Kap. sagen. ♯f oder da sei ein grofser Halbton oder Apotome, wie die Griechen sagen. Es seien ♮c und cd und ebenso fg und ga Diaschismata, Teile der Diesis; df sei ein Comma, dessen Teile die beiden Schismata de und ef. Dieses war zu unserm Gebrauche darzuthun. — Es sei a Mese oder a la mi re, f aber Trite synemmenon oder fa in b fa ♮ mi; ♮ sei Paramese oder mi in b fa ♮ mi. Daher ist der Ton re in a la mi re von fa in b fa ♮ mi um einen kleinen Halbton entfernt, aber von mi in demselben Schlüssel um einen ganzen Ton. Daraus folgt, dass die zwei Stimmen in b fa ♮ mi, welche demselben Schlüssel anzugehören scheinen, unter sich weiter von einander abstehen, als von ihren äußeren, d. h. von ihren oben und unten benachbarten Schlüsseln, nämlich als *mi* von *c sol fa ut* und *fa* von *a la mi re*. Denn dieselben sind unter sich um einen großen, von ihren benachbarten Schlüsseln auf beiden Seiten aber nur um einen kleinen Halbton entfernt, daher die Erwägung dieser Theorie durchaus nicht zu verachten ist.

Übrigens ist nicht mit Stillschweigen zu übergehen, was derselbe Severinus 3. Buch, 14. und 15. Kap. sagt: dass nämlich der kleine Halbton nicht ganz vier Commata habe, sondern etwas über drei, und so habe auch der große Halbton nicht ganz fünf Commata, sondern etwas mehr als vier; so kommt es, dass der Ganzton acht Commata übersteigt ohne neun vollständig auszufüllen.

Elftes Kapitel.
Die Lehre von den acht Modi (Tonarten) der jetzigen Musik.

Wir halten kaum irgend einen anderen Teil der Musik der Besprechung gleich wert, gleich notwendig und gleich angenehm, als die Behandlung der Modi, die wir jetzt mitteilen wollen. Sie sagt nämlich so sehr der menschlichen Natur zu, dass sie eigentlich vielen Menschen angeboren zu sein scheint; sie ist sehr nützlich, nicht nur um jeden Gesang zu beurteilen, sondern auch um die Gedichte der Dichter einzurichten, und sehr geeignet, viele Stellen in vortrefflichen Musikstücken zu verstehen. Deswegen ermahnen wir alle Schüler eindringlichst, hier den Geist ernstlich anzustrengen, denn sie werden davon einen Nutzen haben, der sie wahrlich niemals gereuen wird, wenn sie dieses einmal gründlich erfasst haben. Wenden wir uns nun zur Sache selbst.

Die musikalischen Modi sind nichts anderes als Konsonanzengattungen der Oktave selbst, welche wiederum aus den verschiedenen Quinten- und Quartengattungen entstehen, wie wir das oben über die Intervalle gesagt haben. Wenn daher jemand das, was wir dort mitgeteilt haben, wohl verstanden hat, wird er auch ohne Mühe die Natur der Modi verstehen. Trotzdem werden wir später auch noch andere Kennzeichen der Modi angeben; doch nach unserer Sitte wollen wir zuerst das, was unsere Musiker lehren, vortragen, und hierauf in dem anderen Buche die Lehre der Alten hinzufügen, damit jeder leicht sehen kann, wie unsere Lehre mit der Lehre der Alten übereinstimmt. Von den *vierzehn Modi*, welche aus den sieben Oktavengattungen entstehen, erkennt unsere Zeit nur *acht* an, wenn sie sich auch *dreizehn* bedient, die einen stets, die anderen seltener, wie wir später zeigen werden. Auch diese *acht* unterscheidet sie nicht nach einem wirklichen Grunde oder nach bestimmten Gesetzen, sondern bestimmt sie nach gewissen aber nicht allgemeinen und zutreffenden Regeln. Sie nennt sie ebenfalls Töne und zwar mit solcher Konsequenz und Hartnäckigkeit, dass, wenn wir uns nicht so ausdrücken, wir manchem vorkommen werden, als kennten wir nicht die Anfangsgründe der Musik; aber ich will hierüber mit niemand streiten; mir gefällt es, sie Modi zu nennen, wie die Alten sie alle genannt haben. Es kann jedoch scheinen, als sei die Benennung Töne zur Zeit des *Boethius* aufgekommen, denn derselbe sagt im 4. Buch, 14. Kap. so: „Aus den Gattungen der Konsonanz Oktave bestehen die sogenannten Modi, die man auch Tropen oder Töne[1] nennt;" mit welchen Worten er diese Neuerung nicht sehr zu billigen scheint. Die Unsrigen beginnen die Vorschriften über die acht Modi so: „Einige sind von ungerader Zahl, so der 1., 3., 5. und 7.; die anderen sind von gerader Zahl, wie der 2., 4., 6. und 8. Jene werden authentische, diese aber plagalische oder subjugale genannt; die

---

[1] „Ex diapason igitur consonantiae speciebus existunt qui appellantur modi, quos eosdem Tropos vel Tonos nominant."

Griechen sagen *plagii* (schräg, von der Seite her, verkehrt), denen wir folgen. Alle aber beruhen in einer Oktavengattung, jedoch mit dem Unterschiede, dass die von ungerader Zahl die ganze Oktave über dem Schlusston haben, aber die von gerader Zahl haben zwar ihre Quinte über, jedoch die Quarte unter dem Schlusston. Um dieses besser zu behalten, setzen sie den Vers: „Vult descendere par, sed scandere vult modus impar." (Der gerade Modus, der will abwärts-, der ungerade aber aufwärtssteigen.) Daher ist allgemein richtig, was von allen Musikern vorgeschrieben zu werden pflegt, dass der Schluss aller Modi in die unterste Saite der Quinte gelegt werde. Diese Schlüssel oder Saiten *D, E, F, G* sind Finalen genannt worden, weil in ihnen jeder nicht irreguläre und nicht transponierte Gesang zu endigen hat. Auf jeder dieser Saiten lassen sich zwei Modi errichten und zwar

auf *D* der 1. und 2., auf *E* der 3. und 4.,

auf *F* der 5. und 6., und auf *G* der 7. und 8.

Der 1. Modus reicht daher vom grofsen *D* bis zum kleinen *d*, der 3. vom grofsen *E* bis zum kleinen *e*, der 5. vom grofsen *F* bis zum kleinen *f*, der 7. vom grofsen *G* bis zum kleinen *g*. Die plagalischen Modi, welche mit jenen die Quinte gemeinsam haben, haben die Quinte über der Finale, aber die Quarte unter derselben. So reicht der 2. vom grofsen *A* bis zum kleinen *a*, der 4. vom grofsen *ᵇ* bis zum kleinen *b*, der 6. vom grofsen *C* bis zum kleinen *c*, der 8. vom grofsen *D* bis zum kleinen *d*, wie der 1., von welchem er sich nicht der Natur des Systems nach unterscheidet, das er nur umkehrt, indem er die Quinte über die Quarte setzt. Hier die Übersicht.

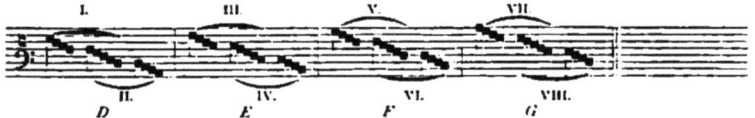

Viele unterscheiden auch die Quinten und Quarten aller Modi durch die Stimmen, eine Erfindung, die für das Gedächtnis nicht ohne Nutzen ist, und wobei man mit der Benennung von oben beginnt und in den ungeraden Modi die Quarte zuerst und darauf die Quinte, umgekehrt in den geraden zuerst die Quinte und darauf die Quarte angiebt, in dieser Weise:

1. Modus *sol re, la re;*   2. Modus *la re, sol re;*

3. Modus *la mi, mi mi;*   4. Modus *mi mi, la mi;*

5. Modus *fa ut, sol ut;*   6. Modus *sol ut, fa ut;*

7. Modus *sol re, sol ut;*   8. Modus *sol ut, sol re.*

Zwölftes Kapitel.
Über den Schluss der Gesänge in den Modi.

Über den Schluss der Gesänge in allen Modi lehren dieselben so: Jeder Gesang endet entweder in *re*, in *mi* oder in *ut* und in *ut*, nämlich sowohl in den verbundenen als in dem getrennten. Verbunden wird *ut* genannt, wenn es *fa* hat in *b fa ♮ mi*, getrennt, wenn es *mi* hat. In *re* endigt ein Gesang des 1. und 2. Modus, in *mi* ein Gesang des 3. und 4. Modus, in dem verbundenen *ut* ein Gesang des 5. und 6. Modus, wie sie jetzt gebraucht werden, in dem getrennten *ut* ein Gesang des 7. und 8. Modus. Wer daher die Oktavengattungen gut kennt, wird den Gesang eines jeden Modus leicht beurteilen. Dies prägen wir deshalb so oft mit Vorliebe ein, weil die Gesänge durch Versetzungen verändert werden. Denn wenn auch der Sitz des 1. und 2. Tones in *D sol re* ist, so findet er sich auch häufig, besonders in vierstimmigen Gesängen, in *G sol re ut*, jedoch nicht ohne *fa* im b-Schlüssel; dies geschieht, damit die unterste Stimme, welche mit der mittlern eine Oktave macht, innerhalb der guidonischen Skala bleibt. Wenn dieses auch nicht durchaus nötig ist, wozu dient es aber, dass die Stimmen aufserhalb umherschweifen, wenn sie in der Skala bequem aufgenommen werden können? Zuweilen schliefsen der 1. und 2. Modus in *a la mi re*, aber nur in solchen Gesängen, welche die Quinte nicht überschreiten, da sonst weder der 1. Modus oben noch der 2. Modus unten seine Quarte behielte, und endlich *la mi* für *sol re* einträte, was gegen die Natur dieser Modi ist. Die Kirchensänger bedienen sich freilich in dem Transponieren der Gesänge einer das Maß überschreitenden Freiheit, deren sie sich allerdings enthalten könnten; denn was ist es nötig, wegen des einen oder anderen nachgebildeten Tönchens den ganzen Gesang zu transponieren, besonders wenn dasselbe mehr durch die Gewohnheit als durch einen eigentlichen Grund hereingebracht wurde? Ebenso haben der 3. und 4. Modus das Ende ihrer Gesänge in *E*, können jedoch auch in *a la mi re* schliefsen, wenn *fa* in *b fa ♯ mi* gesungen wird; aber im b-Schlüssel können sie sich nicht schliefsen, damit die Natur des Systems bleibt, obgleich dieses mehrere geschrieben haben. Der 5. und 6. Modus, wie wir sie jetzt gebrauchen, in den beiden *C*, wo einst der eigentliche Sitz beider war, schliefsen jetzt in *F fa ut*. Der 7. und 8. Modus schliefsen nirgends angemessener, als in *G sol re ut*, obgleich sie auch im kleinen *c* mit *fa* im b-Schlüssel schliefsen können; woher viele allgemein als Regel gegeben haben, jeder Modus könne in der Quinte über der Finale eine Confinale haben, die sie Finale nennen. In der That ist das gerade in keinem Modus wahr, denn überall streitet die Quarte dagegen. Nun wäre aber folgendes die wahre Regel und eher zu setzen: In jedem vierten Schlüssel, der Quarte, über der Finale kann der Gesang eines jeden Modus geschlossen werden, wenn nämlich *fa* in b-Schlüssel ist; von den beiden ersten Modi haben wir das schon gezeigt. Von dem 3. und 4. Modus ist es nach dem vorhergehenden Notenbeispiele aufser Zweifel, denn es wird aus *mi* im grofsen *E* bis zu *la* in *a la mi re* dasselbe System für die beiden Modi bleiben, welches es aus *mi* im grofsen ♯ bis zu *la* im kleinen *e* ist. Der 5. und 6. Modus werden aufserdem gewöhnlich als durch die Quarte transponierte gehalten; dass sonst *C* der wahre Sitz derselben war, haben wir schon gesagt. Über den 7. und 8. Modus gilt dasselbe, was vom 3. und 4. Modus gilt. Jodocus à Prato[1]) hat in der Messe „de nostra domina Dei genitrice“, das „Sanctus“, das dem 8. Modus angehört, offenbar in das kleine *e* versetzt, aber mit *fa* im b-Schlüssel.

Dreizehntes Kapitel.

Über die gewöhnliche Erkennung der Modi.

Die Gesänge können auch a posteriore, wie die Philosophen sagen, erkannt werden, durch gewisse leichtere und durchaus allgemeine Regeln, welche jedoch, weil sie das Gedächtnis unterstützen und von erfahrenen Lehrern dieser Kunst gegeben worden sind, wie es mir scheint, nicht übergangen werden dürfen; sie sind: Die Gesänge des 1. Modus springen häufig aus *re* in *la*, z. B. „Gaudeamus omnes“, „Salve regina“, „Ave maris stella“. Die Gesänge des 2. Modus aus *re* in *fa*, z. B. „Salve sancta parens“, „Terribilis est“, „Emendemus in melius“. Die Gesänge des 3. Modus aus *mi* in *fa*, welches von diesem eine Sexte absteht, wie in „Pange lingua“, „Discubuit Jesus“, „Omnia, quae fecisti nobis Domine“. Die Gesänge des 4. Modus

---

[1]) Josquin Deprés.

aus *mi* in *la* z. B. „Tota pulchra es", „Resurrexi", „Spiritus ubi vult spirat". Die Gesänge des 5. Modus aus *mi* in *sol* z. B. „O sacrum", „Regnum mundi", „Illuminare Hierusalem". Die Gesänge des 6. Modus aus *fa* in *la* z. B. „O quam admirabile", „Homo quidam fecit". Die Gesänge des 7. Modus aus *ut* in *sol* z. B. „Puer natus est nobis", Viri Galilaei", „Summae Trinitatis". Die Gesänge des 8. Modus aus *ut* in *fa* z. B. „Veni sancte Spiritus", „Spiritus Domini", „Vespere autem sabbati". Für das Gedächtnis fügen wir diesen rohen jedoch nicht wegzuwerfenden Vers bei:

Pri. re la, Se. re fa, Ter. mi fa, Quart quoque mi la.

Quint. mi sol, fa la Sext. Sept. ut sol, Oct. tenet ut fa.

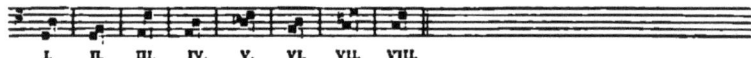

I.   II.   III.   IV.   V.   VI.   VII.   VIII.

    Damit dieses sich deutlicher zeigt, setzen wir Beispiele aller Modi aus *Franchinus Laudensis* herzu, den ich nie ohne Achtung erwähne, und welcher am meisten sich der ambrosianischen Mäfsigung genähert zu haben scheint. Die Beispiele sind derart, dass sie gut den Anfang, die Mitte und das Ende zeigen und zum Beurteilen der Gesänge sehr viel beitragen.

Al - me pa - ter Am - bro - si no - stras pre - ces au - di, Chri - ste exau - di nos.

In ho - no - rem a - po - sto - lo - rum fa - bri - ca - vit Bas - si - a - nus Do - mi - no templum no - vum.

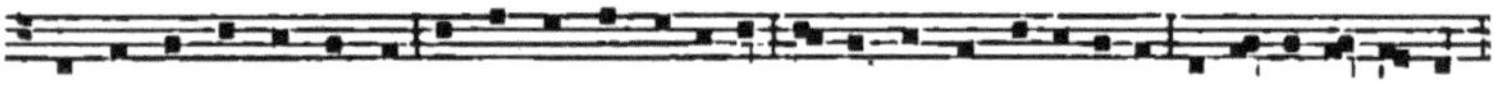

Bap - ti - zat Au - gu - sti - num sa - cer - dos Am - bro - si - us, sta - tim am - bo mo-du-lan-tur Te De-um lau - da - mus.

Mar - cel - li - nus, sa - cer - dos, Pe - trus ex - or - ci - sta mar - ty-res Chri-sti in - ter - ce - dant pro no - bis.

Pre - ci - bus et me - ri - tis be - a - ti Bla - si - i mar - ty - ris de - fen - de nos De - us ab om-

ni ma - lo gut - tu - ris.

San - cte E - ras - me mar-tyr in - cly - te fun - de pre - ces ad Do - mi - num no - stra pro sa - lu - te.

Pro - tha - si - um et Ger - va - si - um e - a-dem fi - des et pas - si - o ve - re fe - cit es - se Ger - ma - nos.

O vir - go vir - gi - num Ma - ri - a, stel - la ma - ris, suc - cur - re no - bis mi - se - ris.

Vierzehntes Kapitel.

Über die Ausdehnung und Vermischung der Modi.

Anfangs waren die Gesänge bei den vornehmsten Kirchen so einfach, dass sie kaum die Quinte in Arsis und Thesis oder (wie andere sagen) im Vor- und Zurückgreifen, d. i. im Aufsteigen und Absteigen ausfüllten.[1] Die Ambrosianer sollen am meisten diesem Gebrauche sich genähert haben. Nach und nach ist man bis zur Oktave gekommen, dem wahren System aller Modi. Wie das auch in anderen Sachen geschieht, blieb man später auch nicht einmal in diesen Grenzen, sondern überschritt dieselben oben und unten, wie man das an verschiedenen Stellen sehen mag. Deshalb scheinen wenigstens nach unserer Meinung die die Grenzen der Oktave innehaltenden Modi etwas sehr Ähnliches mit dem innerhalb der Ufer des Flussbettes dahingleitenden Flusse zu haben, denn so, wie der Fluss, entweder durch Wärme oder durch eine andere Ursache vermindert, nicht immer das Bett ausfüllt, und auch zuweilen, durch Schnee oder Platzregen angeschwollen, dasselbe überschreitet, so füllen auch, wenn es den Sangmeistern (Phonasci) gefällt, die Modi die Oktave nicht aus, und zuweilen je nach der Beschaffenheit des Gesanges überschreiten sie dieselbe. In den ungeraden Modi aber setzen die Kirchengesänge der Oktave häufig unten einen Ton zu, wie es sich in dem 1. und 7. Modus zeigt; dem 3. Modus setzen sie zuweilen eine grofse Terz, dem 5. Modus aber einen kleinen Halbton zu. Umgekehrt aber setzen sie den geraden Modi oben einen Ton zu, wie dem 6. und 8. Modus; dem 2. Modus einen Halbton, jedoch selten, dem 4. Modus den Halbton sehr häufig, wie es sich in den vielen Gesängen dieses Modus und in den noch diesem Modus komponierten Klageliedern des Jeremias zeigt. Zuweilen werden die Systeme zweier Modi mit einander verbunden, wie in der Sequenz „Victimae paschali laudes" das des 1. und 2. Modus, wo der 1. Vers die den beiden Modi gemeinsame Quinte *re la* hat; der 2. und 3. Vers derselben Prosa aber haben sogleich im Anfange die Quarte *re sol* des 1. Modus, während die unmittelbar folgenden zwei Verse ebenso von Anfang die Quarte *re sol* des 2. Modus haben. Ebenso haben die zwei letzten Verse, wie der zweite und dritte, wiederum die Quarte des 1. Modus; alle aber haben die den beiden Modi gemeinsame Quinte *re la*. Die Systeme des 3. und 4. Modus sind verbunden in der Antiphon der Alten. In der Verbindung der Systeme des 5. und 6. Modus der Alten, welche *mi* in b-Schlüssel haben, besingt ein grofser Teil Germaniens und Galliens nach dem Rheine hin das Leiden des Herrn. Denn hier hat der Evangelist die 3. Quintengattung *fa fa*, die den beiden Modi gemeinsam und für die Erzählung sehr passend ist; die höhere Quarte *ut fa* haben die Juden und die anderen aufser Christus Sprechenden, die untere Quarte Christus selbst. Aber die Systeme des 5. und 6. Modus der Neueren, welche *fa* in b-Schlüssel haben, sind in der Prosa „Ave praeclara maris stella"; die des 7. und 8. Modus in den Prosen „Lauda Sion salvatorem" und „Benedicta sit sancta Trinitas". Endlich haben fast alle Antiphonen, welche aus den Lobgesängen Salomon's genommen sind, und viele Prosen, welche die Germanen nach dem Alleluja singen, gemischte Modi. Hierüber wollen wir in dem folgenden Buche weitläufiger sprechen. Wenn daher die Systeme zweier Modi verbunden werden, so sagen wir, sie seien vermischte Modi: manche glauben sie den plagalen Modi zuschreiben zu müssen. Ich aber halte da-

---

[1] In dem Compendium ex Glareani Dodecachordo heifst es: „In der ersten Kirche, als noch die Frömmigkeit in blofser Furcht gegen Gott bestand, waren die Gesänge demütig, schlicht und einfach, dass sie oft innerhalb der Quarte und Quinte sich bewegten, wie bis dahin die Priester am Altare die Evangelien, Episteln und Collecten singen. Allmählich erholen sie sich bis zur Sexte, wie das „Pater noster", „Credo" und ähnliche. Die Antiphonen, Introitus stiegen nach und nach bis zur Oktave".

für, dass die Natur der beiden Modi betrachtet werden muss; denn dass sie vermischte Modi sind, kann niemand leugnen.

Fünfzehntes Kapitel
Über den Gebrauch der Modi im Chore.

Was nun den Gebrauch der Modi besonders im Chore angeht, so ist zu beachten, dass die Schlüsse der Verse in festem Gedächtnisse gehalten werden müssen, damit die Jugend sich leichter an die Intonationen oder Formeln der Modi gewöhnt. Denn nachdem diese erlernt und mit den Anfängen der Antiphonen verglichen worden sind, ist das Intervall zu beurteilen und so der Gesang anzufangen. Es wird die Natur selbst dieses unterstützen, wofern nämlich die natürliche Anlage nicht durchaus stumpf ist. Die Formeln selbst sind bei manchen so, bei anderen anders. Es gefiel mir, dieselben blofs hinzusetzen, und werde ich über dieselben mit niemand streiten, weil mir die Sache sehr willkürlich erscheint.

I.   II.   III.   IV.

V.   VI.   VII.   VIII.

Weil aber das, was wir bis dahin über die Modi gelehrt haben, nicht meine, sondern die Lehre anderer ist, so wollen wir auch das Übrige, was diese Wissenschaft angeht, nämlich die Formeln aller Modi, sowohl der unversehrten als der veränderten (tum in integris, tum in corruptis), wie man sie nennt, d. i. die Intonationen der kleineren und gröfseren Psalmen beschreiben; darnach fügen wir die Verse der Responsorien und der Introitus bei, was auch Franchinus, wenn auch in anderer Weise, beachtet hat. Auch haben wir Sorge getragen, in der Mitte der Verse aller Modi eine deutliche Trennung zu machen, um die Confusion zu vermeiden, welche öfter unter den Singenden einzutreten pflegt.

Die Intonationen der kleineren Psalmen.

Di - xit Do - mi - nus do - mi - no me-o, se - de a dex - tris me - is. Cre - di - di prop-ter quod lo-cu-tus sum.

Di - xit Do - mi - nus do - mi - no me-o, se - de a dex - tris me - is. Cre-di - di prop-ter quod locu-tus sum.

Di - xit Do - mi - nus do - mi - no me-o, se - de a dex - tris me - is. Cre - di - di prop-ter quod lo-cu-tus sum.

Di - xit Do - mi - nus do - mi - no me-o, se - de a dex - tris me - is. Cre-di - di prop-ter quod lo-cu-tus sum.

Di - xit Do - mi - nus do - mi - no me-o, se - de a dex - tris me - is. Cre - di - di prop-ter quod locu-tus sum.

Di - xit Do - mi- nus do - mi-no me - o, se - de a dex - tris me - is.   Cre - di - di prop-ter quod lo - cu-tus sum.

Di - xit Do - mi-nus do - mi-no me - o, se - de a dex-tris me - is.   Cre - di - di prop-ter quod lo - cu-tus sum.

Di - xit Do - mi - nus do - mi - no me - o, se - de a dex-tris me - is.   Cre - di - di prop-ter quod locu-tus sum.

Die intonationes der psalteorum Psalmen.

Mag - ni - fi - cat a - ni - ma me - a Do - mi - num.   Be - ne - di-ctus Do - mi - nus De - us Is - ra - el.

Mag - ni - fi - cat a - ni - ma me - a Do - mi - num.   Be - ne - di - ctus Do - mi - nus De - us Is - ra - el.

Mag - ni - fi - cat a - ni - ma me - a Do - mi - num.   Be - ne - di-ctus Do - mi - nus De - us Is - ra - el.

Mag - ni - fi - cat a - ni - ma me - a Do - mi - num.   Be - ne - di - ctus Do - mi - nus De - us Is - ra - el.

Mag - ni - fi - cat a - ni - ma me - a Do - mi - num.   Be - ne - di - ctus Do - mi - nus De - us Is - ra - el.

Mag - ni - fi - cat a - ni - ma me - a Do - mi - num.   Be - ne - di - ctus Do - mi - nus De - us Is - ra - el.

Mag - ni - fi - cat a - ni - ma me - a Do - mi - num.   Be - ne - di-ctus Do - mi - nur De - us Is - ra - el.

Mag - ni - fi - cat a - ni - ma me - a Do - mi - num.   Be - ne - di - ctus Do - mi - nus De - us Is - ra - el.

Die Verse der Responsorien.

Glo - ri - a Pa - tri, et Fi - li - o,   et Spi - ri - tu - i   San - cto.

Glo - ri - a Pa - tri, et Fi - li - o,   et Spi - ri - tu - i   San - cto.

Glo - ri - a Pa - tri, et Fi - li - o,   et Spi - ri - tu - i   San - cto.

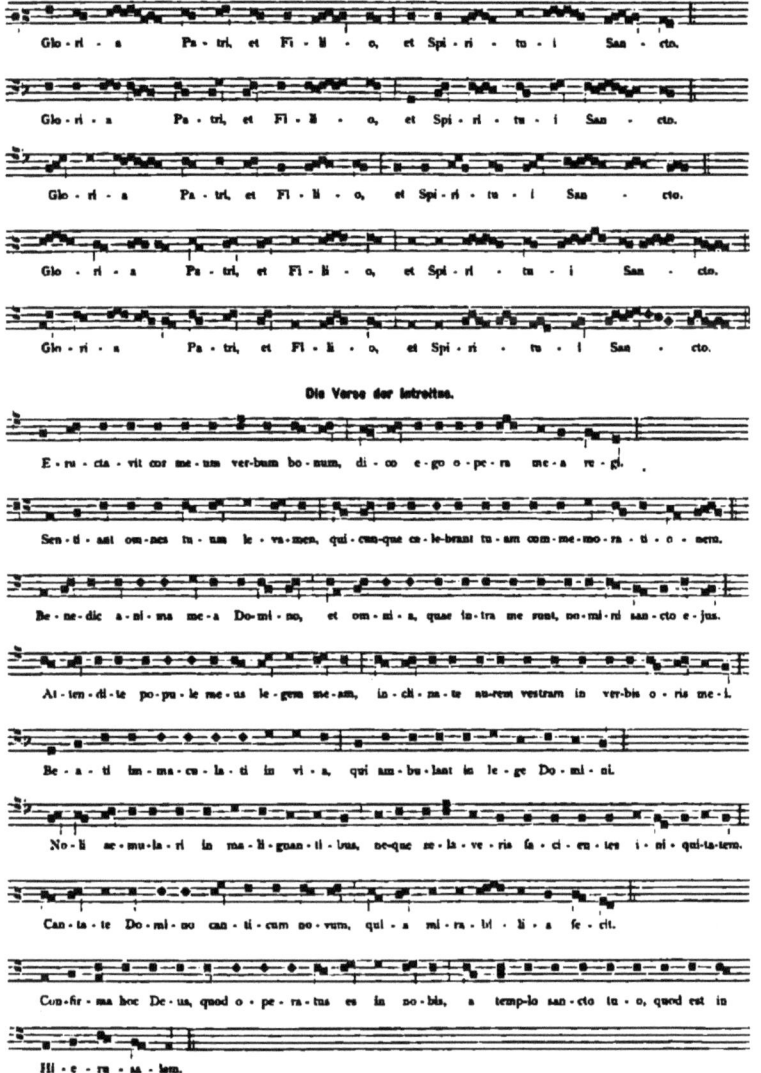

Die Verse der Introitus.

Wir haben dieses vielleicht weitläufiger behandelt, als es nötig war; allein das geschah der gewöhnlichen Menge zu liebe, der nichts klar genug gemacht wird. Eine weit lästigere

Arbeit jedoch ist die mit den Differenzen der Modi, eine nach meiner Meinung überflüssige Sache. Wie ich glaube, ist sie daher entstanden, weil entweder in den Hauptformeln unter den Gelehrten und ersten Autoren dieser Kunst keine Übereinstimmung herrschte und daher für die Differenzen die Formeln und umgekehrt für die Formeln die Differenzen gebraucht wurden, oder, was wahrscheinlicher ist, wegen der übermäfsigen Genauigkeit gewisser Musiker, welche in der Untersuchung des leichtern Anstimmens der Antiphonen die durch sich selbst deutliche Sache wirklich dunkler gemacht haben. Es würde zu weit führen, zu erzählen, wie die Differenzen entstanden sind, und welche Differenz für die einzelnen Antiphonen die passendste ist, eine Arbeit neugieriger, um nicht zu sagen müfsiger Menschen. Es haben nämlich nicht nur verschiedene Nationen und verschiedene Kirchen verschiedene Differenzen, sondern es variiert eine und dieselbe Stadt, und sogar eine und dieselbe Kirche durch Bücher und Gewohnheiten. Deshalb setzen wir sie so, als seien es verschiedene nach dem Gutdünken gelehrter Menschen ausgedachte Formeln des Modus selbst. Weil Franchinus, ein gelehrter Mann von durchaus gutem Urteil, dieselben nicht verachtet hat, schien es auch mir, dieselben nicht vernachlässigen zu dürfen; möge sie gebrauchen, wer will, denn ich will die gewöhnlichen Sänger, welche mir gewogen sein sollen, nicht aufreizen. Deshalb möge der Leser dieses wohlwollend aufnehmen. Die Formeln sind diese:

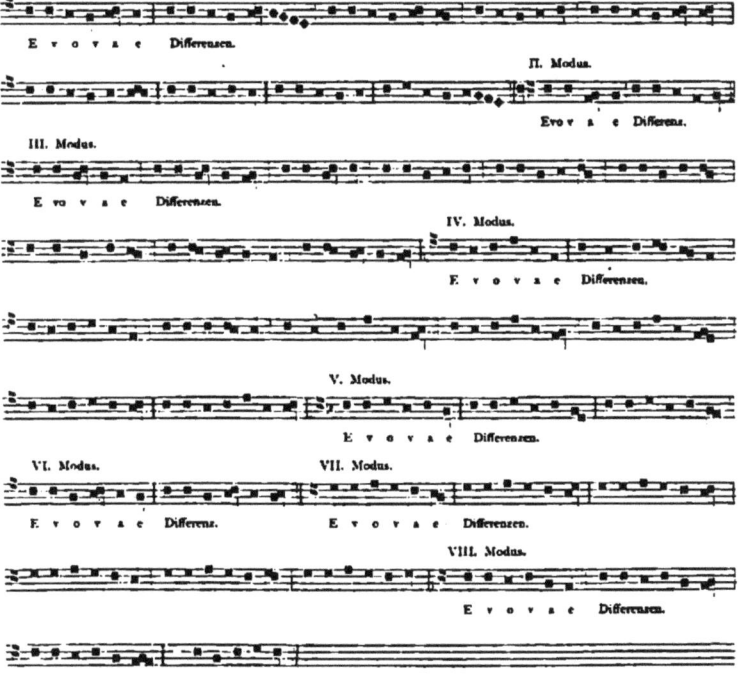

Damit aber unsere Zeit sieht, wie weit sie von jener Einfachheit der Alten abgewichen ist, wollen wir nach Franchinus die ambrosianischen Modulationen hier dem Leser vorführen, welche jedoch in dem 7. und 8. Modus eine Abweichung, nämlich für jeden zwei Formeln haben, für die übrigen nur eine. Zwar stimmen in unseren Formeln die des 1. und 8. Modus mit jenen überein, in den übrigen fast nicht.

I. Modus.   II. Modus.   III. Modus.   IV. Modus.   V. Modus.

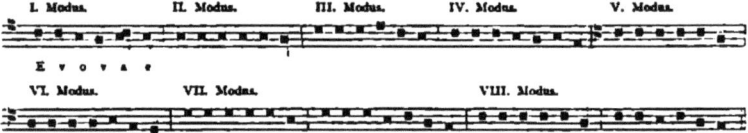

E   v   o   v   a   e

VI. Modus.   VII. Modus.   VIII. Modus.

Man fügt noch einen fremden Ton bei, welcher Ostern bei der Taufsegnung über den 113. Psl. in unseren Gegenden gesungen wird. Über diesen sagt Franchinus viel, zwar nicht mit hinreichender Genauigkeit, wie wir in dem folgenden Buche zeigen werden. Wir setzen denselben hierher, wie er gewöhnlich gesungen wird, um es den Lernenden an nichts fehlen zu lassen.

In   e - si - tu   Is - ra - el   de   Ae-gyp-to   do - mus Ja - cob   de   po - pu - lo   bar-bar - o.

Vieles könnte noch zugefügt werden, allein um nicht der Liebhaberei anderer mehr als nötig zu dienen und mit Recht läppisch und lächerlich zu erscheinen, glaube ich hier inne halten zu müssen. Übrigens werden wir einiges über die Einteilung der Monochords, teils aus Boethius, teils aus anderen Autoren folgen lassen, eine ebenso angenehme als notwendige Materie.

Sechzehntes Kapitel.

Wie die Konsonanzen nach Boethius unzweifelhaft durch das Gehör beurteilt werden können und über den hierin herrschenden Missbrauch der musikalischen Benennungen.

Schon waren wir zu dem erwünschten Ende dieses Werkes gekommen, in welchem wir mehr die Vorschriften anderer als unsere eigenen behandeln. Jedoch es gefiel uns, damit diese Abhandlung umfangreicher auftrete, eine sehr notwendige Sache, nämlich die vielfältige Teilung des Monochords zuzufügen. Hierbei erschien es mir nötig, damit der freundliche Leser es uns nicht übel nehme oder als Arroganz deute, vorauszuschicken, dass wir viele Benennungen anders gebrauchen, als unsere Musiker es jetzt gewohnt sind. Denn es ist nicht zu leugnen, dass seit mehr als 800 Jahren alle Disciplinen irgendwelchen Schaden gelitten haben, dass vieles verderbt noch mehreres aber verstümmelt worden ist. So ist auch in der Musik vieles seit einiger Zeit fälschlich überliefert, vieles auch falsch ediert worden, was jeder einsieht. Es steht fest, dass es solche gab, welche nicht einmal die Namen dieser Disciplinen beugen konnten, dennoch haben sie es unternommen, Bücher herauszugeben und diese Kunst zu lehren nicht ohne die strenge Rute des Kritikers und nicht ohne philosophischen Stolz, ein Vorgehen, welches mich oft zum Lachen, öfter jedoch zum Unwillen reizte, dass nämlich die Menschen so thöricht Ruhm erstreben wollen. Denn wenn wir das auch so auslegen, als hätten sie mit bestem Willen, wie man sagt, und mit Eifer für das allgemeine Wohl geschrieben, so ist der nach meiner Meinung nicht frei von Fehler, welcher aufs Geratewohl eine Sache zu lehren unternimmt, welche er weder kennt noch nach Würde behandeln kann; denn nicht allein den Jüngern der Poesie ruft Horaz in seiner ars poetica zu:

> „Sumite materiam vestris, qui scribitis, aequam
> Viribus, et versate diu, quid ferre recusant,
> Quid valeant humeri."

d. i. „Nehmet, die ihr schreibet, eine euern Kräften angemessene Materie und prüfet lange, was eure Schultern zu tragen sich weigern und was sie zu tragen vermögen". Niemand fordert hier eine ausgezeichnete Beredsamkeit und schönklingende Rede, weil die Sache selbst der Ausschmückung sich entzieht und zufrieden ist, gelehrt zu werden; aber wenigstens das wird verlangt, dass man die wissenschaftlichen Namen oder die Termini, wie sie selbst sagen, richtig gebraucht; und desto mehr jemand das, je tüchtiger er selbst ist. Denn was soll ich von denen sagen, welche Neuma neumae, und Antiphona, nae und ebenso Magada, dae nach der ersten Deklination gebraucht haben, welche bei den Griechen τὸ νεῦμα τοῦ νεύματος, τὰ ἀντίφωνα τῶν ἀντιφώνων καὶ ἡ μαγὰς τῆς μαγάδος dekliniert werden. Aber diese sind durch den griechischen Accusativ τὸ νεῦμα, τὰ ἀντίφωνα, τὴν μαγάδα irregeführt worden. Nun ist es aber damit nicht genug, dass viele ihre Unwissenheit damit bemänteln, dass sie sagen, auch die Lateiner hätten in gewissen Namen dieser Art manches an der griechischen Form verändert, wie wenn sie die Dative und Ablative der Neutra auf a, poëmatis für poëmatibus gebrauchten, und von dem griechischen Accusativ masc. cratera sei das Femininum Nominat. haec cratera entstanden und ebenso vom griech. Accusativ fem. Tyndarida der lat. Nominativ fem. Tyndarida, dae, weshalb bei Horaz fortissima Tyndaridarum. Hierauf antworte ich kurz, denn hier ist nicht der Ort, das zu behandeln, was die Alten meistenteils aus poetischer Licenz gebraucht haben, dabei muss man vielleicht ein Auge zudrücken; aber so ist es nicht, wenn Disciplinen gelehrt werden sollen, deren Benennungen feststehende und eigentümliche sein müssen, sonst wird überall ein unentwirrbarer und unendlicher Irrtum entstehen. Das sind Verteidigungsreden des Poggius gegen den würdigen Valla, weil er dacadarum für decadum gesagt hatte. Aber das sei ferne, dass wir dieses allgemein zulassen. Übrigens werden die, welche das so fälschlich gebrauchten, leicht Entschuldigung finden, weil sie zu einer Zeit lebten, in welcher alle schönen Disciplinen mit den meisten guten Wissenschaften mehr als im Schlummer lagen. Zu diesen gehören *Guido, Otto, Berno, Theogerus Bischof, Wilhelmus* und *Joannes*, später Papst, und andere Männer dieser Zeit. Aber in unserer Zeit haben solche, welche sich vorkommen als sprächen sie so sehr deutlich und elegant, obgleich sie nichts weniger können, als das, keine Entschuldigung. Ich schone hier der Namen und begnüge mich, zum Nutzen der Studierenden die Sache kurz berührt zu haben. Nur das schmerzt mich, dass durch die Undeutlichkeit dieser so viele Talente zu Grunde gehen, welche den geschickten und natürlichen Lehrer von dem zugestutzten Praeceptor nicht zu unterscheiden vermögen, da ein grofser Teil der jetzt Studierenden irgend einen blumenreichen Ausdruck in der Rede höher schätzt, als das blühendste Feld der Wissenschaften. Niemand hat die Musik einsichtsvoller und gründlicher gelehrt, als *Boethius*, ich habe keinen gesehen, der ihn ganz erreicht hat. Nur *Franchinus* hat sich vor wenigen Jahren, jedoch in weitem Abstande, hervorgethan und diese Disciplin durch seinen Fleifs bedeutend gefördert; aber er spricht nicht rein, denn diapente dekliniert er diapentes, wie Apotome, es, und es wundert mich, dass das von niemand dieser Zeit gerügt worden ist, da doch damals, wie immer, in Italien Männer von ausgezeichneter Wissenschaft blüheten. Warum dekliniert er nicht diatessaron diatessarontos, und diapason diapasontos? Aber so rächt sich die Vernachlässigung der griechischen Sprache, dass wir wirklich den Gelehrten lächerlich erscheinen. Daher ermahne und ermuntere ich jeden Jüngling, welcher in das Geheimnis dieser Kunst eingeweiht zu werden wünscht und gar ein würdiger Priester dieser Disciplin werden will, dass er drei Vorzüge hierzu mitbringe, ohne welche man diese Disciplin nicht vollkommen innehaben kann, wie sehr man auch forschen und sogar den Prometheus in der Betrachtung übertreffen mag. Erstens müssen ihm die Regeln der Arithmetik sowohl in Rücksicht auf Theorie als auf die Praxis geläufig sein; dann darf er der griechischen Sprache nicht ganz unkundig sein, denn die meisten Benennungen dieser Wissenschaft sind griechisch; drittens muss er ein Instrument zur Hand haben, womit er alle Klänge auch mit dem Ohre abmessen kann. Die arithmetischen Regeln werden von uns verlangt, aber nicht gelehrt; dasselbe gilt von der griechischen Sprache; aber wir können den Gebrauch irgend eines Instrumentes lehren, ohne die Grenzen dieser Disciplin zu überschreiten. Deshalb beginnen wir jetzt hiermit, jedoch, wie sonst, auf einfache Weise. *Boethius*, ein dieses Geschäftes wahrer und einziger Künstler, lehrt im letzten Kapitel des vierten Buches, wie unzweifelhaft die Berechnung der Konsonanzen gefunden wird auf einem sehr kleinen einfachen Instrumente, nämlich durch eine von Magas zu Magas (worüber wir etwas später ausführlicher sprechen werden) derart gespannte Saite, dass die beiden Magaden an den äufsersten Teilen der Saite unbeweglich, eine dritte in der Mitte aber eine bewegliche Magas ist, die nach Verhältnis der Zahlen, wohin man wünscht, bewegt werden kann. Denn wenn der mittlere Raum, über dem die Saite gespannt ist, und der zwischen den unbeweglichen Magaden liegt, in drei Teile geteilt worden ist und man die bewegliche Magas so aufsetzt, dass sie einen Teil des geteilten Raumes auf der einen Seite, auf der anderen Seite jedoch zwei Teile zurücklässt, (denn so wird die dupla ratio eingehalten) so werden die zwei mit dem Plectrum geschlagenen Teile der Saite in der Konsonanz Oktave ertönen. Ebenso werden, wenn der Raum zwischen den unbeweglichen Magaden in vier Teile geteilt und die bewegliche Magas so in den Punkten der Teilung aufgesetzt wird, dass auf der einen Seite ein Teil und auf der andern Seite drei Teile sind (denn so verlangt es die tripla ratio), so werden die zwei Teile der Saite mit dem Plectrum angeschlagen in der Oktave und Quinte erklingen. Wenn weiter der Raum in fünf Teile geteilt ist, von denen vier auf der einen und nur ein Teil auf der andern Seite ist (so dass die quadrupla ratio entsteht), so ertönen die beiden Teile der Saite nach der quadruplo ratio in der Doppeloktave, der gröfsten aller Konsonanzen. Und so wird man alle Konsonanzen der Alten, welche nur in der Multiplikation enthalten sind, erhalten. Lässt man bei der Fünfteilung auf der einen Seite drei und auf der andern zwei Teile, so wird man die Quinte, d. i. die erste Konsonanz im überteiligen Verhältnis von 3 zu 2, erhalten. Wenn aber der zwischen den beiden unbeweglichen Magaden liegende Raum in sieben Töne geteilt wird und die bewegliche Magas vier Teile von drei Teilen absondert, wie es die sesquitertia ratio, d. i. das Verhältnis von 4 zu 3, verlangt, so werden die beiden Teile der Saite in der Konsonanz Quarte ertönen. Wird schliefslich der ganze Raum in 17 Teile geteilt, von denen sich acht auf der einen und neun auf der andern Seite der beweglichen Magas befinden, so zeiget dieses den Ton in der sesquioctava ratio, d. i. im Verhältnis von 8 zu 9. Um dieses deutlicher zu machen, werden wir es nach der Weise des Boethius durch Buchstaben veranschaulichen: Es mögen A, D das Brett bezeichnen, über welches wir die Saite spannen wollen; die unbeweglichen Magaden, welche Boethius Halbkugeln nennt, geben die beiden Buchstaben E und F an; diese sind auf dem Brette in B und C rechtwinkelig errichtet; über diese nun wird die Saite A E F D gespannt. K sei die bewegliche Magas, deren wir uns bedienen, um irgend eine Konsonanz in dem Raume B C aufzusuchen. Setze ich diese bewegliche Magas in dem in drei Teile geteilten Raume so auf, dass auf der einen Seite ein Teil und auf der andern zwei Teile sind, so tönen die zwei durch das Plectrum angeschlagenen Saitenstücke in der Oktave, der Königin der Konsonanzen.

Wenn aber in dem in vier Teile geteilten Raume die Abteilung in dem Verhältnis von 3 zu 1 geschieht, so entsteht die Konsonanz der Oktave mit der Quinte. Wird ferner der Raum in fünf Teile geteilt, so giebt ein Teil zu vier Teilen die Doppeloktave und zwei Teile zu drei Teilen die Quinte. Ist aber der Raum in sieben Teile geteilt, so geben drei Teile zu vier Teilen die Quarte. Wenn schließlich der Raum in siebenzehn Teile geteilt ist, geben acht zu neun Teilen den Ton. Als Abbildung wollen wir beisetzen:

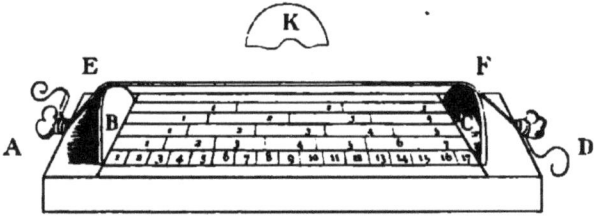

Siebzehntes Kapitel.

Über die Bedeutung der Namen Magas, Monochord, Magadis und ähnlicher Benennungen musikalischer Instrumente.

Der Name *Monochord* kommt unzweifelhaft von einer Saite (una chorda) her, wie *Trichord* von drei, *Tetrachord* von vier, *Pentachord* von fünf Saiten u. s. w. Aber unter *Monochord* verstehen wir nicht nur die eine Saite selbst, sondern das ganze Instrument, über dem die Saite ausgespannt ist. So ist *Magas* jene Halbkugel, von welcher der Klang der Saite anfängt und aufhört; denn die Saite muss zwei Enden haben (da sie nämlich nicht unendlich lang sein kann) und diese werden Magaden genannt. Nichtsdestoweniger wird das ganze Instrument, über dem diese Magaden sich befinden *Magas*, genannt, wenn wir *Suidas* glauben, welcher sagt: Μαγάς·˙ Σανìς τετράγωνος ὑπόκερφος, διχομένη, ἐφ᾽ ἑαετῇ τὰς τῆς κιθάρας νευρὰς καὶ ἀποτελοῦσαι θόγγον. Diese Worte scheint *Guido* so übersetzt zu haben: „Monochord" sagt er „ist ein länglich viereckiges Holz, innen hohl, mit einer Saite überzogen, durch deren Klang wir eine Mannigfaltigkeit der Töne erhalten". Dieses hat er sicher nicht von jemandem gehört, der die griechische Sprache kennt; denn die Worte des Suidas hat er nicht genau übersetzt. Was Suidas im Plural τὰς νευρὰς angiebt, bezeichnet Guido als Saite im Singular mit Auslassung des Wortes τῆς κιθάρας obgleich, wie Suidas selbst bemerkt, die Bezeichnung nötig ist, weshalb es scheinen kann, Guido habe sie absichtlich weggelassen. Ähnlich verhält es sich bei ἀποτελοῦσαι φθόγγον, was er in mehr gelehrter Weise nach der musikalischen Kunst als nach der Eigentümlichkeit der griechischen Sprache erklärt. Bei den Griechen gewahre ich eine überaus große Nomenclatur der musikalischen Instrumente, zugleich aber eine große Konfusion nicht nur in der Sache, sondern auch in den Namen. Wie viele Namen und Werkzeuge erwähnt ein *Athenaeus* lib. 4 und 14; wie viele Autoren citiert er, die diese anführen, jedoch keines erklärt er genau und nach der Fassungskraft eines nicht dummen Lesers; er sagt nicht, von welcher Form und zu welchem Gebrauch es gewesen, außer bei dem einen oder andern, wie bei dem kaum verstehbaren Dreifuß des Pythagoras von Zante. Vielleicht war zu jener Zeit manches sehr bekannt, manches schon vergessen. Was sehr bekannt ist, wird von den Gelehrten verachtet als der Beschreibung unwert; was aber veraltet und vergessen ist, ladet manche zu wenig zum Schreiben ein. Wenn ich fortfahre zu erzählen, wie oft er (um von anderm zu schweigen) die Magadis bald eine Flöten-, bald eine Citherart, αὐλὸν, κιθάρας εἶδος, ferner bald ein Instrument, bespannt mit Saiten, bald ein zum Spielen eines Saiteninstrumentes geeignetes Instrument nennt, ὄργανον ἐντατὸν, ψαλτικόν, die Sache wird kein Ende nehmen; so sehr ist alles verschieden, verwickelt und verwirrt. In der Bedeutung Flöte findet man es bei ihm im männlichen Geschlecht im Nom. ὁ μάγαδις und ὁ μάγαδος; für Instrument aber im weibl. ἡ μάγαδις und im Dat. τῇ μάγαδι μαγάδωδι. Dies alles trifft nicht, denke ich, durch die Schuld der Codices zu, wie jemand vorschützen könnte. Auch das ist zweifelhaft, ob die *Magas* mit der *Pectis* dasselbe ist, wie Aristoxenus und Menaechmus wollen, oder ob sie verschieden sind, wie Diogenes der Tragödiendichter und Phillis von Delos wollen, was wahrscheinlicher zu sein scheint, da ja derselbe Athenaeus lib. 4 aus Sopater zeigt, dass die *Pectis* ein Zweisaiter und lib. 14 aus Telestes, dass die *Magadis* ein Fünfsaiter sei. Nicht weniger zweifelhaft ist es, wie sie, wenn das Wort eine Flöte bedeutet, ἐν τούτῳ (lies ταύτῃ) ὀξὺν καὶ βαρὺν ἡ θόγγον, zugleich einen hohen und tiefen Ton hervorbringt, wie bei demselben Tryphon sagt, aus dem Dichter Alexandrides citierend: *Μάγαδιν λαλήσω μικρὰν ἅμα σοι καὶ μέγαν.* Diesen Vers hat unser Lehrer *Erasmus*[1]) auf doppelte Weise übersetzt: „Mit der Magas werde ich zugleich einen hohen und einen tiefen Ton hervorbringen;" oder: „Die große und die kleine Magas werde ich zugleich hervorbringen." In der Bedeutung als Instrument wird sie von vielen als identisch mit der Sambuca gehalten, welche derselbe Athenaeus kurz vorher als das Tetrachord aus Euphorion bezeichnet. Von Pindar wird sie ψαλμὸς ἀντίφθογγος genannt, weil Männer und Knaben zugleich in der Oktave mit einander singen, sagt Erasmus, indem er nach meiner Meinung folgende Worte des Athenaeus interpretiert: διὰ τὸ δύο γενῶν ἅμα καὶ διὰ πασῶν ἔχειν τὴν συνῳδίαν ἀνδρῶν τε καὶ παίδων.

Die Magas selbst nennt er δίαυλος, ein Instrument, das einen doppelten Ton hervorbringt, indem er in dem Sprichwort μαγαδίζειν jenes Pindarische ἀντίφθογγος dahin erklärt, dass die zwischen den zwei unbeweglichen Magaden durch die bewegliche Magas geteilte Saite immer je zwei Töne hervorbringt. Derselbe Athenaeus erwähnt, dass bei dem lyrischen Dichter Anacreon die Magadis 21 Saiten gehabt habe; auch wenn jener sage: ψάλλω δ' εἴκοσι χορδαῖσι μάγαδιν ἔχων, so habe er eine gerade Zahl für eine ungerade gesetzt; auch Apollodorius endlich nenne die Magas Psalterium; allein ich sehe nicht ein, was es dem Lehrer für einen Nutzen bringen soll, wenn ich alle Angaben des Autors über diese Sache verfolge, die auf verschiedene Weise mit sich im Widerspruch stehen. Deshalb halte ich es für an der Zeit, dem Leser unsere Ansicht vorzulegen, indem ich jedoch bei einer solchen Verwirrung nicht nur in den Namen, sondern auch in der Sache vorerst um Nachsicht bitte. Ich will also offen meine Ansicht heraussagen. Zunächst scheint mir Magas die Halbkugeln zu bedeuten, wie der erhabene Severinus und Suidas erklären, wenn letzterer zu den schon angeführten Worten über die Magas hinzufügt: ἡ τῆς κιθάρας καμπύλη, καὶ τῆς λύρας ἢ τὰς νευρὰς βαστάζουσα, und inbezug auf das, was wir oben gezeigt haben, kann nichts Bezeichneteres gesagt werden, als diese Worte. Καμπύλη aber nennt Suidas nach meiner Meinung das, was Boethius Halbkugeln, andere, wie Froschius, ein ausgezeichneter Musiker unserer Zeit Stützen, andere, wie Franchinus Tonhalter, die gewöhnlichen Lyriker aber Stege, und das scheint mir die erste Bedeutung dieses Wortes zu sein. Von dieser Bedeutung kommt auch, wie ich glaube, das griechische μαγαίειν (denn so haben einige Codices, namentlich der des Hesychius konstant) d. h., nach der Weise, wie wir im vorhergehenden Kapitel aus Boethius erklärt haben, das Zusammenklingen auf den beiden Seiten der Saite untersuchen. Dann wird nach demselben

---

[1]) Erasmus von Rotterdam.

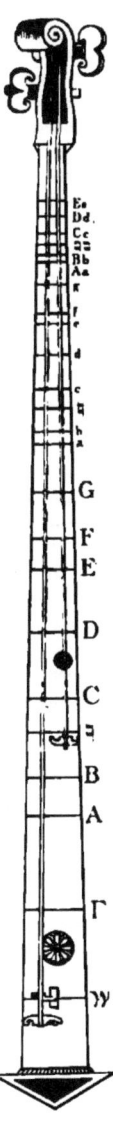

Suidas, wie wir im Anfange dieses Kapitels gezeigt haben, die Magas das Instrument selbst genannt, welches mit zwei Stützen die Saite trägt. Weil aber Suidas einigen als nicht hinreichend bewährt erscheint, da er nur gesammelte Notizen zusammenstoppele, so will ich denen nicht widersprechen, welche glauben, dass dieses Instrument im Nominativ nicht Magas sondern Magadis heifse, und daher kommt das andere Wort μα-γαδίζειν, d. h., auf der Magadis spielen, welches bei Aristoteles in dessen Probleme gebräuchlich ist, obschon einige glauben, dass auch bei Hesychius μαγαδίζειν nicht μαγίζειν zu lesen sei. Es giebt solche, welche diese fünf Worte für ganz verschieden halten, nämlich ἡ μαγάς, τῆς μαγάδος für Stütze, ἡ μάγαδις, τῆς μαγάδιδος für ein der Cither ähnliches Instrument, ὁ μάγαδος, τοῦ μαγάδου für Flöte, ὁ μαγάδης, τοῦ μαγάδου ἀντὶ τοῦ· ὁ ἀειδίων τῇ μάγαδι sagt Hesychius, d. h., derjenige, der zur Magas singt. Das fünfte Wort μαγάδεις· αὐλοί, κιθαριστήριον wie Hesychius sagt, aber ich halte es für corrupt durch die Betonung in der gewöhnlichen Aussprache, wo ei, i, y und e auf dieselbe Weise ausgesprochen werden; aber dieses zu untersuchen überlasse ich den Gelehrten, denn ich breite mich eben hier nicht aus, auch will ich gerne das Gesagte verbessern, wenn ich bei zuverlässigen Autoren Besseres finde, und vergnügt werde ich den Meinungen anderer beitreten, wenn jemand mich Zuverlässigeres deutlich lehrt. Magas also, wie Suidas, oder Magadis, wie andere sagen, von Georg Valla auch Canon genannt, ist ein musikalisches Instrument, das auf verschiedene Weise entstehen kann. Georg (Valla) selbst nimmt ein Brettchen, welches, wie er sagt, Chordotonon genannt wird, weil über demselben Saiten ausgebreitet und ausgespannt werden. Auf diesem heifst er ein rechtwinkliges Parallelogram nach der einen Seite hin weiter abteilen, zehn Hände (palmi) lang und fünf Hände breit, so dass die Länge doppelt so grofs ist als die Breite. Einige machen es von unnatürlicher Länge, andere von zwei Ellbogen Länge und einer Breite und Dicke von zwei Fingern. Bei meinem ersten Vornehmen, die Sache zu untersuchen, liefs ich mir, da ein solches Instrument nicht zur Hand war, eines vom Handwerker machen, etwas roh, drei Fuß lang, drei Zoll dick und vier Zoll breit, mit zwei unbeweglichen Stegen an den beiden äufsersten Enden und einem beweglichen Steg. Hierüber zog ich vier Saiten, so dass eine gleichsam die Grundlage bildete, nach der ich die übrigen in Rücksicht der Tongeschlechter abteilte, obgleich ich später fand, dass zwei Saiten ausreichten. Dieses Instrument gebrauchten wir zu unsern Untersuchungen, und bedienen uns desselben noch. Ferner bedienen sich die am Rheine wohnenden Germanen und Gallier Instrumente von fast derselben Form aus drei in der Form einer dreiseitigen Paramide der Länge nach allmählig zugespitzter zusammengeleimter Latten, welches Instrument sie *Trummscheit* (Tympani Schyza) nennen. Eine über einer Fläche zwischen den beiden Magaden gespannte Saite wird durch einen mit Harz bestrichenen Bogen von Pferdehaaren in Bewegung gesetzt oder vielmehr geschabt, wie man mit demselben Bogen die Saiten der Lyra mehr schabt als schlägt. Manche fügen dieser Saite eine halbsolange

Saite hinzu, damit jene andere in den Enden die Oktave stärker ertönen lässt. Bei Athenaeus wird ein Trigonum erwähnt, wenn vielleicht jemand glaubt, dass es dieses sei, wenn auch Plato in 8. de rep. es unter die Vielsaiter zählt, wie auch die Pectis; denn das erwähnte Instrument halte ich für sehr alt. Die Spieler tragen es auf den Strafsen umher, indem sie die Spitze, worin die Schlüssel sind, durch welche die Saiten gespannt werden, auf die Brust setzen, auf der anderen weiterhin breiten Seite, wo sich die Aushöhlung und die Basis zeigt, halten sie mit der Linken das Instrument; indem der Daumen leicht die Saite in den Punkten der Teilung berührt (denn auch sie haben diese, aber nur in Quarten und Quinten, selten in Terzen) führt die Rechte den Bogen. Die Tiefe der Saite beginnt an der Basis und erstreckt sich bis zur Spitze, die an der Brust angelehnt ist. Die linke Hand, indem ein Finger und zwar meistens der Daumen die Saite mehrmals berührt, streckt sich aus, die rechte bleibt mit dem Bogen innerhalb der Grenzen der Berührung, so dass fortwährend der kleinere Teil der Saite, welcher innerhalb der Berührung ist, ertönt. In der Ferne giebt das Instrument fast einen angenehmeren Ton als in der Nähe. Nur die zwei Modi, den Jonicus und Hypojonicus, spielen sie auf demselben sehr gut, die anderen Modi nicht so gut, wie die Trompete, wie wir in dem folgenden Buche über den Hypojonicus zeigen werden. Diejenigen, welche auf demselben spielen, bringen, wie schon gesagt, die durch Quarten und Quinten abgeteilte Oktaven hervor. Die halben und ganzen Töne finden sie nicht leicht, da sie der musikalischen Kunst unkundig sind. Mich suchten sie zuerst zu bereden, als fänden sich dieselben auf diesem Instrumente nicht. Weil mich dieses sehr wunderte und ich es durch Versuche erfahren wollte, habe ich es auf irgend einem Instrumente dieser Art allein versucht und gefunden, dass das diesen teils durch die Unerfahrenheit mit der Musik begegnet, weil sie die Zwischenräume nur mit dicken Fingern zu teilen wissen, teils weil die längere Saite auf dem Instrumente mitschwirrt, jedoch nicht bei jeder Teilung der Saite, sondern nur zumeist bei den Quinten und Terzen, aber nicht so bei den Sekunden, d. i. den ganzen und halben Tönen; darin hatten jene die Wahrheit gesagt. Jenes Geräusch hatten sie durch einen bogenförmigen Steg ausgedacht, dessen breiterer und dickerer Fufs die Saite gegen die Basis hin unterstützte, und dessen anderer verstümmelter Fufs, dem sie einen festen Boden aus Elfenbein, oder aus einer anderen harten und glänzenden Materie gaben, diesen tremulierenden Ton bewirkte. Ich musste lachen über die Erfindung dieser Leute; jedoch die wirkliche Ursache, warum nicht alle Teilungen dieses Geräusch machen, suche ich noch. Zuweilen befestigen sie in der äufsersten Ferse des vorgestreckten Fufses einen ganz dünnen Nagel, damit das Zittern auf der Unterlage stärker erklingt, wie die Saiten einer Cithara schnarren, wenn sie da, wo die Saiten hervorkommen und mit dem Körper der Cithara verbunden sind, mit der Spitze eines Nagels berührt werden. Das gewöhnliche Volk nennt das, die Saite citharizieren. Die Länge dieser dreieckigen Monochorde ist jetzt fast 5 Fufs, die Breite einer jeden der drei Latten ist $3\frac{1}{2}$ Zoll an der Basis und $1\frac{1}{2}$ Zoll am Kegel. Über dieses habe ich gegen meine Gewohnheit so viel gesagt, weil ich glaubte, es käme dem alten Monochorde am nächsten, wenn es nämlich einigermafsen bei dem gewöhnlichen Volke und nicht vielmehr nur bei den Gelehrten im Gebrauche gewesen ist, als auch deshalb, weil auf gleiche Weise das chromatische als enharmonische Tongeschlecht in demselben gefunden werden kann, und sogar das diatonische Geschlecht sich durch das Auge sehen lässt, was bei anderen Instrumenten nicht immer, und bei denen, deren wir uns jetzt bedienen, beinahe gar nicht geschehen kann. Vieles andere über die Instrumente der Musik kann man bei Athenaeus lesen, welches wir als zu diesem Geschäfte unnütz den Gelehrten zur Untersuchung überlassen; wir wenden uns zu dem Übrigen.

Achzehntes Kapitel.

Über die dreifache Teilung der Saiten in der musikalischen Skala.

Dreifach ist die Teilung der Saiten zum Auffinden der Konsonanzen und phthongi oder der bestimmten Sitze der nervi, die man Schlüssel nennt. Die erste, welche wir ein wenig vorher aus Boethius dargelegt haben, handelt über das Erkennen der Konsonanzen durchs Gehör; dieselbe geschieht durch das Vergleichen zweier durch die Magas geteilter und dann zugleich angeschlagener Stücke einer Saite nach der Einteilung in der untergelegten Tabelle; diese ist die allereinfachste. Durch die zweite werden nur die nächsten Räume unter sich verglichen, wenn nämlich ein gewisses Gleichmachen der Töne und Halbtöne durch die ganze Saite hindurch geschieht; denn wie von Γ zu A rr ein ganzer Ton ist, so ist auch von G nach a und von g nach Aa ein ganzer Ton. Ebenso wie von dem grofsen $\natural$ nach dem grofsen C ein kleiner Halbton ist, so muss auch vom kleinen b (h) nach dem kleinen c und von $\natural\natural$ nach cc ein kleiner Halbton sein. Es werden deshalb dieselben Entfernungen angesetzt, wie wir sie weiter oben in der allgemeinen Darstellung angegeben haben. Diese Teilung ist nicht wirklich die einer und derselben Saite, sondern sie ist dazu erfunden und vor Augen gestellt, damit durch einen Blick alle Entfernungen wahrgenommen werden können, nicht, dass wir glauben, irgend eine einzelne Saite, die so geteilt sei, gebe uns alle Klänge, aus welcher die Oktave oder jede beliebige Konsonanz besteht. Boethius scheint uns diese in der That durch nach gleichen Verhältnissen geordnete Zahlen und nicht durch verschiedene Figuren dargestellt zu haben. Die dritte Teilung entsteht, wenn die ganze Saite in Rücksicht ihrer Teile verglichen wird, so dass in einer Saite alle nervi oder Schlüssel der Reihe nach in der musikalischen Skala von nur einem Teile der Saite gehört werden. Denn durch den von der einen Seite aus vorgeschobenen Steg wird der Ton fortwährend um den 9ten Teil des nach dem anderen Stege hin zurückgelassenen Raumes verringert, woher jetzt die Musiker sagen, jeder Ton entstehe durch die 9fache Teilung. Z. B. wenn die von Steg zu Steg gespannte Saite in neun Teile geteilt ist, und du bewegst den Steg um einen Teil fort, so wird der übrige verkürzte Teil einen ganzen Ton höher klingen, wie es die *sesquioctava ratio*, d. i. das Verhältnis von 8:9 verlangt. Diese Teilung wird jedoch besser erkannt, wenn man zwei Saiten nimmt und die eine für den tiefsten Ton unverändert lässt und hierauf im Aufsteigen nach den Zwischenräumen, welche wir im folgenden Kapitel erklären werden, die verkürzte Saite mit der feststehenden vergleicht; denn so werden alle Stimmen der ganzen musikalischen Skala leicht gefunden. Wie alt die auf die Weise, wie sie jetzt vorgetragen wird, eingerichtete Teilung ist, vermag ich nicht anzugeben, jedenfalls ist sie gelehrt und besteht eben in der musikalischen Berechnung, wie sie uns Boethius überliefert hat und von allen Musikern vor 400 Jahren und früher ist angewendet worden. Aber bei dieser Teilung bleiben einige (wie Franchinus lib. I. über die Harmonie der musikalischen Instrumente 5. Kap. u. w.) innerhalb der griechischen Doppeloktave stehen, andere, wie Guido, überschreiten sie meistens eben um einige bestimmte Töne, wobei das auffallend erscheinen kann, dass, obgleich es so viele Beschreibungen mit verschiedenen Bezeichnungen giebt, sie doch alle auf dasselbe hinauslaufen, wie sehr sie auch abzuweichen scheinen. Denn was soll ich berichten über die verschiedenen Einteilungen eines Otho, Guido, Theogerus u. a.? Während diese drei ersten anfänglich zwei neunteilige Einteilungen setzen, haben wir nicht ohne Grund, wie sich bald zeigen wird, deren drei nach den Späteren gesetzt. Nach unserer Meinung setzen wir zwei vierteilige, nach der Meinung anderer drei, während Theogerus sieben, Guido und dessen Schüler Johannes, seinem Lehrer folgend, drei setzen. Franchinus beginnt mit der vierteiligen, wie Boethius, obwohl dieselbe Teilung durch zwei geschehen kann, wie wir das von den Neueren beobachtet sehen. Selbst Boethius lib. 4 gegen das Ende (obgleich diese Stelle in den meisten Codices unrichtig gelesen wird) bekennt, dass es viele Arten dieser Teilung gebe, sowohl durch eine Saite als durch mehrere, doch hat er sicher eine Teilung in der Art, wie sie jetzt beschrieben wird, nicht gegeben. Daher ist bei vielen der Verdacht grofs, sie wäre den Alten, die vor 1000 Jahren lebten, völlig unbekannt gewesen, obgleich man sie aus Boethius hat. Ich werde über diese Sache mit niemand streiten. Es schien uns, als müssten wir eine aus den vielen Einteilungen auswählen, und zwar diejenige, deren sich meistens die Orgelbauer bedienen, welche *Synemmena* mit *Diezeugmena* verbindet, und welche als die am meisten allgemeine und ausgedehnte die äufsersten Grenzen der menschlichen Stimme umschliefst, kurz die, welche durch die Neunteilung die ganzen und durch die Vierteilung die halben Töne hervorbringen will, was Otho häufig einschärft, eine Beschreibung, welche das „Dass" und nicht das „Wie" berücksichtigt, was wir in diesem ganzen Werke gethan haben, verschieden freilich von vielen unserer Zeit, welche alle Beschreibungen des Boethius, welche sie verstanden zu haben glaubten, häufig ohne Angabe des Autors in ihre Bücher aufnahmen, gleichsam als hätten sie dies als eben erst erfunden zuerst gelehrt; sie haben sich, wie die Krähen des Aesop, zur Unzeit gefreut. Was bei Boethius bewiesen ist, das soll mir als bewiesen gelten, und ich bin nicht willens, dasselbe in mein Werk zu bringen, ohne den Namen zu nennen und ohne den Grund anzugeben, weshalb ich es aufgenommen habe. Die solide und festbegründete Wissenschaft dieses ausgezeichneten Mannes ist bei mir in grofsem Ansehen, nach welcher wir die unserige, wie sie auch dem Leser vorkommen mag, einrichten. So sind neulich seine berühmteren Werke durch die Bemühungen des Heinrich Petrus, eines um die Wiederherstellung der alten Autoren sehr verdienstvollen Mannes herausgegeben worden. Aber nun mögen wir das erwähnte Werk in Angriff nehmen.

Neunzehntes Kapitel.

Teilung des Monochords im diatonischen Geschlechte.

Dem so eingerichteten hölzernen viereckigen Monochorde, wie wir es oben beschrieben haben, mögen an dessen äufsersten Enden zwei unbewegliche Stege aufgesetzt werden, über welche die Saite ausgespannt werde, deren erster das äolische Doppelgamma ;γ und deren zweiter Steg O sei. Der dazwischenliegende Raum werde zuerst in neun gleiche Teile geteilt. Darnach setze man nun Γ in den ersten Punkt nach γγ und man hat durch diesen ersten Teilungs-Abschnitt den ersten ganzen Ton aufserhalb der Guidonischen Skala, welchen wir gegen die Gewohnheit der Alten (ich nenne Alten hier die, welche vor 400 Jahren und früher gelebt haben) gesetzt haben, weil die jonischen Gesänge immer, die dorischen meistens denselben im Basse verlangen. In den zweiten Punkt, d. i. in den Punkt nach Γ, setzen wir nichts, in den dritten das grofse *C*, in den vierten wieder nichts, in den fünften das grofse *G*, in den sechsten das kleine *c*, in den siebenten das kleine *g*; im achte Punkt wie auch die andere Magas O überschreiten diese Einrichtung. Dieses ist die erste Neunteilung, welche Guido, Otho und Theogerus auslassen, da sie, wie gesagt, nur zwei Neunteilungen setzen, die jetzt folgen. Die zweite Teilung ist um den 9. Teil der ersteren kleiner; sie reicht von Γ bis O wiederum in neun gleichen Teilen, so dass wir in den ersten Punkt nach Γ das grofse *A* setzen und im Anfange, wie in der ersten Einteilung, einen ganzen Ton hervorbringen, aber einen um den 9. Teil kleineren als bei der ersten Einteilung, wie auch die Einteilung selbst kleiner war, als die erste. In den zweiten Punkt wird nichts gesetzt, in den dritten das grofse

D, in den vierten wieder nichts, in den fünften das kleine *a*, in den sechsten das kleine *d*, in den siebenten das doppelte *Aa*; der achte Punkt wie auch O gehen wieder, wie bei der ersten Einteilung, gegen unsere Aufstellung hinaus. *Guido* soll die Teilung so angefangen haben, dass er einen ganzen Ton unterhalb *Proslambanomenos* aufserhalb der griechischen Doppeloktave setzte. Es folgt die dritte Neunteilung, wieder um $\frac{1}{9}$ kleiner als die vorhergehende, worin wir den dritten um ebendenselben neunten Teil kleineren Ton hervorbringen vom grofsen *A* zum grofsen *♯*; denn dieses wird in den ersten Punkt nach dem grofsen *A* gesetzt, in den zweiten Punkt wird nichts gesetzt, in den dritten das grofse *E*, in den vierten nichts, in den fünften *♯* oder *Paramese*, in den sechsten das kleine *e*, in den siebenten das doppelte *♯♯*, die Oktave von *Paramese*, welches mit den vier darauffolgenden die griechische Doppeloktave überschreitet; der achte Punkt selbst überschreitet diese Aufstellung, wie das vorher schon zweimal geschehen ist. Damit wären die Neunteilungen, welche uns die ganzen Töne hervorbringen, angeführt; es folgen jetzt noch die Vierteilungen, welche uns die halben Töne liefern. Die erste schneidet den ganzen Raum zwischen ;;' und O in vier Teile. In den ersten Punkt dieser Teilung setzt man den Buchstaben *B*, nicht das vorhergesetzte *♯*, sondern das, welches mit *Trite synemmenon* in der Oktave ertönt und in den Bässen des jonischen Modus *fa* hat zu dem *ut* im äolischen Doppelgamma ;;', in den zweiten wird das grofse *F* und in den dritten das kleine *f* gesetzt. Die zweite Einteilung schneidet nicht den ganzen Raum zwischen den zwei Stegen, sondern nur den Raum vom grofsen *B* bis O, dessen wir schon oft gedacht haben, in vier gleiche Teile. In dieser Teilung setze in den ersten Punkt nach *B* einen halben Ton zwischen das grosse *D* und *E* (denn diesen fordern nicht nur die jonischen Gesänge, sondern auch die der anderen Modi, so oft sie von ihren Sitzen transponiert werden), in den zweiten setze das erniedrigte *b*, d. i. *Trite synemmenon*, in den dritten Punkt dessen Oktave *bb*. Diese zwei Vierteilungen reichen zu der gewöhnlichen Aufstellung der Saiten und Schlüssel in der musikalischen Skala aus, aber manche setzen hier noch eine dritte zu, damit sie nämlich aufserdem noch vier Halbtöne erhalten: zwischen dem grofsen *G* und kleinen *a*, zwischen dem keinen *d* und *e*, zwischen dem doppelten *Dd* und *Ee* und endlich zwischen dem kleinen *g* und doppelten *Aa*, um den Orgelbauern einen Dienst zu erweisen, sonst kommen sie sehr selten vor. Wir werden sie gebrauchen, um das Chroma zu zeigen, sonst lassen wir sie weg. Diese Teilung verhält sich so: Zuerst ist der Raum von dem Halbton zwischen dem grofsen *D* und *E* bis zu O in vier gleiche Teile zu teilen; dann wird der erste Punkt (nämlich nach dem Anfang) zwischen dem grofsen *G* und kleinen *a*, der zweite zwischen dem kleinen *d* und *e*, der dritte zwischen dem verdoppelten *Dd* und *Ee* sein, über welche wir bald sprechen werden. Wenn wir den dritten Teil, welcher von dem Halbton zwischen dem kleinen *d* und *e* und dem Halbton zwischen dem verdoppelten *Dd* und *Ee* ist, in zwei gleiche Teile teilen, so entsteht ein Halbton zwischen dem kleinen *g* und verdoppelten *Aa*. Soweit haben wir über die Vierteilungen gesprochen; es folgen noch die drei Zweiteilungen. Die erste teilt den Raum vom kleinen *e* bis O in zwei gleiche Teile, und dann entsteht das verdoppelte *Ee*. Die zweite teilt den Raum vom kleinen *d* bis O wieder in zwei gleiche Teile, und es entsteht das verdoppelte *dd*. Die dritte teilt den Raum vom kleinen *e* bis O auf dieselbe Weise und es wird in der Mitte das verdoppelte *Ee* sein, welche Teilung weiter fortgesetzt werden kann. Soweit wir in Rücksicht des Raumes können, wollen wir zur Veranschaulichung dieser Sache eine Tabelle aber ohne nähere Beschreibung beifügen. Der Leser kann in seinem Fleifse aus der schon genannten bestimmten Beschreibung den gröfsten Raum finden und er wird alles, wie wir ein wenig früher gelehrt haben, deutlicher sehen, wie wir das schon öfter für uns selbst erfahren haben. Hinter den drei Einteilungen in der Tabelle folgt die erste Ordnung, nämlich

In drei Theilungen, drei neuntheilige, drei viertheilige und drei zweitheilige.

Ternae divisiones, Tres nouenariae, tres quaternariae, tres binariae.

Diatonon.   *Chroma.*   *Enharmon.*

F

die des diatonischen Geschlechtes mit überall dazwischen gesetzten Halbtönen und ist diese
Beschreibung nur wegen dieses Geschlechtes von uns unternommen worden. Wenn man jedoch
auch das Chroma haben will, so erniedrige man die *Paraneten* und *Lichanen Dd, g, d, G, D, Γ,*
um einen Halbton und es entsteht die ganze Ordnung des Chroma. Wofern man aber auch
das enharmonische Geschlecht verlangt, so erniedrigt man dieselben Töne vom diatonischen
Geschlechte um einen ganzen Ton, so dass sie in *Parhypaten* und *Triten* fallen, aber man teile
die nächsten Halbtöne unterwärts in zwei Teile, welche Boethius *Diaschismata* nennt, wie wir
im 10. Kap. über die Teilung des Tones gezeigt haben, und es entsteht das enharmonische
Tongeschlecht. In Rücksicht auf das Gehörte wird die Beschreibung bestimmt genug sein,
obgleich die Entfernungen so groß sein könnten, dass es nötig wäre diese Teilungen sorg-
fältiger zu trennen. Aber diese einfache und gewöhnliche Teilung verlangt keine so exakte
Sorgfalt im Verteilen. (Siehe Tabelle S. 41.)   '

Zwanzigstes Kapitel.
Über das Auffinden der Konsonanzen auf den Saiten der Cithara.

In betreff dieser Theorie wollen wir dem Leser eine andere nicht weniger bestimmte
und nützliche, ja auch im Gebrauche viel leichtere Art zeigen, wie er nämlich alle Saiten der
Cithara in Form der musikalischen Skala richtig einrichten kann, sogar in derselben Ordnung,
welche wir in der vorhergehenden Beschreibung des Monochord's angegeben haben, nämlich, ·
dass die erste Ordnung von *Ut* aus beginnt, aber durch synemmena fortschreitend, d. i., dass
in B-Schlüssel *fa* und nicht *mi* sei, ebenso als wenn sie von der dritten Oktavengattung *C*
anfinge; denn so werden jetzt meistens die Saiten der Cithara eingerichtet. Ich habe es für
nötig gehalten dies vorauszuschicken. Wie wir es in anderen Sachen sehen, dass durch längeren Gebrauch und vielfältige Übung von den Nachkommen manches Neue glücklicher erfunden wird, als das von den Alten Überlieferte es gewesen ist, (da jedem sehr leicht Beispiele
dieser Art bekannt sind, glaubte ich nicht solche beifügen zu müssen) so sehen wir auch in der
Musik heute vieles viel glücklicher entdeckt, was den Alten verborgen war, vieles wird ebenso
mit größerer Leichtigkeit gelehrt, als es die Alten einst konnten. Damit ich nebenbei nur
ein Beispiel von der Benennung der Schlüssel oder Saiten nehme: wozu ist es nötig, eine
einzige Saite mit einem 1 1/2', ja mit einem 2' langen, oder wenn du lieber willst, mit einem
3' langen Worte zu benennen? *Proslambanomenos, Paranete diezeugmenon,* wie ungeheuerliche Worte
für *A re* und *D la sol re*; von den übrigen Saiten gilt dasselbe. Wie leicht werden jetzt die
kleinen Halbtöne der Cithara gefunden, welche einst durch eine so lange und mühevolle Untersuchung aufgesucht wurden, wie zu sehen ist bei Boethius lib. 3, Kap. 10. Denn wenn man
die Oktave hat, und dieselbe passend in Quinte und Quarte geteilt ist, und hierauf die Töne
auf richtige Weise durch zwei Quinten gefunden sind, wie wir sogleich mitteilen werden,
müssen notwendig die Halbtöne in der ganzen Ordnung der Saiten folgen. Aber bevor wir
die Sache selbst angreifen, werden wir nach dem Beispiele der Musiker, besonders des ehrw.
Severinus einige Hypothesen hierher setzen: 1. die Oktave wird eigentlich zweifach geteilt,
entweder ist die Quinte oben und die Quarte unten, oder umgekehrt, die Quarte ist oben und
die Quinte unten; 2. lässt man von der Oktave die Quinte weg, so bleibt die Quarte und
umgekehrt, lässt man von der Oktave die Quarte weg, so bleibt die Quinte; 3. zwei Quinten
überschreiten die Oktave um einen Ton; 4. keine Konsonanzen können mit dem Ohre besser
beurteilt werden, als Oktave und Quinte. Nach diesen Vorbemerkungen wollen wir in dieser
Weise weiter gehen. Gesetzt die Cithara habe 20 oder noch mehr Saiten, denn fast die ein-

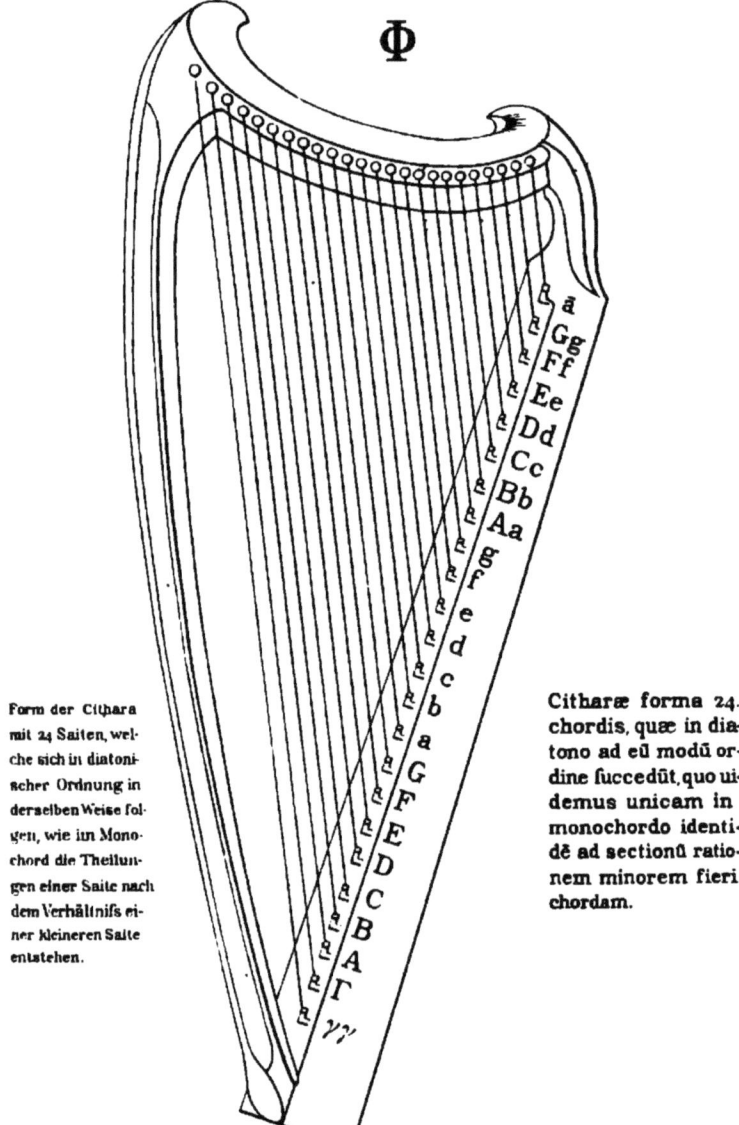

Φ

Form der Cithara mit 24 Saiten, welche sich in diatonischer Ordnung in derselben Weise folgen, wie im Monochord die Theilungen einer Saite nach dem Verhältnifs einer kleineren Saite entstehen.

Citharæ forma 24. chordis, quæ in diatono ad eũ modũ ordine fuccedũt, quo uidemus unicam in monochordo identidẽ ad sectionũ rationem minorem fieri chordam.

fachsten Citharen haben 24 Saiten. Die erste und tiefste Saite möge bei dem äolischen $\gamma\gamma$ beginnen; darauf schreiten die übrigen durch $/a$ im Buchstaben B nach der im vorhergehenden Kapitel beschriebenen Form weiter Γ A B C D E F G a b c d e f g Aa Bb Cc Dd Ee Ff Gg u. s. w. Denn die noch tieferen können wir durch einen *Accentus gravis* oder durch ein anderes Zeichen unterscheiden. Damit diese der Reihe nach in dem Oktavensystem erklingen, ist so zu finden: Stelle die tiefste Saite in einer Tiefe oder Höhe, in der du glaubst, dass diese und die übrigen Saiten es aushalten können; hierauf spanne darüber deren Oktave das grofse F, denn diese wird durch das Gehör so leicht wahrgenommen, wie keine andere; wieder spanne von der tiefsten die Quinte C, (denn auch diese kann das Gehör nicht weniger bestimmt beurteilen) von diesem C wiederum die Quinte, das grofse G. Zwei Quinten überragen die Oktave um einen Ton. Also spanne vom grofsen G nach der Tiefe eine Oktave, nämlich Γ ut, und es entsteht der Ganzton zwischen dem äolischen $\gamma\gamma$ und dem griechischen Γ. Weiter spanne von Γ nach der Höhe eine Quinte, das grofse D, von diesem wieder die Quinte nach dem kleinen a, von diesem nach der Tiefe das grofse A, und es entsteht ein anderer Ganzton von Γ nach A. Weiter spanne nach oben die Quinte vom grofsen A zum grofsen E, dann vom grofsen E abwärts die Quinte nach B und du wirst die ganze Oktave $\gamma\gamma$ Γ A C D E F in der schönsten Ordnung haben. Was bleibt übrig, als dass du hierauf alle Oktaven bis an's Ende nach den tieferen Saiten anspannst? Denn so, wie von $\gamma\gamma$ bis F eine Oktave ist, so ist auch von F bis f und überhaupt von einem Buchstaben zu dem nächsten seiner Gattung eine Oktave, wie wir das zu Anfange dieses Buches gesagt haben. Die Oktaven werden durch entgegengesetzte Quinten verbessert, wenn vielleicht das Gehör zuweilen sich getäuscht hat; denn die untere Saite derselben Oktave wirst du verbessern durch die untere Quinte, aber die obere durch die obere, wie die Erfahrung dies leicht wahrnimmt; darüber folgende Zeichnung (S. 43).

Hierbei wird der Leser vergebens die Zahlenverhältnisse der Räume erwarten, welche er in dem vorhergehenden Kapitel bei der Teilung einer Saite gesehen hat, weil hier viele Saiten weder von gleicher Dicke noch von gleicher Länge sind. Daher möge er erwägen, dass das, was jenem Zahlenverhältnisse zufällig gefehlt hat, dadurch ersetzt wird, dass alle Saiten stärker oder schwächer gespannt werden können. Um weiter die wahre Musik ordentlich zu lernen, hilft kaum ein anderes Instrument so gut, wie die Cithara, welche Ansicht auch *Severinus* hatte, welcher über die Saiten und die Erfinder derselben so deutlich geschrieben hat. Dass dieselbe jetzt jedoch so selten im Gebrauche ist, daran, glaube ich, ist die Beschwerlichkeit derselben schuld, wie auch der Umstand, dass das gewöhnliche Volk die schreienden und weniger künstlichen Instrumente lieber hat. Nun aber glaube ich, dass es sich für einen Gelehrten, welcher um den Beifall des gewöhnlichen Volkes sich nicht kümmert, sondern der das Urteil der Gelehrten über sich erwartet, und am meisten für einen ausgezeichneten Lehrer dieser Kunst schickt, dass er, um das wahre und dauernde Lob zu gewinnen, sich Mühe gebe. Aber nun genug über die Cithara.

Einundzwanzigstes Kapitel.
Vorbereitung zur Abhandlung des zweiten Buches.

Als ich dieses Buch schon beendigt hatte, ich hatte eben die letzte Hand daran gelegt, weil ich versprochen hatte, es in kürzester Frist zu vollenden, siehe da kam unverhofft, was wir schon viele Jahre verlangten, jedoch niemals erlangen konnten, durch die Bemühung und den Fleifs unseres so werten Freundes *Bartholomäus Labis* das Werk des *Franchinus* über die

Harmonie der musikalischen Instrumente, denn so lautet der Titel,[1] in unsere Hände, das mir in dieser Gegend, so viel ich weifs, nicht begegnet ist. Ich glaube, es war dieses das letzte Werk des Franchinus;[2] denn im Jahre 1518 hat er es dem Johannes Grolierius von Lyon, welcher damals Quästor des fränkischen Königs Franz von Mailand war, gewidmet, nachdem er das Werk über die praktische Musik schon mehr als 20 Jahre herausgegeben hatte. Ich hatte mich mehr gefreut, als ich zu sagen wage oder kann, indem ich hoffte, dass irgend welche Stellen, besonders der griechischen Autoren, welche meinen Geist viele Jahre hindurch erregt und aufserordentlich gequält hatten, von demselben erforscht und besprochen worden wären; ich hoffte dies um so mehr, als ich das erste Kapitel las, worin er sagt, dass durch seine Bemühung Bryennius, Bacchäus, Aristides, Quintilianus und Ptolemäus aus dem Griechischen in's Lateinische übersetzt worden seien. Ich habe nun angefangen eifrig wieder und wieder zu lesen, und ich bemerke in diesem Manne die gewohnte Sorgfalt, besonders in den drei Tongeschlechtern, welche Boethius durch die fünf Tetrachorde hindurch behandelt; ebenso über die Proportionen und Proportionalen, denn so nennt man sie jetzt, und in dem letzten Buche endlich unternimmt er jene mühevolle Abhandlung über die musikalischen Modi. Dann erwartete ich sehnlichst, den Franchinus konsequent zu finden, dass er nämlich irgendwas Lesens- und Wissenswertes aufser Boethius aus den vielen berühmten Autoren hervorbrächte; nun aber bin ich ganz enttäuscht worden. Er hat zwar gelesen, was bei Apulejus Buch 4 der Florida über Antigonidas, ebenso, was bei Martianus Capella steht; dagegen den Plato, Lucian, Athenäus und Porphyrio hat er, wie ich vermute, nicht gelesen, denn nirgends citiert er die Stellen, die wir in folgendem Buche behandeln werden, was mich wenigstens sehr verwundert hat. Den Plato zwar citiert er zuweilen, aber nicht in den Stellen, bei denen der Leser übel daran ist, wie in lib. 3 de republ. über die sechs Hauptmodi, welche Stelle wir beim Lydius vornehmen werden. In der That, was in dem Buche des Franchinus aufser Boethius vorhanden ist, das sind (und das sage ich ohne Bitterkeit und Neid, denn ich bin dem Manne sehr gewogen) nur Worte, die er durch fleifsiges Lesen aus verschiedenen Commentarien gesammelt, welche aber die Sache selber nicht fördern, wie z. B. der Vergleich der vier Modi mit den vier Temperamenten, mit den poetischen Farben und Füfsen, während die übrigen drei Modi unverdient leer ausgehen. Viel lieber wäre es mir gewesen, er hätte offen bekannt, entweder er kännte den Unterschied der Modi nicht, oder es seien Aristoxenische Paradoxen, Meinungen jenes Autors, die Boethius und Ptolemäus, die Hauptmeister in dieser Disciplin verspottet, weggeworfen und missbilligt haben. Ja, Franchinus selbst war über die bekannten acht Modi nicht weniger im Zweifel, wie das gewöhnliche Volk; denn in diesem Buche, dem letzten seiner Thätigkeit, hat er es nicht gewagt den Hypomixolydius zu nennen, welchen er lib. 1 Practicae, Kap. 8 und 14 wenigstens nennt, aber, wie er sagt, dem Beispiele anderer folgend. Jedoch, wenn es nicht gestattet ist, die Oktavengattungen zu wiederholen, (denn dieses scheint er als Hindernis in diesem letzten Werke vorzubringen), so wird auch nicht der Hypermixo-lydius eine Erfindung des Ptolemäus sein, da dessen Oktave gerade die des Hypodorius ist, wie wir in dem folgenden Buche zeigen werden. Aber während Franchinus in diesem Buche den Hypomixolydius, welcher mit dem Dorius dieselbe Oktave hat und unser achter Ton ist, weglässt, erwähnt er den Hypermixolydius, natürlich doch wohl nur dazu, um nach allgemeiner

---

[1] „Franchini Gafurii Laudensis, Regii musici publice profitentis, delubrique Mediolanensis Phonasci: De Harmonia musicorum Instrumentorum Opus. Impressum Mediolani per Gotardum Pontanum, chalcographum, die 27 novembris 1518. Kl. Fol. 106 Bll. (Bibl. des Conservatoire zu Paris und british Museum.)

[2] 1520 erschien noch die Apologia adversus J. Spartarium et complices musices Bononienses. (Bibl. von St. Marcus zu Venedig und british Museum.)

Meinung die Achtzahl der Modi zustande zu bringen und mit seinem Ansehen zu befestigen, während doch in der That, wie es nur sieben Oktavengattungen giebt, es auch nur sieben ihnen entsprechende Modi giebt, welche die Kirche nebst dem achten, welcher das umgekehrte System des ersten hat, bis jetzt bewahrt, wie wir in dem folgenden Buche zeigen werden. Daher sagt Franchinus, Aristoxenus habe den sieben Modi des Boethius, dem Hypodorius, Hypophrygius, Hypolydius, Dorius, Phrygius, Lydius und Mixolydius und dem Hypermixolydius des Ptolemäus diese fünf: Hypojastius, Hypoaeolius, Jastius, Aeolius und Hyperjastius hinzugefügt, und so seien dreizehn Modi entstanden. Nachdem aber durch *Bryennius* die fünf weggelassen worden waren, und er den Namen des Hypermixolydius nicht fand und es ihm auch unbekannt war, dass derselbe mit dem Hyperjastius des Aristoxenus übereinstimme, nahm er seine Zuflucht zu dem Hypermixolydius des Ptolemäus, damit so wenigstens die schöne Achtzahl der Modi nicht verloren gehe; aber hierüber wird der Leser unser Urteil zur Zeit hören. Legen wir nun aus dem genannten Buche des Franchinus dem Leser die Worte vor Augen, damit er selbst das Urteil dieses Mannes über die Modi vor Augen habe. Nachdem er nämlich zu den sieben Modi des Boethius und dem achten des Ptolemäus die Oktavengattungen hergezählt hat, fügt er sogleich hinzu: Man sieht, dass die Spätern nur diese acht Modi im Gebrauche hatten, weil sie die ganze diatonische Ausdehnung eines abgeschlossenen, unveränderlichen und vollkommenen Systemes von fünfzehn Saiten in sich fassen, weshalb man die übrigen fünf Modi, deren Aristoxenus gedenkt, den Hypojastius, Hypoaeolius, Jastius, Aeolius und Hyperjastius, da sie für eine fühlbare Harmonie eines ganzen und vollkommenen Systems unnütz waren, wie *Bryennius* sagt, als solche hielt, welche nur eine zwecklose Darstellung der Harmonie liefern. Aber diese fünfzehn Modi zählt *Martianus* auf, welche *Cassiodorus* im 2. Buche *Institutionum div. et hum. rerum* so geordnet hat, dass die Aufstellungen sich unter sich nur durch die Höhe oder Tiefe eines Halbtones unterscheiden. Da jedoch eine Aufstellung der Oktave nach Aristoxenus einen Gleichklang von zwölf Halbtönen ausmacht, so sind die zwei höheren Modi, der *Hyperaeolius* und *Hyperlydius* verkürzt, weil sie nämlich in dem ganzen Systeme der fünfzehn Saiten die Oktave nicht auszufüllen scheinen, und erweisen sich, da sie die Doppeloktave um zwei Halbtöne überschreiten, als überfliessende. Da dieses durch blosses Hören zu fassen schwierig scheinen kann, so fügen wir, um die Sache dem Leser vor Augen zu stellen, die in dieser Ordnung abgeteilte Tonreihe bei. So jener. (Siehe die Tafel auf Seite 47.)

So Franchinus. In dieser Abhandlung zeigt er eben, dass er nichts Bestimmtes beibringen konnte, um dem Leser die Schwierigkeiten durch klare Gründe offen zu legen, weil er die Namen so durcheinander mengt, dass er den einen für den andern gebraucht, bald nach Bryennius die fünf Modi des Aristoxenus als unnötig bezeichnet, bald die zwei nach Martianus Capella als überfliefsende und verkleinerte hält. Denn nachdem er die dreizehn Modi des Aristoxenus, d. i. die acht, welche, wie er sagt, das ganze Altertum gebraucht hat, den Hypodorius, Hypophrygius, Hypolydius, Dorius, Phrygius, Lydius, Mixolydius und Hypermixolydius aufgezählt hatte, und die fünf, welche Aristoxenus selbst, wie er sagt, hinzugefügt hat, den Hypojastius, Hypoaeolius, Jastius, Aeolius und Hyperjastius, da fügt er zuletzt noch die zwei von den Spätern eingeführte an, nämlich den Hyperaeolius und Hyperlydius (alle lesen Hyperlydius, wir Hyperphrygius, das aber wird später erklärt werden), welche er für verminderte und überfliefsende hält. Bald darauf zählt er in der beigesetzten Tafel nicht diese dreizehn Modi des Aristoxenus und die zwei hinzugesetzten Modi auf, sondern die fünfzehn Modi des Capella; wenn er auch als Titel seiner Abhandlung setzt: Über die Modi des Aristoxenus und die zwei hinzugefügten. Das kann der Leser daraus ersehen, weil bei Capella weder der Mixolydius, noch der Hypermixolydius des Ptolemäus, aber auch nicht unser Hypomixolydius

Tabelle der XV Modi des Mart Capella nach der Meinung des Franchinus

Typus xv Modorū Mar.Capellæ
fecundum Franchini opinionem.

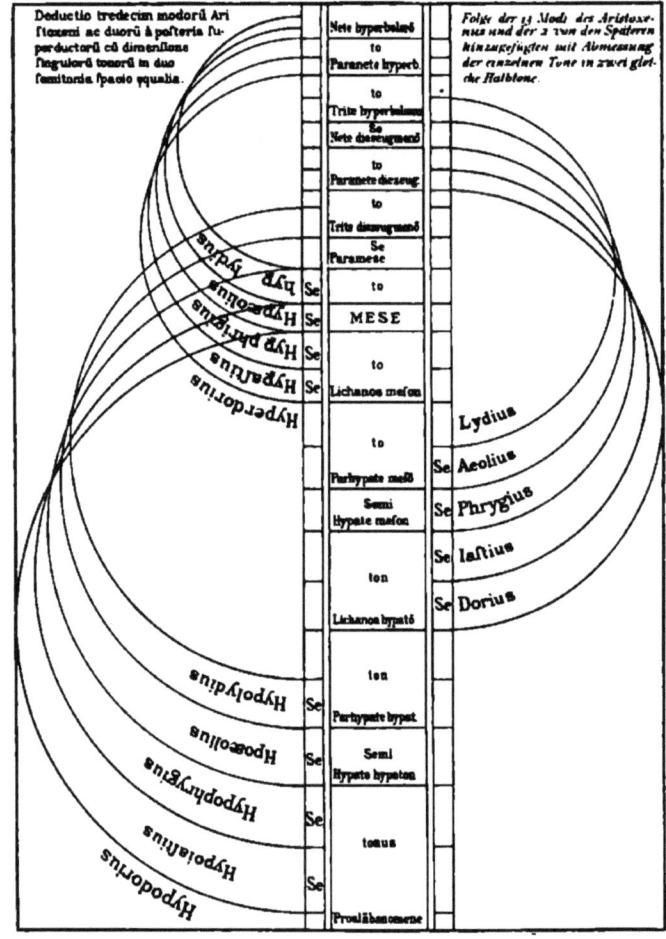

vorhanden ist. Bei Aristoxenus aber fehlen fünf Modi an der Zahl des Martianus, nämlich alle mit Hyper zusammengesetzten, mit einziger Ausnahme des Hyperjastius, welcher unser achter, der Hypomixolydius ist, für welchen Martianus den Hypermixolydius des Ptolemäus auslässt. Capella lässt daher zwei Namen der Modi des Aristoxenus aus, den Mixolydius und Hypermixolydius, Aristoxenus aber fünf aus der Zahl des Martianus, wie wir gesagt haben. Deshalb durfte, nachdem die Zahl der Modi des Aristoxenus angegeben worden war, nicht so ohne Weiteres die Zahl der Modi in der Tafel beigefügt werden, da sie in so vielem von einander abweichen. Das ist ein augenscheinlicher Beweis dafür, dass Franchinus glaubte, es sei genug, das dem Leser vorzulegen, was er bei den Autoren so häufig gefunden und selbst nicht einmal erklären konnte, als eine verlorene Sache, die in Zukunft niemand verstehen werde, um nur den Anschein zu vermeiden, als habe er aus Unwissenheit ganz Bekanntes übergangen. Denn bei der Umsicht, die er sonst hat, bin ich überzeugt, er würde nichts verschwiegen und auch keine Mühe gescheut haben, wenn er es nur verstanden hätte. Jedoch, so Gott will, werden wir in dem andern Buche zu zeigen versuchen, dass die ganze Schwierigkeit nicht so sehr in der Sache selbst, als vielmehr in der vielfachen Benennung liegt; denn es giebt mehr als zwanzig Namen der Modi, durch welche die sieben Oktavengattungen benannt werden. Wir werden jedoch vorzüglich der Nomenclatur des Aristoxenus folgen, welche, was die Modi angeht, mit uns nicht im Widerspruch steht; aber sie steht auch nicht im Widerspruch mit Boethius, wenn sie auch in andern Dingen nicht übereinstimmen. Übrigens scheinen mir weder Franchinus noch Capella den Aristoxenus verstanden zu haben. Die Aufstellung des Cassiodorus widerstreitet vollständig dem Boethius, so dass ich mich wundere, dass Franchinus, der so eifrige Verteidiger der boethianischen Lehrweise jene nicht anzugreifen wagte. Wir aber, die wir das Fundament dieser Materie noch nicht gelegt haben, hielten es nicht für thunlich, dieselbe mit vielen Worten zu widerlegen, indem alles sonnenklar werden wird, wenn wir dieses ernstlich und nach unserer Meinung zu behandeln anfangen. Unterdessen erinnern wir den Leser allen Ernstes daran, dass die grofse Anhäufung von Namen an der Natur der Modi nichts ändert und dass es unmöglich mehr Modi geben kann als Oktavengattungen; denn wie auch irgend eine Harmonie eingerichtet sein wird, sie muss notwendig in diese sieben Oktavengattungen hineingeraten, denn hier ist der Mittelpunkt, die Hauptsache des ganzen Geschäftes. Daher mögen uns die Namen nicht verwirren, es bleibt gewiss, es bleibt, sage ich, die unveränderliche Ordnung der Dinge, wenn auch die Namen bis in's Unendliche vermehrt werden. Daher wird Franchinus mit Recht beschuldigt, dieses nicht bemerkt zu haben, obschon er anderes so scharfsinnig behandelte und mit emsigem Fleifse gefördert hat. Die arithmetische und harmonische Teilung der Oktavengattungen war ihm nicht unbekannt; er hat sie nämlich selbst in früheren Werken gelehrt. Aber auch das ist tadelnswert, dass er mit dem gewöhnlichen Haufen in den sieben Modi der sieben Oktavengattungen vier Finalnoten setzt, also drei weglässt, da nur eine, nämlich ♮ auszulassen war. Jedoch, da Franchinus den *Martianus Capella* zitiert, ohne dessen Worte anzuführen, so wollen wir dieselben hier folgen lassen, damit der Leser über die Sache ein unparteiisches Urteil habe und zugleich einsehe, wie gut oder vielmehr, wie schlecht *Cassiodorus* dieses nach der von Franchinus beschriebenen Form eingerichtet hat. Tropen giebt es nach *Martianus* fünfzehn, aber fünf Haupttropen, welchen je zwei verbunden sind: 1. der *Lydius* mit Hyper- und Hypolydius, 2. der *Jastius* mit Hyper- und Hypojastius, 3. der *Aeolius* mit Hyper- und Hypoaeolius, 4. der *Phrygius* mit Hyper- und Hypophrygius, und 5. der *Dorius* mit Hyper- und Hypodorius. So Martianus. Er setzt fünf Haupttropen mit je zwei verbunden zusammen, so dass es im ganzen deren fünfzehn sind; aber wir werden, wie Aristoxenus, sechs Haupttöne mit je einem plagalen setzen, so dass es im ganzen zwölf giebt, indem wir den Hypomixolydius des Ptolemäus und ebenso die später zugesetzten Hyperaeolius und Hyperphrygius auslassen. Unsere Haupttöne aber sind: Dorius, Phrygius, Lydius, Mixolydius, Aeolius und Jastius oder (auf beide Weise wird man ihn benannt finden) Jonicus. Plagalische mit Hypo zusammengesetzte giebt es auch sechs: Hypodorius, Hypophrygius, Hypolydius, Hypomixolydius, Hypoaeolius und Hypojastius oder Hypojonicus. Dieses sind die ohne Zweifel richtigen zwölf Modi, über welche wir in den folgenden Büchern die Erklärung aufnehmen werden. Aristoxenus nennt den Hypomixolydius nach dem Beispiel anderer mit Hyper zusammengesetzter Modi Hyperjastius. Setzt man diese Hauptmodi mit Hyper zusammen, so wird man aufserdem noch sechs Modi erhalten, welche aber mit den andern zusammenfallen: so der Hyperjastius des Aristoxenus mit dem Hypomixolydius, der Hypomixolydius des Ptolemäus mit dem Hyperdorius, der Hyperdorius mit dem Hypoaeolius, Hyperphrygius mit dem Lydius, der Hyperlydius mit dem Hypojonicus oder Mixolydius und der Hyperaeolius mit dem Hypophrygius. Daraus ersieht man, dass die Hauptschwierigkeit in den Namen und nicht in der Sache besteht. Aber uns zwingt keine Notwendigkeit diese Namen zu vermehren, die wir lieber verringern als vermehren möchten, da sie nämlich ein ungeheures Chaos von Irrtümern den Lehrern dieser Kunst erzeugt haben.. Da wir jedoch noch keine feste Grundlage haben, so mögen wir, damit es dem Leser nicht scheine, als werde er in Dunkel gehüllt, mit Weglassung der Meinungen anderer und vieler anderer Vorschriften, die aufserdem hätten angebracht werden können, zur Darlegung unserer Ansicht in dem folgenden Buche unter günstigen Auspicien eilen. Möge es der christlichen Religion zum Glück, Heil und Segen gereichen; das wünschen wir von ganzem Herzen. Dieses allein ist mein Ziel. Zeuge dessen ist mir, zu dessen Ehre ich diese beschwerliche Arbeit unternommen, der höchste Gott, Sohn des höchsten Gottes, welchem mit dem heiligen Geiste immer und ewig die Ehre sei. Amen.

Ende des ersten Buches.

Des Heinrich Loriti, Glareanus, Patriciers aus Glarus in der Schweiz DODECACHORDONS

Zweites Buch.

Erstes Kapitel.

Wie in Wirklichkeit die Modi zu unterscheiden sind.

Wir haben bisher alle Elemente dieser Wissenschaft, welche uns notwendig schienen, und welche sich teils auf die Theorie und teils auf die Praxis bezogen, kurz, und, wie ich glaube, deutlich vorgetragen; es erübrigt uns jetzt noch, den höheren und wichtigeren Teil unseres Unternehmens zu erklären, der gleichsam als unser vorgezeichnetes Ziel und als der Hafen dieser beschwerlichen Schiffahrt zu betrachten ist, nämlich den über die zwölf Modi der alten Musiker, damit wir unserer Zeit eine würdige Abhandlung darbieten und zeigen, dass der von uns am Anfange gesetzte Titel Dodecachordon nicht von ungefähr genommen worden ist. Freilich hat es heutzutage gelehrten Männern paradox geschienen, wenn wir von zwölf Modi sprachen, denn sie selbst kannten nur acht; anderen sogar schienen drei, nämlich *ut, re, mi,* wie die gewöhnlichen Bänkelsänger sie haben, auszureichen, und führten sie, außer *Athenaeus,* einem wirklich nicht üblen Gewährsmann ihrer Meinung, den *Porphyrio* an, der dieses an zwei Stellen zu Horaz lehre. Fürwahr, sie werden um die würdige Antwort nicht betrogen werden, sobald wir später dies zu behandeln anfangen. Darüber mag sich mancher mit mir wundern, wie es kommt, dass sehr viele, die sich für ausgezeichnete Musiker halten, darüber befragt, wie sie die Modi unterscheiden, nicht einmal ein Wort der Sache gemäß antworten können. Denn damit, dass die Einen behaupten, der Unterschied der Modi beruhe im Final-schlüssel, die Anderen hingegen sagen, er beruhe in den verschiedenen Quintengattungen, befriedigen sie einen verständigen Leser nicht. Denn der Finalschlüssel ist später erfunden und nicht immer in derselben Weise beibehalten worden, wie der Usus zeigt und wie wir in dem vorigen Buche, Kap. 12, deutlich genug dargethan haben. Auch der Umstand, dass je zwei Modi denselben Finalschlüssel und dieselbe Quinte gemeinsam haben, spricht dagegen. Deshalb ist es nötig, dass wir hierin der Wahrheit tiefer auf den Grund gehen. Die Modi, welche die Griechen (wie Plato lib. 3 de re publ.) Harmonieen nennen, unterscheiden sich nicht anders als die sieben Oktavengattungen. selbst, aus denen sie bestehen. Die Oktavengattungen werden aber aus der verschiedenen Lage der Halbtöne genommen, wie wir gleichfalls in dem vorigen Buche, Kap. 8, über die verschiedenen Arten der Konsonanzen aus Boethius gelehrt haben. Denn weil in der Konsonanz Quarte es vier Saiten giebt und drei Zwischenräume, so ergeben sich drei Lagen von Halbtönen mit je zwei Tönen. In der Quinte bewirken die fünf Saiten und vier Zwischenräume ebenso vier Lagen von Halbtönen mit je drei Tönen. In der Oktave endlich, weil darin acht Klänge oder Stimmen sind und sieben Zwischenräume, wechseln siebenmal je zwei Halbtöne mit je fünf Tönen ihre Lage; so grofs ist in der Diatonik die Bedeutung der Halbtöne, die doch die Geringeren sind. Daher irren die nicht wenig, welche unseren 8. Modus von dem 1. Modus der Natur nach trennen, da doch die Oktavengattung beider Modi dieselbe ist, nämlich die vierte. Aber dieses später deutlicher.

Zweites Kapitel.

Was System ist, über die Namen der Modi und welcher Modus einer jeden Oktavengattung passend ist.

Die alten Griechen verstanden unter Tropen, System, Harmonie ein und dasselbe; die Lateiner sagen Modus und Constitutio. Boethius lib. 4, Kap. 14 sagt: „Die Constitutio ist gleichsam der volle Inhalt der abgemessenen Töne, bestehend in der Verbindung der Konsonanzen, wie z. B. Oktave oder Quinte und Quarte oder Doppeloktave. Die Oktave ist die Constitutio von Proslambanomenos bis Mese, mit Hinzuzählung der dazwischenliegenden Stimmen, oder von Mese bis Nete hyperbolaeon, mit den dazwischenliegenden Stimmen. Die Doppeloktave ersieht man von Proslambanomenos bis Nete hyperbolaeon mit den dazwischenliegenden Stimmen. Wenn daher jemand die sieben Oktavengattungen, welche von Proslambanomenos bis Paranete hyperbolaeon (d. i. von A bis g) vorkommen, nach der Höhe oder nach der Tiefe hin nimmt, so bringt er von Proslambanomenos (d. i. von A) aus nach der Höhe hin sieben Modi hervor, deren Namen sind: Hypodorius, Hypophrygius, Hypolydius, Dorius, Phrygius, Lydius und Mixolydius." So ungefähr nach Boethius. Doch dieses müssen wir ausführlicher erklären, denn von Proslambanomenos bis Mese, d. i. nach der Tonleiter des Guido von A bis a, wird der Modus Hypodorius genannt, welcher der tiefste ist von allen; weiter von Hypate hypaton nach Paramese, d. i. B bis ♮, ist der Modus Hypophrygius; von Parhypate hypaton zu Trite diezeugmenon, d. i. von C zu c, der Hypolydius; von Lichanos hypaton bis Paranete diezeugmenon, d. i. von D zu d, der Dorius; von Hypate meson bis Nete diezeugmenon, d. i. von E zu e, der Phrygius; von Parhypate meson bis Trite hyperbolaeon, d. i. von F zu f, der Lydius; von Lichanos meson in Paranete hyperbolaeon, d. i. von G bis g, der Mixolydius. Dieses sind die Oktavengattungen, worauf die ganze Sache beruht, welche jedoch die Doppeloktave, das gröfste System in der Musik, nicht ausfüllen, sondern einen Ton fehlen lassen. Ptolemäus, der dieses einsah, fügte ein System von Mese in Nete hyperbolaeon, d. i. von a zu dem verdoppelten Aa hinzu, welches von Natur mit dem ersten, d. i. dem des Hypodorius übereinstimmt, und richtete so den achten Modus ein, der sich vom Hypodorius nicht unterscheidet, den er diese Weise ist der ganze Umfang der Doppeloktave ausgefüllt worden, deren tiefste Saite Proslambanomenos und deren höchste Nete ist. Über die verdoppelte Mese werden wir sogleich sprechen. Ebenso haben je zwei Modi eine gemeinsame Quinte. Es ist dieses aber die einfache und einförmige Ordnung ohne das Tetrachord Synemmenon; und es giebt durchaus kein Liedchen, das nicht in eine Formel dieser Modi fiele. Denn die Gesänge, welche heute das Tetrachord Synemmenon mit Mese vereinigen, waren einst in der Oktavengattung von C bis c eingerichtet, wie wir in dem vorigen Buche gesagt haben.

Hierfür diene folgende Abbildung.

7 *

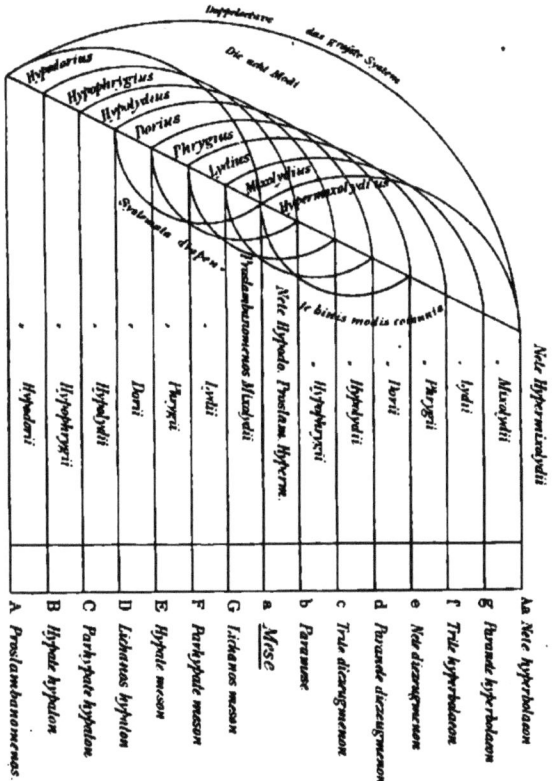

In diesem einfachen Bilde gewahrt man genau die Lagen der Halbtöne in den einzelnen Oktavengattungen. Die erste Oktavengattung, von *A* bis *a*, d. i. die des Hypodorius, hat ihre Halbtöne an zweiter und fünfter Stelle; die zweite, von *B* bis *h*, d. i. die des Hypophrygius, an erster und vierter Stelle; die dritte, von *C* bis *c*, d. i. die des Hypolydius, an dritter und siebenter Stelle; die vierte, von *D* bis *d*, d. i. die des Dorius, an zweiter und sechster Stelle; die fünfte, von *E* bis *e*, d. i. die des Phrygius, an erster und fünfter Stelle; die sechste, von *F* bis *f*, d. i. die des Lydius, an vierter und siebenter Stelle; die siebente, von *G* bis *g*, d. i. die des Mixolydius, an dritter und sechster Stelle. In dem diatonischen Geschlechte können innerhalb vierzehn Saiten nicht mehr Aufstellungen gefunden werden.

Drittes Kapitel.

Auf welche Weise aus der Verbindung der Quarte und Quinte 24 Oktavengattungen entstehen, aus denen 12 weggeworfen und 12 beibehalten werden.

Manchem kommt es sonderbar vor, auch mich hat es einst beunruhigt, dass aus den 24 verbundenen Quarten und Quinten (denn so viele sind es, wenn wir nämlich die einzelnen Quintengattungen oberhalb oder unterhalb die einzelnen Quartengattungen oder umgekehrt den einzelnen Quartengattungen oberhalb oder unterhalb die einzelnen Quintengattungen anfügen, denn beides kann geschehen) nur sieben Oktavengattungen entstehen. Damit dem Leser dieses klar werde, haben wir die Sache in landläufiger Weise dargestellt, so dass er sich durch einen Blick ein Urteil bilden kann, wie das zustande kommt und gleichsam hervorsprosst, und dann welche Gattungen in dem diatonischen Geschlechte brauchbar, und welche unbrauchbar sind. Vorher ist der Leser aber aufmerksam zu machen, dass die Teilung der Oktave in Quinte und Quarte, wie wir in dem vorigen Buche gezeigt haben, auf zweifache Weise geschieht: erstens wird nämlich die Quarte über die Quinte gesetzt, und diese Teilung von den Musikern harmonische genannt, weil die Harmonie dieselbe zulässt, indem diese Zusammenstellung sehr gut klingt, wenn sie in drei Saiten gesetzt wird; zweitens wird die Quarte unter die Quinte gesetzt und diese Teilung von den Musikern die arithmetische genannt, weil sie nämlich im Zahlenverhältnis und nicht in der Harmonie besteht. Denn wenn diese Zusammenstellung in drei Saiten gesetzt wird, tönt sie nicht gut. Übrigens nimmt das diatonische Geschlecht unter diesen Verbindungen der folgenden Tafel zwölf an und verwirft ebensoviele. Das diatonische Geschlecht verwirft ebensoviele: 1. weil sie vier aufeinanderfolgende Ganztöne haben, wie wenn man der ersten Quintengattung *re la* nach oben die dritte Quartengattung *ut fa* anfügte, 2. weil sie sogar fünf aufeinanderfolgende Ganztöne haben, wie wenn man der zweiten Quintengattung *mi mi* oben dieselbe Quartengattung *ut fa* anfügte, 3. weil sie zwischen zwei kleinen Halbtönen nur einen Ganzton haben, wie wenn man der dritten Quintengattung *fa fa* nach oben die erste Quartengattung *re sol* anfügte, 4. weil sie zwei aufeinanderfolgende kleine Halbtöne haben, wie wenn man der dritten Quintengattung *fa fa* nach oben die zweite Quartengattung *mi la* anfügte. Daher verbleiben nur zwölf Verbindungen; die übrigen zwölf werden nicht gebraucht. Unter den zwölf ersteren werden sechs arithmetisch und sechs harmonisch geteilt. Hier die Darstellung dieser Sache. (Siehe S. 54.)

Viertes Kapitel.

Wie aus den zwölf Oktavengattungen nur sieben entstehen.

Obgleich aus diesen 24 Verbindungen 12 Oktavenformeln entstehen, so giebt es in Wirklichkeit nur sieben verschiedene, denn von den zwölf fallen fünf mit den übrigen zusammen, was kurz zu zeigen ist. Denn wenn man der ersten Quintengattung *re la* nach oben die zweite Quartengattung *mi la* anfügt, erhält man das System des *Hypodorius*, d. i. das des gewöhnlichen zweiten Modus, aber in harmonischer Teilung, während der Hypodorius arithmetisch geteilt ist. Dieser Modus wird von *Aristoxenus* der *Aeolius* genannt; *Adam von Fulda* bedient sich desselben im Tenore von „O vera lux et gloria" und die Kirche in vielen Gesängen, wie wir später zeigen werden. Ebenso erhält man, wenn man derselben Quintengattung *re la* nach unten dieselbe Quartengattung *mi la* anfügt, das System des *Phrygius*, d. i. das des gewöhnlichen dritten Modus, aber in arithmetischer Teilung, während der dritte Modus harmonisch geteilt ist. Dieser Modus wird von demselben (Aristoxenus) *Hypoaeolius* genannt, zu welcher Form das Resp. „Circumdederunt me" und viele Gradualien von der österlichen

Darstellung der XXIV durch die Verbindungen der Quinten und Quarten entstehenden Oktaven-Aufstellungen, von denen 12 gebraucht und ebensoviele weggelassen werden.

	VII													ungleiche

		sol	la	fa	sol	la	fa	sol	la	fa	sol	la	fa	
Je drei Quarten-		fa	sol	mi	fa	sol	mi	fa	sol	mi	fa	sol	mi	
gattungen		mi	fa	re	mi	fa	re	mi	fa	re	mi	fa	re	Harmonische Teilung
		re	mi	ut	re	mi	ut	re	mi	ut	re	mi	ut	
			la			mi			fa			sol		
Vier Quinten-			sol			re			mi			fa		
gattungen			fa			sol			re			mi		
			mi			fa			sol			re		
		D	re		E	mi		F	fa		G	ut		Arithmetische Teilung
		sol	la	fa	sol	la	fa	sol	la	fa	sol	la	fa	
Je drei Quarten-		fa	sol	mi	fa	sol	mi	fa	sol	mi	fa	sol	mi	
gattungen		mi	fa	re	mi	fa	re	mi	fa	re	mi	fa	re	
		re	mi	ut	re	mi	ut	re	mi	ut	re	mi	ut	

	VI													gleiche

Zeit gehören. Drittens, wenn man der vierten Quintengattung *ut sol* nach unten die erste Quartengattung *re sol* anfügt, so entsteht der arithmethisch geteilte *Dorius*, d. i. jetzt unser achter Modus, worin sich die alten Kirchenmusiker so sehr gefielen. Dieser wird von demselben Aristoxenus der Hyperjastius genannt, und wir nennen ihn *Hypermixolydius*. In unserer Zeit können die Komponisten durchgehends wenige Tenore nach diesem Modus bilden, sondern sie entlehnen sie von den Alten, und indem sie die drei Stimmen hinzufügen, liefern sie recht artige Kompositionen, wie man in vielen Gesängen sehen mag. Viertens, wenn man wiederum der vierten Quintengattung *ut sol* nach oben die dritte Quartengattung *ut fa* hinzufügt, entsteht das harmonisch geteilte System des Hypolydius, d. i. das des fünften Modus, wie wir ihn jetzt gebrauchen, welcher *fa* hat in b-Schlüssel; dieser wird von Aristoxenus Jastius und von Porphyrio zu Horaz Jonicus genannt. Fügt man demselben Quintengattung *ut sol* unterhalb die dritte Quartengattung *ut fa* hinzu, so erhält man den sechsten Modus, wie wir ihn jetzt haben, der *fa* hat in b-Schlüssel; aber es ist das System des Mixolydius,

d. i. des jetzt gebräuchlichen siebenten Modus in arithmetischer Teilung. Dieser ist bei Aristoxenus der Hypojastius, aber bei uns der Hypojonicus. Der Hypophrygius, d. i. unser vierter in harmonischer Teilung, und der Lydius, d. i. der alte fünfte Modus in arithmetischer Teilung, können eigentlich nicht so geteilt werden im diatonischen Geschlecht, weil die Stimmen in der Verbindung der Quarte und Quinte sich so zueinander gestalten, dass sie auf der einen Seite eine verminderte Quinte und auf der anderen Seite einen Triton bilden. Und unser achter Modus ist nicht der achte des Ptolemäus, denn dieser hat mit dem Hypodorius dasselbe System, nämlich die erste Oktavengattung, jener aber hat mit dem Dorius die vierte Oktavengattung, obgleich in arithmetischer Teilung. Auf diese Weise würden aus den sieben harmonisch und arithmetisch geteilten Oktavengattungen vierzehn Modi entstehen, wenn die zweite und sechste sich auf die zweifache Weise, wie die anderen, teilen liefsen. Weil das jedoch nicht geschehen kann, verbleiben uns aus den sieben Oktavengattungen nur zwölf Modi. Um das Gedächtnis des Lesers zu unterstützen, setzen wir eine andere Darstellung dieser Sache, wobei wir nur noch das hinzufügen, dass man nach Aristoxenus später diese beiden unteilbaren, Hyperaeolius und Hyperlydius genannten Modi zugefügt hat (obgleich ich glaube, dass der zweite nicht Hyperlydius sondern Hyperphrygius zu nennen ist, wie wir später bemerken werden). Weil diese die Teilung durch Quinte und Quarte nicht haben, weil ferner Aristoxenus, dessen Nomenclatur wir hier folgen, dieselben weggelassen zu haben scheint, schien es auch uns gut, sie in diese Ordnung nicht aufzunehmen. Wir werden jedoch ihren Platz bei der Erklärung der sieben Oktavengattungen angeben. Es reicht aus, dem Leser dies einmal gesagt zu haben, so dass man später nicht von neuem daran zu erinnern nötig hat.

Fünftes Kapitel.

Was unsere Zeit an diesen Modi scheint verändert zu haben und inwieweit dies berechtigt ist.

Hieraus geht hervor, dass jede Zeit sich dieser Modi auf irgend eine Art richtig bedient hat, wenn das auch nicht sofort in die Augen fällt, denn das Wesen derselben kann bei Aufmerksamen nicht leicht geändert werden. Übrigens kann es durch Veränderung geschehen, dass aus dem einen Modus abgewichen wird, indem öfter durch Verwechslung nur eines Halbtones das Wesen des Modus gänzlich verändert wird. So haben unsere Musiker durch Umdrehung des alten sechsten und siebenten Modus zwei jonische Modi den neuen fünften und sechsten gemacht, die jetzt in grösserem Gebrauche sind, als die lydischen, gleichwie die alten Kirchensänger, welche, indem sie das System des ersten Modus umkehrten, einen durchaus eleganten und achten Modus, den Hyperjastius oder Hypomixolydius machten, denn der alte sechste Modus aus der dritten Oktavengattung *Cc* hatte *mi* in b-Schlüssel; um diese Härte zu vermeiden, machten unsere Musiker den neuen sechsten Modus, wobei sie jedoch in das arithmetisch geteilte System des siebenten Modus gerieten, während der siebente harmonisch geteilt ist. Dasselbe gilt von dem früheren fünften Modus; denn indem sie dessen Härte dadurch lindern wollten, dass sie aus dem Tetrachord Diezeugmenon in das Synemmenon abwichen, geschah es, dass sie in das harmonisch geteilte System des alten sechsten Modus, d. i. das des Hypolydius gerieten, während der sechste arithmetisch geteilt ist. Dieses haben wir so ausführlich behandelt, damit wir dem Leser zeigten, wie wenig Sicheres diejenigen lehren konnten, welche in unserer Zeit uns mit grossem Wortschwall acht Modi oder Töne, wie sie dieselben nennen, aufgezählt haben, ohne den von Ptolemäus beigefügten Modus jedoch mitzuzählen, sondern blos den ersten Modus umkehrten. Denn aus derselben Ursache, aus welcher unser achter Modus verschieden ist vom ersten, den er blos umkehrt, könnten es mit Recht zwölf Modi sein. Denn weshalb haben nicht auch die Umkehrungen des zweiten und dritten Modus Namen von Modi, da doch die Umkehrungen des alten sechsten und siebenten Modus heute allgemein die Namen des fünften und sechsten Modus behaupten, denen wir jedoch andere Namen gegeben haben, ohne durchaus die Reihenfolge zu beobachten (denn diese hatten die Alten nämlich auch nicht beobachtet, wie wir später zeigen werden), aber doch so, dass die Zwölferordnung in der Benennung der Modi der Sache selbst entsprach. In betreff des vierten und fünften Modus hat es eine andere Bewandtnis, weil sie eigentlich nicht, wie die anderen, umgekehrt werden können, wie früher gesagt worden ist. Daher giebt es dem Wesen oder der Natur nach nur sieben Modi, weil es blos sieben Oktavengattungen giebt; jedoch wenn man sie in arithmetische und harmonische Modi abteilen darf, welches ja in der That geschehen kann, so giebt es zwölf Modi, deren sich viele ausgezeichnete Männer bedient haben; so wenig kann das paradox erscheinen. Unsere Zeit macht freilich von dem alten fünften und ebenso von dem alten sechsten Modus nicht soviel Gebrauch, wie von dem neuen fünften und sechsten, d. i. dem elften und zwölften, oder Jastius und Hypojastius, so dass die ohne weiteres von jedem Tadel frei sind, welche sich des umgekehrten zweiten und dritten, d. i. des neunten und zehnten oder des Aeolius und Hypoaeolius bedienen. Aber jetzt, nachdem wir so viel über die Sache gesprochen haben, bitten wir den geneigten Leser, dass er es uns zu gute halte, dass wir mit einer gewissen Heftigkeit über eine sehr wissenswerte Sache eine vielleicht zu ausführliche Erörterung angestellt haben. Wir werden eine bis jetzt neue Tafel beifügen, in welcher wir, indem wir die Noten in die Linien setzen, aber gleichwohl die Aufeinanderfolge der sieben Oktavengattungen beibehalten und alle Modi zweifach teilen und auch den Modus des Ptolemäus hinzufügen, sechszehn constitutiones auf einmal vor Augen stellen. Von diesen verwerfen wir zwei, einen von der zweiten und einen von der sechsten Oktavengattung, wie schon oft gesagt worden; der des Ptolemäus fällt mit der ersten Gattung zusammen, daher bleiben wiederum zwölf.

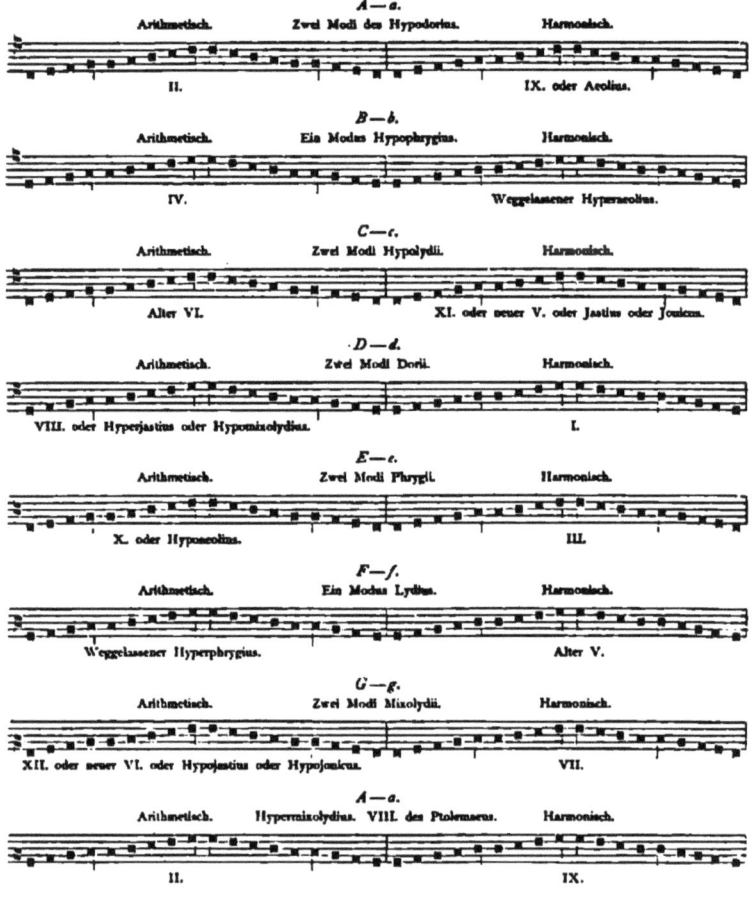

Sechstes Kapitel.

Dass man notwendig zwölf Modi setzen muss, wenn anders unser achter Modus von den anderen mit Recht verschieden ist.

Aber in der That, was die Halsstarrigkeit vermag, das haben wir an vielen Halbwissern und an Männern, die sich in der Musik eine große Gelehrsamkeit anmaßen, oft erfahren.

Denn sie behaupten, wegen der einen oder andern Verwechselung eines Halbtones werde keineswegs das ganze System verändert. Ein solcher Gesang, sagen sie, sei *Synemmenon* und gleichsam ein Fremdling, der an der Substanz des Modus nichts ändere; aber thöricht sei es, wegen der Umkehrung eines Systems den Modus für einen andern darzustellen oder zu halten; daher sei unser elfter und zwölfter Modus von dem fünften und sechsten, wegen der Verwechselung nur eines Halbtones in der Quinte auf keine Weise zu trennen, und die, welche wir als den neunten und zehnten Modus beigefügt haben, zögern sie nicht, dem ersten und zweiten Modus zuzuzählen. Was zuerst das betrifft, was sie über die Verwechselung des Halbtones sagen, so haben wir, wenn sie das von der Veränderung einer Note meinen, keinen Grund, mit ihnen zu streiten. Wir gestehen zu, dass ein solcher Ton oft vorkommen kann, aber als Fremdling. Wenn sie das aber von einem ganzen Gesange verstehen, so ist diese Meinung abzuweisen. Und weshalb diese Meinung falsch ist, werden wir leicht zeigen. Denn wenn der siebente Modus den Halbton in seiner Quinte von der dritten Stelle in die zweite verlegt, so dass aus *ut sol* die Quinte *re la* entsteht, so gerät er völlig in den ersten Modus. Auf diese Weise hat *Petrus Platensis*[1]) die Messe „Puer natus" leichtsinnigerweise verändert. Ähnlich gerät der dritte Modus, wenn man den Halbton in der Quinte eine Stufe aufwärts setzt, so dass aus *mi mi* die Quinte *re la* entsteht, in das System des zweiten Modus. Aber auch das ist bei denselben ungereimt, dass entweder der siebente mit dem ersten, oder der dritte mit dem zweiten ein und derselbe Modus sein soll. Daher sind auch der neue fünfte und sechste, d. i. unser elfter und zwölfter Modus, nicht mit dem alten fünften und sechsten dieselben Modi; diese machten nämlich aus der Quinte *fa fa* die Quinte *ut sol*, d. i. aus der dritten Oktavengattung die vierte und sie haben den Halbton in der Quinte an dritter Stelle, während er in den früheren an vierter Stelle war. Was aber das anbetrifft, was sie an der Umkehrung des Systems getadelt haben, so können wir dieses als ungereimt schon durch das Zeugnis derer erweisen, welche den sogenannten achten Modus von dem ersten sonst nicht trennen können; denn was sie immer über die Finale schreien, das ist ein ungereimtes Gewäsch, wie wir oben gezeigt haben, da nicht der Finalschlüssel das System verändert, sondern umgekehrt; wegen der Umkehrung des Systems wird der Finalschlüssel ein anderer und wieder ein anderer. Wenn daher der gewöhnliche achte Modus von jenen sieben echten und unangezweifelten Modi verschieden ist, und dieses wegen einer einzigen Umkehrung des Systems, so ist es notwendig, dass wir die übrigen Modi, die wir den neunten, zehnten, elften und zwölften Modus nennen, auch in die Zahl der übrigen Modi zulassen, was darzuthun war. Obgleich wir aber für den neunten Modus zweiter Hypodorius oder Aeolius, für den elften Modus zweiter Hypolydius oder Jonicus, für den zehnten Modus zweiter Phrygius oder Hypoaeolius, schliefslich für den zwölften Modus zweiter Mixolydius oder Hypojonicus sagen können, so folgten wir jedoch der schon allgemein aufgenommenen Benennung des achten Modus der Zahl nach, welcher der zweite Dorius oder Hyperjastius war.

Siebentes Kapitel.
Über die Reihenfolge der Modi und ihre Benennungen.

Aber auch das ist zu bemerken, dass die Reihenfolge der Modi, zumal wie wir sie gesetzt haben, nicht so ganz feststeht. Manchen scheint der Hypodorius, weil er die erste Oktavengattung enthält, nicht mit Unrecht der erste und hierauf die anderen der Reihe nach, der Hypophrygius der zweite, der Hypolydius der dritte, der Dorius der vierte, der Phrygius der

---

[1]) d. i. Pierre de Larue.

fünfte, der Lydius der sechste, schliefslich der Mixolydius der siebente zu sein. Soviel ich mich erinnere, bezeichnen die Griechen die Modi blos mit Namen, ohne Zahlen; und hiernach haben wir uns im 2. Kap. dieses Buches gerichtet. Aber diese Benennung der Modi scheint mir zuerst von Völkerschaften ausgegangen zu sein, als einmal die Dorier an der vierten, die Phrygier an der fünften, die Lydier an der sechsten Oktavengattung Gefallen gefunden hatten. So mögen drei Modi, *Dorius*, *Phrygius* und *Lydius*, und zwar die vornehmsten dieser Gattung, entstanden sein, die auch jetzt noch sich bei denen erhalten haben, welche Instrumente spielen, nur dass sie den Lydius in den Jonicus verändern. *Plinius* behauptet, dass unter allen Harmonieen Saturn durch die dorische, Jupiter durch die phrygische und Merkur durch die lydische erregt werde. Unter diesen bezeichnen unsere Musiker den Dorius lieber als den ersten Modus, wie den Phrygius oder Lydius, die ja auch Namen von Völkern haben, weil dessen Oktavengattung die erstere ist. Andererseits haben sie auch hierauf diesen drei Modi eher ihre plagalen Modi als die drei übrigen Hauptmodi, den Mixolydius, Aeolius und Jonicus angefügt, weil sie mit ihnen die Quinte und die unten angefügte Quarte gemeinsam haben, wie die authentischen sie oben haben. Daher nennt man gewöhnlich den *Hypodorius* den zweiten Modus, weil er der plagale, oder, wie man jetzt sagt, der subjugale des *Dorius* ist. Aus dem gleichen Grunde wurde der *Phrygius* der dritte Modus genannt, weil seine Oktavengattung nach dem Dorius die nächste war; jedoch war er durch den plagalen des Dorius aus der zweiten Stelle verdrängt. Ähnlich ist der plagale des dritten Modus, der *Hypophrygius*, vierter Modus genannt worden, was zur Folge hatte, dass der Lydius, von dieser Stelle vertrieben, fünfter Modus und sein plagaler, der *Hypolydius*, sechster Modus genannt wurde. So aber haben die sechs Oktavengattungen ihre sechs Modi. Diesen ist der *Mixolydius* wegen seiner siebenten Oktavengattung mit Recht zugefügt worden. Aber derselbe konnte einen von den übrigen verschiedenen plagalen Modus nicht haben, denn wenn man die Quarte, welche er über seiner Quinte hat, unten anfügt, fällt er mit dem Systeme des Dorius zusammen, wie schon oft gesagt worden. Das scheint die ersten Kirchenmusiker bewogen zu haben, diesen Modus den achten zu nennen und ihn den sieben anderen zuzufügen, damit er nämlich nicht unter den vier sogenannten Hauptmodi allein seines plagalen entbehrte. Da sie aber diesen achten Modus von dem ersten dem Wesen nach nicht trennen konnten, so nahmen sie, durch die Not gezwungen, ihre Zuflucht zur Umkehrung des Systems. Als sie sahen, dass das glücklich gelungen war, waren sie darauf bedacht, auf dieselbe Weise auch die anderen Modi arithmetisch und harmonisch umzukehren. So erfanden sie zu diesen acht Modi aufserdem noch vier; doch es blieben dieselben Systeme, denn wie im achten Modus das System des Dorius, so blieb im neunten das des Hypodorius, im zehnten das des Phrygius, im elften das des Hypolydius, im zwölften das des Mixolydius. Der Hypophrygius und der Lydius jedoch konnten in der Weise nicht umgekehrt werden, wie wir früher gezeigt haben, denn es bleibt ihnen, auch wenn sie uneigentlich geteilt würden, dieselbe Oktavengattung. Übrigens scheinen die vier letzten Modi, obgleich sie, ebenso wie der achte, wahre Modi sind, indem sie aus der Umkehrung der Systeme hervorgegangen sind, durchgehends weniger gebraucht und vernachlässigt worden zu sein, entweder weil sie nicht allen bekannt waren, oder weil die ersten acht Modi zur Komposition aller Gesänge auszureichen schienen, besonders da wir durchgehends auch nur drei in häufigerem Gebrauche haben. Wir aber haben diese neuen Modi, wie sie manchen zu sein scheinen, obgleich sie nichts weniger als das sind, so geordnet, dass wir die harmonisch geteilten, nämlich den neunten und elften mit ungeraden, aber die arithmetisch geteilten, den zehnten und zwölften, mit geraden Zahlen benannten. Um nun auf ihre Benennungen zu kommen, was braucht es da vieler Worte? Denn dass der Dorius nach den Doriern, der Phrygius nach den Phrygiern

8*

und der Lydius nach den Lydiern benannt ist, sei es nun, dass sie bei diesen am meisten im Gebrauche gewesen, oder von diesen erfunden worden sind, ist zu bekannt, als dass man es weitläufig auseinanderzusetzen brauchte; so werden ähnlich der Hypodorius, Hypophrygius und Hypolydius so benannt, weil sie die plagalen oder subjugalen jener sind, mit welchen sie nämlich die Quinte gemeinsam haben. Übrigens haben sie die Quarte, welche die authentischen oben haben, unten angefügt. Der Mixolydius hat seinen Namen daher, weil er mit dem Lydius verwandt ist. Denn der Mixolydius der ersten Gattung, den wir den zwölften Modus nennen, hat unten dieselbe Quarte, welche der Lydius der zweiten Gattung oben hat, nämlich *ut fa*. *Georg Valla* schreibt es dem Umstande zu, weil er von dem Lydius durch den Raum eines Halbtones getrennt werde; dem können wir jedoch nicht beipflichten. Die übrigen fünf Modi werden bei Aristoxenus, wie derselbe Valla berichtet, so benannt: Hypojastius, Hypoaeolius, Jastius, Aeolius, Hyperjastius. Ich halte den Aeolius für unseren neunten oder den zweiten Hypodorius, bewogen durch das Ansehen des *Heraclides Ponticus*, den Athenäus lib. 14 citiert, wo er, nachdem er über den Hypodorius gesprochen, folgende Worte zufügt: „Dieser, der Hypodorius, ist, wie Heraclid sagt, der, den man den Aeolius nannte." Der Hypoaeolius aber ist unser zehnter oder der erste Phrygius, welcher die erste Quintengattung *re la* mit dem Aeolius gemein hat. Weiter hat dieser die zweite Quartengattung *mi la* unterhalb, jener aber oberhalb der Quinte. Den Jastius aber, welchen Porphyrio zu Horaz und Lucian im Jonicus nennen, halten wir für den elften oder den neuen fünften oder zweiten Hypolydius. Der Hypolydius aber ist unser zwölfter oder neue sechste Modus; denn sie haben die vierte Quintengattung *ut sol* gemeinsam, aber die dritte Quartengattung hat jener oben, dieser aber unten, so dass unter diesen vier, wie früher bei den acht alten zu je zwei eine schöne Verbindung besteht, dem Dorius mit Hypodorius, Phrygius mit Hypophrygius, Lydius mit Hypolydius und endlich dem Mixolydius mit Hyperjastius. Und wie diesen acht die arithmetische und harmonische Teilung zugrunde liegt, so sind hier Aeolius und Jastius harmonisch, Hypoaeolius und Hypojastius arithmetisch geteilt. Es sind noch übrig der Hyperjastius, welcher seine Benennung daher hat, weil er über dem Jastius war, wie der Hypermixolydius von Ptolemäus, weil er über dem Mixolydius war, und ist er unser achter oder die erste Gattung des Dorius arithmetisch geteilt, und der plagale des Mixolydius, von uns Hypomixolydius genannt, mit welchem er nämlich die letzte Quintengattung *ut sol* gemeinsam hat; weiter haben beide die erste Quartengattung *re sol*, der Mixolydius oben, der Hyperjastius aber unten. Aus diesen fünf haben der Aeolius und Jastius ihre Namen von den Aeoliern und Joniern und ihre plagalen sind der Hypoaeolius und der Hypojastius; der fünfte aber, der Hyperjastius, fand, wie schon gesagt, wie der Hypermixolydius, seinen Namen von der Stellung. Es haben daher die sechs harmonisch geteilten Modi, Aeolius, Jastius, Dorius, Phrygius, Lydius und Mixolydius, das sind bei uns die von ungerader Zahl, ferner die sechs arithmetisch geteilten Modi, Hypoaeolius, Hypojastius, Hypodorius, Hypophrygius, Hypolydius und Hyperjastius, das sind bei uns die geradzahligen, in unserer Zeit eine bei weitem andere Reihenfolge, als sie eigentlich nach jenen sieben Oktavengattungen, aus welchen sie herrühren, haben sollen, während ihre Namen geblieben sind, wie wir sie oben im 2. Kap. dieses Buches nach Boethius angegeben haben. Endlich haben die sechs ersten Modi die ganze Oktave über ihren Finalen, die sechs letzteren hingegen haben die Quinte über und die Quarte unter dem Finalschlüssel, was in dem 1. Buche sowohl über die mit geraden als mit ungeraden Zahlen benannten, ausreichend dargelegt worden ist. Die zwei weggeworfenen und uneigentlich geteilten Modi werden auf dieselbe Weise benannt, wie der Hypermixolydius und Hyperjastius. Denn der Hyperaeolius, welcher so gut als möglich den Hypophrygius umkehrt, da er keinen andern Namen hat, scheint so genannt worden zu sein, weil er zunächst über dem Aeolius ist, ebenso der Hyperphrygius, weil er zunächst über dem Phrygius ist, der, wie *Politianus* und *Franchinus* schreiben, von, ich weifs nicht welchen Autoren, Hyperlydius genannt worden ist, was ich durchaus nicht einsehe, wofern sie nicht behaupten, er sei in anderer Weise Hyperlydius genannt worden, indem er sich nämlich, wenn auch uneigentlich, nach dem Systeme des Lydius richte, nach welchem Muster ich keinen anderen Modus benannt finde.

Bis dahin scheinen wir alles berührt und uns wacker geplagt zu haben mit einer so aufserordentlichen Menge Namen, gleichsam mit Ungeheuern, welche uns der Gebrauch der Autoren und deshalb die Notwendigkeit abnötigten. Damit wir jedoch den Leser nicht länger aufhalten und er nicht gezwungen werde, mit uns die Belästigung zu tragen, werden wir zu guter Stunde es unternehmen, die Namen der Modi in eine bestimmte Form zu bringen, welche sie sowohl zu der Kunst passt, als auch in der Folge von uns beobachtet wird, wie wir auch die Benennungen bei den Autoren antreffen mögen. Wenn wir das nicht thun, so sehe ich nicht ein, welchen eigentlichen Nutzen der Leser von uns erwarten kann, da wir in keiner Disziplin die Schwierigkeiten für gröfser halten, welche nicht einmal durch die Sache selbst, sondern vielmehr durch den verschiedenen Gebrauch der Benennungen entstanden ist. Damit es nun nicht scheine, als vernachlässigten wir diese Disziplin oder den Boethius, die besondere Zierde dieser Disziplin, so werden wir die sieben Oktavengattungen unerschütterlich mit denselben Namen benennen, mit welchen jener, Kap. 14, lib. 1, sie benennt, und wie wir dieselben oben, Kap. 2 dieses Buches, aufgeführt haben. Die Namen sind aber diese: *Hypodorius, Hypophrygius, Hypolydius, Dorius, Phrygius, Lydius, Mixolydius*, vom grofsen *A* bis kleinen *g*, welchen *Aristoxenus*, indem er fünf Oktavengattungen umkehrte, den Aeolius, Jastius, Hyperjastius, Hypoaeolius und Hypojastius zufügte; so sind zwölf Modi entstanden. Andere haben aufserdem noch zwei, den Hyperaeolius und den Hyperphrygius, zugesetzt, die wir verworfen haben. Wir werden sechs Modi als Hauptmodi, harmonisch geteilte, wie wir sie im 1. Buche genannt haben, aufstellen, nämlich den *Dorius, Phrygius, Lydius, Mixolydius, Aeolius* und *Jonicus* mit sechs plagalen, dem *Hypodorius, Hypophrygius, Hypolydius, Hypomixolydius, Hypoaeolius* und *Hypojonicus*. Diese Nomenclatur werden wir ferner, soviel wir können, im ganzen im Verlaufe des Buches und sogar in der Ordnung der Beispiele festhalten. *Franchinus*, dem diese Disziplin schr viel verdankt, hat gewiss nicht gewusst, wie er die fünfzehn Modi des *Martianus Capella* den sieben Oktavengattungen anpassen sollte, indem er die Anordnung des *Cassiodorus* vorsetzte, die er gewiss nicht so klein gemacht hätte, wenn er selbst die Sache gekannt hätte. Damit es aber den Schein habe, als habe er etwas gesagt, so brachte er eine Abbildung hervor, über welche wir in dem vorhergehenden Buche gesprochen haben, nicht nur gegen die musikalische Kunst und gegen den wahren Präses dieser Kunst, sondern auch ebensosehr gegen seine eigene Lehre. Denn die erste und unterste Saite des Lydius stellt er daselbst um einen Halbton über Parhypate meson auf, obgleich er selbst mit Boethius überall zugiebt, dass der Lydius in derselben Parhypate meson aufgestellt werde, zu verschweigen, dass er den Aeolius dort aufstellt, wo sonst der Lydius zu stehen pflegt. Aber hier wollen wir uns nicht aufhalten. Jetzt werden wir, um unserem Versprechen nachzukommen, zwei diese Materie betreffenden Tabellen aufstellen, indem wir inbezug auf die Lage an der, welche uns *Franchinus* gegeben hat, nichts ändern, und zwar soll die erste innerhalb der sieben Oktavengattungen die Nomenclatur des *Martian* und die zweite die des *Aristoxenus* enthalten, an der wir uns, wie gesagt, unter allen Umständen halten werden. Ferner nennt *Martian* die Oktavengattung von Hypate meson zu Neten diezeugmenon mit drei, die anderen nur mit zwei Namen. Das kommt daher, weil er den Hauptmodi je zwei Kollegen gegeben hat. Das aber hätte nicht geschehen können, wenn nicht in das System des Phrygius das Hypo und Hyper und zwar für denselben Modus paßten, in anderen nicht, wie in der nächsten Tabelle zwischen zwei Modi leicht erkannt werden kann. Der letzten Tabelle aber fügen wir den Hypermixolydius des Ptolemäus und zwar nach dem Beispiele des Boethius bei. Die Nomenclatur des Aristoxenus ist beliebter, weil sie sowohl bei den Lateinern und Griechen häufiger als auch bei uns gebräuchlicher ist.

Darstellung der 15 Modi bei Martianus Capel. zu den 7 Oktavengattungen von Proslambanomenos zu Paranete hyperboleon, d. i. von A m g.

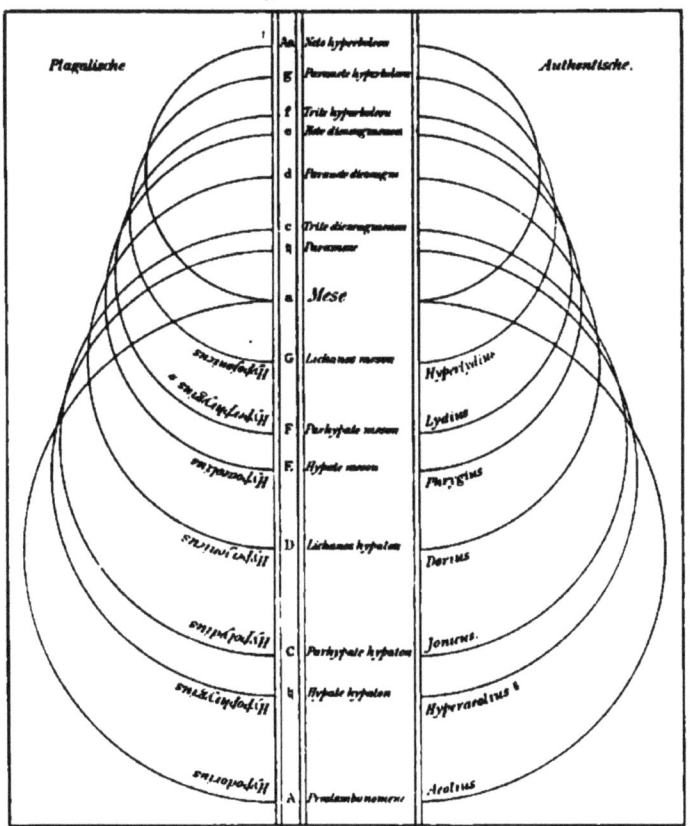

Doch da die Sache gleichsam neu ist und den Anfängern nichts genug gesagt werden kann, und endlich der eine an diesem seine Freude hat, der andere durch jenes angeregt wird, scheint es sich mir der Mühe zu lohnen, wenn ich das, was ich gesagt habe, auf viele und verschiedene Weise behandele. So glaube ich, wird es geschehen, daß der Geist des Lesers das schneller erfasst und hierauf das Erfasste, indem das Gedächtnis gekräftigt ist, besser behält. Machen wir daher, wie wir das früher gethan haben, eine zweifache Ordnung der Modi, eine der authentischen und eine der plagalen, welche Ausdrücke sowohl bei dem gewöhnlichen Volke als auch von den Gelehrten der Kunst aufgenommen und, wie ich glaube, für die Sache passend sind. Harmonisch geteilte, echte authentische Modi giebt es sechs:

Darstellung der 12 Modi des Aristoxenus nebst dem einen des Ptolemäus und der zwei der spätern Musiker, welche von uns uns mit hinlänglichem Grunde nicht angenommen werden sind.

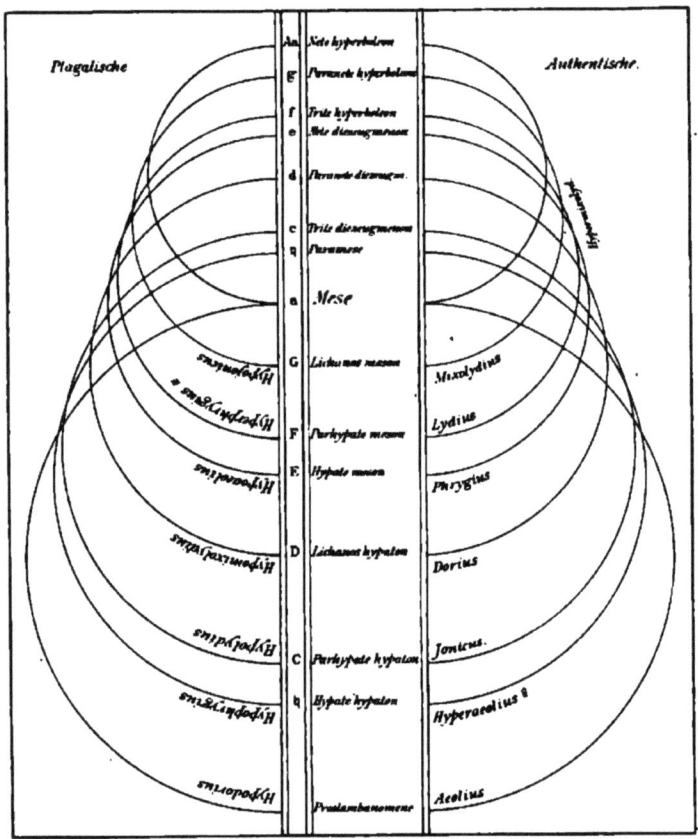

Dorius, Phrygius, Lydius, Mixolydius, Aeolius und Jonicus. Einer ist unecht, der Hyperaeolius. Ebenso giebt es sechs arithmetisch geteilte, echte plagale Modi: Hypodorius, Hypophrygius, Hypolydius, Hypomixolydius, Hypoaeolius und Hypojonicus. Und ebenso ist einer unecht, der Hyperphrygius. Mir kommt es nicht darauf an, wie jemand diese oder jene Modi nennt; manche nennen die authentischen *διστόταις*, die plagalen *δούλοις*, d. i. zu deutsch Herren und Knechte; andere nennen bescheidener jene Lehrer, triumphierende Patrone, die plagalen aber Knechte, Schützlinge, Huldigende. Meinetwegen mag es jedem gestattet sein, sie zu nennen, wie er will.

Die 6 harmonisch geteilten Modi.

Dorius.   Phrygius.   Lydius.   Mixolydius.   Aeolius.   Jonicus.

Die 6 arithmetisch geteilten Modi.

Hypodorius.   Hypophrygius.   Hypolydius.   Hypomixolydius.   Hypoaeolius.   Hypojonicus.

Die 7 Oktavengattungen mit je 2 Modi.

Dor. Hypodor. Phryg. Hypophr. Lyd. Hypolyd. Mixol. Hypomix. Aeol. Hypoaeol. Hyperae. Hyperphr. Jon. Hypoj.

1   2   3   4   5.   6   7   8   9   10   11   12

Achtes Kapitel.
Über die Tiefe und Höhe der Saiten und über deren Benennung.

Aber nun ist es an der Zeit, dass wir nach unserm frühern Versprechen die Ordnung der Saiten nach ihrer Höhe und Tiefe auseinandersetzen, eine Sache, die an und für sich nicht so zweifelhaft und schwierig als durch die verschiedenen Meinungen der Autoren controvers ist. Der Grammatiker *Servius Honoratus* sagt bei diesem Verse des Virgil „Durch die freundliche Stille des schweigenden Mondes": „Des schweigenden Mondes" bezeichnet entweder in poetischer Weise die Nacht, oder es ist in Beziehung auf die Physik gesagt. Denn es giebt sieben Kreise: der des Saturn, des Jupiter, des Mars, der Sonne, der Venus, des Merkur und des Mondes. Der erste, der des Saturn, tönt heftig, die übrigen der Reihe nach weniger, wie wir bei der Cithara gehört haben, deren letzte Saite schwächer tönt. So *Servius. Angelus Politianus* tadelt dieses in dem letzten Kapitel seiner Miscellen, indem er sagt: Das wird nur so verständlich sein, wenn man die äusserste Saite nicht für die tiefste sondern für die höchste nimmt, welche griechisch *Hypate* genannt wird, durch welche ein tieferer Ton erregt wird, wie von der anderen äussersten und dünnsten Saite, welche ich lieber die letzte nennen möchte, ein höherer Ton hervorgebracht wird, weil sie vollständig gespannt ist. So jener. Ich glaube, dass *Servius* hier richtig und auch der Natur gemäss gesprochen hat, und dieses nicht allein gemäss der Ordnung der Himmelskörper (wenn da von einem Ton die Rede sein kann) sondern auch in Rücksicht auf die Saiten der Cithara. Nicht die oberste Saite der Cithara ist *Hypaton*, wie *Angelus* sagt, sondern die unterste. Aber die unterste Saite auf der Cithara ist als die höchste anzunehmen, nämlich als die, welche den höchsten Ton giebt, die, wenn auch am meisten angespannt, doch nicht deshalb am meisten tönt. Denn Höhe und Tiefe haben schlechterdings bei verschiedenen Gegenständen nicht dasselbe Verhältnis, das sie in irgend einem und demselben Gegenstande haben, da ja bei demselben beliebigen Gegenstande die Höhe mehr zum Gehöre dringt, während das bei verschiedenen Gegenständen anders ist, wie z. B. der Ton einer Saite vom Gehöre besser vernommen wird, je mehr die Saite gespannt wird; aber bei verschiedenen Saiten wird die gröfsere derselben, angenommen es sei die Doppeloktave, wenn sie auch von der höheren und deshalb auch kleineren übertroffen wird, jedoch nicht weniger gehört. Denn die Stimme eines schreienden Knaben, wie hoch sie auch sein mag, wird den Ton einer guten Männerstimme nicht übertreffen. Daher sehen wir auch, wie die höheren Stimmen ohne die Basis der tieferen Stimmen, wie sie *Julius Pollux* nennt, nichts vermögen, woher nach meiner Meinung ohne Grund allgemein der Name *Basus* in Gebrauch gekommen ist. Es giebt aber kein angenehmerer Gesang, als ein solcher, in welchem eine feste tiefe Stimme ertönt, obgleich eine höhere Stimme sanfter dem Ohre schmeichelt; aber alle höheren Stimmen geraten durchaus in ein Geschwirr, wenn sie der Kraft einer tieferen Stimme entbehren. Dieses wird auch gezeigt in der Konsonanz der Quarte, welche heutzutage nicht zugelassen wird, wenn sie nicht von unten gestützt ist, entweder durch die Quinte oder zuweilen durch die Terz. Wenn daher der Ton des Mondes am höchsten ist, so muss er deshalb nicht notwendig auch am meisten gehört werden, wie es auch bei den Saiten der Cithara nicht nötig ist, dass der Ton *Nete hyperbolaeon* besser gehört werde als *Proslambanomenos*, wenn er auch um zwei Oktaven höher ist. Aber dieses gegen *Politian*. Doch dieser unserer Meinung scheint auch *Boethius* entgegen zu sein, welcher meistenteils die Saiten so zu ordnen scheint, dass er Proslambanomenos an die oberste und Nete hyperbolaeon an die unterste Stelle setzt, wie lib. 4, Kap. 10, wo er über die ganze Ordnung der Saiten spricht, und lib. 1, Kap. 20, wo er die Neten an tiefere Stelle setzt, und in demselben Kapitel, wo er die vier Saiten des Tetrachords Meson die oberen, gegenüber den vier Saiten des Tetrachords Diezeugmenon nennt. In unserer Anordnung, welcher wir die Skala des Guido zugrunde legen, erscheint das alles umgekehrt. Vieles andere und diesem ganz Ähnliches findet sich bei den Autoren, was manchen viel zu schaffen macht. Aber dieser Skrupel muss beseitigt werden. Besonders ist zu bemerken, dass die Tetrachorde von altersher so waren, wie sie noch jetzt gesehen werden, nämlich als Instrumente mit vier Saiten, worin die tiefste und gröfste, ja die dickste Saite auch die oberste, aber die hellste und dünnste immerhin die unterste war. Dieses halte ich für die Form der Lyra und glaube nicht, dass die Cithara mit der Lyra ein und dasselbe Instrument sei, wie viele verkehrt (ich spreche jedoch nicht von der Licenz) setzen. Denn auf der Cithara sind 24 Saiten, wie wir in dem vorigen Buche gezeigt haben, und in umgekehrter Ordnung aufgestellt als in der Lyra, da in der Cithara die tiefste und auch die gröfste die unterste, aber die höchste die oberste ist. Aber in der Lyra, sei sie Trichord, Tetrachord oder Hexachord ist alles umgekehrt. Daher kommen die verschiedenen Benennungen tiefste, äufserste, unterste und letzte Saite; denn im Tetrachord ist die oberste auch die tiefste, daher genannt Hypate, aber die hellste ist die unterste und zugleich die letzte. Aber jene Benennungen, tiefste, äufserste und letzte dürfen uns nicht verwirren; denn auf der Cithara ist im Aufsteigen die tiefste Saite die erste, die hellste aber die letzte und äufserste; umgekehrt ist im Absteigen die oberste die erste und die tiefste die letzte und äufserste, was in der Ordnung der himmlischen Sphären und in vielen anderen Sachen sonnenklar ist, wie wir später zeigen werden, und auch die Autoren selbst haben oft sich so ausgedrückt, wie jene Stelle des *Terentius* beweiset: „Auf der äufsersten Linie zu lieben, heifst nichts", wo er unter äufsersten Linie die erste versteht, nämlich den Anblick. Denn was *Donatus* in seinem Kommentar zufügend bemerkt: „Oder hat er vielleicht äufserste Linie so gebraucht", wie man sagt: „in langen Linien", d. i. „von weitem", das ist gar zu gesucht. Ebenso bezeichnete *Horaz*, wenn er in den Sermonen über *Tigellus* sagt: (Er singt) bald mit der höchsten

Stimme, bald mit der, welche auf den vier Saiten als die unterste ertönt;" durch die unterste, die tiefste, welche im Tetrachord die oberste und in Rücksicht des Tones die tiefste, aber in Rücksicht der Stellung die höchste ist. Mit Rücksicht darauf sagt *Porphyrio*, dies scheine vom Tetrachord hergenommen worden zu sein, in welchem die Saite den tiefsten Ton hat, welche Hypate, d. i. die höchste heißt. Ich weiß wohl, was *Acro* zu derselben Stelle herschwatzt, und haben wir dieses in den Anmerkungen, die wir zum Horaz herausgegeben haben, kurz berührt. In dieser Weise, wie sie bei den Alten üblich war, hat *Boethius* die meisten seiner Tabellen eingerichtet; aber wo er eine schwierigere Sache behandelt, die mit Zahlen auseinanderzusetzen war, dann legt er nicht den höheren sondern den tieferen Saiten die größeren Zahlen bei, was er selbst lib. 4, Kap. 4 mit diesen Worten bezeugt: Der Leser (sagt er) möge sich dadurch nicht stören lassen, dass wir vorher nach der Höhe die Zwischenräume der Proportionen mit der größeren Zahl, nach der Tiefe hin mit der kleineren Zahl bezeichnet haben, da Anspannung Höhe, Nachlassen Tiefe hervorbringt. Dort bezeichneten wir nur die Zwischenräume der Proportionen, ohne uns über die Eigentümlichkeit der Höhe und Tiefe zu kümmern und haben wir so nach der Höhe zu mit größeren Zahlen die Spannung, mit kleineren Zahlen nach der Tiefe hin das Nachlassen bezeichnet. Hier aber, wo wir die Zwischenräume der Saiten und Klänge messen, müssen wir notwendigerweise der Natur der Sache folgen und der größern Länge der Saiten, aus welcher die Tiefe besteht, größere Zahlen, der kleinern Saite aber, aus welcher die Höhe der Stimme hervorgeht, kleinere Zahlen geben. So jener. Es fehlt nicht viel, dass auch ein Beispiel für das Gesagte das sei, was er lib. 1, Kap. 24 gesagt hat, wo er die Tetrachorde Hypaton und Meson infolge einer Verbindung zu derselben Saite beziehend, das Tetrachord Hypaton zuerst und Meson zuletzt setzt, aber die Saite Hypate meson nennt er die höchste des ersteren, aber die tiefste des letzteren. Er sagt erstere nicht nach der Höhe des Klanges, sondern weil er es zuerst genannt hat, sonst hätte er darauf tiefere und nicht letztere gesagt. Dass aber Boethius die Hypaten die tiefsten und die Hyperbolaeen aber die äußersten Saiten nennt und sie dafür hält, geht aus vielen Beispielen seiner Bücher deutlich hervor. Denn lib. 1, Kap. 20 sagt er: „Und von den sieben Saiten wurde die tiefste Hypate genannt, gleichsam als die größere und ehrwürdigere, woher sie auch den Jupiter Hypatos nennen. Auch den Konsul nennt man seiner hohen Würde wegen mit demselben Namen (Hypatos) und dem Saturn ist er wegen seiner Langsamkeit der Bewegung und Tiefe des Tones zugeteilt worden." Ebenso behauptet er später in demselben Kapitel über das Tetrachord Hyperbolaeon, dass dessen Saiten Hyperbolaeen genannt worden seien, weil sie alle früher genannten Neten übersteigen. Und weiter lib. 4, Kap. 11 nennt er das Tetrachord Hypaton das erste und tiefste, Hyperbolaeon aber die äußerste Nete. Wiederum nennt er Kap. 13 desselben Buches, wo er über die Quintengattungen handelt, den tiefern Teil zweimal, wie wir mit Guido ihn benennen. Viele andere Stellen finden sich bei demselben, die wir der Kürze halber übergehen. Dieses haben wir gelegentlich erwähnt, damit nicht jemand mir das Ansehen des Mannes entgegen halte, den ich ohne Kontroverse zum Fürsten dieser Kunst mache. Denn um den *Macrobius, Acro, Georg Valla* und ähnliche kümmere ich mich nicht, obgleich es scheinen kann, als habe *Georg Valla*, ein unzweifelhaft gelehrter aber nach meiner Meinung nicht genug ehrenhafter Mann, in jenem Ungeheuer von Buche *de rebus fugiendis ac expetendis* Herrliches geleistet. Obgleich er nämlich den größeren Teil dieser Disziplin aus Boethius hatte, hält er es nicht einmal für wert, ihn zu nennen; was mich wirklich wundert, während er andererseits Leute, wie *Anselm Bryennius*, und ich weiß nicht welche andere obskure Männer, fortwährend im Munde hat. Aber natürlich, wir erscheinen nämlich dann gelehrt, wenn wir viele Autoren anführen, welche wir entweder oder andere niemals gelesen haben. Über die Alten,

die er haufenweise so anführt, als wenn er sie selbst gelesen hätte, während ihre Arbeiten vor
vielen Jahrhunderten verloren gegangen sind, werde ich nichts sagen. Jedoch höre ich, dass
er eine ausgezeichnete Bibliothek besessen habe, welche er sterbend dem vermachte, der dieses
Werk drucke. Aldus hat es gedruckt, über die Bibliothek habe ich nichts Bestimmtes gehört.
Der Codex selbst ist sehr verdorben, wie es sich jedem zeigen wird, der ihn mit Überlegung
liest. Aber wer die Schuld trägt, weifs ich nicht. Das mag über das Werk mir zu sagen
gestattet sein, dass es eine Anhäufung vieler Sachen zu sein scheint, welche er nicht verstanden hat, ein Gemisch von häufig sich Widersprechendem, welches er, wenn es ihm vergönnt gewesen wäre, ohne Zweifel würde verbessert haben.

Neuntes Kapitel.
Wie die Modi zu nehmen sind und welche als die erste aller Saiten gilt.

Aber hier stellt sich uns, die wir bereits so viele Klippen passiert, schon jede Gefahr
überstanden und einen sicheren Hafen erreicht zu haben glaubten, eine ungeheure Schwierigkeit und ein nicht kleines Hemmnis unserer Fahrt entgegen. Siehe, da ist wieder unser *Boethius*
da, unser Leitstern, von dem wir es am wenigsten erwarteten, und hat unser Schifflein sozusagen zurückgetrieben und den eingeschlagenen Kurs gehemmt: Denn dieser ordnet lib. 4,
Kap. 13 die Quarten- und Quintengattungen bei weitem anders, als wir das gethan haben.
Wir setzen als erste Quarte *re sol*, als zweite *mi la*, als dritte *ut fa*, während jener in der Ordnung dieselben setzt: *mi la, ut fa, re sol;* und so die meisten Alten. Ähnlich setzen wir als
erste Quinte *re la*, als zweite *mi mi*, als dritte *fa fa*, als vierte *ut sol*, während die Ordnung bei
Boethius diese ist: *mi mi, fa fa, ut sol, re la*. Und so setzt jener die zuletzt, welche wir zuerst
setzen. Aber was uns mehr beunruhigt und durch Umwendung der Segel sozusagen unsern
Lauf gehemmt hat, ist der Umstand, dass er in demselben Buche, sogleich in dem folgenden
Kapitel über die Anfänge der Modi sagt, der Hypolydius sei um einen Ton höher als der
Hyperphrygius, den wir nur um einen Halbton höher gesetzt haben. Denn wenn das Unserige
falsch und der Codex des Boethius richtig ist, so müssen wir ohne jede Weigerung unsern
Irrtum eingestehen und den größsten Teil unseres Kommentars, den wir mit großer Mühe an-
gefertigt haben, wieder korrigieren. Die Schwierigkeit in betreff der zu nehmenden Ordnung in
den Konsonanzen-Gattungen, damit wir den ersten Skrupel entfernen, löst sich so, dass Boethius
an dieser Stelle aus keiner andern Ursache *mi la* als erste Quartengattung setzt, als deshalb,
weil diese unter die unbeweglichen Klänge aufgeführt werde, während die anderen unter die
beweglichen kommen. Wenn wir daher die Konsonanzengattungen für sich betrachten, so
sehe ich nicht ein, warum die eine vor der andern die erste sei, wofern wir nicht nach den
Stellungen der Halbtöne der den Vorrang geben wollen, welche, wie *mi la*, den Halbton aufsteigend an erster Stelle hat; aus demselben Grunde in den Quinten *mi mi*. Aber wenn wir
die Konsonanzen-Gattungen beurteilen nach der Ordnung der Skala, welche die Griechen von
Proslambanomenos zu Nete hyperbolaeon und die Lateiner von *A* bis *Aa* aufstellen, so wird sicher
re sol den ersten Platz von Proslambanomenos zu Lichanos hypaton, *mi la* den zweiten von
Hypate hypaton zu Hypate meson des ersten und tiefsten Tetrachords behaupten, in welchem
ohne Zweifel die erste Saite Hypate hypaton von Parhypate hypaton um einen kleinen Halbton im diatonischen Geschlechte (denn die beiden anderen gleichsam aufgegebenen Geschlechter
kommen nicht in Betracht) entfernt ist, hierauf folgen zwei ganze Töne, wie das sich in allen
Darlegungen des vierten Buches bei Boethius deutlich zeigt. Das ist auch die Meinung des
gelehrten *Franchinus* gewesen, der auch diese Fundamente richtig gelegt hat. *Berno* hat das-

9*

selbe in seiner *Isagoge* wirklich fleifsig behandelt. Und von diesem Ziele wird uns niemand abbringen. Und selbst Boethius wird uns hier mit allen seinen Büchern über die Musik darin, weshalb keine Ordnung in den Konsonanzen-Gattungen, wenn wir die Reihe der fünf Saiten in dem unveränderlichen Systeme betrachten, besser und passender aufgestellt wird, als jene ist, welche wir in dem ersten Buche nach Franchinus gelehrt haben, mit allen Büchern über die Musik beistehen. Da wir demnach, wie ich glaube, dieses bewiesen haben, so wird der andere Zweifel über die Anfänge der Modi, sich noch leichter lösen. Denn wenn wir die Modi nach der Reihenfolge der fünfzehn Saiten geordnet haben, so war ohne Zweifel diese Ordnung, welche wir auch im zweiten Kapitel dieses Buches durch eine Zeichnung veranschaulicht haben, der Natur der Modi, welche meistens in der Lage der Halbtöne besteht, angemessen. Aber wenn wir sie so gesetzt hätten, wie sie zu den Saiten der Cithara passten, so könnte das nur eine andere Ordnung sein. Denn lib. 4, Kap. 14 befolgt Boethius, wenn, was Franchinus kein Bedenken trug zu sagen, der Codex nicht irrt, eine andere Ordnung als im letzten Buche Kap. 11 seines Werkes. Denn er setzt nämlich von Proslambanomenos zu Mese den Hypodorius und um einen Ton entfernt von Hypate hypaton zu Paramese den Hypophrygius, was auch wir gethan haben. Aber von Parhypate hypaton zu Trite diezeugmenon setzt er gleichfalls um einen Ton entfernt den Hypolydius, von welchem wir glauben, dass er nur um einen Halbton vom Hypophrygius entfernt sei, da Parhypate hypaton von Hypate hypaton um einen Halbton entfernt ist. Daher irrt an dieser Stelle entweder der Codex des Boethius, oder er hat die unterste und tiefste Saite der Cithara Proslambanomenos genannt und hierauf die Saiten der Cithara so angepasst, wie sie noch heute gesehen werden von *C* bis *c* oder in Synemmenon von *F* bis *f*. Mehr noch ist die Einteilung verschieden in demselben Buche Kap. 4, wo er sagt, sie sei nach dem Lydius eingerichtet, während sie mehr auf den Hypolydius und sogar auf den Hypodorius passt, wenn man dieselbe aufmerksam betrachtet; gleichwohl scheint sie mir gegen das Ende hin verdächtig und, wie ich glaube, durch die Schuld des Abschreibers verstümmelt. Ferner sagt *Politian* in seinem *Panepistemon:* „Bei Aristoxenus giebt es dreizehn Töne, nämlich ein Hypodorius, zwei Hypophrygii, zwei Hypolydii, ein Dorius, zwei Phrygii, zwei Lydii, zwei Mixolydii und ein Hypermixolydius." Wenn das seine Richtigkeit hat, so hat jener die Ordnung der Modi vom Triton angefangen, (wie das heute noch manche Orgeln thun, wie wir gesehen haben) wo wir den Lydius anfangen, in *F*, wie wenn man von Parhypate meson ausgehend zu Parameson aufsteigt; hierauf setzt er in *G* den Hypophrygius, wo wir den Mixolydius setzen; denn sonst hätten nicht jene einfachen und doppelten Modi Platz. Das alles geht darauf hinaus, dass wir deutlich einsehen sollen, dass auch hierin bei den Alten Veränderungen vorgekommen sind, dass jedoch immer, mochte auch alles andere fallen, die sieben Oktavengattungen unverletzt geblieben sind. Die Benennung kann leicht verändert werden. Hiervon kann *Cleonides* ein Beweis sein, welcher die Modi von Hypate hypaton beginnt und von dieser Saite bis zu Paramese den Mixolydius aufstellt, was mit unserer Lehre sehr wenig übereinstimmt, wie auch die darauffolgenden Modi desselben nicht mit unseren und auch nicht mit denen des Boethius übereinstimmen. Also die erste Saite aller Modi (damit wir endlich schliefsen) wird Proslambanomene sein, der eigentliche Sitz des Hypodorius bis zur Mese; die zweite wird sein Hypate hypaton bis zur Paramese der des Hypophrygius; die dritte wird sein Parhypate hypaton bis zur Trite diezeugmenon des Hypolydius u. s. w., wie wir im 2. Kapitel dieses Buches gezeigt haben. Die Lage der Halbtöne selbst wird sich richten nach der von Boethius selbst lib. 4 eingerichteten und erklärten Ordnung der Tetrachorde, wie auch wir sie in dem schon genannten Kapitel für gut befunden haben. Daher bleibt diese unsere Ordnung, wie wir sie von Anfang eingerichtet haben, unerschüttert, und auch der von allen Autoren gezeigte Charakter der Modi schreitet auf diese Weise hübsch fort, die Einfachheit des Aeolius, wie Apuleius, das Gottbegeisterte des Phrygius, das Rauschende des Lydius, das Majestätische des Dorius, das Zierliche des Jonicus, wie Lucianus sagt, Ausdrücke, welche wir später deutlicher erörtern werden. Den Aristoxenus, welchen Ptolemäus und Boethius widerlegen, haben wir nicht gelesen und Politian wird von manchen mit Recht als ein solcher bezeichnet, der hierin nicht verstandene Dinge zusammengehäuft hat. Denn er hatte dieses bei den Griechen gelesen, aber nicht verstanden. Auch Georg Valla hat an verschiedenen Stellen Abweichendes mitgeteilt, indem er bald den aristoxenischen bald ptolemäischen Halbton gebraucht, so dass er oft sich selbst nicht gleich zu bleiben scheint. Uns wird hier nichts entfallen, von dem wir nicht nötigenfalls ein auf der lebenden Stimme und auf sicherer Berechnung beruhendes Beispiel geben und dem Urteil der Augen und Ohren unterbreiten können.

Zehntes Kapitel.

Erörterungen einiger Stellen in Autoren, welche den bis jetzt von uns gegebenen Lehren entgegen zu sein scheinen.

Weniger drückt es uns, beunruhigt uns doch immerhin, dass hin und wieder uns einiges aufstöfst, was unserer Darstellung sozusagen zuwiderläuft und zwar bei nicht zu unterschätzenden Autoren. Der erste dieser Autoren ist *Athenäus*, welcher lib. 14 der Deipno-Sophisten nach dem Heraclides Ponticus drei Modi annimmt, den Dorius, Aeolius und Jonicus, weil die Griechen selbst nur in drei Stämme abgeteilt gewesen seien, in die Dorier, Aeolier und Jonier. Ebenso, doch etwas abweichender, berichtet der gelehrte *Porphyrio*, welcher uns einen Kommentar zu Horaz hinterliefs, der jedoch von *Acro* abgekürzt und von der Ungunst der Zeit verstümmelt worden ist. Derselbe sagt in der letzten Ode des 4. Buches der Carmina zu der Stelle „Lydis remixto carmine tibiis". Man sagt, der Modi der Flöte gäbe es drei, Jonicus, Lydius und Barbarus. Und in der 9. Ode der Epoden sagt er zu der Stelle „Hae Dorium, illis barbarum": Wir haben auch früher gesagt, dass es bei den Griechen drei Gattungen von Gesängen gäbe, Jonicus, Lydius und Barbarus. So jener. *Acro* erklärt: „Barbarus", d. i. „der Phrygius", damit sind wir einverstanden. Übrigens glaube ich, dass im Porphyrio für Lydius Dorius zu lesen ist, da der Lydius unter dem Jonicus leicht verstanden werden kann, und unsere Zeit verändert fast jeden Gesang des Lydius in einen Jonicus, so verwandt sind von Natur aus die Systeme dieser beiden Modi. Dieses haben wir schon angeführt und in den Bemerkungen zu Horaz weitläufiger auseinandergesetzt, und bald werden wir über diesen Punkt anderes hinzufügen. Aber was den ersteren angeht, so werden wir (denn die Sache ist nicht so schwierig, als dass es nötig sei, viele Worte zu machen) kurz antworten: Zwar hat Athenäus nur drei Modi genannt, aber die Hauptmodi, die bei den Griechen am meisten gebräuchlichen Modi, denn den Lydius und Phrygius erwähnt er wenigstens, mag sie aber für barbarisch und ebenso andere für unbedeutende oder untergeschobene oder blofse Abarten der ersten gehalten haben. Allein durch diese Disputation kommt er endlich dahin, dass er den Jonicus nicht einmal für eine Harmonie hält, sondern nur als eine gewisse wunderbare Gattung von Harmonie. Ἰάαιρ ἐπολυμμϑάνω οὐχ ἁρμονίαν εἶναι τὴν ἰωντί, τρόπον δέ τινα θαυμαντὸν σχίματος ἁρμονίας sagt er. Daher scheint mir aus diesen Autoren nichts Bestimmtes vorhanden zu sein, wie auch nicht aus *Julius Pollux*, wie wir bei dem Lydius mitteilen werden. Aber wenn *Porphyrio*, damit wir zu diesem auch irgend etwas bemerken, drei Modi oder Gattungen der Carmina nennt, so spricht er von dem allgemeinen Usus, wie dieses noch heute die Flötenspieler und Fiedler im Gebrauch haben. Denn die sechs Modi, den Jonicus, Hypojonicus, Lydius, Hypolydius, Mixolydius, Hypomixolydius, der auch Hyperjastius heifst, spielen sie in *ut*, die vier aber, den Dorius, Hypodorius, Aeolius, Hypoaeolius, und wenn man den Hypermixolydius noch zufügen will, in *re*, und schliefslich den Phrygius und Hypophrygius in *mi*, so dass die Zahl von 12 Modi, oder wenn man den Hypermixolydius nicht ausschliefst, von 13 Modi ausgefüllt wird. Dieses für Porphyrio. Der dritte ist *Lucian*, welcher im Harmonides vier Namen der Modi erwähnt, und die Eigentümlichkeit jeder Harmonie (denn so nennt er in Übereinstimmung mit Plato die Modi) mit diesen Worten erklärt: *Καὶ ἑκάστης ἁρμονίας διαφυλάττειν τὸ ἴδιον, τοῦ φρυγίου τὸ ἔνθεον, τοῦ λυδίου τὸ βακχικόν, τοῦ δωρίου τὸ σεμνόν, τῆς Ἰωνικῆς τὸ γλαφυρόν.* Dieses hat unser Lehrer *Erasmus von Rotterdam*, wie alles, fein so übersetzt: Die Eigentümlichkeit einer jeden Harmonie ist zu bewahren; die Heftigkeit der phrygischen, die Erregtheit der lydischen, die Ernsthaftigkeit der dorischen und die Fröhlichkeit der jonischen Harmonie. Porphyrio hat drei und Lucian vier Modi genannt. Aber Lucian schien es nicht daran gelegen zu sein, alle Modi zu nennen, sondern nur die vorzüglichsten. Den Jonicus aber hat er den Hauptmodi beigefügt, weil er sich durch die Veränderung des Tetrachords Diezeugmenon in Synemmenon herausgebildet hat. So zählt auch *Apulejus* lib. 1 der *Florida* fünf Modi auf, indem er den Aeolius zusetzt; und *Julius Pollux* fügt im 4. Buche die locrische Harmonie hinzu und an einer anderen Stelle die syntonolydische, wie auch Plato im 3. Buche über die Republik, wo sie auch die mixolydische heifst. Doch hierüber werden wir weiter beim Lydius sprechen. Die Worte des *Apulejus* lauten so: Es war ein Flötenspieler *Antigenidas*, der es verstand, jedem Nötchen einen süfsen Klang zu geben, und ebenso erfahren· war, jeden Modus gehörig einzurichten, sei es, dass man wünschte den einfachen Aeolius oder den veränderlichen Jastius, oder den klagenden Lydius, oder den feierlichen Phrygius, oder den kriegerischen Dorius. Apulejus nennt rücksichtlich der Namen nur die einfachen, nämlich die, welche ihre Namen von griechischen Völkerschaften haben, und zwar nennt er den Jastius, welchen *Lucian* Jonicus nennt, welcher Name, wie wir etwas später zeigen werden, in den gewöhnlichen Codices des Apulejus corrupt Asius gelesen wird. Dieses und ähnliches wird hier und da bei den Autoren gefunden, was ohne Schwierigkeit auf diese Weise auch von dem nur mittelmäfsig begabten Leser gelöset werden kann.

Elftes Kapitel.
Über die wechselweise Vertauschung der Modi.

Die Modi werden auch unter einander vertauscht, aber nicht mit gleichem Glücke. Denn bei manchen geht die Vertauschung so, dass ein empfindsames und scharfes Gehör sie kaum bemerkt, ja sogar oft zu grofser Annehmlichkeit der Zuhörer, wie wir das schon mehrmals als etwas heute Allgemeines bezeichnet haben, den Lydius in den Jonicus zu vertauschen. Dieses verstehen diejenigen, welche Instrumente spielen, und welche die Carmina der Dichter nach den musikalischen Regeln fertig zu singen wissen und die so, wenn sie es geschickt thun, Lob verdienen, besonders wenn sie den Jonicus in den Dorius vertauschen. Bei anderen ist die Vertauschung hart und selten ohne Verletzung des Ohres, wie z. B. die des Dorius in den Phrygius. Daher setzen sich die, welche heutigentages in den Kirchen die Orgeln spielen, so oft sie durch die Gesänge genötigt in diese Schwierigkeit geraten, wofern sie nicht geübt und gewandt sind, oft dem Gelächter kundiger Zuhörer aus. Daher glaube ich, rührt das Sprichwort: Vom Dorius in den Phrygius, d. i. vom Natürlichen in das weniger Natürliche, oder vom gut Komponierten in das unpassend Komponierte, vom Angenehmen in das Unangenehme, kurz von dem, was, wie wir gewöhnlich sagen, nicht bei der Sache bleibt und ins Gegenteil verfällt. Mir ist es nicht unbekannt, was viele ausgezeichnete Männer unserer

Zeit, aus denen ich besonders zwei achten muss, und die ich nie ohne Ehrerbietung nenne, *Franchinus* und *Erasmus von Rotterdam*, der eine mir ein stummer, der andere mir ein mündlicher Lehrer, denen ich sehr viel schulde, durch ihre Schriften über dieses Sprichwort berichtet haben. Den Franchinus habe ich wirklich nie gesehen, obgleich er vor 22 Jahren, als ich in Mailand war, auch daselbst gewesen sein soll, doch damals betrieb ich diese Kunst noch nicht; aber in späteren Jahren (damit ich offen die Wahrheit gestehe) haben mir die Schriften dieses Mannes viel genützt und mir sogar die Veranlassung gegeben, dass ich wünschte, den Boethius, um den sich lange niemand mehr kümmerte, und von dem man glaubte, er werde von niemand verstanden, zu lesen, zu studieren und zu verschlingen. Mit Erasmus habe ich viele Jahre als Freund zusammengelebt, zwar nicht in demselben Hause, aber doch so nahe, dass einer dem anderen, so viel es ihm beliebte, in den wissenschaftlichen Beschäftigungen durch den täglichen Umgang, und bei den ausgedehnten Arbeiten, welche wir zum gemeinsamen Nutzen der Studierenden übernommen hatten, beistand. So war es uns vergönnt, uns gegenseitig aufmerksam zu machen, Bedenken zu tragen und zu korrigieren. Ich als der Jüngere gab dem Alter nach, er als der Ältere ertrug meine Gewohnheiten, wies mich mehrmals zurecht und war ein beständiger Förderer meiner Studien. Kurz er erreichte es, dass ich es einst wagte, selbst an die Öffentlichkeit zu treten und durch Schriften meine Meinung darzulegen. Alles, was derselbe in so vielen Jahren schrieb (denn ich glaube, es waren nicht weniger wie 20 Jahre gewesen) hatte er gewünscht, dass ich es vorher sähe; und in der That, wenn meine Beschäftigung und meine eigenen Arbeiten es gestattet hätten, immer zugegen zu sein, ich würde mich ihm nicht entzogen haben; jedoch seine meisten Werke habe ich entstehen sehen. Er nahm es nicht übel, wie es jetzt manche Eigensinnige thun, getadelt zu werden, wenn es in passender Weise geschah, ja er wünschte sogar sehr, aufmerksam gemacht zu werden, und sprach von Zeit zu Zeit seinen Dank aus, und bedachte endlich manchmal den, welcher ihn aufmerksam machte, mit Geschenken; so groß war seine Bescheidenheit. Daher haben wir uns nicht gescheut, manches in seinen Schriften zu tadeln, so lange er noch lebte, zumal weil er es selbst wünschte. Wäre dieses auch gegen Franchinus gestattet gewesen, ich hätte dem sicher manches gezeigt, was in Rücksicht auf den öffentlichen Gebrauch dieser Disciplinen viel genützt hätte. Dieses bezweckt, damit niemand mit Recht auf mich zornig sein kann oder darf, wenn ich nun nach ihrem Tode es wage, manches zu tadeln, was ich zu ihren Lebzeiten sogar ihnen zum Dank gethan hätte. Der erste, *Franchinus*, hat in seinem letzten Werke, über die Harmonie der musikalischen Instrumente (das, wie wir schon in dem ersten Buche beklagt haben, zu spät in unsere Hände kam) lib. 4, Kap. 2, wo er über die Eigentümlichkeit der vier Modi und über die Vorzüglichkeit des Dorius handelt, nachdem er das Sprichwort erwähnt, diese Worte zugesetzt: Wenn man sich aber aus den ruhigsten und ernstesten Dingen zu dem wendet, was fröhlich und heiter zu sagen oder zu wünschen ist, so sagt man gleichsam sprichwörtlich: Vom Dorius in den Phrygius. So jener. Mit diesen Worten deutet er an, dass der Phrygius für das Fröhliche und Lustige passe, während er jedoch gleich in demselben Buche Kap. 5 sagt, der Modus Phrygius schicke sich zur Aufmunterung zum Kriege und werde deshalb mit feuriger Farbe gemalt und durch den Anapästus ausgedrückt. Über den Dorius bestätigt jeder dasselbe, weshalb wir auf diese Weise den Sinn des Sprichwortes nicht enträtseln können; denn ich glaube, dass der Phrygius besser für ernste und religiöse Gesänge passt, wie z. B. für Trauer-, Klage- und Grablieder. Doch welcher Modus könnte nicht den verschiedenartigsten Gesängen angepasst werden, nur gehört dazu das glückliche Genie eines *Jodoc. Pratensis* oder eines *Petrus von Platea* und ähnlicher. Daher klärt uns das, was er uns durch das ganze 4. Buch über die Modi anführt, mit Ausnahme dessen aus Boethius, keineswegs über die wahre Beschaffenheit der Modi auf. Ferner verstand er über die sieben hinaus nicht viel, was sowohl aus demselben Werke als auch aus der aktiven Musik desselben deutlich erhellt, und was er aus den verschiedenen Autoren, sowohl lateinischen als griechischen, gesammelt hat, fördert die Sache nicht, wie wir in dem ersten Buche bewiesen haben. *Erasmus* aber bringt in jenem vorzüglichen Werke über die Sprichwörter ebensowenig zu dem wahren Sinne des Sprichwortes. Ungefähr drei Jahre vor seinem Tode war er von mir darauf aufmerksam gemacht worden, denn das ganze Werk hatte ich auf sein Verlangen öfter durchgelesen und pflegte das, was irgend entweder durch die Schuld des Setzers, die wirklich nicht sehr klein war, verdorben, oder durch seine eigene Nachlässigkeit übersehen worden war, sofort zu notieren, da er gerne seine Irrtümer anerkannte. Die Stelle des *Apuleius*, über welche das vorhergehende Kapitel handelt, wo derselbe *Atius* für *Jastius* gelesen hatte, hat er in meiner Gegenwart und auf meine Veranlassung verbessert, und er würde alles andere verbessert haben, wenn ihm nicht der Tod zuvorgekommen wäre. Denn als er gerade eine bei weitem andere Auslegung des Sprichwortes selbst von mir hörte, als er sie bringen konnte, ersuchte er mich, dieses schriftlich ausführlicher und weitläufiger zu erklären, denn so würde der Leser Nutzen und ich Dank ernten. Doch weil ich damals eben nicht besonders wohl war, gab ich zu verstehen, dass ich dieses ungern thue, jedoch war ich bereit, ihm dies an Gesängen nach diesen Modi deutlich zu zeigen, was ich hierbei für die Hauptsache halte, obgleich nur wenige dazu imstande sind. Aber jener stand nicht ab, bis er durchdrang; und so schrieb ich damals, was ich hier folgen lasse. Doch als er aber kurz vor seinem Tode die letzte Ausgabe zurecht machte, war er nach Basel gegangen, welches von Freiburg, das am Fuße des Schwarzwaldes liegt, eine Tagreise entfernt ist. Damals ging das Blatt verloren, da vieles andere zu besorgen war und jene Stelle wurde übersehen. Daher glaube ich nun in diesem Werke, in welchem ich derartiges ex professo behandele, dieses keinesweges übersehen zu dürfen. Der Sinn des Sprichwortes „Vom Dorischen ins Phrygische" ist also, wie gesagt, der: von irgend etwas Bestimmtem in ein weit Verschiedenes geraten. Sowohl bei den neuern als bei den alten Musikern wird man, soviel uns bekannt, keinen anderen Grund hierfür finden als das Wesen des Gesanges und die Entscheidung des Gehörs. Daher halte ich es für gut, in die Sache, und zwar mit kurzen Worten und im diatonischen Geschlechte, welches jetzt im Gebrauche ist, tiefer einzugehen. Aus dem Früheren ist bekannt, dass der ganze Unterschied der Modi in der Verschiedenheit der Quarte und Quinte innerhalb der Oktave besteht, worauf alle Modi beruhen. Diese Verschiedenheit aber entsteht durch die verschiedene Lage der Halbtöne, worum sich alles dreht. Ferner ist bekannt, dass der Lydius und Hypolydius dieselbe Quinte, nämlich die der dritten Gattung, der Phrygius und Hypophrygius die der zweiten Gattung, von denen jede den Triton, ein hartes Intervall, welches zum diatonischen Geschlechte nicht besonders passt, einschließt. So kam es, dass unsere Zeit die Härte in der Quinte des Lydius und Hypolydius beinahe beseitigt und durch Verlegung eines einzigen Halbtones dieselben aus dem Tetrachord Diezeugmenon in das Tetrachord Synemmenon gebracht und dadurch den Jonicus und Hypojonicus hervorgebracht hat, welche einen weichen Gang haben, nämlich eine Quinte ohne Triton, die vierte Gattung. Weiter haben der Dorius und Hypodorius die erste Quintengattung, welche ebenfalls keinen Triton hat. Wenn man daher den Jonicus und Hypojonicus wieder in den Dorius oder Hypodorius verwandelt, so wird die Quinte verändert aber ohne Triton, weshalb das Gehör nicht beleidigt wird, ja man wird sogar durch die Verwechslung des Modus angenehm berührt. In der That, das Gehör ist aus allen Sinnen der eigensinnigste, weil es, wofern es nicht durch die Verwechslung angenehm berührt wird, sich abgestoßen fühlt. Aber wenn man aus dem Dorius oder Hypodorius in den Phrygius oder Hypophrygius fortschreiten will, so gerät man in Modi, deren Quinte einen Triton, ein rauhes Intervall hat, wie wir ihn genannt haben, so dass gleichsam eine andere Natur des Gesanges zu entstehen scheint; daher fühlt das Gehör, durch die Neuheit der Sache erregt, einen unbequemen Wechsel und wird stutzig. Dass das sich so verhält,' wird jeder finden, welcher ein an die Modi gewöhntes Ohr besitzt. Aber in der guidonischen Skala haben der zwischen *F* und *f* aufgestellte *Lydius* und der zwischen *C* und *c* aufgestellte *Hypolydius mi* in b-Schlüssel; wenn dieses aber in *fa* verwandelt wird, entstehen sofort der Jonicus und Hypojonicus, zwei weiche Modi, bei denen das Gehör sich lieber beruhigt. Die alten Kirchenmusiker fanden allerdings Gefallen an dem Lydius und Hypolydius wegen seiner harten Quinte, besonders in den sogenannten Gradualien, auch in der sonntäglichen Passion, welche in der h. Woche gesungen wird, wo der Evangelist als der ernste Historikus die der Erzählung passende Quinte hat. Aber unsere Zeit ändert meistens ohne Grund, oder besser, sie verschlechtert, indem sie lieber das Weichliche sucht als das Ernsthafte zu bewahren sich bestrebt. Wenn man die Modi daher so verändert, dass aus *fa fa* die Quinte *ut sol* entsteht, so wird das Gehör, das einen sanften Klang bekommt, nicht beleidigt, andererseits auch nicht, wenn man aus der Quinte *ut sol* allmählich fortschreitend zu *re la* gelangt und in den Dorius kommt, wofern man dies passend und an seiner Stelle thut. Aber wenn man umgekehrt von *re la*, der dorischen Quinte, in die phrygische Quinte *mi mi* ablenken will, wird man kaum einem gewissen Widerwillen des Gehörs oder einer gewissen Verblüfftheit des Gefühls entgehen, das sich wundert, warum es ins Verschiedene abgeht. Aber des Philosophierens ist es jetzt genug. Passend und ohne das Gehör zu verletzen aus dem Dorius in den Phrygius überzugehen hat *Jodocus a Prato* verstanden in dem Psl. *De profundis*, welches Beispiel wir mit unserm Urteil im 3. Buche, 24. Kap. anführen werden.

Zwölftes Kapitel.
Warum die Zahl „sieben" bei den Autoren so häufig ist in musikalischen Dingen.

Aber auch das ist der Betrachtung wert, was die Siebenzahl bedeutet, die bei den Autoren so oft und in verschiedentlicher Weise genannt wird, wenn die Rede ist von musikalischen Dingen, wie bei Homer im 2. Hymnus an Mercurius: „Sieben zusammenklingende Saiten von Schafen spannte er aus"; und bei Virgil im Alexis: „Ich habe eine Flöte gebildet aus sieben ungleichen Schierlingsröhren"; und im 6. Buche des Aeneis: „Er lässt zum Takt ertönen sieben verschiedene Stimmen"; und bei Horaz im 3. Buche der Carm. Ode 11: „Und du Lyra, die du es verstehst auf sieben Saiten zu tönen". Macrobius schreibt im 1. Buche der Saturnalia, dass die Lyra des Apollo sieben Saiten gehabt habe, unter welchen es besser sei, die Bewegungen der himmlischen Sphären zu verstehen. Ich glaube, er will, dass Sphären für Planeten genommen werden; aber diese Meinung ist ungereimt. Denn wenn die Poeten acht Saiten hinterlassen hätten, so hätte der so scharfsinnige Denker sogleich hinzugefügt, durch diese würden ebensoviele Sphären verstanden, weil nämlich bei allen deren acht sind. Und wenn sie hingegen deren neun erwähnt hätten, so hätte er ohne Zweifel gesagt, es gäbe zwar acht Bewegungen und demnach nach diesen ebensoviele Klänge, aber unter dem neunten sei der aus den acht Tönen entstandene Zusammenklang zu verstehen, der deshalb auch Calliope genannt worden sei, wie über die Musen Plato in re publ. philosophiert, nicht ohne Grund nach dem Urteil aller Gelehrten. Ebenso behandelt diese Sache Cicero im Traume des Scipio, worüber etwas später. *Diodorus* aber sagt, Mercur sei der Erfinder der Lyra gewesen und habe sie auch mit drei Saiten versehen nach Art der Jahreszeiten, ebenso seien die drei Stimmen hergenommen, die tiefe vom Winter, die hohe vom Sommer und die mittlere vom Frühlinge, zum grofsen Unrecht gegen den Herbst, da dieser, mit Früchten so beladen, leer ausgeht. Andere überliefern, dass Orpheus auch im Hinblick auf die vier Jahreszeiten die Lyra mit vier Saiten versehen, so dass der mit Unrecht gekränkte Herbst wieder zurückkehren durfte, oder im Hinblick auf die vier Elemente, wie andere geschrieben haben. Wenn derartiges von den Erklärern beigebracht wird, um den Knoten dieser Schwierigkeit zu lösen, so bedeutet das nur so viel, dass sie nachweisen, wer jede Saite auf der Cithara zugefügt hat, bis man zu 15 Saiten gekommen ist. Denn der Leser, wenn er alles dieses gelesen und verstanden hat, bleibt nichtsdestoweniger in Ungewissheit. Es sind dies Ausflüchte unserer Unwissenheit, die nur allzu erfinderisch ist, so oft sie sich nicht loswinden kann. Doch es war zu erklären, warum so oft bei den Autoren die sieben Saiten erwähnt werden, und ferner, was unter denselben zu verstehen sei. Hier hüpfen alle leicht darüber weg, als ob die Sache ganz genau bekannt wäre und führen die sieben Sphären der Planeten an, als ob dies niemand wisse. Ich nun will kurz meine Meinung sagen, dass nämlich unter den sieben Saiten oder Röhren oder Verschiedenheiten der Stimmen von den Autoren jene sieben Oktavengattungen verstanden werden, über die wir bis jetzt schon so viel gesprochen haben und die sich nicht minder in dem Trichord des Mercur, dem Tetrachord des Orpheus und in den übrigen Instrumenten, als auch auf der 24saitigen Cithara finden. Durch sie wird jeder Gesang beherrscht, in ihnen nimmt er seinen Verlauf und in ihnen findet er seinen Abschluss, wie die Gedichte in den Füfsen. Sie füllen die Doppeloktave nicht aus, sondern ermangeln eines Tones, und deshalb ist von Ptolemäus die achte Oktavengattung hinzugefügt worden, die mit der ersten die nämliche ist, wie wir dieses im 2. Kapitel dieses Buches ausführlich gezeigt haben. Denn es giebt keinen Gesang, der entweder zur Cithara oder zu einem anderen Instrumente passt, der nicht auch in eine der sieben Oktavengattungen fiele. Sollte dieses jemand zu gesucht erscheinen, so möge er sich erinnern, wie ungebildet und ἄμουσος; unser Zeitalter ist, so dass unter den ausgezeichneten Gelehrten, sogar unter solchen, welche sich mit der Mathematik befassen, nicht jeder zwanzigste dies klar einsieht und an dieses Fach heilende Hand anlegen will, oder besser gesagt, anlegen kann. Und weiter soll er bedenken, wie gelehrt und mit allen Kenntnissen ausgestattet das Zeitalter der Griechen und Römer gewesen, so dass sicherlich nicht gezweifelt werden kann, dass Horaz, der seine Gedichte zur Lyra gesungen und der Modi so oft Erwähnung thut, sie auf das beste gekannt hat, eine Sache, die nicht eben schwer wäre, wenn wir von zarter Jugend auf hierin erfahrene Lehrer gehabt hätten, wie in anderen Gegenständen, die nicht so sehr für das menschliche Leben nützlich sind, wie dies nach dem einstimmigen Urteil der Alten die Musik ist. Doch es ist genug der Klage; lasst uns zu anderem eilen!

Dreizehntes Kapitel.

Zwei Meinungen über den Klang am Himmel, und Erörterung hierauf bezüglicher Stellen aus Cicero und Plinius.

Diejenigen, welche glaubten, am Himmelsgewölbe sei ein Klang, scheinen ihn nach der ersten Oktavengattung, welche die des Hypodorius ist, abgeteilt zu haben, wie es sich bei Boethius lib. 1, Kap. 27 zeigt. Da dieser an gleichem Orte selbst die Sonne zur Mese macht, hat er die Meinung der Alten wiedergegeben, welche uns nicht widerstreitet. Denn in dem diatonischen Geschlechte sind von Nete synemmenon zu Lichanos hypaton, in welcher Aufstellung die Sonne zur Mese wird, dieselben Intervalle, wie von Mese zu Proslambanomenos, wie wir sie setzen werden und daher auch dieselbe Oktavengattung, welche aus der ersten

Quarten- und Quintengattung besteht. Aber in der Aufstellung der Klänge rücksichtlich der Tiefe und Höhe gehen die Autoren auseinander, wie wir auch in dem 1. Buche beiläufig untersucht haben. Denn manche teilen den oberen Körpern höhere und den unteren tiefere Klänge zu, weil diejenigen, welche rascher bewegt werden, gleichwie sie die oberen sind, auch höher zu tönen scheinen, welcher Meinung Cicero in lib. 6 de republ. gewesen zu sein scheint. Andere hingegen schreiben die höheren Klänge den unteren und den oberen Körpern die tieferen und gröfseren Klänge zu, weil gröfsere Körper auch einen gröfsern, und kleinere Körper einen kleineren Klang hervorbringen, welche Meinung uns viel wahrscheinlicher scheint, wenn anders es sich mit den Körpern am Himmelsgewölbe ebenso verhält, wie in unserer Sinnenwelt. Wir wollen eine Abbildung davon geben, welche dem Leser beide Ansichten vor Augen stellt. Auf der einen Seite werden die gröfseren Himmelskörper kürzere und die kleineren längere Saiten, und auf der andern Seite aber werden die gröfseren Himmelskörper längere und die kleineren kürzere Saiten haben. Die Sache ist nicht so schwer, wenn sie recht vorgetragen wird. (Abbildung S. 76.)

Ob übrigens in den Intervallen der Himmelskreise am Himmel selbst dasselbe Verhältnis besteht, wie in den Tönen der Oktave, ist mir nicht wahrscheinlich, nach welchem Geschlechte wir sie auch ordnen mögen. Plinius lib. 2, Kap. 22, die pythagoräische Lehre vortragend, sagt: Aber Pythagoras nennt zuweilen die Entfernung des Mondes von der Erde nach Art der Musiker einen Ton, die von diesem zum Merkur die Hälfte, die vom Merkur zur Venus fast ebensoviel, von dieser zur Sonne das 1½fache. Die Entfernung von der Sonne zum Mars nennt er einen Ton, d. i. so weit, wie von der Erde zum Monde, aber die vom Mars zum Jupiter die Hälfte, von diesem zum Saturn die Hälfte und von hier zum Sternenkreise das 1½fache. Auf diese Weise würden sechs Töne hervorgebracht, deren Zusammenfügung man eine Oktave, d. i. eine Vereinigung des Zusammenklanges nennt. So Plinius. Diese Worte werden nicht von allen auf gleiche Weise verstanden. Georg Valla lib. 1, Kap. 2 der Musik bezieht jenes 1½fache bei Plinius nicht auf den Ton, sondern auf den Halbton, so dass es, sagt er, ³/₄ eines Tones sind, was ich für ³/₄ Ton verstehe. Jedoch nach dieser Berechnung entstehen nicht sechs Töne, sondern fünf Töne und ein Halbton. Andere beziehen das 1½fache auf Ton und bringen nach den Worten des Plinius in der konsonierenden Oktave sieben Töne zusammen, was weder in der Rechnung stimmt noch von einem Musiker irgend wo gelehrt wird, und die alten Codices des Plinius haben alle sechs und nicht sieben. Aufserdem ist sechs in der That der Wahrheit näher nach der Meinung des Aristoxenus, dem Plinius gefolgt zu sein scheint. Und wirklich hat die Oktave fast sechs Töne, denn es fehlt nur ein Komma, wie wir in dem ersten Buche gezeigt haben. Cicero aber lib. 6 de republ. sagt: „Deshalb vollzieht sich jener höchste Umlauf des gestirnten Himmels, dessen Umdrehung erregter ist, mit hohem und erregtem Klange, aber der des Mondes, der dazu der unterste ist, mit dem tiefsten Klange. Denn die Erde, welche als neunte unbeweglich bleibt, haftet fest an der untersten Stelle, indem sie den Mittelpunkt der Welt einnimmt. Aber jene acht Umläufe, in welchen zwei, Merkur und Venus, dieselbe Kraft haben, bringen sieben durch Intervalle getrennte Klänge hervor, welche Zahl der Knotenpunkt fast aller Dinge ist". Soweit jener. Bei dieser Auseinandersetzung übergeht er die Berechnung der Intervalle, welche Plinius anführt, zieht aber den Schluss, dass aus den acht Umläufen sieben Klänge entstehen, indem er die äufsersten für einen und denselben ansieht, wie es in der Oktave geschieht, und es stimmt damit der allgemeine Ausspruch der Musiker: „Über die Oktaven gilt dasselbe". Gleichwohl ist, um meine Meinung zu sagen, die Stelle des Cicero ohne Zweifel verdorben und Macrobius hat sie nicht verstanden, obgleich er vier ganz lange Kapitel darüber geschrieben hat. *Theodor*

10*

Gaza, ein Mann von ausnehmender Gelehrsamkeit, hat bei der Übersetzung dieser Stelle ins Griechische gleichfalls einiges, was die gewöhnlichen Codices des Cicero enthalten, weggelassen, wie z. B. die Worte: „Mercurii et Veneris modorum", einiges anders übersetzt, wie: $\varepsilon\check{v}$ $\delta\iota\tau\tau\check{\iota}$

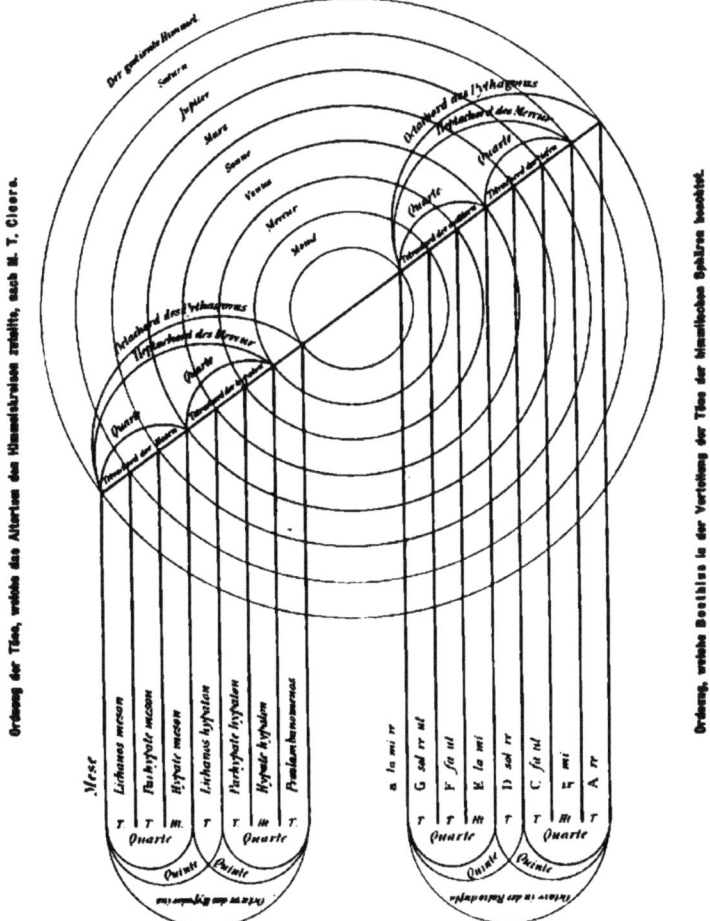

(für $\alpha\check{\iota}\tau\check{\iota}$) $\alpha\check{\iota}\tau o\tilde{\iota}\varsigma$ $\pi\varrho\acute{o}\varsigma\varepsilon\sigma\tau\iota$ $\delta\acute{\nu}\nu\alpha\mu\iota\varsigma$, was in bekannten lateinischen Codices so häufig gelesen wird: „Illi autem octo cursus, quibus eadem vis est modorum", eine von den Worten des Theodorus sehr abweichende Leseart. Manche glauben in jenen Worten des Cicero „Septem efficiunt distinctos intervallis sonos" sei das Wort septem mit dem Ablativ intervallis zu verbinden, in dem Sinne: Diese Umläufe bewirken acht durch sieben Intervalle getrennte Klänge. Aber dieses ist ohne Zweifel gezwungen und der Ausdrucksweise des Cicero gänzlich fremd. Ich glaube, dass die Stelle des Cicero so zu lesen ist: Jene acht Umläufe aber, in welchen die äußersten dieselbe Bedeutung haben, bewirken sieben durch Intervalle getrennte Klänge, welche Zahl der Knotenpunkt aller Dinge ist. Wenn die Worte so gelesen werden, so scheinen sie naturgemäß gesprochen und werden mit der Tradition der Musiker im Einklange stehen. Denn, wenn die acht Klänge nach musikalischer Berechnung aufgestellt werden und nach einem bestimmten Geschlechte abgemessen sind, so hat von Natur aus der achte mit dem ersten dieselbe Beschaffenheit. Und da es acht Klänge, jedoch nur sieben Intervalle giebt, die siebenmal in jedem Tongeschlechte verändert werden, so bewirken sie die sieben Oktavengattungen, welche die Werke aller Autoren häufig anführen, wie wir kurz vorher auseinandergesetzt haben. Boethius, der wahre Schiedsrichter in dieser Sache, als er bei den Alten hierin eine so seltsame Verschiedenheit sah, und bemerkte, dass Plinius nicht anstand, eine mehr ergötzliche als notwendige Subtilität auszusprechen, hat dieses dahin gemildert, wie wir die Stelle früher angeführt haben, aber immerhin beide Meinungen dem Leser vor Augen geführt. Um aber endlich unsere feste Überzeugung zu äußern, so sagen wir aufrichtig, dass dieses dem Aristoteles nicht ohne Grund eine Erfindung zu sein scheint, die sich besser anhören als glauben lässt. Denn wenn jemand davon, sozusagen eine Anwendung machen will, so wird er wahrlich weder finden, dass die Intervalle der Planeten auf die musikalischen passen, noch wird er auf das Vorhandensein eines bestimmten Grundes für einen Klang kommen, sei es durch das Subjekt selbst oder sei es durch die causa efficiens, wie die Physiker sagen. Doch wir wollen dieses dem Altertume zu gute halten, das auf jedwede Weise den Menschengeist zur Betrachtung des Himmlischen erheben zu müssen glaubte. Ich für meinen Teil hätte, wenn ich nicht diesen Punkt von großen Autoren behandelt gesehen hätte, ihn, soweit er das System der Musik betrifft, wie ich glaube, ohne jeglichen Tadel mit Stillschweigen übergehen können, aber doch ist das nicht gänzlich zu verachten, was das Altertum mit so großem Ansehen für die Nachwelt gleichsam heilig gemacht hat; nichtsdestoweniger müssen wir, von der Wahrheit geleitet, die Sache wie sie sich verhält, verfolgen.

Vierzehntes Kapitel.

Was unter den neun Musen zu verstehen sei.

Aber auch das dürfen wir, da es ja, wie aus dem Namen erhellt, zur Kenntnis der Musik einigermaßen gehört, nicht mit Stillschweigen übergehen, weshalb bei den Autoren neun Musen erwähnt werden. Bei den Alten gab es deren nur drei, wie *Markus Varro* überliefert hat, und der h. *Augustinus* in dem Buche der confessiones anführt, sicher aus dem Grunde, weil jeder Klang dreifach ist, da er ja hervorgebracht wird entweder durch die Stimme, z. B. durch die Kehle, oder durch Blasen, wie bei den Tuben, oder durch Schlagen, wie bei der Cithara. Einige nehmen auch vier Musen an, andere sieben, nach den sieben Oktavengattungen, eine Meinung, die, wenn sie allgemein wäre, mir gefiele. Aber die Neunzahl der Musen ist bei allen Alten durchgedrungen, besonders bei Homer und Hesiod, die, was Mythen und Altertum angeht, die vorzüglichsten sind. Doch auch diese bezieht sich, wie die Siebenzahl, auf die Musik. Aber ich will jetzt nicht erzählen, woher sie Musen genannt worden sind, weshalb sie als Jungfrauen dargestellt werden, welches ihre Beinamen sind, denn das gehört nicht zu dieser Arbeit, sondern über die Neunzahl wollen wir sprechen. Plato lib. 10 de republ. sagt, dass jeder Sphäre eine Sirene beigegeben sei, durch welche er die Bewegung der Sphären

oder besser, den durch die Bewegung hervorgebrachten Klang bezeichnet, deshalb nennt er
diese acht Klänge ebensoviele Musen, und das Altertum hat nicht mehr himmlische Sphären
angesetzt, und den von diesen bewirkten Zusammenklang nennt er die neunte Muse, die deshalb, wie man behauptet, Calliope und von Hesiod die ausgezeichnetste von allen anderen
genannt worden ist. Dieses scheint mir Virgil, der ausgezeichnetste der Dichter, wie er ja

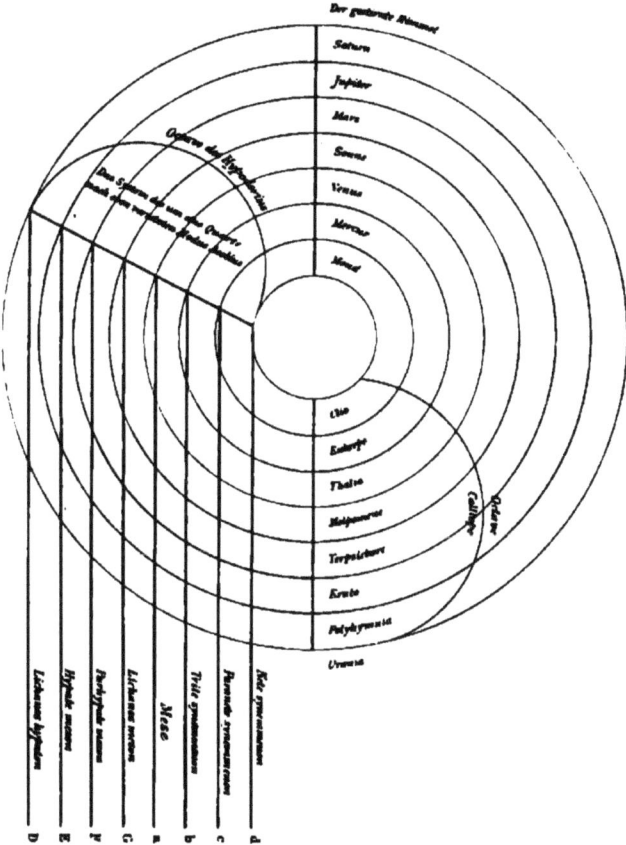

in keinem Teile der Philosophie unbewandert war, in einem Verse des 9. Buches angedeutet
zu haben. „Ihr, o Calliope, sagt er, ich bitte, begeistert doch den Sänger," indem er nicht ohne
Grund die Mehrzahl für eine Muse gebrauchte, wenn auch für die, welche alle anderen Musen
in sich begreift. Dieses aber wagte er im 7. Buche mit der Erato nicht. Übrigens erklärt
diese Stelle aus dem 9. Buche des Aeneis *Christoph Landinus* richtiger und feiner als *Servius* in

dem schon angeführten Sinne. Die Dichter aber wollten durch diese rätselhafte Sprache andeuten, dass von dem Himmlischen, d. i. von dem Einflusse der Sterne der Dichterberuf verliehen werde, und dass sonst die Kunst nichts vermöge. Aber ich bin mit mir selbst nicht im Reinen, ob in auf- oder absteigender Ordnung die Namen zu den Klängen der Sphären oder zu den Sphären selbst passen. Es scheint mir die Ordnung wahrscheinlicher zu sein, wenn man in aufsteigender Weise ihnen die Namen der Musen anpasst, so dass Luna Clio, Merkur Euterpe, Thalia Venus, Melpomene die Sonne, Terpsichore Mars, Erato Jupiter, Polhymnia Saturn und der gestirnte Himmel Urania, und die letzte von allen Calliope ist. Wenn wir diese Ordnung einhalten, so werden die Grammatiker ein weites Feld der Erklärung haben, denn die Namen scheinen trefflich auf die Gestirne zu passen. Aber dieses überlassen wir denen zur Erörterung, welche ausgesprochenermafsen die Arbeit der Erklärung der Schriftsteller übernehmen, denn in diese Abhandlung gehört es nicht. Nun aber wollen wir die Verse des Hesiod selbst und eine Tafel der Musen nach den Himmelskörpern beisetzen, damit, wenn, wie wir zuversichtlich hoffen, dem Leser einiger Nutzen erwachsen kann, wir auch hierin den Wissbegierigen nicht im Stiche lassen.

(Abbildung S. 78.)

> Κλειώ τ' Εὐτέρπη τε Θάλειά τε Μελπομένη τε
> Τερψιχόρη τ' Ἐρατώ τε Πολύμνιά τ' Οὐρανίη τε
> Καλλιόπη θ' · ἡ δὲ προφερεστάτη ἐστὶν ἁπασάων.

Fünfzehntes Kapitel.
Kurze Wiederholung über die Einteilung der Modi.

Aber jetzt ist es mit den zur Sache gehörenden Erklärungen genug; .lasst uns zur Sache selbst zurückkehren. Es ist früher gesagt worden, dass es von Proslambanomenos bis Paranete hyperbolaeon sieben Oktavengattungen gäbe, welche bei Boethius folgende Namen haben: Hypodorius, Hypophrygius, Hypolydius, Dorius, Phrygius, Lydius und Mixolydius. Desgleichen ist gesagt worden, dass aus den sieben Oktavengattungen fünf auf zweifache Weise, nämlich arithmetisch und harmonisch, geteilt würden: der Hypodorius, Hypolydius, Dorius, Phrygius und Mixolydius; hingegen der Hypophrygius nur arithmetisch und der Lydius nur harmonisch; daher gäbe es eigentlich zwölf und nicht vierzehn Modi, und zwar, dass den drei ersten Gattungen, dem Hypodorius, Hypophrygius und Hypolydius bei arithmetischer Teilung, aber den vier folgenden, dem Dorius, Phrygius, Lydius und Mixolydius bei harmonischer Teilung die Namen verbleiben, dass jedoch für die fünf übrigen Modi die Systeme der schon genannten umgekehrt seien, und zwar aus den drei ersten zwei harmonisch und aus den vier folgenden drei arithmetisch. Daher fehlt es zwei Systemen an dem einen Teile, weil die zweite Oktavengattung nicht harmonisch und die sechste eigentlich nicht arithmetisch umgekehrt werden können, wie schon öfter gesagt worden. Über die Ordnung dieser Modi hatten wir uns schon weitläufig verbreitet; jetzt wollen wir nur kurz hinzufügen, dass die Modi eingeteilt werden können in *Hauptmodi* und *untergeschobene*, die man jetzt *subjugale* nennt; bei den Alten hiefsen sie *plagale Modi*. Hauptmodi sind die, welche harmonisch geteilt sind und den Gesang in der untersten Saite der Oktave schliefsen; deren giebt es sechs: Aeolius, Jonicus, Dorius, Phrygius, Lydius und Mixolydius. Subjugale Modi aber sind die, welche arithmetisch geteilt sind und den Gesang mit der untersten Saite der Quinte, die sie mit ihrem Hauptmodi gemein haben, schliefsen; deren giebt es ebenfalls sechs: Hypoaeolius, Hypojonicus, Hypodorius, Hypophrygius, Hypolydius und Hyperjonicus oder Hypomixolydius. Die Finalen der zwölf Modi sind daher nach dem Wesen derselben folgende: Aeolius und Hypoaeolius schliefsen in *A*, Jonicus und Hypojonicus in *C*, Dorius und Hypodorius in *D*, Phrygius und Hypophrygius in *E*, Lydius und Hypolydius in *F*, Mixolydius und Hypomixolydius in *G*; *B* ist ausgelassen, weil hierin selten Gesänge schließen. Wenn jedoch welche in demselben gefunden werden, wie wir das später durch Beispiele zeigen wollen, so werden sie dem Hyperaeolius und Hyperphrygius angehören, zweien Modi, welche später hinzugefügt worden sind, und die ihre Berechtigung haben werden, wie die anderen, so dass nämlich der Hyperaeolius der authentische und der Hyperphrygius der plagale ist. Dies gilt für die einfache Skala ohne das Tetrachord Synemmenon. Weil aber der Hypoaeolius und Hypojonicus sich außerhalb der griechischen Skala ausbreiteten und selbst der Bass außerhalb derselben umherirrte, wenn ein mehrstimmiges Liedchen in den vier folgenden Modi eingerichtet wurde, so sind die sechs tiefsten Modi um eine Quarte von ihren Sitzen versetzt worden, jedoch das System der Modi blieb dabei unverletzt. Auf diese Weise schließen der Aeolius und Hypoaeolius ihre Gesänge in *D*, jedoch mit *fa* im b-Schlüssel, obgleich sie in *a* passender schließen könnten; der Jonicus und Hypojonicus schließen in *F*, der Dorius und Hypodorius in *G*, aber auch mit *fa* im b-Schlüssel; denn dazu ist das Tetrachord Synemmenon erfunden worden, damit die tiefsten Systeme auch in den oberen Schlüsseln Platz hätten und alle Stimmen besser innerhalb der Skala enthalten wären, als dass sie aufs Geradewohl darüber hinausschweiften, was wir in dem 1. Buche berührt haben und in dem 3. Buche durch Beispiele zeigen werden. Daher haben aus den sieben Oktavengattungen fünf je zwei Modi, nämlich die erste hat den Hypodorius und den Aeolius, die dritte den Hypolydius und den Jonicus, die vierte den Dorius und den Hyperjonicus, die fünfte den Phrygius und den Hypoaeolius, die siebente den Mixolydius und den Hypojonicus. Von den zwei übrigen Oktavengattungen hat jede einen Modus, nämlich die zweite hat den Hypophrygius und die sechste den Lydius, denn zwei sind weggelassen worden, worüber wir schon oft gesprochen haben. Die so verwickelte Berechnung dieser Ordnung der Modi und die so große Verschiedenheit der Sitze war schuld, dass die wahre Überlieferung über dieselben so viele Jahre den Gelehrtesten verborgen blieb und niemand, wenn er gefragt wurde, welcher Modus der Jonicus sei, oder auf welche Weise er sich vom Lydius unterscheide, welcher Modus der Aeolius sei, und worin er vom Dorius abweiche, dieses genau erklären konnte, obgleich die Autoren jene häufig erwähnten und in den Kirchengesängen die Übergänge aus dem Lydius in den Jonicus und aus dem Dorius in den Aeolius geschahen, ohne dass den Leuten bekannt war, wie das geschah.

Sechzehntes Kapitel.
Über die erste Oktavengattung und deren zwei Modi.

Aber jetzt scheint es am Platze zu sein, dem Leser das zu bieten, was wir so oft verheißen haben, nämlich die Beispiele der zwölf Modi. Hierbei will ich vorausschicken, dass ich die Beispiele derjenigen Modi, welche bekannt sind, kurz angebe, aber die Beispiele der Modi, welche so viele Jahre dem Namen nach verborgen waren, weiter erklären werde, damit der Leser klar einsehe, dass wir nichts Neues erdichtet, sondern dass wir das, was entweder durch die Nachlässigkeit der Menschen oder durch die Ungunst der Zeit so lange fast vergraben war, seinem früheren Glanze wiedergegeben haben. Die erste Oktavengattung von Proslambanomenos bis Mese, d. i. von *A* bis *a*, enthält zwei Modi; der eine, welcher bei Boethius den Namen der Oktavengattung selbst, nämlich Hypodorius hat, wird in *D* arithmetisch geteilt und jetzt gewöhnlich zweiter Modus genannt, weil er der plagale des Dorius ist, welcher der 1. Modus genannt wird, mit dem er nämlich die Quinte *re la* gemein und dieselbe Quarte _re sol_ unten, die jener oben hat; der andere ist harmonisch geteilt und hiefs einst Aeolius, derselbe hat viel mit dem Dorius gemeinsam; doch über diesen etwas später. Der Hypodorius, arithmetisch geteilt und jetzt, wie gesagt, unser zweiter Modus, der den Namen der Oktave als eigentümlich hat, besitzt eine gewisse strenge und weniger einschmeichelnde Ernsthaftigkeit und scheint bei den ersten Kirchenmusikern in traurigen und klagenden Gesängen im Gebrauch gewesen zu sein, was die _Tractus_, die man an den Sühntagen, jetzt Fastenzeit genannt, singt, dann die alten Responsorien und Antiphonen des Advent deutlich zeigen. Der Modus ist allbekannt und reicht von _A_ bis _a_, seine Finale ist _D_, welches auch die Finale seines Hauptmodus, des Dorius, ist. Zuweilen reichen seine Gesänge unten bis _Γ ut_ und oben bis _c_ aber mit Licenz, was wir in dem 1. Buche weiter erklärt haben. Beispielshalber setzen wir ein Responsorium, das des Singens wert ist, welches ein gelehrter Mann unserer Zeit, _Johannes Richafort_, sehr elegant für vier Stimmen gesetzt hat, obgleich er, von der Licenz der Komponisten Gebrauch machend, es um eine Quinte aufwärts schob, was um eine Quarte geschehen musste, wie es in allen anderen Modi zu geschehen pflegt, und daher aus dem _Hypodorius_ den _Hypoaeolius_ machte, während man hingegen aus allen hypoaeolischen Gesängen hypodorische macht. Hierauf stieg er vom Finaltone aus eine Quinte abwärts, wo natürlicherweise nur eine Quarte ist; aber er folgte dem gewöhnlichen Usus, welcher dieses in der Regel zu der Quinte hinabdrückt, wie in diesem Responsorium bei dem Worte _miserere_, wo das wahre Absteigen bis _A_ geht, wie wir es anwenden, aber gewöhnlich drückt man es hinab bis _Γ ut_ und nicht allein hier, sondern in fast allen nach dieser Formel komponierten Responsorien. Doch darnach dürfen wir, die wir diese Kunst lehren, uns nicht richten. Der Gesang aber ist dieser:

Beispiel des Hypodorius.

E - men - de - mus in me - li - us, quae i - gno - ran - tur pec - ca - vi - mus. Ne su - bi - to

prae-oc-cu-pa - ti di - e mor-tis, quae-ra-mus spa-ti - um poe-ni-ten-ti - ae, et in-ve-ni-re

non pos-si - mus. At - ten-de Do-mi-ne et mi-se-re - re. Qui - a pec-ca - vi-

mus ti - bi. Pec - ca - vi-mus cum pa-tri-bus no - stris, in-ju-ste e - gi-mus, i-ni-

qui-ta - tem fe - ci - mus. At - ten - de. Glo - ri - a.

At - ten - de Do - mi - ne.

Dieses über den _Hypodorius_, es folgt der _Aeolius_.

Siebzehntes Kapitel.

Über den Modus Aeolius.

Der andere Modus der ersten Oktave heifst Aeolius, er ist harmonisch geteilt und daher der erste in dieser Klasse; zwar ist er alt, aber viele Jahre dem Namen nach verbannt, einfach, wie *Apuleius* sagt, frei und rein und sowohl zu anderen Gesängen als besonders zu lyrischen Versen sehr geeignet. Er verbindet mit der lieblichen und über das Mafs süfsen Milde einen angenehmen Ernst, was nicht so sehr die mit dem Dorius gemeinsame Quinte *re la*, welche nämlich beide Modi umschliefst, bewirkt, als die in diesem Modus oben angefügte und dem Ohre sehr angenehme Quarte *mi la*, während im Dorius *re sol* ist, eine zwar nicht unangenehme und nicht unschöne aber doch mehr mit *re la* gewöhnlich häufig gebrauchte und daher weniger auffallende Quarte. *Dionysius von Halicarnass* sagt in seinem 1. Buche über die Altertümer, so fast gegen das Ende, dass in der römischen Sprache die aeolische Stimme vorherrsche. Dieses scheint manchen Gelehrten in der Sache selbst nicht wunderbar, weil die Worte der Dorier und besonders die Veränderung des η in *a* bei den Lateinern wegen ihrer Nachbarschaft mit Siciliern und Griechen, welche dorisch sprachen, sehr geläufig war. Aber ich glaube, dass Dionysius nicht über die Aussprache der Worte, sondern über den Tonfall gesprochen hat, obgleich ich hierüber mit niemand streiten will. Jedoch diese unsere Meinung über die Worte des Dionysius unterstützt in etwa das, dass die Römer den Aeolius so liebgewannen, so dass, als die ersten Kirchensänger Roms den Gesang nach dem Gehör des gewöhnlichen Volkes einzurichten begannen, sie diesen Modus zuerst gebrauchten, aber freilich bescheiden und mäfsig. Denn zuerst haben sie das Pater noster, die Praefation und das nicäische Glaubensbekenntnis nach diesem Modus eingerichtet; darnach haben andere, aber nach Jahren, den englischen Grufs, indem sie unten einen Ton zufügten, und ferner das Evangelium Matthäi, wenn auch weiter nach oben sich bewegend, eingerichtet. Die Finale dieses Modus ist *A*, jedoch auch in *D* mit *fa* im b-Schlüssel, was jetzt gebräuchlich ist, wie auch in den anderen Modi. Dieses hat jedoch bewirkt, dass er bei denen, welche nicht wussten, wie die Systeme der Modi dem Wesen nach zu unterscheiden seien, für den Dorius gehalten wurde, welcher Meinung die gewöhnlichen Sänger noch jetzt sind, wie wir oben gezeigt haben. Aufserdem besteht bei dem Aeolius dieselbe Licenz im Auf- und Absteigen, wie beim Dorius, dass er nämlich sehr gefällig oben eine kleine Terz und unten einen Ton zufügt. Nun will ich die verschiedenen Beispiele selbst folgen lassen, erstens solche, welche nicht die Oktave sondern nur die Quinte ausfüllen, indem sie oben einen kleinen Halbton zusetzen, dann solche, welche wenigstens die ganze Oktave dieses Modus ausfüllen, wie es das Wesen desselben mit sich bringt. Allein es verlohnt sich der Mühe bei den ersteren zu sehen, mit welcher grofsen Einfacheit, und ebenso mit welcher Ernsthaftigkeit die ersten Kirchengesänge entstanden sind, so ohne jeden Pomp und ohne jegliche Leichtfertigkeit, kurz mit einer sölchen Annehmlichkeit, dass sie jedem, der Gehör hat, gefallen müssen, so dass wir uns mit Recht schämen müssen, davon so sehr abgewichen zu sein. Aber lassen wir die unnützen Klagen und kehren wir zu unserer Sache zurück.

Beispiele des Aeolius.

Per om - ni - a sae - cu - la sae - cu - lo - rum.   A - men.   O - re - mus.   Prae-cep-tis sa - lu - ta - ri - bus mo - ni - ti

et di - vi - na in - sti - tu - ti - o - ne for - ma - ti au - de - mus di - ce - re: Pa - ter nos-ter, qui es in coe - lis

San-cti - fi - ce - tur no - men tu-um.   Ad - ve - ni - at reg-num tu - um.   Fi - at vo - lun - tas tu - a si - cut

in coe - lo et in ter - ra.   Pa - nem no-strum quo-ti-di - a - num da no - bis ho - di - e.   Et di - mit-te

no - bis de - bi - ta nos - tra,   si - cut et nos di - mit - ti - mus de - bi - to - ri - bus nos-tris: Et ne nos

in - du - cas in ten - ta - ti - o - nem,   Sed li - be - ra nos a ma - lo.   A - men.

Häufig wird man anderswo das Ende dieses Gesanges um eine kleine Terz verkürzt finden, weil man den Modus nicht kannte und im Zweifel war, ob das sollte *sol mi* oder *fa re* sein, und weil man nicht wusste, welchem Modus es angehörte, deshalb ließ man die letzte Note weg.   Aber das darf uns, die wir die Kunst behandeln, nicht aufhalten, denn in vielen andern Dingen häufen sich dieselben Fehler.

Das nicäische Glaubensbekenntnis im Modus Aeolius.

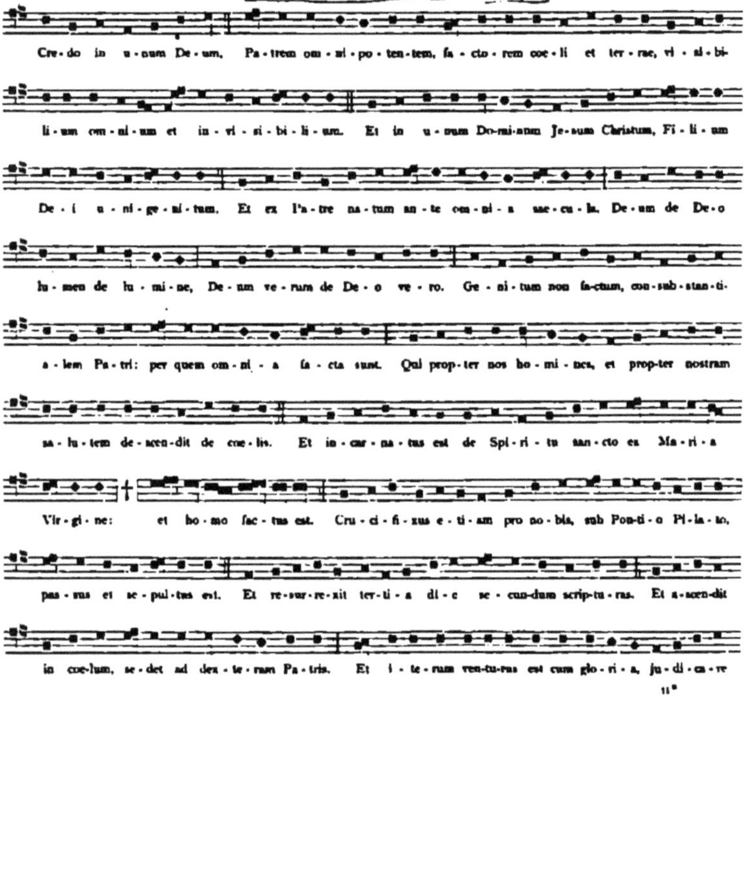

Cre - do in u - num De - um,   Pa - trem om - ni - po - ten-tem, fa - cto - rem coe - li et ter - rae, vi - si - bi -

li - um om - ni - um et in - vi - si - bi - li - um.   Et in u - num Do - mi-num Je - sum Christum, Fi - li - um

De - i u - ni - ge - ni - tum.   Et ex Pa - tre na - tum an - te om - ni - a sae - cu - la.   De - um de De - o

lu - men de lu - mi - ne,   De - um ve - rum de De - o ve - ro.   Ge - ni - tum non fa-ctum, con - sub - stan - ti -

a - lem Pa - tri: per quem om - ni - a fa - cta sunt.   Qui prop - ter nos ho - mi - nes, et prop - ter nostram

sa - lu - tem de - scen-dit de coe - lis.   Et in - car - na - tus est de Spi - ri - tu san - cto ex Ma - ri - a

Vir - gi - ne: et ho - mo fac - tus est.   Cru - ci - fi - xus e - ti - am pro no - bis, sub Pon-ti - o Pi - la - to,

pas - sus et se - pul - tus est.   Et re - sur - re - xit ter - ti - a di - e se - cun-dum scrip-tu - ras.   Et a - scen-dit

in coe-lum, se - det ad dex - te - ram Pa - tris.   Et i - te - rum ven-tu-rus est cum glo - ri - a, ju - di - ca - re

11*

vi · vos et mor · tu · os: cuius reg · al non e · rit fi · nis.   Et in Spi · ri · tum sanctum Do · mi · num et

vi · vi · fi · can · tem: qui ex Pa · tre, fi · li · o · que pro · ce · dit.   Qui cum Pa · tre et Fi · li · o si · mul

a · do · ra · tur,   et con · glo · ri · fi · ca · tur: qui lo · cu · tus est per Pro · phe · tas.   Et u · nam sanctam

Ca · tho · li · cam   et A · po · sto · li · cam Ec · cle · si · am.   Con · fi · te · or u · num bap · tis · ma in

re · mis · si · o · nem pec · ca · to · rum.   Et ex · pec · to re · sur · re · cti · o · nem mor · tu · o · rum.   Et vi · tam

ven · tu · ri sae · cu · li.   A · men.

Hier kann ich mich nicht genug wundern über die allgemeine Unachtsamkeit in dem Schlusse dieses Gesanges, welche die letzte Note nach *mi* verdreht gegen die Natur des Modus, welcher in *re* seine Gesänge schließt, als auch gegen das Gehör, welches zwar *sol* in den Finalklauseln hört, jedoch niemals *mi*, aber *re* ist das Ende der Quinte des Modus und daher auch des Modus selbst. Es folgt der englische Gruß, indem er nach Sitte der Haupttöne der Quinte unten einen Ton zufügt, mit diesen Noten:

(Der englische Gruß.)

A · ve Ma · ri · a, gra · ti · a ple · na, Do · mi · nus te · cum, Be · ne · dic · ta tu in mu · li · e · ri · bus,

et be · ne · dic · tus fruc · tus ven · tris tu · i.

Bisher haben wir Beispiele dieses Modus gesetzt, welche nicht die Oktave, sondern nur die Quinte ausfüllen, jedoch setzten sie dieser oben einen kleinen Halbton und an einigen Stellen unten einen Ton zu. Jetzt werden wir ein Beispiel setzen, welches die ganze Oktave durchläuft, wie es die Natur des Modus erfordert. Es ist dieses aber das *Initium* des Ev. *Mathaei* sehr elegant in die Form dieses Modus gebracht. Wir können dieses sowohl in *A re*, wie auch in *D sol re*, aber nicht ohne *fa* im b-Schlüssel, wie wir früher gesagt haben, wie auch in *a la mi re* anfangen, ohne dass die Natur des Systems verändert wird. Aber weil wir schon drei Gesänge dieses Modus in *A re* angefangen haben, von wo aus auch *a la mi re* leicht verstanden werden kann, da die Oktaven dieselbe Beurteilung erfahren, so werden wir jetzt eine Probe desselben in *D sol re* geben, damit der Eifer des Lesers ermuntert werde, sich das Wesen dieses sehr eleganten Modus gründlicher anzusehen.

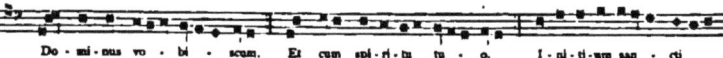

Do · mi · nus vo · bi · scum.   Et cum spi · ri · tu tu · o.   I · ni · ti · um san · cti

E-van-ge - li - i se - cun - dum Ma-thae - um. Glo-ri-a ti-bi Do - mi-ne.

Li - ber ge-ne-ra-ti-o - nis Je-su Chri-sti, fi-li-i Da-vid, fi - li - i

A-bra - ham. A-bra-ham ge-nu - it I-sa - ac, I-sa-ac au - tem ge-nu-it Ja - cob,

Ja-cob au-tem ge - nu - it Ju - dam, et fra - tres e - ius.

Weil das hier Vorgelegte deutlich genug das Wesen des Modus zeigt, scheint es sich nicht der Mühe zu lohnen, dieses noch länger zu verfolgen; daher schreiten wir zu anderem fort.

Auch ist zu erklären, welche Intonation in den Psalmen die alten Kirchenmusiker diesem schon alten Modus gegeben haben. Nachdem ich mir die Sache öfter überlegt habe und nicht leicht darauf kommen konnte, was das Wahre sei, kam mir endlich die Benennung *peregrinus* in den Sinn, wofür ich fürwahr keinen Grund anzugeben wusste; jedoch es ist unzweifelhaft die vom Volke gebrauchte Benennung dieses Modus, welches diesen Modus nämlich nicht kannte aber doch dessen Spur noch nicht völlig verwischt sah. Als ich weiter bei unserm *Franchinus* über die Antiphon *Nos qui vivimus* die gegen seine Gewohnheit aufsergewöhnlich langen Worte in einer nicht schweren Sache las, und wie er bald der ambrosianischen bald der gregorianischen (Psalmentöne) gedachte, ohne jedoch das Wesen des Gesanges genau zu erklären, sehe ich genauer, was ich in dem 1. Buche gesagt habe, dass jenem die gebührende Einsicht in das Wesen der Modi gefehlt habe. Denn jene Antiphonen gehören nicht, wie er meint, dem Mixolydius an, sondern dem Aeolius, doch so, dass sie nicht in seinem Finalton, sondern eine Quarte über demselben schliefsen, wie fast alle Klauseln im *Credo*, es müsste denn jemand annehmen, auch diesen sei das Ende verkürzt, wie das nach unserm Zeugnisse in den meisten Cantilenen dieses Modus der Fall ist. Sicher ist diese Intonation, welche über dem 113. Psalm an den Ostertagen am Taufsteine gesungen zu werden pflegt, worüber wir gegen das Ende des vorigen Buches gesprochen haben, diesem Modus zugehörig und nicht sehr unähnlich der letzten Differenz des *Dorius*, welche wir an derselben Stelle des 1. Buches angeführt haben. Dorius nenne ich den Modus, welchen man gewöhnlich den ersten nennt, so dass die Antiphon nach dem *Aeolius* so heifst:

Nos qui vi-vi-mus be-ne-di-ci-mus Do-mi-no   In ex-i-tu Is-ra-el de Ae-gyp-to

do-mus Ja-cob de po-pu-lo bar-ba-ro.   de po-pu-lo bar-ba-ro.

In den sogenannten gröfseren Psalmen ist die Intonation nicht viel vom Dorius verschieden, wie sie noch jetzt in manchen Klöstern des Schwarzwaldes gesungen wird, wie wir sie selbst oft gehört haben; daher wollen wir sie hier beifügen, weil wir die Formeln der anderen Modi in dem vorigen Buche ausgesetzt haben; über die übrigen, welche wir bisher vernachlässigt haben, ebenso an passender Stelle.

(oder so:)

Mag‑ni ‑ fi ‑ cat a ‑ ni ‑ ma me ‑ a Do ‑ mi ‑ num.   a ‑ ni ‑ ma me ‑ a Do ‑ mi ‑ num.

Be ‑ ne ‑ dic‑tus Do‑minus Do ‑ us Is ‑ ra ‑ el, qui ‑ a vi ‑ si ‑ ta ‑ vit, et fe ‑ cit redempti ‑ onem plebis su ‑ ae.

Das *Gloria Patri* der Responsorien wird sich später ergeben in dem Responsorium *Te sanctum Dominum*. In den Introitus stöfst kaum etwas vom *Dorius* Verschiedenes auf.

Achtzehntes Kapitel.
Über die zweite Oktavengattung und den einzigen eigentlichen Modus derselben.

Die zweite Oktavengattung, welche von Hypate hypaton bis Paramese, d. i. von ♮ bis ♭ reicht, hat nur einen einzigen eigentlichen Modus, der nach dem Namen der Oktave Hypophrygius genannt wird und in *E* arithmetisch geteilt ist. Er ist jetzt allgemein der vierte, weil er der subjugale des *Phrygius* ist, welchen man jetzt den dritten nennt, mit dem er nämlich die Quinte *mi mi* gemein hat, auch hat er dieselbe Quarte *mi la* unten, welche der *Phrygius* oben hat. Weil dieser Modus etwas von trauriger Klage und bittendem Flehen hat, so ist er sehr passend für heilige Gesänge; nach demselben werden die Klagelieder des Jeremias zuweilen in einigen Gegenden Germaniens und Galliens sehr lieblich gesungen, aber auch zu anderen wird er angewendet. Die Finale desselben ist *E*, welche auch die des *Phrygius* selbst ist. Übrigens ist dieses diesem Modus vertraut und eigentümlich, dass seine Gesänge selten die unterste Saite ♮ erreichen, denn sie verbleiben gewöhnlich in *C* und vermeiden den kleinen Halbton von C nach ♮, setzen hingegen oben einen Halbton von ♭ nach *c* hinzu, so dass sie sich zwischen *C* und *c* aufhalten, wie die jonischen Gesänge, obgleich sie sich von den jonischen unterscheiden durch den Ausdruck und die Finale, wie aus den Beispielen der beiden Modi deutlich hervorgeht. Da aber dieser Modus allgemein genug bekannt ist, so unterlassen wir es über denselben mehr zu sagen; nur ein Beispiel wollen wir anführen, nämlich jene so elegante und von der ganzen Kirche gesungene Ode der h. h. *Ambrosius* und *Augustinus*, das *Te Deum laudamus*, in welchem das Wesen dieses Modus sehr elegant ausgedrückt ist. Ich weifs wohl, dass dieselbe von den verschiedenen Kirchen aufserordentlich variiert wird; wir sind der einfachsten Form gefolgt, die Leser mögen gebrauchen, was ihnen zusagt, denn die Formeln aller Kirchen durchzugehen, konnten wir nicht, und schien uns dies weder notwendig noch nützlich.

Lobgesang der H. Ambrosius und Augustinus nach dem Modus Hypophrygius.

Te De ‑ um lau ‑ da ‑ mus, te Do ‑ mi ‑ num con ‑ fi ‑ te ‑ mur. Te ae ‑ ter ‑ num Patrem, om ‑ nis ter ‑ ra

ve ‑ ne ‑ ra ‑ tur. Ti ‑ bi om ‑ nes An ‑ ge ‑ li; ti ‑ bi coe ‑ li et u ‑ ni ‑ ver ‑ sae po ‑ tes ‑ ta ‑ tes:

Ti ‑ bi Che ‑ ru ‑ bim et Se ‑ ra ‑ phim in ‑ ces ‑ sa ‑ bi ‑ li vo ‑ ce pro ‑ cla ‑ mant: San ‑ ctus, San ‑ ctus,

San ‑ ctus Do ‑ mi ‑ nus De ‑ us Sa ‑ ba ‑ oth. Ple ‑ ni sunt coe ‑ li et ter ‑ ra Ma ‑ je ‑ sta ‑ tis glo ‑ ri ‑ ae tu ‑ ae.

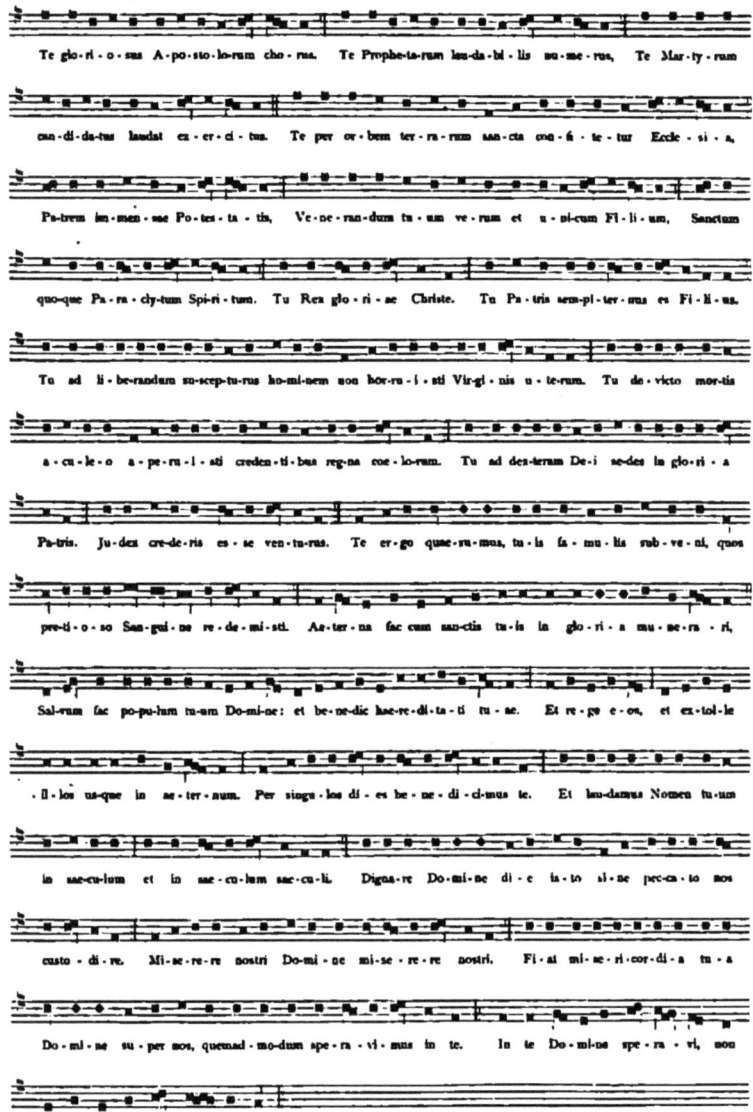

Über den verschmähten Modus Hyperaeolius.

Ein zweiter Modus dieser Oktavengattung kann zwar innerhalb derselben Grenzen, durch die der Hypophrygius eingeschlossen wird, vorhanden sein, den man, weil er seinen Sitz zunächst über dem Aeolius hat, Hyperaeolius nennt (einen anderen Namen fand er nicht); doch die Teilung verhinderte es, dass er gebräuchlich wurde. Denn nach dem Gesetze der authentischen Modi musste er unten die Quinte und oben die Quarte haben, was hier nicht geschehen kann; denn von ♯ bis *F* ist eine verminderte Quinte und von *F* bis *mi* im b-Schlüssel ist ein Triton, worüber in früherem öfter gesprochen wurde. Sollte aber jemand spitzfindig behaupten, dem Triton sei eine Apotome wegzunehmen und der verminderten Quinte zuzufügen, damit eine passende Teilung geschehen könne, so sagen wir, es entstände dann kein neuer Modus, sondern er gerate entweder in den *Phrygius* oder in den *Lydius* oder in irgend einen andern Modus; daher auch dieses unpassend ist. Doch stellen wir nicht in Abrede, falls wir zugeben, dass oben ein Halbton und unten ein Ton zugefügt wird, wie es in anderen Modi in der Regel geschieht, dass dann von irgend einem geübten und geistreichen Komponisten ein Gesang nach dieser Weise eingerichtet werden könne, den aber doch alle Kunstverständigen mit Recht verschmähen werden, weil es außerdem genug Modi giebt. Obgleich unsere von dem Überdruss an allem ergriffene und auf jede Weise neues suchende Zeit mehrstimmige Gesänge dieses Modus zuweilen eingerichtet hat, wobei sie meint etwas Geistreiches entdeckt zu haben, was den Alten verborgen gewesen, während doch das Altertum dieses nicht als etwas Unbekanntes, sondern als etwas den Ohren der Gebildeten Unwürdiges beiseite gelassen hat. Jedoch hat, soviel mir bekannt, niemand dieses im einfachen Gesange versucht, sondern, wie gesagt, nur die Komponisten für mehrstimmige Gesänge. Ein Beispiel dieses Modus sei folgendes:

Beispiel des weggelassenen Hyperaeolius mit Hinzufügung eines Tones unten und eines Halbtones oben.

Aber auf diesen Gesang und ähnliche dürfte mit Recht jenes Wort des Horaz Anwendung finden: „Man sieht die Anlage zur geräumigen Vase: die Scheibe läuft ab; warum kommt ein Töpfchen heraus?[1] Nichtsdestoweniger findet man bei Komponisten Gesänge dieser Art, welche durch unmäßigen Durst nach Berühmtheit auf solche Ungereimtheiten verfallen. Für die Ursache dieses Irrtums halte ich den Umstand, dass man jetzt die Alten verachtet und nur an dem Neuen Gefallen findet, und so fürwahr jetzt in einer Weise Ruhm sucht, wie man nicht soll. In der Poetik gilt es als schön, ausgezeichneten Dichtern zu folgen; so stand Virgil nicht an, dem Theocrit, Hesiod und Homer nachzufolgen. In der Musik aber, lieber Gott, was gilt das hier manchem für eine Schande, einem *Jodocus Pratensis*, in diesem Geschäfte beinahe ein Virgil, oder dem *Johannes Ockenheim*, einem sehr gelehrten Mann, oder dem *Petrus Platensis*, einem so angenehmen Komponisten, nachzufolgen, da doch diese die Natur des Gesanges mit Geschick und Kunst nachgeahmt und ·mit Recht großes Lob verdient haben. . Aber in unserer Zeit giebt es solche, welche keinen Gesang gelten lassen, außer er komme frisch vom Autor, gleichsam direkt aus der Schmiede, dagegen alle alten Gesänge verachten. Weil sie übrigens es ihrer unwürdig halten irgend einen auch noch so großen Gelehrten nach-

---

[1] Ad Pisones. De arte poetica liber.

zuahmen, wenden sie sich, da die alten Modi alle besetzt sind, notwendig auf die Bildung von neuen aber unpassenden und abgeschmackten, während die Erzeugnisse der Alten fein und zur glücklichen Stunde entstanden und aufserdem, was bei der Musik die Hauptsache ist, der Natur entsprechend sind. Ich wenigstens bin der Meinung, wie ein kunstvolles Gedicht eines Poeten immer gefällt, so dürfte auch niemals ein kunstvoller Gesang missfallen und deshalb mit Recht verachtet werden, nach jenem bei Plato häufigen Spruche: „Zwei- und dreimal das Schöne." Gesänge der Alten nenne ich jetzt die, wie sie vor ungefähr 70 Jahren die Musiker gebildet haben; denn, wie ich vermute, waren diese vierstimmigen Gesänge vor 100 Jahren noch nicht; aber hierüber später mehr.

Neunzehntes Kapitel.
Über die dritte Oktavengattung und die beiden Modi derselben.

Die dritte Oktavengattung von Parhypate hypaton zu Trite diezeugmenon, d. i. von C bis c, hat zwei Modi, einen nach der Oktavengattung selbst *Hypolydius* genannt, welcher in F arithmetisch geteilt bei den ältern Kirchenmusikern in häufigem Gebrauche gewesen ist, der aber jetzt sein *mi* in b-Schlüssel in *fa* verändert, so dass er in die siebente Oktavengattung, nämlich in die arithmetisch geteilten *Mixolydius* fällt, welcher bei den Alten *Hypojonicus* hiefs. Aber dieser alte *Hypolydius* hat *mi* im b-Schlüssel, wie der *Lydius*, und nicht *fa*, wie er jetzt mit Veränderung gesungen wird. Der zweite ist der *Jonicus* oder *Jastius*, harmonisch geteilt und von grofser Übereinstimmung mit dem *Lydius;* über den etwas später. Der schon genannte *Hypolydius* ist der plagale des *Lydius*, mit dem er nämlich die Quinte *fa fa* gemein hat, dieselbe Quarte *ut fa* hat er unten, welche der Lydius oben hat. Er kann der alte sechste Modus genannt werden, und so ist er früher von uns genannt worden. Er ist von mittelmäfsiger Annehmlichkeit und hat keine besondere Eleganz wegen der unter dem Triton gemachten Teilung. Deshalb scheinen die Kirchenmusiker ihn in ernsten Gesängen angewendet zu haben, welche wir jedoch jetzt, wie wir schon oft erinnert haben, meistens in den Hypojonicus verändert finden, indem der kleine Halbton von der obersten Stelle, welche er im Hypolydius einnahm, an die zweite Stelle hinabgedrückt wurde. Der Hypolydius aber geht von C bis c, seine Finale ist F, welches auch die seines Hauptmodus, des Lydius ist. Ein einfaches Beispiel desselben ist dieses, nach welchem auch die anderen leicht beurteilt werden können.

Beispiel des Hypolydius.

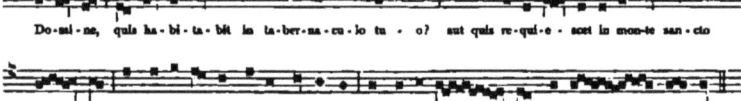

Do - mi - ne, quis ha - bi - ta - bit in ta - ber - na - cu - lo tu - o? aut quis re - qui - e - scet in mon-te san - cto

tu - o? Qui in-gre-di - tur si - ne ma-cu - la, et o - pe - ra - tur ju - sti - ti - am.

Demselben Modus gehören an die Introitus *Esto mihi* und *Os justi*, obgleich die Codices überall variieren, denn manche drücken die Noten, die in ihnen das kleine *e* berühren, in *b* hinab, wie das jeder sehen kann, der die Codices einsehen will. Aber in den Gradualien ist dieses deutlicher einzusehen, in welchen man findet, dass aus dem *Lydius*, wenigstens wo man es konnte, ein *Jonicus* gemacht wurde; manchmal aber kann man es nicht, wenn nämlich der Gesang zu dem kleinen *e* aufsteigt und sprungweise in *b* zurückfällt, weil der Triton im Wege steht. Übrigens kömmt es mir vor, als hätten manche sich verschworen, aus allen lydischen und hypolydischen Jonische und hypojonische Gesänge zu machen, was aber wenig geglückt ist; daher die Jetzt so verschrobenen Gesänge, besonders in den Gradualien. Wenn das der Leser genau betrachtet hat, wird er leicht finden, dass es sich so verhält, weshalb es uns unnötig scheint, dieses weiter zu erklären. Intonationen dieses Modus, welche vom Hypojonicus verschieden gewesen wären, erinnere ich mich nicht irgendwo gefunden oder angetroffen zu haben, und neue zu bilden, da ja die Alten dieses unterlassen haben, ist nicht nötig; denn es giebt mehr als genug Modi. Dasselbe gilt von den Versen der Responsorien und Introitus. Wenn jemand irgendwo solche findet, mag er sie unsertwegen gebrauchen. Jetzt werden wir zu dem zweiten Modus dieser Oktavengattung fortschreiten.

Zwanzigstes Kapitel.
Über den Jonicus oder Jastius.

Der andere Modus der dritten Oktavengattung heifst Jonicus und ist harmonisch geteilt, daher erster Modus in dieser Klasse und der gebräuchlichste aller Modi. In unserer Zeit ist er von seinem eigentlichen Sitze um eine Quarte vertrieben und schliefst in der Finale des Lydius, d. i. in *F*, jedoch nicht ohne *fa* in b-Schlüssel. Von *Lucian* wird er in Harmonides γλαçıρός, d. i. angenehm, von *Apuleius* aber *varius*, d. i. mannigfaltig, genannt; derselbe nennt ihn auch nicht *Jonicus*, sondern, allerdings griechisch, *Justius*, wie wir oben angegeben haben. Dieser Modus ist besonders zu Tanzen passend, daher ihn auch viele Gegenden Europas, die wir gesehen haben, bis jetzt in häufigem Gebrauche haben; aber bei den alten Kirchenmusikern findet man sehr selten einen Gesang nach diesem Modus. Allein seit den letzten 400 Jahren ist nach meiner Meinung dieser Modus auch bei den Kirchenmusikern so beliebt, dass sie angelockt durch die Süfse und den gekünstelten Reiz desselben viele Gesänge des Lydius in diesen verändert haben, wie wir schon oft gesagt haben. In den trochäisch und jambisch catalectischen Versen hat er grofse Anmut, wie es sich bei *Horaz* lib. 2, Ode 18 zeigt. Auch die jonischen Fühse werden diesem Modus leicht angepasst, was Horaz zwar nur einmal angewendet hat in lib. 3 der Carmina, Ode 12. Manche legen diesem Modus einen leichtfertigen Mutwillen bei, indem nämlich nach ihm bei den Tänzen leichtfertige Bewegungen stattfinden und daher hat derselbe Dichter gegen die verdorbenen Sitten seiner Zeit sich so ausgesprochen: „Es freut sich zu lernen jonische Tänze die mannbare Jungfrau." Bekannt ist bei vielen Schriftstellern die Leichtfertigkeit der Jonier, die auch in Sprüchwörtern oft erwähnt wird. Mir ist es nicht unbekannt, was bei Athenaeus lib. 14 über diesen Modus vorgebracht wird, und was mir aber keineswegs wahrscheinlich schien, der ich, bewogen durch die Schriften wichtigerer Autoren oder durch die Sache selbst, sowohl hier als an anderen Stellen in dem ganzen Werke geflissentlich übergehe, was derartig unsicher von Schriftstellern überliefert wird. Dem Athenaeus genügte es, zu sagen: das schreibt jener; während die Autoren das, was wir suchen, oft nur nennen und nicht erklären, da es nämlich zu ihrer Zeit allbekannt war. Aber uns, die wir dieses systematisch lehren, scheint es nicht genug. Heutzutage legen die Sänger übereinstimmend diesem Modus *Ut* zu Grunde, wie sie jedes *Re* dem Dorius und jedes *Mi* dem Phrygius zu Grunde legen, und sie kennen kein *Ut* als das dieses Modus, wie wir auch oben angegeben haben. Die natürliche Finale desselben ist *C;* aber jetzt wird man sehr selten einen Gesang in demselben gesetzt finden, so sehr hat der affektierte Gebrauch des Tetrachord's Synemmenon überhand genommen. Ein Beispiel dieses Modus hatten wir in dem 1. Buche, wo wir uns über die Transposition der Schlüssel verbreiteten, und ist dasselbe von uns in *F fa ut* gesetzt worden. Jetzt aber wollen wir eines auf dem eigentlichen

Sitze notieren, wie es wahrscheinlich die Alten in Noten gesetzt haben. Während aber in den übrigen Hauptmodi meistens unten ein Ton zugesetzt wird, kommt hier nur ein Halbton und nicht ein Ton zum Vorschein, welchen Halbton manche so wenig vermeiden, dass sie ihn gesucht zu haben scheinen. Ich wenigstens würde ihn nicht setzen, denn er entstellt aufserordentlich die Natur des Modus im Gehör; aber nichtsdestoweniger ist er gar nicht anstöfsig, wenn er an richtiger Stelle gesetzt wird. Dieser Modus wird gewöhnlich der fünfte genannt, welcher er auch in unserer Ordnung ist. Aber nun setzen wir Beispiele desselben, und zwar zuerst jenen einfachen Gesang, das Sanctus de B. V., welches in unserer Zeit erst *Antonius Brumel* auch für vier Stimmen sehr elegant eingerichtet hat und von Papst Leo X. approbiert worden ist. Der Tenor lautet so:

Beispiele des Jonicus oder Jastius.

Nun setzen wir ein anderes Beispiel, welches einen Halbton unterhalb der Finale hat, was, wie schon gesagt, in diesem Modus selten ist.

Nach meiner Meinung sind die Intonationen dieses Modus vom Lydius durch *mi* und *fa* unterschieden. Ob die Verse der Introitus und der Responsorien in beiden dieselben oder ob sie verschieden sind, mag ich nicht bestimmen. Aber beim Lydius werden wir hierüber mehr sagen, wie ich hoffe.

Einundzwanzigstes Kapitel

Über die vierte Oktavengattung und deren beiden Modi.

Bis dahin haben wir die Oktavengattungen behandelt, welche den Namen der plagalen inne haben, den Hypodorius, Hypophrygius und Hypolydius. Es erübrigt, dass wir nun auch die übrigen mit dem Namen der prinzipalen benannten verfolgen. Die erste derselben ist die, welche die beiden Modi *Dorius* und *Hypomixolydius* oder *Hyperjastius* in sich fasst, von Lichanos hypaton zu Paranete diezeugmenon, d. i. vom grofsen *D* zum kleinen *d*. Der erste Modus, nach dem Namen der Oktave selbst benannt, ist der *Dorius;* derselbe ist im kleinen *a* harmonisch geteilt, jetzt allgemein der 1. genannt und der gebräuchlichste von allen Modi. Von *Lucian* wird er der ernste, von *Apuleius* der kriegerische und von andern der Austeiler der Klugheit, Bewirker der Reinigkeit genannt; manche sagen noch eleganter, nämlich: er schreite mürrisch und vornehm einher. Deshalb glaubt Plato in Laches, dass ein Mann, der über die Tugend und Weisheit würdig, wie es einem Manne geziemt, spreche, und dessen Rede mit den Thaten im Einklang stehe, dorisch spreche, aber nicht jonisch, aber auch nicht phrygisch und nicht lydisch, denn die dorische Harmonie allein sei griechisch. Wenn es mir gestattet ist in einfacher Weise meine Meinung über diesen und den vorhergehenden Modus zu sagen, so sage ich kurz: Die beiden Modi scheinen mir die Sitten des Volkes, von denen ihre Namen genommen, sehr schön wiederzugeben. Die Athener waren ja Jonier und die Lacedämonier Dorier. Obgleich jene Liebhaber alles Anmutigen und der Beredtsamkeit beflissen waren, so wurden sie stets für leichtfertig gehalten. Die Lacedämonier aber, berühmt durch Krieg, in Zucht gehalten durch militärische Disciplin und durch die strengen Gesetze des Lykurg, bewahrten länger die von ihren Vorfahren angenommenen strengen Sitten. So halten es auch diese Modi: der Jonicus im ganzen den Tänzen verfallen, hat viel Lieblichkeit und Fröhlichkeit und fast nichts Strenges; der Dorius hingegen trägt eine gewisse Majestät und Gravität zur Schau, welche leichter zu bewundern als zu erklären ist. Heroischen Gedichten ist er sehr passend, was ich selbst einst als Jüngling in Gegenwart des berühmten Kaisers Maximilian in Köln im Beisein vieler Prinzen und nicht ohne den Lohn des verdienten Lorbeers, ohne mich zu rühmen, erfahren habe. Die Finale dieses Modus ist *D*, welches auch die des Hypodorius ist; die Teilung geschieht, wie schon gesagt, im kleinen *a*. Aufserdem ist es diesem Modus eigen, mit Anmut eine kleine Terz über die Oktave zu springen, was wir aufser der Gewohnheit der Komponisten auch in den gewöhnlichen Gesängen französischer Sprache sehen. Aber dieses hat auch der Aeolius und zuweilen der Hypodorius, wie wir in dem folgenden Buche durch Beispiele zeigen werden. Da er so sehr bekannt ist, setzen wir ein einziges Beispiel, nämlich die von der ganzen Kirche gesungene Begrüfsung B. V. Als Autor derselben gilt *Hermannus Contractus,* Graf von Veringen, den wir in der Folge erwähnen werden. Übrigens machen manche in diesem Gesange bei dem Worte „gementes", andere bei Jesum ein Absteigen in den Hypodorius, so dass derselbe als ein Dorius und Hypodorius commixtus erscheinen kann; allein wir billigen dieses nicht, sondern wir werden einfach die Formel des dorischen Modus durchführen und zwar kürzer, wie sie irgend eine Kirche singt.

Begrüfsung der H. Jungfrau nach dem Dorius.

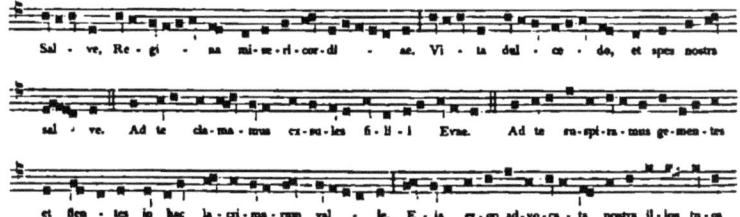

Sal - ve, Re - gi - na mi - se - ri - cor - di - ae. Vi - ta dul - ce - do, et spes nostra

sal - ve. Ad te cla - ma - mus ex - su - les fi - li - i Evae. Ad te su - spi - ra - mus ge - men - tes

et flen - tes in hac la - cri - ma - rum val - le. E - ia er - go ad - vo - ca - ta nostra il - los tu - os

mi - se - ri - cor - des   o - cu - los   ad   nos   con - ver - te.   Et   Je-sum   be - ne - dic - tum   fructum

ven-tris   tu - i   no - bis   post   hoc   ex - si - li - um   o - sten - de,   O   cle-mens,   O   pi - a,

O   dul - cis   Ma - ri - - - a.

Was wir oben über den aeolischen Modus gesagt haben, dass er nämlich die gröfste Übereinstimmung mit dem Dorius habe, zeigt sich wirklich auch sehr in diesem Gesange bei den Worten „misericordes" und „nobis". Manche haben auch hierin vieles verunstaltet, so dass man selten einen dorischen Gesang findet, der nicht irgendwo durch das Tetrachord Synemmenon in den Aeolius. ausweicht, was, wenn es mit Verständnis geschieht, ich nicht missbillige; aber wenn es aus Unwissenheit und einem alles zu beunruhigenden und verändernden Mutwillen geschieht, so kann das keinem verständigen Menschen gefallen. Aber möge dieser Fehlgriff mit den übrigen wohlleben; jetzt zu dem andern Modus dieser Oktavengattung.

Zweiundzwanzigstes Kapitel.
Über den Hypomixolydius oder Hyperjastius.

Der andere Modus der vierten Oktavengattung hat nicht wie der Dorius einen speciellen Namen, sondern wird, weil er seinen Sitz zunächst über dem Jastius hat, Hyperjastius oder Hyperjonicus genannt. Er kann auch Hypomixolydius genannt werden, weil er der plagale des Mixolydius ist, mit dem er nämlich die Quinte u/ sol gemeinsam und die Quarte re sol unten hat, welche der Mixolydius oben hat, obgleich er ebenso in den Dorius fällt, wie das bei allen bis jetzt genannten plagalen der Fall ist, so der Hypodorius in den Aeolius, der Hypophrygius in den Hyperaeolius, welcher wegen der unpassenden Teilung verschmähter Modus heifst, und so der Hypolydius in den Jonicus. Ferner hat dieser Hyperjastius oder Hypomixolydius, welcher in G arithmetisch geteilt ist, jetzt allgemein den Namen *8. Modus* und schliefst er mit seinem Hauptmodus, dem Mixolydius, seine Gesänge in demselben Schlüssel. Bei den alten Kirchenmusikern war er in grofsem Gebrauch, sie bildeten nach ihm wirklich elegante und liebliche Gesänge, aber in unserer Zeit richten die Kantoren sehr selten, wie wir oben bezeugt haben, neue Tenore nach dieser Form ein, umgeben jedoch die von den Alten hergenommenen sehr elegant mit vier Stimmen. Weiter ist oben gezeigt worden, dass, wenn man meint, dieser Modus sei den sieben gewöhnlichen beizufügen, man auch notwendig die vier übrigen Modi, den Aeolius, Hypoaeolius, Jonicus und Hypojonicus zufügen muss, wiewohl man diese letztern zwei beibehielt, während man den Lydius und Hypolydius verwarf und deren Namen gar nicht kennt. Dieser Hyperjastius hat aufser dem Ausdrucke und der Teilung und der Finale gewiss alles übrige, was sich auf das Wesen der Oktave bezieht, mit dem Dorius gemein, während die schon genannten vier Modi mit den Modi, welchen die Kantoren sie zuzählen, um einen Halbton variieren; so der Aeolius mit dem Dorius und der Jonicus mit dem Lydius. Inbetreff deren plagalen gilt dasselbe; doch hiervon genug schon oben. Es ist in diesem Modus eine natürliche und gleichsam dem Redner passende Anmut durch die Quinte *F e*, die er zum Prooemium gebrauchen möge, eine ungekünstelte Lieblichkeit und eine den Ohren schmeichelnde

Süße, welche er oft durch /a in b-Schlüssel sucht, gleichwie der Dorius, mit dem er auch dieses gemein hat; das zeigt sich in sehr vielen Gesängen dieses Modus, besonders in den Responsorien, deren sehr viele nach diesem Modus von den Alten komponiert worden sind und zumeist in der Matutin gesungen werden. Als ein Beispiel dieses Modus setzen wir eine Sequenz, welche am Pfingstfeste gesungen wird: „Sancti Spiritus adsit nobis gratia", welche Erasmus von Rotterdam sehr gefallen hat und, wie ich mich erinnere, einst von ihm sehr gelobt worden ist. In derselben reicht das Aufsteigen in dem letzten und vorletzten Verse gewöhnlich bis zum kleinen /. nach Sitte der Sequenzen in diesem Modus, aber in den alten Codices finde ich dieses nicht. Ebenso steigen manche in den Versen „Tu animabus" und „Tu aspirando" bis ins kleine a, indem sie die Noten mehr als eine Quinte in die Höhe setzen, was ich nicht für gut halte. Endlich ist in den Versen „Tu divisum" und „Ido latras" in allen Codices eine wunderliche Verschiedenheit; manche steigen bis ins kleine /, was ich nicht zu billigen weifs, in anderen Codices sehe ich den Gesang ins Tetrachord Synemmenon hineingerwängt, was wir der alten Exemplare wegen nachgeahmt haben, obgleich nach diesen Versen der Anfang von „Erga nos supplicantes" hart ist. Wenn jemand diese Härte .vermeiden will, so möge er die schon genannten Verse mit allen Noten um einen Ton höher nehmen, und der Modus wird in seiner Art unverletzt bleiben. Diese Sequenz hat eine wunderbare Mäßigung und einen unaussprechlichen Ernst. Es lohnt sich der Mühe in diesem opus (Gesange) das Geschick des Autors zu sehen, wie er verschiedene Formeln er in nur einem Modus erfindet, wie er den Gesang, durch die Grenzen des Modus eingeschränkt, dargestellt hat und wie er die Worte so elegant der Melodie anpasst; aber hören wir sie selbst.

Beispiel des Hypomixolydius.

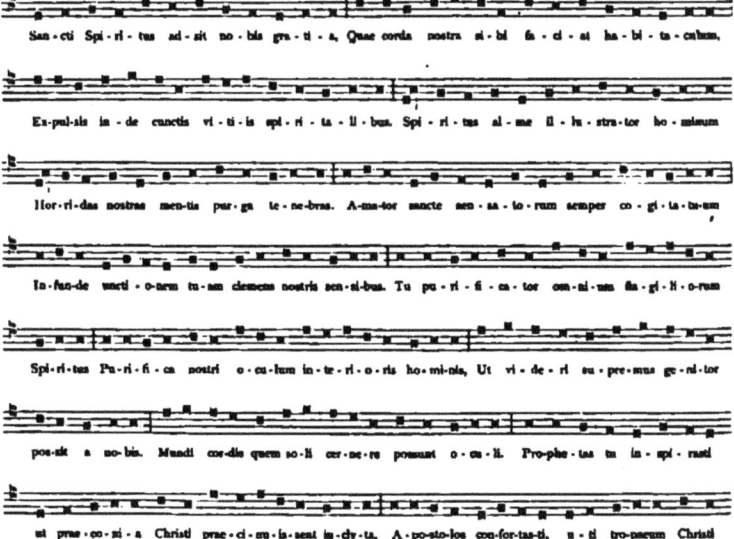

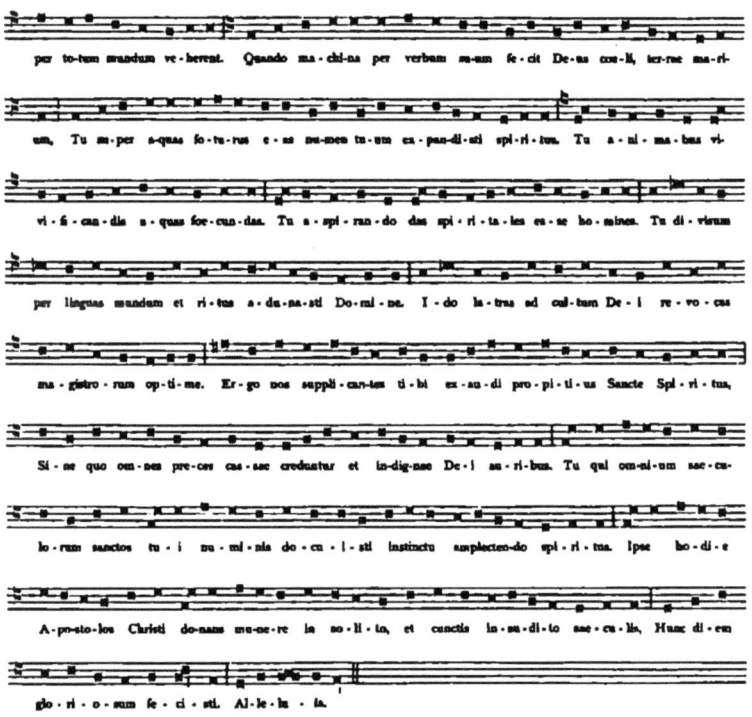

per to-tum mundum ve-herunt. Quando ma-chi-na per verbum su-um fe-cit De-us coe-li, ter-rae ma-ri-

um, Tu su-per a-quas fo-ve-res e-as nu-men tu-um ex-pan-di-sti spi-ri-tus. Tu a-ni-ma-bus vi-

vi-fi-can-dis a-quas foe-cun-das. Tu a-spi-ran-do das spi-ri-ta-les es-se ho-mines. Tu di-vinum

per linguas mundum et ri-tus a-da-na-sti Do-mi-ne. I-do la-tras ad cul-tum De-i re-vo-cas

ma-gistro-rum op-ti-me. Er-go nos suppli-can-tes ti-bi ex-au-di pro-pi-ti-us Sancte Spi-ri-tus,

Si-ne quo om-nes pre-ces cas-sae creduntur et in-dig-nae De-i au-ri-bus. Tu qui om-ni-um sae-cu-

lo-rum sanctos tu-i nu-mi-nis do-cu-i-sti instinctu amplecten-do spi-ri-tus. Ipse ho-di-e

A-po-sto-los Christi do-nans mu-ne-re la no-li-to, et cunctis in-au-di-to sae-cu-lis, Hunc di-em

glo-ri-o-sum fe-ci-sti. Al-le-lu-ia.

Viele Antiphonen dieses Modus findet man zwischen dem grofsen *F* und dem kleinen *e* nach Art des alten Lydius oder Hyperaeolius bei den alten Kirchenmusikern; hierüber später.

Dreiundzwanzigstes Kapitel.
Über die fünfte Oktavengattung und deren zwei Modi.

Die fünfte Oktavengattung von Hypate meson zu Nete diezeugmenon, d. i. vom grofsen *F* bis kleinen *e*, hat zwei Modi; der erste, nach der Oktavengattung selbst benannt, heifst *Phrygius* und ist in Paramese, d. i. in *mi* im b-Schlüssel harmonisch geteilt; der zweite heifst *Hypoaeolius* und ist im kleinen *a* arithmetisch geteilt, worüber etwas später. Der *Phrygius* wird gewöhnlich der dritte Modus genannt und ist ein besonders häufig gebrauchter und alter Modus. Horaz, in der 9. Ode der Epoden, woselbst er auch des Dorius erwähnt, nennt ihn barbarisch; den Barbarus erklärt *Acro* als den Phrygius, *Lucian* nennt ihn ἔνθεος d. i. gottbegeistert, *Apuleius* nennt ihn religiös, weil dieser Modus etwas Weinerliches habe, was das Gemüt zur Wehmut stimme, auf welche Weise einer, dessen Gesang wir später in dem folgenden Buche bringen werden, Maria Magdalena am Grabe weinend dargestellt hat. Manche sagen, er habe das strenge Anfahren eines Erbosten, andere sagen, er reize zum Kampfe und entflamme die Begierde nach Wut, woher er auch von den Griechen αιολιός, d. i. schräg, genannt wurde, und das Gottbegeisterte des Phrygius übersetzt *Erasmus* mit „anstürmen". Die Fabel von dem Jünglinge aus Tauromenium ist bekannt, welcher, wie Cicero bei Boetius sagt, durch den phrygischen Modus aufgereizt, das Haus einer sittsamen Frau erstürmen wollte, aber von Pythagoras, der ihm in verändertem Modus Spondeen dagegen singen liefs, von seiner Raserei abgebracht wurde. Dieser Modus setzt unten gern einen Ton, zuweilen eine grofse Terz zu; nach ihm gehen die Introitus und Responsorien vieler Sonntage, auch die Wachssegnung ist nach ihm sehr elegant komponiert. Da derselbe allbekannt ist, werden wir uns mit einem Beispiele, welches denselben gut repräsentiert, zufrieden geben. Obgleich dieser Gesang, ich weifs nicht, wie alt ist, so wird er doch häufig auf die h. Katharina in der Diözese Constanz gesungen; derselbe steigt abwärts um einen Ton unter seine Finale bis in *D*, was auch andere Hauptmodi gestatten, wie der Aeolius, Dorius und Mixolydius. Dieses ist der Fall in den Responsorien „Visita quaesumus" und „Discubuit Jesus", von denen das erste in diesen Gegenden am Kirchweihfeste und das andere an den Donnerstagen zu Ehren des h. Frohnleichnam gesungen wird. Beide Gesänge sind nicht sehr alt, wie ich glaube, drücken aber das Wesen des Modus ganz gut aus, was wir ja suchen, denn hier ist kein Mangel an Beispielen.

Beispiel des Modus Phrygius.

Ser - ge   Vir-go et   nostras spon - so   pre - ces   a -   pe - ri.   Tu -   a vox est dul - cis in

mu - re   Do - mi - ni, quae   pannus sub um - bra   di - lec - ti.   Ab ae - stu mundi transfer nos ad

a - moe - na Pa - ra - - - - - - dy - si.   Pulchra Si - on fi - li - a pro mor-ta - li tu - ni - ca

a - gul te - cta   vel - le - re et   co - ro - na glo-ri - ae.   Ab ae-stu.   Glo - ri - a Pa - tri

et Fi - li - o et   Spi - ri - tu - i San - cto.   Ab ae - stu.

Vierundzwanzigstes Kapitel.
Über den Modus Hypoaeolius.

Der andere Modus der fünften Oktavengattung heifst Hypoaeolius, weil er der plagale des Aeolius ist, mit dem er nämlich die Quinte *la re* gemein hat, aber die Quarte *mi la*, welche der Aeolius über der Quinte hat, fügt dieser unten bei. Er ist im kleinen *a* arithmetisch geteilt und schliefst mit seinem Hauptmodus seine Gesänge in demselben Schlüssel aber oben in der Oktave, damit seine Quarte nicht aufserhalb der Skala hinabsteige. Dieser Modus ist in unserer Zeit selten und man wird nach demselben wenige Gesänge im Chore finden, aufser gewissen Gradualien, deren viele im Advente und an den Ostertagen gesungen werden, manche auch zu anderen Zeiten, was nach meinem Dafürhalten dadurch geschah, dass man die Modi nicht zu unterscheiden vermochte. Denn so oft das Volk eine Formel dieses Modus fand, hat es dieselbe sofort verdorben und hat unten statt *mi la*, der eigentlichen Quarte dieses Modus, die Quarte des Hypodorius *sol re* gesungen, und so ist es geschehen, dass alle Gesänge des Modus Hypoaeolius in den Hypodorius fielen. Das ist auch bei den Phonascen unserer Zeit die Ursache, dass sie diesen Modus immer nur ohne es zu wissen einrichten. Zu diesen gehört *Richafort*, welcher umgekehrt wie das Volk den Hypodorius in den Hypoaeolius verändert, wie wir oben bei dem Hypodorius gesagt haben. Ferner hat *Jakobus Hobrecht* diesen Modus etlichemal sehr lieblich behandelt, wie wir in dem folgenden Buche zeigen werden. Auch dieser Modus setzt, wie sein Hauptmodus, der Aeolius, unten einen Ton und oben aber einen Halbton zu, was sich schön zeigt in dem Gesange „Collegerunt". Weil manche dieses nicht kannten und den Gesang in diesem Modus auf die Form und den Sitz des Hypodorius beschränkten, haben sie durch die kleine Terz ein sehr unpassendes Aufsteigen bewirkt, wie das viele in dem beigesetzten Beispiele bei den Worten „sine causa" gethan haben. *Hobrecht* fügt oben einen Halbton und unten eine grofse Terz bei, wie wir später zeigen werden.

Beispiel des Modus Hypoaeolius.

Circum-de - de - - runt me vi - - - - ri men - da - ces si - ne cau - sa

fla - gel - lis ce - ci - de - runt me. Sed tu Do - mi - ne de - fen - sor vin - - - di-

ca me. Quo - ni - am tri - bu - la - ti - o pro - xi - ma est, et non est, qui

ad - ju - vet. Sed tu Glo - ri - a etc.

Dieser Modus wird auch zwischen dem kleinen *e* und grofsen *F* gefunden, jedoch mit unten fehlendem Halbton, der im Lydius oben zuweilen zu fohlen pflegt, wie wir gleich in dem folgenden Kapitel zeigen werden. So geschieht es, dass dieser Modus oft in denselben Grenzen einherschreitet, in denen bei den alten Kirchenmusikern der Lydius war, von dem er im Ausdrucke sehr abweicht, aber doch in seinem eigentlichen Sitze im kleinen *a* geschlossen wird, während der Lydius im grofsen *F* schliefst. Als Beispiel desselben setzen wir jene Antiphon, welche am Feste Assumptionis B. M. V. gesungen wird und so lautet:

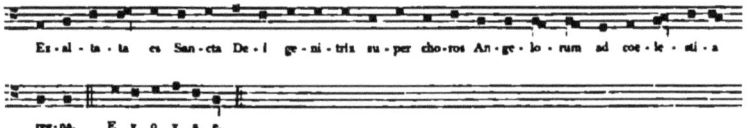

Ex - al - ta - ta es San - cta De - i ge - ni - trix su - per cho-ros An - ge - lo - rum ad coe - le - sti - a

reg - na. E v o v a e.

So die zunächst folgende Antiphon „Paradisi portae" und die vom h. Erzengel Michael „Gloriosus apparuisti in conspectu Domini"; desgleichen viele aus dem Advent und anderen Zeiten, besonders aus der Fastenzeit. Von hier hat man auch die Intonation der kleinern

Psalmen zu diesem Modus genommen, welche im Ausdrucke gar nicht viel, aber freilich in der Lage sehr viel vom Hypophrygius abweicht.

Di - xit Do - mi - nus Do - mi - no me - o Se - de a dex-tris me - is.

Die Intonationen der gröfseren Psalmen habe ich noch nicht gefunden. Ich glaube, dass der Vers der Responsorien der ist, den wir schon in *Circumdederunt* ausgesetzt haben, aber den Vers der Introitus erinnere ich mich nicht irgendwo gesehen zu haben. Allein hierüber will ich den Leser nicht beunruhigen, da es aufserdem der Modi genug giebt.

Fünfundzwanzigstes Kapitel.
Über die sechste Oktavengattung und den einzigen Modus derselben.

Der einzige Modus der sechsten Oktavengattung, welche von Parhypate meson bis Trite hyperbolaeon, d. i. vom grofsen *F* bis kleinen *f* reicht, wird nach dem Namen der Oktavengattung selbst *Lydius* genannt und ist im kleinen *c* harmonisch geteilt. Daher ist er der Hauptmodus in dieser Klasse, weil er nämlich den Hypolydius zum plagalen hat, über den früher gehandelt wurde. Gemeinsam ist den beiden Modi die Quinte *fa-fa*, die Finale *F*, die Quarte *ut fa*, welche dieser oben, der plagale aber unten ansetzt. Dieser Modus ist, wie sich das in den alten Gesängen genugsam zeigt, bei den alten Kirchenmusikern sehr gebräuchlich gewesen, aber er erscheint als ein strenger Modus, welchen *Lucian* βάκχικός, d. i. „bacchischen", *Apuleius* „klagenden Modus" nennt, und *Horas* scheint Lydius für Jonicus, wie Perser für Parther, gebraucht zu haben. *Plato* in lib. 3 de republ. zählt dreimal zwei Harmonien auf, von denen er die einen θρηνώδεις, d. i. traurig oder klagend nennt μιξολυδιστὶ καὶ συντονολυδιστί, d. i. mixolydisch und syntonolydisch, welche er nicht einmal für Weiber, geschweige denn für Männer brauchbar nennt; die anderen nennt er μαλακαὶ καὶ συμποτικαί, d. i. weichlich und taumelnd, ἰαστὶ καὶ λυδιστί, d. i. die jonischen und lydischen Harmonien, welche alle χαλαραί, d. i. schlaff, weichlich und zügellos heifsen (denn so weitläufig übersetzt das der Übersetzer), aber auch diese hält er nicht für kriegerische Männer passend. Es bleiben also zwei Harmonien übrig δωριστὶ καὶ φρυγιστί, d. i. die dorische und phrygische, über die er jedoch nichts Bestimmtes aussagt, sondern er giebt nur im allgemeinen den Befehl, diese Harmonien anzuwenden, welche den männlichen Mut zu edlen Ruhmesthaten entflammen und erregen. Doch dieses entgegnet bei Plato Glauchus nur so nebenbei dem Sokrates, der eingestanden hatte, dass er die Harmonien nicht kenne, und so spricht Plato darüber, als ob es ihm selbst nicht eben sehr bekannt sei, wiewohl ich meine, dass er es ganz genau gekannt habe, wie ja jenes sehr gelehrte Zeitalter alles Mathematische kannte. Wie aber dies von dem Übersetzer verstanden ist, kann man nicht leicht sagen. Jenes „mixolydisti" war zu übersetzen mit mixolydisch, wie alle Musiker das Zusammengesetzte für das Einfache gebrauchen und so auch für den Namen der siebenten Oktavengattung. Dasselbe halte ich von συντονολυδιστί, was er vielleicht für Modus Aeolius gesetzt hat, und wenn das wäre, so würde die Nomenklatur des Plato in den sechs Hauptmodi vollständig mit uns übereinstimmen. Es kann aber auch sein, dass Plato unter syntonolydisch einen straffern Lydius verstanden hat, wie die Musiker sprechen von einem syntonus diatonus, auf welche Weise *Cleonides* in der Einleitung und andere Musiker die Tetrachorde in drei Geschlechter einteilen. Ebenso setzt *Julius Pollux* im 4. Buche Kap. 9 sechs Hauptmodi mit folgenden Worten: Harmonien aber sind die dorische, jonische, aeolische als die ersten, dazu die phrygische, lydische und locrische, eine Erfindung des *Phylaxenus*. Bei ihm fehlt nur der

Mixolydius, wie bei Plato der Aeolius, man müsste denn behaupten, dass locrisch für mixolydisch gesetzt sei, da Cleonides schreibt, der Hypodorius sei so genannt worden. Derselbe Pollux spricht sich bald darauf im 10. Kap., wo er über die Harmonien der Flöten handelt, so aus: Und Harmonien auf der Flöte giebt es die dorische, phrygische, lydische, jonische und syntonolydische, welche *Anthippus* erfunden. Und mir ist wohlbekannt, dass bei demselben Pollux bald darauf unter den Tanzarten auch noch syntonos aufgeführt wird, aber er spricht dort nicht von Harmonien und das Wort syntonos kann aus einem Appellativum auf vielerlei Art zu einem Eigennamen werden. Doch ich kehre zu Plato zurück, von dem man einstimmig behauptet, er habe den *Lydius* verworfen als einen leichtfertigen Modus, was mir aber nicht so zu sein scheint. Denn dass der Mixolydius und Syntonolydius mit dem Lydius ein und derselbe Modus sei, das werden sie, glaube ich, wohl nicht annehmen, und Plato scheint über diese Modi gesprochen zu haben ohne im allgemeinen etwas Bestimmtes zu behaupten, sondern er giebt nur den Rat, die zu wählen, wie schon gesagt, welche männlichen Mut beibehalten und zu männlichen Thaten antreiben. Doch, wie früher schon gesagt, kann nicht geleugnet werden, dass das Altertum sie verändert hat, dass aber auch unzweifelhaft das Wesen der Modi anderswohin gekehrt werden kann, so dass der Modus, der leichtfertig erscheint, ohne Schwierigkeit für Ernstes angewendet werden kann, wenn nur ein glücklicher erfinderischer Geist hinzukommt, und umgekehrt ein ernster für Leichtfertiges, wie dies in der Elegie bei Ovid gegen das Wesen dieser Dichtungsart nach der Behauptung der Grammatiker geschehen ist. Daher halte ich den *Lydius* für einen ausgezeichneten Modus, wenn ihn einer so behandelt, wie die alten Kirchenmusiker. Doch genug der Worte. Bei den alten Kirchenmusikern war, wie ich sehe, eine doppelte Anwendung dieses Modus, die eine zwischen *F* und dem kleinen *e*, so dass der Oktave selbst oben ein kleiner Halbton fehlte, die andere zwischen *F* und *f*, der ganzen Oktave; aber diese ist in der Regel verdorben. Von der ersten Anwendung ist dieses ein kurzes Beispiel.

Be - ne - dic a - ni - ma me - a Do - mi - no et no - li ob - li - vis - ci om-nes re - tri - bu-

ti - o - nes e - - jus et re - no-va-bi-tur sic - ut a - qui - lae ju-ven - - - -

- - - - - tus tu - a.

Nach dieser Form ist der Introitus de virginibus: *Loquebar de testimoniis tuis* und sehr viele Gesänge der Alten.

Man findet diesen alten Lydius auch in das tiefe *E* hinabsteigen, wie wir oben von dem Jonicus gesagt haben, dass er in das tiefe ♮ oder in Synemmenon in das tiefe *E* hinabsinke. Hierüber als Beispiel:

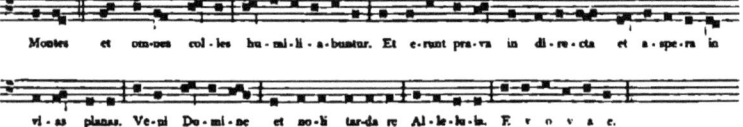

Montes et om-nes col - les hu - mi - li - a - buntur. Et e-runt pra - va in di - re - cta et a - spe - ra in

vi - as planas. Ve-ni Do - mi - ne et no-li tar-da re Al - le - lu - ia. E v o v a e.

13 *

Andere Intonationen sowohl der kleineren als der gröfseren Psalmen, ebenso andere Verse der Responsorien und Introitus, als die in dem 1. Buche über den gewöhnlichen 5. Modus angeführten, erinnere ich mich nicht gefunden zu haben. Ich bin vielmehr der Meinung, alle Intonationen und Verse der Introitus und Responsorien, welche man gewöhnlich in dem 5. Modus, d. i. im *Jonicus* hat, hätten einst dem Lydius angehört. Aber nachdem der Lydius seine Grundlage verändert hatte, wurde auch dieses geändert, sei es nun nach dem Rechte des Nachfolgers oder des Kriegsrechtes, oder, wenn man lieber will, nach dem Rechte des Denunzianten. Dieses haben wir auch oben bei dem plagalen dieses Modus, bei dem *Hypolydius* und auch bei dem *Hypoaeolius* bemerkt. Und diese Verderbnis ist nicht schwieriger als in den Gradualien, wie wir bald mitteilen werden, wo aus *mi* in b-Schlüssel *fa* gemacht wird, welche Vertauschung uns wirklich verschrobene Gesänge geliefert hat.

Beispiel des Modus Lydius.

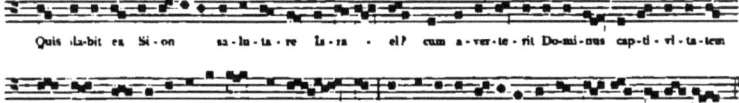

Quis ha-bit ex Si - on   sa-lu-ta-re Is - ra - el? cum a - ver-te - rit Do-mi-nus cap-ti - vi-ta-tem

ple - bis   su - ae ex-ul-ta-bit   Ja - cob   et lae-ta-bi-tur   Is - ra - el.

Wir haben oben gesagt, dass die Sänger unserer Zeit diesen Modus nicht gebrauchten, sondern alle Gesänge desselben in den Jonicus veränderten, indem sie für *mi* in b-Schlüssel *fa* setzten. Diese Gewohnheit hat so überhand genommen, dass man jetzt selten einen reinen Lydius findet, dem nicht irgendwo ein *fa* eingefügt wäre, als wenn eine Verschwörung gegen ihn bestände und seine Verbannung öffentlich beschlossen sei. Gleichwohl möchte ich jedoch nicht in Abrede stellen, dass die Vertauschung zuweilen passend geschieht, zuweilen auch dazu die Notwendigkeit zwingt. Passend geschieht sie in einer oder der andern Note, was jedoch den Modus nicht ändert; durch Not gedrungen, geschieht sie aber zur Vermeidung des Tritons im diatonischen Geschlechte. Allein diese Vertauschung hat uns, wie schon gesagt, viele Gesänge verdorben, wie man das in den Gradualien am besten sehen mag, besonders durch die an etlichen Stellen geschehene Vertauschungen des *mi* in *fa*. Da aber ferner dieser Modus gewohnheitsgemäfs in das kleine *e* aufsteigt und dann ein plötzliches Absteigen in b-Schlüssel geschieht, so muss notwendig *mi* wiederkehren; denn hier kann nicht *fa* gesungen werden, wie in den übrigen vorhergehenden Noten, da sonst hier ein Triton wäre. Wenn er aber übrigens zum grofsen *F* hinabgestiegen ist und wieder hinauf zum b-Schlüssel steigt, so ändert er notwendig *mi* in *fa*, weil sonst wieder ein Triton entstände. Aber manche Gesänge dieses Modus wird man finden, welche nicht so plötzlich ins kleine *e* steigen, wenn sie nicht auch das kleine *f* berühren, und die nicht wiederum durch einen einzigen plötzlichen Sprung aus *e* in *b* zurückfallen, sondern aus *f* in *e*; diese könnte man durchaus in den *Jonicus* verändern und auf zweifache Weise singen, entweder durch die Quinte *fa fa* des Lydius, im Aufsteigen *fa re fa* und im Absteigen *fa la fa* oder durch die Quinte *ut sol* des Jonicus im Tetrachord Synemmenon im Aufsteigen *ut mi sol* und im Absteigen *sol mi ut*, obgleich ich nicht einsehe, warum wir mit einem Vergnügen uns lieber an dem Jonicus erfreuen sollen und jenes „*fa*" angenehmer in unsern Ohren ertönen sollte, als *mi;* aber ich glaube, dass die durch das ganze Leben hindurch beobachtete sklavische Gewohnheit gegen den Jonicus die Ursache ist, oder, was wahrscheinlicher ist, dass der Jonicus natürlicher ist als der Lydius, der Lydius aber zu ernst ist. Jedoch setzen wir ein Beispiel dieses Modus, das auf zweifache Weise gesungen werden kann.

Il - lu - mi - na - re,   il - lu - mi - na   re   Je - ru   - sa - lem,   ve - nit   lux

tu - a,   Et glo - ri - a   Do - mi - ni super te   or - ta

est,   Et am - bu - la - bunt   gen - tes in lu - mi - ne tu - o, et re - ges in splen - do - re or - tus

tu - i.   Et glo - ri - a.

Manche haben die vierte und ebenso die zehnte Note vom Ende dieses Neuma (denn so nennt man mehrere Noten einer einzigen Silbe, welche in einem Zuge der Wiederholung einander folgen) nur in *b*, so dass der Gesang dem Jonicus allein passt, andere haben sie in *c*, damit er beiden Modi passe; diesen sind wir gefolgt, wenn es selten so gefunden wird, damit die Sache selbst, wegen der wir das Beispiel gesetzt haben, deutlicher sei. Am Ende ändert man auch alle Verse lieber in *fa*, jedoch kann auch *mi* gesungen werden, allein es klingt etwas hart. Aber über den Lydius ist dieses genug.

Über den Hyperphrygius, den zweiten verschmähten Modus.

In dieser Oktavengattung hätte es einen zweiten Modus geben müssen und zwar mit denselben Grenzen, wie der Lydius, allein seine Teilung verhinderte, dass er gebräuchlich wurde; denn nach dem Gesetze der plagalen Modi musste er unten die Quarte und oben die Quinte haben, was hier nicht geschehen konnte, da vom grofsen *F* nach *mi* im b-Schlüssel ein Triton und aus diesen nur nach dem kleinen *f* eine kleine Quinte ist. Dieser Modus ist der plagale des Hyperaeolius, über den wir beim Hypophrygius gesprochen haben, weshalb er mit „hypo" zu benennen gewesen wäre, aber kein vernünftiger Mensch sagt Hypohyperaeolius, da manche ja auch nicht einmal Hypomixolydius zu sagen wagen; aber nicht unpassend wird er von manchen Hyperphrygius genannt, nach Mafsgabe von Hyperjastius, Hypermixolydius und Hyperaeolius. Denn er ist zunächst über dem Phrygius und hat keinen anderen Namen wie der Lydius, dessen System er einnimmt. Wenn aber *Politian* und *Franchinus* ihn Hyperlydius nennen, möchte ich wissen, nach welchem Autor sie dieses überliefern. Aber ich möchte glauben, sie wären durch den Irrtum der Codices hintergangen worden, denn so sind in unserer Zeit alle Codices verdorben, dass man denselben, so oft die Angaben auseinandergehen, gar nicht glauben kann, man müsste denn annehmen, dass auf eine neue Art und Weise hier hyper für hypo genommen wäre. Dieser Modus, wenn auch schlecht umgekehrt, gehört jedoch zu dem Systeme des Lydius, aber weder Ptolemäus hat den Hypermixolydius noch Aristoxenus den Hyperjastius so verstanden, weshalb ich glaube, dass ein Fehler in den Büchern und kein neuer Name vorliegt. Diesen Modus finde ich hin und wieder im Gebrauch bei den alten Kirchenmusikern, aber zuweilen nicht mit vollem Systeme, wovon ich zwei Beispiele hier setzen will. (S. 102.)

Diesem im Auf- und Absteigen ähnlich ist der Gesang „Domine fac mecum misericordiam tuam", den wir in dem folgenden Buche bei dem Lydius anführen werden, wo wir Beispiele über den Hyperphrygius beibringen und auch ein zweites dem folgenden ganz ähnliches, wie das vorhergehende es irgendwo anders hat.

Beispiel des Hyperphrygius mit oben fehlendem kleinen Halbton nach der Form des Lydius.

Tol-li-te ho - sti - as   et in-tro-i-te   in   a - tri-a e - - ins,   ad-o-ra-te

Do-mi-num in   au - la   san - cta   e - ius.

Beispiel desselben Modus, welches oben die Oktave um einen Ton überschreitet.

Per si-gnum cru-cis   de ini - mi-cis   no-stris.   Li-be-ra   nos   De-us

no - - - - ster.

Sechsundzwanzigstes Kapitel.
Über die siebente Oktavengattung und die beiden Modi derselben.

Die letzte Oktavengattung von Lichanos meson zu Paranete hyperbolaeon, d. i. vom grofsen *G* bis kleinen *g*, hat zwei Modi, von denen der eine nach dem Namen der Oktavengattung selbst *Mixolydius* heifst und in Paranete diezeugmenon, d. i. im kleinen *d*, harmonisch, der andere im kleinen *e* arithmetisch geteilt ist; über den etwas später. Der *Mixolydius* also, gewöhnlich *7. Modus* genannt, hat nach meiner Meinung daher seinen Namen, weil er mit dem Lydius vermischt ist, (er besitzt nämlich sieben Saiten desselben) obgleich wir oben einen anderen Grund dieser Benennung angegeben haben. Bei den alten Kirchenmusikern ist er sehr gebräuchlich gewesen, aber in unserer Zeit ist er, wie sein plagaler, der Hypomixolydius, und auch der Lydius mit seinem plagalen, dem Hypolydius, in neueren Thematen beinahe unbekannt, was nach meiner Meinung daher kam, weil der mehr und länger gebräuchliche Jonicus die Quinte *ut sol*, wenn auch in anderer Lage, doch mit dem Mixolydius gemein hat. Diese Angewöhnung hat übrigens bewirkt, dass die Kantoren fortwährend dieser Quinte die dem Jonicus oben angefügte Quarte *ut fa* und nicht die Quarte des Mixolydius *re sol* beisetzten. Viele sehr liebliche Gesänge gehören diesem Modus an, wie es sich in tausend Responsorien und Introitus zeigt. Es gehören hierher der Introitus „Viri Gallilai" und ebenso „Puer natus est nobis", den der Franzose *Petrus Platensis* sehr elegant für vier Stimmen eingerichtet hat, jedoch nicht ohne Licenz aus dem Mixolydius einen Dorius machte, wie später *Johannes Mouton* denselben in den Jonicus veränderte, indem er die Responsorien „Cives Apostolorum" und „Summae Trinitati" sehr elegant nach diesem Modus einrichtete. Diese Beispiele bieten sich überall dem Lernbegierigen zur Prüfung dar. Jene eleganteste aller Prosen und einst von unserm Lehrer Erasmus von Rotterdam so günstig beurteilte Prosa, welche ein von jeglichem Schmucke volles und mit allen Blumen geziertes Gebet zum Senate der Apostel ist, wollen wir hier vorführen. In derselben vertritt der erste Vers die Einleitung; der zweite enthält ein kurzes Gebet, der dritte begründet die gerechte Bitte, der vierte enthält eine Lobrede auf den Apostelfürsten Petrus, der fünfte eine solche auf Paulus, der sechste und der siebente auf Matthäus, der achte und neunte enthalten die Namen der übrigen Apostel, der zehnte enthält einen Glückwunsch und der letzte den Schluss. Hierin ist wieder und wieder zu beobachten, wie verständig der Autor, wer dieser auch gewesen sein mag, den Eingang von der rethorischen Quinte nahm, über die wir beim Hyperjastius gesprochen haben, wie passende und ganz ungeschminkte, ohne jegliche Übertreibung und ohne Ziererei gesuchte Titel er gesetzt hat. Dann, welcher Art ist die Bitte? Dass die Kirchen reich werden sollten? Gar nicht, sondern dass jener berühmte Senat das Leben und die Sitten derselben leite. Das Wesen des h. Petrus bezeichnet er mit dem einen Worte „concedunt" als das eines sehr milden Apostels, und figürlich aber passend setzt er Antiochus und Remus für Antiochia und Roma. Den unschuldig gemordeten Remus hat er gesetzt, aber den Brudermörder Romulus zu setzen, hielt er für unwürdig. Den h. Paulus hat er in treffenden Worten als einen ausgezeichneten Kämpen dargestellt: Denn du bist eingedrungen, sagt er, nicht in irgend eine beliebige Nation, sondern in Griechenland; denn „Tyrannidem" ist zugefügte Erklärung. Aber siehe in der Lobrede auf den h. Matthäus jenen Beweis von Geist, wie er durch die Umschreibung des „immaculati agni" wie durch einen Gegensatz des „candidi velleris" zu „horridos Aethiopas" so kindlich fromm scherzt, wie schön und vermittelst einer mehr als kurzen Aufzählung er den Überdruss einer Auseinandersetzung vermeidet, die zu groß geworden wäre, wenn er die Loberhebungen aller Apostel einzeln hätte anführen wollen. Darüber aber möchte sich einer nicht mit Unrecht ärgern, wie es doch geschehen ist, dass viele Codices so viele Jahrhunderte den h. Matthias ausgelassen haben, wodurch der Vers auch seinen Anfang einbüßte und dem vorhergehenden nicht entsprach, obgleich nichts leichter zu bemerken war, als dieses; und es kann scheinen, als ob der Autor selbst durch die Gleichheit der Verse habe Vorsorge treffen wollen, dass er nicht verstümmelt werde. Daher haben wir denselben zur Ehre des Apostels wieder hergestellt. Aber auch die Kürze des zehnten Verses ist der Beachtung wert. Denn nachdem der Orient und der Occident genannt worden, um nicht die zu langen Worte „Septentrio" und „Meridies" setzen zu müssen, fährt er fort: „Imo teres mundi circulus", mit welchen Worten er mehr umfasst als mit jenen zweien. Und wiederum jenes „Gaudet habere patres" ist von römischer Sitte hergenommen, wie die Plebs den Patriziern zu schmeicheln pflegte. „Exspectat judices" aber ist aus Matth. Kap. 19 und Luc. Kap. 22. Endlich schließt er damit, dass ihnen mit Recht Lob und Ehre gebühre, aber wie Heiligen. Lasst uns jetzt die Prosa selbst hören, nachdem wir zu sehr in eine fremde Sache abgeschweift waren, obgleich ich wünschte, dass auf diese Weise vieles erklärt würde, aber von jemand, der dieses besser zeigen könnte. Sicher verdiente dies die Erhabenheit der Kirchenfürsten und jene ausnehmende Wachsamkeit, durch die sie die Kirche zu erleuchten sich bemühten und uns so herrliche Gesänge verschafft haben, während unser Zeitalter nichts Neues, was des Hörens wert wäre, ersinnt, das Alte aber nicht nur nicht versteht, sondern auch noch verlacht. Es verdient, sage ich, jenes so fromme Unternehmen einen Cicero, der alles nach Gebühr lobte und auseinandersetzte. Mir wahrlich wäre jene Mühe nicht lästig, wenn ich so könnte, als ich wollte. Jene haben unzweifelhaft bei unserm Erlöser ihren Lohn, wir aber, fürchte ich, werden für unsere Lauheit und Undankbarkeit die verdiente Strafe büßen.

Anrede an den Senat der h. Apostel im Modus Mixolydius.

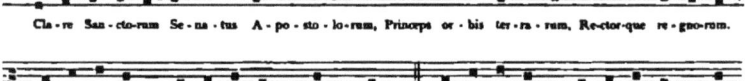

Cla - re San - cto-rum Se - na - tus A - po - sto - lo-rum, Princeps or - bis ter - ra - rum, Re-ctor-que re - gno-rum.

Ec - cle - si - a - rum mo - res et vi - tam mo - de - ra - re. Quae per doc-tri-nam tu - am fi - de - les sunt

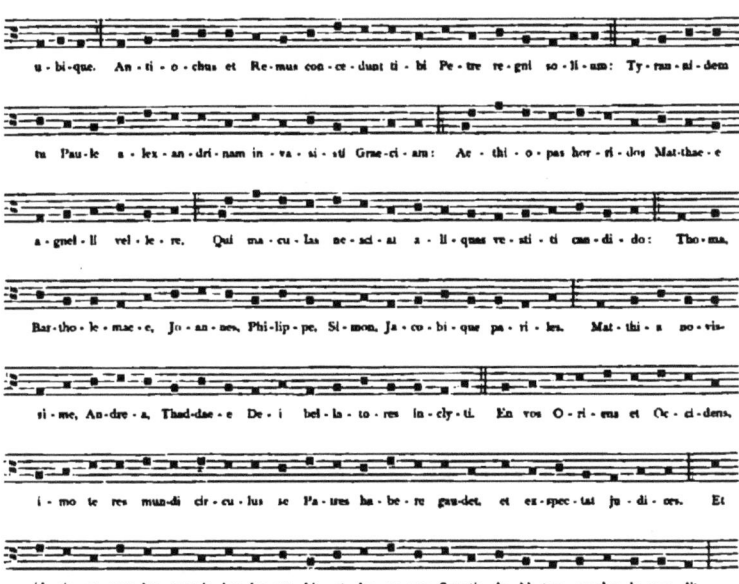

u - bi - que.   An - ti - o - chus et Re - mus con - ce - dunt ti - bi Pe - tre re - gni so - li - um: Ty - ran - ni - dem

tu Pau - le a - lex - an - dri - nam in - va - si - sti Grae - ci - am: Ae - thi - o - pas hor - ri - dos Mat-thae - e

a - gnel - li vel - le - re.   Qui ma - cu - las ne - sci - at a - li - quas ve - sti - ti can - di - do: Tho - ma,

Bar - tho - lo - mae - e, Jo - an - nes, Phi-lip - pe, Si - mon, Ja - co - bi - que pa - ri - les.   Mat - thi - a no - vis-

si - me, An - dre - a, Thad-dae - e De - i bel - la - to - res in - cly - ti.   En vos O - ri - ens et Oc - ci - dens,

i - mo te res mun-di cir - cu - lus se Pa - tres ha - be - re gau-det, et ex - spec - tat ju - di - ces.   Et

id - cir - co mun-dus om -nis lau - des vo - bis, et ho - no - rem, San-ctis de - bi - tum supplex in - pen - dit.

Siebenundzwanzigstes Kapitel.

Über den Hypojonicus.

Der zweite Modus der siebenten und letzten Oktavengattung ist der Hypojonicus oder
Hypojastius, der plagale des Jonicus, mit dem er die Quinte *ut sol* gemeinsam hat, aber die
Quarte *ut fa* verbindet der Jonicus oben, dieser aber unten mit der Quinte. Er ist im kleinen
c arithmetisch geteilt und schließt mit seinem Hauptmodus die Gesänge in demselben Schlüssel,
jedoch geschieht dies entweder in der Oktave, damit er nicht die griechische Skala um eine
Saite überschreite, oder im großen *F* mit *fa* im b-Schlüssel, wie es jetzt im Jonicus wie auch
in dessen plagalem Sitte ist. Dieser Modus ist bei den alten Kirchenmusikern, außer in den
Responsorien in der Matutin und Vesper, in seltenem Gebrauche gewesen, insofern sie nicht durch
die Vertauschung des *mi* in *fa* im b-Schlüssel, worüber im Lydius und Hypolydius mehr wie
genug gesagt worden ist, aus dem Hypolydius den Hypojonicus gemacht haben. Dieser Modus
wird gewöhnlich der *6. Modus* genannt und wird seit ungefähr 500 Jahren aus dem großen *G*
bis zum kleinen *g*, oder, freilich mit *fa* im b-Schlüssel, von *C* zu *c* genommen, wie das sich
sowohl in vielen anderen Gesängen als auch in den Frohnleichnamsgesängen zeigt. Viel Annehmlichkeit hat er in den Tages- und Liebesliedern, besonders in der oberdeutschen Sprache,
deren sich die Schweizer bedienen und ebenso in der niederdeutschen Sprache, wie sie jenseits
des Rheines sich findet. Heutzutage stimmt der Klang der *Tuba* mit den Grenzen dieses Modus
überein, und zwar ist die volle Quinte ganz, jedoch die Quarte zumeist in ihren obersten Saiten
darin enthalten. Unsere Zeit bedient sich dieses Modus ebenso, wie des *Jonicus*, zu allem Leicht-

fertigen; ebenso singt man auch sehr gut nach diesem Modus eingerichtete Klagelieder. Da derselbe zu sehr bekannt ist, setzen wir dieses einzige einfache Beispiel aus Luc. Kap. 14.

Beispiel des Modus Hypojonicus.

Ho-mo qui-dam fe - cit coe-nam magnam, et mi-sit ser-vum su - um ho - ra coenae di - ce - re in - vi - ta-tis,

ut ve - ni - rent, Qui-a pa - ra - ta sunt o - - - - - - - mni - a Ve-ni - te

co - me - di - te pa - nem me - um, et bi - bi - te vi - num, quod mi-scu - i vo - bis. Qui-a pa.

<h2 style="text-align:center">Achtundzwanzigstes Kapitel.</h2>

Über die Verbindung der Modi und über deren Gemeinschaft durch die Quinte.

Es könnte scheinen, bester Leser, als hätte ich die bis dahin schon mit solcher Bemühung behandelte und gleichsam aus der Unterwelt hervorgeholte Arbeit von zwölf Spindeln gänzlich beendet und das gegebene Versprechen vollständig gelöst; doch will ich in dieser mühevollen Erörterung, damit die Sache deutlicher werde, bevor wir den Schlussstein setzen, noch einen Kranz oder eine gewisse Zugabe über die gegenseitige Verbindung der Modi beifügen, eine Sache, wissenswert, und nicht unangenehm vorzutragen und sicher nützlich und besonders frucht- bar, wofern mich nicht meine Meinung täuscht. Dies haben wir zwar in dem 1. Buche, Kap. 14, jedoch leichthin, wie man zu sagen pflegt, berührt; daher müssen wir es an dieser Stelle ein- gehender wiederholen. Wie daher aus jenen sieben harmonisch und arithmetisch geteilten Oktavengattungen zwölf Modi entstanden sind, die wir bis hierhin untersucht haben, so entstehen aus diesen sieben Gattungen sechs Verbindungen je zweier Modi, welche eine gemeinsame Quinte aber eine verschiedene Quarte haben, die auch zu sieben geworden wären, wenn die zweite Oktavengattung harmonisch und die sechste arithmetisch passend geteilt werden könnten. Es zeigt sich hierin ein grofses natürliches Wunder, dass je zwei durch Lage und Oktavengattung verschiedene Modi fast einen und denselben Körper haben: die Quinte ist nämlich dieselbe, die Quarte ist nur durch ihre Lage und nicht nach ihrem Wesen eine ver- schiedene, und von hier ist auch die Benennung Hauptmodi und plagale Modi hergenommen. Alle Hauptmodi stehen in der vierten Oktavengattung nach ihren plagalen, indem zwei da- zwischen stehen. Während so der Hypodorius der ersten Oktavengattung angehört, ist der Dorius von der vierten, und während der Hypophrygius der zweiten Oktavengattung angehört, ist der Phrygius von der fünften, und während wiederum der Hypolydius von der dritten ist, ist der Lydius von der sechsten, und während schliefslich der Hypomixolydius von der vierten ist, wird der Mixolydius von der siebenten sein. Aber, wird jemand sagen, wenn nach dieser Beschreibung der Hypoaeolius von der fünften und der Hypojonicus von der siebenten Oktavengattung ist, so müssen notwendig ihre Hauptmodi und zwar der Aeolius der achten und der Jonicus der zehnten Oktavengattung angehören, welche es aber nicht giebt. Um jedoch diesen Zweifel zu beseitigen, ist zu bemerken, dass die erste und achte Gattung die- selbe ist nach Ptolemaeus, welcher nämlich den Modus Hypermixolydius genannt hat, den er von Mese zu Nete hyperbolaeon eingerichtet hat, und der dem Wesen nach mit dem Hypodorius oder Aeolius derselbe ist. Daher wird notwendig auch die zweite mit der neunten und die dritte mit der zehnten für eine und dieselbe gehalten werden müssen, wenn es nämlich gestattet ist, die Oktaven zu wiederholen. Daher ist es gleich, ob man sagt, in der dritten, wo der Jonicus ist, oder in der zehnten. Daher steht es fest, dass die einzelnen plagalen Modi von ihren Hauptmodi um eine Quarte abstehen. Von den zwei weggelassenen, dem Hyperaeolius und Hyperphrygius oder ihren Umkehrungen, dem Hypophrygius und Lydius, sage ich dasselbe. Denn der Lydius ist die sechste Gattung, aber die neunte, welche der zweiten entspricht, ist der Hypophrygius, welche neunte mit der sechsten so verbunden wird, dass sie die Stelle des Hauptmodus einnimmt, die neunte ist der Hyperaeolius oder der umgekehrte Hypophrygius, der plagale aber die sechste Gattung, d. i. der Hyperphrygius oder der umgekehrte Lydius. Aber diese Gemeinschaft ist bei weitem verschieden von der der anderen Modi, denn sie haben als Quinte in der Mitte nur eine verminderte Quinte und als Quarte einen Triton. Weil aber der Triton die verminderte Quinte um ein Komma übersteigt, so wird das Intervall, welches an die beiden Ränder oben oder unten angesetzt wird, größer sein, als das, welches sie gemein haben, obgleich keines von beiden eine wahre Konsonanz ist. Wie daher diese beiden Modi wegen ihrer unpassenden Teilung von uns verworfen worden sind, so auch ihre Vermischung. Diese Unregelmäßigkeit rührt daher, weil die Grenzen dieser Verbindung die Verbindungen der übrigen Modi um eine Apotome übersteigen. Denn in den anderen Modi wird zu der gemeinsamen Quinte sowohl oben wie unten die Quarte, oder was dasselbe ist, zur Oktave die Quarte zugefügt, hier aber wird zu der Oktave des Lydius, welche ist von F zu f, für die Quarte ein Triton zugefügt, nämlich vom hohen f zu mi im verdoppelten M. Das ist auch der Beachtung wert, dass die erste Quinte re la vier Modi gemeinsam ist; dem Aeolius, Hypoaeolius, Dorius und Hypodorius, aber die zweite mi mi, nur zweien: dem Phrygius und Hypophrygius, die dritte, fa fa, wiederum zweien: dem Lydius und Hypolydius, und die vierte, ut sol, ist ebenfalls wie die erste vier Modi gemeinsam: dem Jonicus, Hypojonicus, Mixolydius und Hypomixolydius, worüber wir im siebenten Kapitel einiges berührt haben. Die Verbindungen der Quarte sind nicht auf diese Weise verschieden, sondern drei Gattungen derselben gehören vier Modi an, und zwar ist die erste, re sol, diesen vier: dem Dorius, Hypodorius, Mixolydius und Hypomixolydius, die zweite jedoch, mi la, diesen vier: dem Aeolius, Hypoaeolius, Phrygius und Hypophrygius, und schließlich die dritte, ut fa, diesen: dem Lydius, Hypolydius, Jonicus und Hypojonicus gemeinsam. Aber die sechs Verbindungen der zwölf Modi und die eine der zwei weggelassenen Modi zeigen sich in dieser Abbildung:

Neunundzwanzigstes Kapitel.

Über die erste Verbindung, welche aus der ersten und vierten Oktavengattung besteht.

Die erste Oktavengattung von Proslambanomenos zu Mese, d. i. von dem grofsen *A* zum kleinen *a*, wird mit der vierten Oktavengattung, welche ist vom Lichanos hypaton zu Paranete diezeugmenon, d. i. vom grofsen *D* zum kleinen *d*, durch die gemeinsame Quinte *re la* aus Lichanos hypaton zu Mese, d. i. aus dem grofsen *D* zum kleinen *a*, verbunden, aber unten ist von *A* bis *D* die hypodorische Quarte *re sol* und oben dieselbe von *a* bis *d*, welche die des Dorius ist. Diese Verbindung ist sehr elegant, jedoch erfordert sie eine ausgezeichnete Stimme und gute Brust, und nicht allein diese, sondern auch die anderen Verbindungen, daher sind sie nicht unnützerweise überall zu setzen, sondern nur dann, wenn es die Fröhlichkeit und Freude erfordert. Obgleich es viele andere Beispiele dieser ersten Verbindung giebt, so haben wir nur dieses einzige von der h. Auferstehung unseres Erlösers Jesu Christi gesetzt, welches mir sehr gefiel und dessen wir im 1. Buche gedachten, wohin wir den Leser verweisen. Die Sache hat nämlich weiter keine Schwierigkeit, denn wer das Wesen der einfachen Modi erfasst hat, kann bei diesen Verbindungen nicht in Verlegenheit geraten. Daher werden wir, wie ich hoffe, bei unsern gütigen Lesern wegen der Kürze leicht eine Entschuldigung finden, wenn sie sehen, dass für die Unterweisung ein passendes Beispiel da ist. Jetzt mögen wir die Prosa selbst hören.

Beispiel der Verbindung des Dorius und Hypodorius.

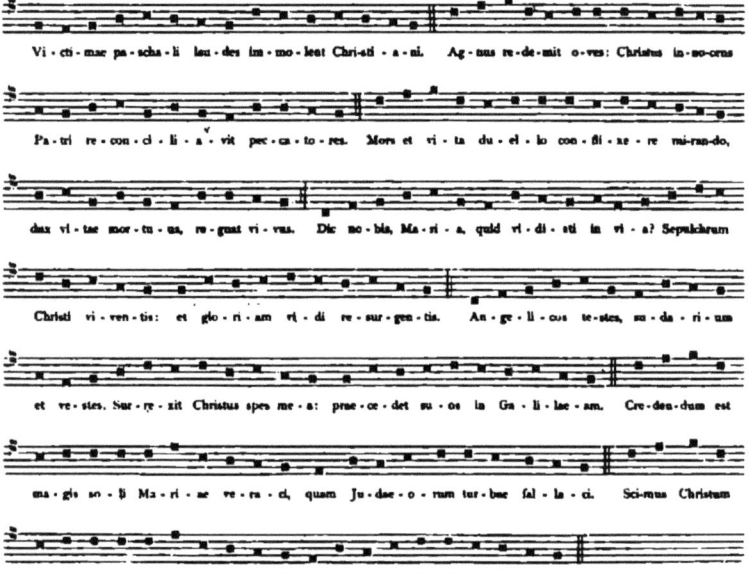

Vi - cti - mae pa - scha - li lau - des im - mo - lent Chri-sti - a - ni.   Ag - nus re - de - mit o - ves: Christus in - no - cens

Pa - tri re - con - ci - li - a - vit pec - ca - to - res.   Mors et vi - ta du - el - lo con - fli - xe - re mi-ran-do,

dux vi - tae mor - tu - us, re - gnat vi - vus.   Dic no - bis, Ma - ri - a, quid vi - di - sti in vi - a? Sepulchrum

Christi vi - ven - tis: et glo - ri - am re - di re - sur - gen - tis.   An - ge - li - cos te - stes, su - da - ri - um

et ve - stes. Sur - re - xit Christus spes me - a: prae - ce - det su - os in Ga - li - lae - am.   Cre - den - dum est

ma - gis so - li Ma - ri - ae ve - ra - ci, quam Ju - dae - o - rum tur - bae fal - la - ci.   Sci-mus Christum

sur - re - xis - se ex mor-tu - is ve - re,   Tu Christe no - stri Rex mi - se - re - re.

4*

Dreifsigstes Kapitel.

Über die zweite Verbindung, welche aus der zweiten und fünften Oktavengattung besteht.

Die zweite Oktavengattung von Hypate hypaton zu Paramese, d. i. vom tiefen *B* zu *mi* im hohen *b*, wird mit der fünften Oktavengattung, welche ist von Hypate meson bis Nete diezeugmenon, d. i. vom grofsen *E* zum kleinen *e*, durch die gemeinsame Quinte *mi mi* von Hypate meson zu Paramese, d. i. vom grofsen *E* zum *mi* in b-Schlüssel, verbunden; unten wird von *B* zu *E* die Quarte *mi la*, die des Hypophrygius, und oben von *b* bis *e* dieselbe, die des Phrygius angefügt. Jedoch sehen wir in dieser Verbindung ängstlich beachtet, dass selten unterhalb *C fa ut* in *mi*, welches im grofsen *B* ist, abgestiegen wird, sondern so oft dieses vorkommt, wird ein Ton zugesetzt, so dass man zum grofsen *A* gelangt. Die Ursache dieses seltenen Absteigens scheint mir der Anfang des zweiten Hexachords zu sein, welches absteigend von Mese in *C fa ut* schliefst, wo man im Aufsteigen angefangen hat. Daher wird von der Quarte unten ein Halbton weggenommen, welcher in den gewöhnlichen keltischen Gesängen oben zugesetzt wird. Die häufigsten Grenzen dieser Verbindung sind demnach das kleine *e* und *C fa ut*, welches auch die des blofsen Phrygius sein konnten, von welchem Umfange es viele und sich überall darbietende Beispiele giebt; aber Beispiele über sein Absteigen in *A re* sind sehr selten. Jedoch werden wir ein einziges Beispiel dieser so monströsen Ausdehnung setzen, was mir zwar nicht so sehr gefällt, als es mich in Staunen setzt, was dem mag in den Sinn gekommen sein, der einen solchen Gesang beginnen konnte, in welchem die Neumata Sprünge machen von einer Oktave. Dieser Gesang ist aus dem hohen Liede Salomons genommen und so, wie ich ihn als Jüngling zu Rotweil im Schwarzwalde geschrieben und früher in Schlesien, einer nobeln Gegend Deutschlands, gesehen habe.

Beispiel der Verbindung des Phrygius und Hypophrygius.

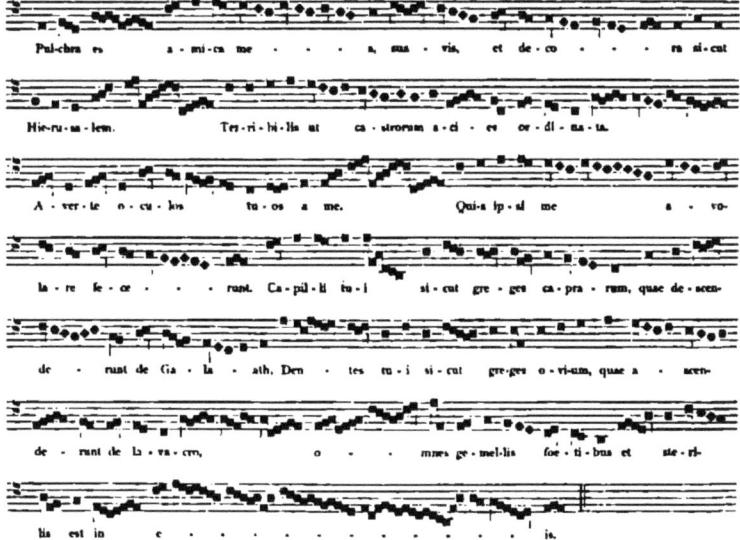

Pul-chra es   a - mi - ca me   a, sua - vis,   et de - co   ra si - cut

Hie-ru - sa - lem.   Ter - ri - bi - lis ut   ca - strorum a - ci - es   or - di - na - ta.

A - ver - te   o - cu - los   tu - os   a me.   Qui - a ip - si   me   a - vo-

la - re   fe - ce   runt. Ca - pil - li   tu - i   si - cut   gre - ges   ca - pra - rum, quae de - scen-

de   runt de Ga - la   ath, Den   tes   tu - i   si - cut   gre - ges   o - vi - um, quae a   scen-

de - runt de la - va - cro,   o   mnes ge - mel - lis   foe - ti - bus   et   ste - ri-

lis   est in   e   is.

Einunddreifsigstes Kapitel.

Über die dritte Verbindung, welche aus der dritten und sechsten Oktavengattung besteht.

Die dritte Oktavengattung von Parhypate hypaton zu Trite diezeugmenon, d. i. von dem grofsen *C* zum kleinen *c*, wird verbunden mit der sechsten Oktavengattung, welche ist von Parhypate meson zu Trite hyperbolaeon, d. i. vom grofsen *F* zum kleinen *f*, durch die gemeinsame Quinte *fa fa* von Parhypate meson zu Trite diezeugmenon, d. i. vom grofsen *F* zum kleinen *c*, so dass *mi* im b-Schlüssel ist. Unten ist von *C* nach *F* die Quarte *ut fa*, die des Hypolydius, und oben aber dieselbe vom kleinen *c* zum kleinen *f*, die des Lydius zugefügt. Bei den Alten ist diese Verbindung sehr gebräuchlich gewesen, vorzüglich aber in den Gradualien, in denen der erste Vers fast immer dem Hypolydius und der zweite dem Lydius angehört. Allein, was wir früher in den einfachen Modi beklagt haben, können wir nicht weniger hier über die Verbindungen beklagen, nämlich, dass fast alle Gesänge dieser Modi verdorben oder in den Jonicus verändert sind, indem unsere Leichtfertigkeit das Weichliche sucht. Ein Beispiel einer in den meisten Codices noch unverdorbenen Vermischung sei dieses, welches aus Psalm 44 genommen ist.

Beispiel der Verbindung des Lydius und Hypolydius.

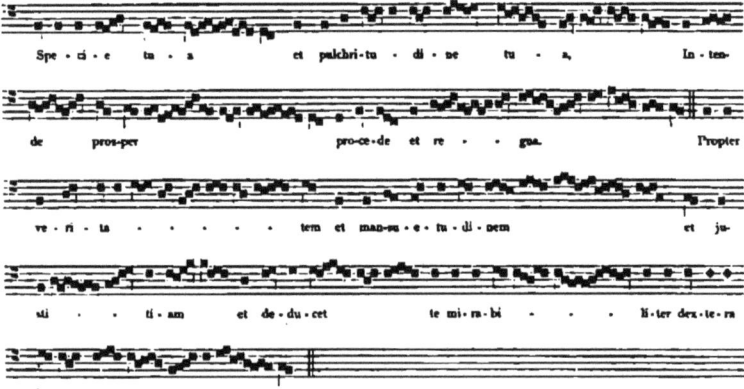

Die vierte Note vom Ende wird man hier insgemein in den b-Schlüssel gezwängt finden, so dass der Gesang in den Jonicus gerät, desgleichen die vierte Note vor dem Vers. Aber dieses ist durch Licenz geschehen, wie wir in den anderen Gesängen dieser Modi gar zu oft beklagten. Allein auch das dürfen wir nicht mit Stillschweigen übergehen, dass die Harmonie, welche zu der Passion des Herrn gesungen wird, nach der Verbindung dieser Modi eingerichtet ist, wo der Evangelist die diesen beiden Modi gemeinsame und der Erzählung so passende Quinte einnimmt, während man Christus die Quarte des Hypolydius und den Juden und allen aufser Christo Redenden die Quarte des Lydius gegeben hat. Dieses haben wir auch im vorigen Buche erwähnt. Hier mögen wir ausführlicher die Zusammensetzungen der beiden Quarten mit der Quinte beschreiben. Ich freilich glaube, dass diese Harmonie zuerst einfach und wie alles in der ersten Kirche ungeschminkt und ohne künstlichen Schmuck komponiert war. Der Beweis hiervon kann sein, dass die Erzählung selbst gröfstenteils im

Lydius verbleibt und nur eine der *Commissuren*, welche nach der tiefern Quarte hin geschieht, in den Jonicus eingelenkt hat. *Commissura* aber nenne ich, zwar mit einem neuen aber mir von der Notwendigkeit abgepresstem Worte, das Hinüberlenken der Erzählung aus der Quinte in eine der Quarten, sei es in die höhere, welche die Juden und andere, als Christus, Redende haben, oder sei es in die untere, welche Christus selbst inne hat. Wie ich glaube, hat die eine der Commissuren deshalb in den Jonicus eingelenkt, damit sie den Zuhörer auf die Worte Christi aufmerksam mache und zum Mitleid errege. Wie wenig es mir gefällt, kann ich kaum sagen, indem mir die alte Einfachheit immer gefällt, obgleich es sein kann, dass es die wahre und richtige Lesart ist, weil eine oder die andere Note nicht den ganzen Modus ändern kann. Denn wenn wir in dem Dorius und Hypomixolydius irgend eine aufsergewöhnliche Note des Synemmenon zulassen, wie wir das auch oben in den gegebenen Beispielen gezeigt haben, so schickt es sich auch hier, eine oder die andere Note zuzulassen. Übrigens wird in der obern Quarte nicht in gleicher Weise aufwärts und auch in der tiefern nicht gleich von allen abwärts gestiegen und auch die Commata und die Perioden der Erzählung werden nicht von allen auf gleiche Weise gesungen. Da ich nicht einsehe, welchen Nutzen es dem Leser bringen könnte, dieses alles weiter zu verfolgen, so haben wir nur einige Formeln aus dem Evangelium des h. Johannes gesetzt, aus welchen der Umfang der Erzählung, wie auch der beiden Quarten sichtbar ist. Das Übrige in dieser Harmonie kann durch die Gewohnheit der Kirchen und durch die Beschaffenheit des Modus von einem auch nur mittelmäfsig Begabten leicht eingesehen werden.

Erzählung der Leidensgeschichte des Herrn, in der Quinte des Lydius und Hypolydius.

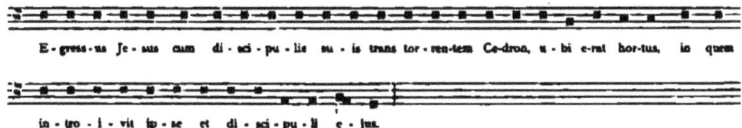

E - gres - sus Je - sus cum di - sci - pu - lis su - is trans tor - ren-tem Ce-dron, u - bi e-rat hor-tus, in quem

in - tro - i - vit ip - se et di - sci - pu - li e - jus.

Dieses scheint mir die einfache und zuerst erfundene Deklamation zu sein, aber unsere Zeit hat diese und die anderen folgenden Perioden durch Abänderung ganz anders gestaltet. Ein Beispiel der Variation bei denselben Worten sei dieses:

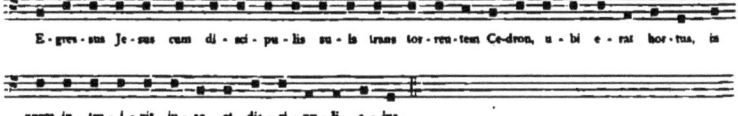

E - gres - sus Je - sus cum di - sci - pu - lis su - is trans tor - ren-tem Ce-dron, u - bi e - rat hor-tus, in

quem in - tro - i - vit ip - se et dis - ci - pu - li e - jus.

Aber wie in der Erzählung eine Änderung eintrat, so auch in der untern Quarte, die Christus inne hat, was ich an einem Satze oder einer Klausel, wie man sie nennt, zeigen will. Ich habe nämlich dieselbe auf dreifache Weise an verschiedenen Orten singen hören. Von diesen gefällt mir die erste am meisten, weil sie der andern Quarte in der Oktave entspricht, obgleich die zweite durch allgemeine Anwendung die gebräuchlichere geworden ist mit Weglassung eines Tones von der Quarte, wogegen ich nicht viel einzuwenden habe. Sonst steigt sie, wie die erste, in Fragen einen Ton hinunter, wie es sich in den Worten „Quid me caedis?" zeigt. Die dritte aber, um offen zu sprechen, missfällt mir und scheint mir unordentlich zu sein; aber meinetwegen mag der Leser das wählen, was ihm beliebt, denn ich zweifle nicht, dass es außerdem noch viele Abweichungen giebt. Doch ich spreche von dem Modus, den dies nicht viel behelligt.

Beispiel der tieferen Quarte.

Auch von der obern Quarte, die dem Lydius angehört, giebt es drei Formeln, über die wir dasselbe Urteil haben, wie über die drei soeben genannten; sie lauten kurz so:

Beispiel der höheren Quarte.

Hierbei ist zu bemerken, dass sich das Ende der Erzählung mit den soeben genannten zwei Quarten nicht auf gleiche Weise verbindet, sondern mit der obern mittelst der Quinte des Lydius und Hypolydius, mit der untern aber vermittelst der Quinte des Jonicus und Hypojonicus mit einem oben zugefügten Ton, wie das hier folgende Beispiel zeigt.

In längeren Reden Christi, die keine Frage am Ende haben, geschieht der Anschluss an die Erzählung mit viel Anmut auf folgende Weise:

Wo aber der Worte Christi sehr wenige sind, wird nicht in die untere Quarte hinuntergestiegen, sondern man bleibt in der Quinte der Erzählung, wie in folgendem Beispiele:

Es ist aber bewunderungswürdig, wie die Quarten selbst in der Oktave spielen, zuweilen fast mit den gleichen Noten; hierfür wollen wir nur Fragmente anführen.

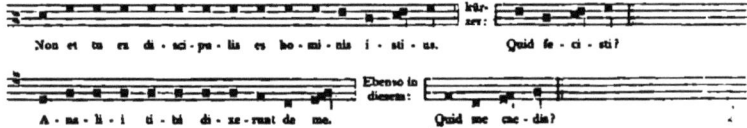

Wer viele Formen dieses Gesanges der Reihe nach bei einander finden will, der möge beginnen mit „Introivit ergo iterum in Praetorium Pilatus" bis zu der Periode „Omnis, qui ex veritate, audit vocem meam". Wir müssen zu anderm eilen.

Zweiunddreifsigstes Kapitel.

Über die vierte Verbindung, welche aus der vierten und siebenten Oktavengattung besteht.

Die vierte Oktavengattung von Lichanos hypaton zu Paranete diezeugmenon, d. i. vom grofsen *D* zum kleinen *d*, wird mit der siebenten Oktavengattung von Lichanos meson zu Paranete hyperbolaeon, d. i. vom grofsen *G* zum kleinen *g*, durch die gemeinsame Quinte *ut sol*, von Lichanos meson zu Paranete diezeugmenon, d. i. vom grofsen *G* zum kleinen *d*, verbunden. Unten ist von *D* zu *G* die Quarte *re sol*, welche die des *Hypomixolydius* ist, und oben von *d* bis *g* dieselbe, welche die des *Mixolydius* ist, angefügt. Diese Verbindung ist sehr angenehm, wenn sie nämlich so recht nach dem Wesen des Modus eingerichtet wird. Aber wie die Modi selbst seit etlichen Jahrhunderten von niemand mit Glück angewendet worden sind, so ist auch die Verbindung selbst seltener. Als einziges Beispiel derselben setzen wir jene auf die allerheiligste Dreifaltigkeit komponierte Prosa, welche *Heinrich Isaac*, ein sehr scharfsinniger Komponist etwas vor unserer Zeit mit einigen Stimmen sehr elegant eingerichtet hat. *Angelus Politian* erwähnt irgendwo diesen Mann aber mit falschem Namen, indem er für *Henrico Arrighum* sagt. In jener Prosa ist, was die Harmonie angeht, das ein apartes Kunstwerk, dass die Erzählung (oder sei es, dass man sie Vorrede nenne) gröfstenteils die den beiden Modi gemeinsame Quinte beibehält und erst weiter im siebenten Vers in die Quarte des Hypomixolydius abwärts steigt. Nichts ist feierlicher, nichts, was den Geist mehr entflammt, als jene Ermunterung in dem elften und zwölften Verse, welche so mutvoll nach der äufsersten Höhe des Mixolydius aufsteigt. Aber, lieber Gott, wie angenehm, wie süfs, wie lieblich die Ohren bezaubernd ist die Stelle, wo er die anbetungswürdige Dreifaltigkeit anruft, wie elegant lenkt er da in das Tetrachord Synemmenon ein, was er auch bis zu Ende beibehält, und schliefst so zwar den Gesang in der Finale der beiden Modi, aber in der Quinte des Dorius, was der Sache keinen Eintrag thut. Über den Inhalt des Textes mag ich nichts sagen, denn das ist Sache der Theologen. Das wundert mich, dass der vierte keinen ihm entsprechenden Vers hat (denn von dem ersten und letzten wundert mich dieses nicht, weil das gewöhnlich auch bei den anderen Prosen zugestanden wird). Manche hegen den Verdacht, dass ein fünfter Vers, der dem vierten entspräche, irgend ausgelassen worden sei, wie in „Clare Sanctorum" jenes „Mathia novissime"; andere meinen, dieser vierte Vers sei von irgend einem, und nicht vom Autor selbst, aus dem athanasischen Glaubensbekenntnisse zugesetzt, gleichsam anthypophoralisch [1]), d. i. wie als rhetorischen Einwand; wieder andere glauben, in diesem Verse seien gegenseitig sich entsprechende Formeln, wie jene: „Non tres tamen Dii sunt"; jener: „Deus verus unus est"; ebenso jene: „Sic pater Dominus, Filius" zu jener: „Spiritus quoque sanctus". Wenn ich diesen Vers nicht so hartnäckig in allen Codices notiert gefunden hätte, ich würde ihn als ein Anhängsel und als nicht echt weggelassen haben. Aber wie es auch sei, lasst uns jetzt die Prosa selbst hören.

Beispiel der Verbindung des Mixolydius und Hypomixolydius.

Be - ne - di - cta sem-per San-cta sit Tri - ni - tas. De - i - tas sci - li - cet, U - ni - tas co - ae - qua - lis

---

¹) Eine Anthypophora ist, wenn der Redner die Worte des Gegners wiederholt, und darauf antwortet.

glo - ri - a.　Pa - ter, Fi - li - us, Sanctus Spi - ri - tus, tri - a sunt no - mi - na, o - mni - a e - a - dem

substan-ti - a.　De - us ge - ni - tor, De - us ge - ni - tus, in u - tro-que ma - cer Spi - ri - tus De - i - ta - te

so - ci - us.　Non tres ta - men Di - i sunt, De - us ve - rus u - nus est.　Sic Pa - ter Do - mi - nus, Fi - li - us,

Spi - ri - tus quo-que Sanctus.　Pro-pri - e - tas in per - so - nis U - ni - tas est et in es - sen - ti - a

Ma - je - stas par et po - te - stas, de - cus, ho - nor ae-quae per o - mni - a.　Sy-de - ra, ma - ri - a, con - ti-nens,

ar - va si - mul, et u - ni-ver - sa con-di - ta.　Quem tremunt im - pi - a Tar - ta - ra, co - lit quo-que quam et

a-bys-sus in - fi - ma.　Nunc o-mnis vox at - que lin - gua fa - te - a - tur hanc lau-de de - bi - ta.　Quem laudant

sol at-que lu - na, di - gni-tas a - do - rat an-ge - li - ca.　Et nos vo - ce praecel-sa nunc o-mnes mo-du - le-mur

or - ga - ni - ca can - ti - ca dul - ci me - lo - di - a.　El - a et el - a nunc si - mul ju - bi - le-mus al - ti throno

Do - mi - no laudes in ex-cel-sis.　O a - do - ran - da Tri - ni - tas.　O ve - ne - ran - da U - ni - tas.

Per te su - mus cre - a - ti ve - ra ae - ter - ni - tas.　Per te su - mus re - dempti rum-ma tu cha - ri - tas,

Po - pu - lum cunctum tu pro - te - ge, sal - va li - be - ra, e - ri - pe et e - mun - da. Te a - do - ra-mus

o - mni - potens, ti - bi ca - ni - mus, ti - bi laus et glo - ri - a, Per in - fi - ni - ta sae - cu - la sae-cu - lo - rum.

Dreiunddreifsigstes Kapitel.

Über die fünfte Verbindung, welche aus der fünften und achten Oktavengattung besteht.

Die fünfte Oktavengattung von Hypate meson zu Nete diezeugmenon, d. i. vom grofsen
E zum kleinen *e*, wird mit der achten Oktavengattung von Mese zu Nete hyperbolaeon, d. i.

vom kleinen *a* zum verdoppelten *Aa*, durch die gemeinsame Quinte von Mese zu Nete diezeugmenon, d. i. vom kleinen *a* zum kleinen *e*, verbunden. Unten ist vom großen *E* zum kleinen
a die Quarte *mi la*, die des Hypoaeolius, oben aber von *e* zu *Aa* dieselbe Quarte, die des Aeolius,
angefügt. Wir haben aber am Anfange dieser Abhandlung über die Verbindung der Modi
gesagt, dass alle Hauptmodi von ihren plagalen in der vierten Oktavengattung stehen, indem
zwei Gattungen dazwischen sind. Weiter haben wir gesagt, dass das nichts verschlage, wenn
wir für die erste Oktavengattung sagten die achte, für die zweite die neunte, und endlich für
die dritte die zehnte, wofern es nämlich nach dem Beispiele des Ptolemäus gestattet ist, die
Oktaven zu wiederholen, was wir deshalb in Erinnerung brachten, damit nicht jemand anders
wie wir in dem ersten Buche gelehrt haben, glaube, es gäbe mehr als sieben Oktavengattungen.
Nach dem tieferen Teile der Skala hin wollten wir dieses nicht zeigen, weil diese Verbindung
über denselben hinausginge. Aber wie in der That selbst die Modi *Aeolius* und *Hypoaeolius* gewöhnlich für den Dorius und Hypodorius gehalten worden sind, so ist auch die Verbindung
derselben für die des Dorius und Hypodorius gehalten worden, deshalb weil man die Quarte
mi la nicht von der Quarte *re sol* unterschied, wie wir oben beim Aeolius und Hypoaeolius beklagt haben. Die Verwirrung gegen die beiden hat so zugenommen, dass sie die Modi selbst
gänzlich in Vergessenheit gebracht hat und schon seit vielen Jahrhunderten keiner gewesen
ist auch von denen, die ex professo über Musik schreiben, der etwas Bestimmtes über dieselben
hätte beibringen können, und mancher auch, deren Namen ich übergehe, sie nicht einmal benennen konnte. Setzen wir nun Beispiele dieser Verbindung und als erstes jenen solennen
Gesang von unserer Herrin, der h. Jungfrau Maria, den viele Komponisten (unter denen *Anton
Brumel* schon im höchsten Alter und *Jodocus Pratensis*, den man gewöhnlich *Jusquin* nennt) erst
in unserer Zeit sehr elegant und nicht ohne einen gewissen Wetteifer für vier Stimmen eingerichtet haben, obgleich jene das Ausschreiten der Modi ordneten, indem sie das Auf- und
Absteigen nicht nur dem Tenor sondern auch den anderen Stimmen abwechselnd gestatteten;
und das scheint mit Überlegung geschehen zu sein, wenngleich den *Jodocus* dieses in vielen
Gesängen weniger bekümmert zu haben scheint; wie in dem „Et in terra" derselben Messe
von unserer Herrin zu sehen ist, welchen Gesang wir in dem folgenden Buche anführen werden.
In diesem Gesange hat das erste *Kyrie* (denn so müssen wir notwendig sagen) die den beiden
Modi gemeinsame Quinte mit dem unten zutretenden Tone, das zweite aber steigt mäßig abwärts in die Quarte des Hypoaeolius; das *Christe* jedoch übertrifft in einem sehr lieblichen
Aufsteigen die Quinte um einen Halbton, so dass es sich zeigt, dass hier nur die Quarte *mi la*
und nicht *re sol* passt; aber das zweite *Christe* verbleibt in der Quinte, wie das erste *Kyrie*;
jedoch das letzte *Kyrie* schreitet prächtig in die Quarte des Aeolius hinauf, von wo es endlich
in die Quinte zur Finale zurückkehrt.

Beispiel der Verbindung des Aeolius und Hypoaeolius.

Ky - ri - e   e - le - y - son.   Ky - ri - e   e - le - y - son.   Chri-ste   e - le - y - son.   das 3. wie das 1.

Chri - ste   e - le - y - son.   das 3. wie das 1.   Ky - ri - e   e - le - y - son.   Ky - ri - e

e - le - y - son.   Ky - ri - e   e - le - y - son,

Dieselbe Bewandtnis hat es mit dem Responsorium vom h. Erzengel Michael „Te sanctum Dominum", obgleich es nur ein Absteigen in die Quarte des Hypoaeolius hat. Dass aber diese Gesänge als dorische und hypodorische angesehen wurden, daran ist sowohl das Tetrachord Synemmenon als auch die Verwandtschaft dieser Modi mit jenen schuld, worüber wir mehr wie genug in dem Früheren gesagt haben. Das Responsorium selbst haben wir beigesetzt, weil die Formel seines Verses auch in anderen Responsorien dieses Modus erscheint. Dasselbe zeigt sich in den Responsorien „Isti sunt sancti" und „Sint lumbi vestri praecincti", desgleichen in „Quae est ista", welches in der Diözese Konstanz häufig gesungen wird, aber in der Formel des Hypophrygius, nach welcher ich mich erinnere es von *Heinrich Isaac* für vier Stimmen gesetzt gesehen zu haben, wenn nicht diesen Namen der Autor sich fälschlich beilegt. Doch diese Klage ist zu alt; mögen wir daher jetzt das Responsorium selbst hören.

Ein anderes Beispiel derselben Verbindungen.

Te sanctum Do - mi - num in ex - cel - sis laudant o - mnes an - ge - li di - cen - tes, Te

de - - cet laus et ho - - nor Do - mi - ne Che - ru - bin quoque et Se-

ra - phin San - ctus pro - cla - mant, et o - mnis coe - li - cus or - do di - cens. Te de. Glo - ri-

a Pa - tri et Fi - - li - o et Spi - ri - tu - i San - cto. Te de.

Wir haben diese Gesänge rücksichtlich ihres Anfanges und ihres Schlusses in das kleine *a* gesetzt, welches der eigentümliche Buchstabe des Aeolius und Hypoaeolius ist, so dass sie nichts mit dem Tetrachord Synemmenon zu schaffen haben. Wenn jedoch jemand die Schlüsse durchaus in *D* haben will, was jetzt gewöhnlich geduldet wird, so möge er nur für den vorgezeichneten C-Schlüssel den F-Schlüssel und *fa* im b-Schlüssel setzen, was wir beim Evangelium des h. Matthäus gethan haben, als wir oben über den Aeolius sprachen. Jetzt aber wollen wir das maßlose Ausschreiten dieser Modi durch ein Beispiel zeigen. In einer Einöde der Schweiz, wie Ptolemaeus sagt, oder am Anfange des Schwarzwaldes, wie *Caesar* schreibt, liegt die Stadt Rotweil, in welcher schon seit etlichen Generationen wegen der zu jeder Zeit vorzüglichen Tüchtigkeit der Bewohner, welche sie in trüben Verhältnissen oft bewiesen haben, und wegen des ausgezeichneten und durch große Thaten berühmten Gemeinwesens die deutschen Kaiser einen Gerichtshof haben, so ernst und so streng, wie der der Areopagiten. Aus dieser Stadt hatte ich als Lehrer einen der fortwährenden Erinnerung würdigen Mann mit Namen *Michael Rubellus*, der uns das liebe Schreiben, und so gut er es konnte, die Elemente der Musik gelehrt hat, zuerst in Bern vor nunmehr dreißig Jahren, dann ebenso in seiner Vaterstadt. Als ich aber als Jüngling unter demselben mich übte, geriet ich mit einem Sänger in Streit über die Antiphon, die ich folgen lassen werde. Als er nämlich über diese, weil sie von ihrem ursprünglichen Sitze verrückt und in der Mitte auch so schlecht versetzt war, so dass sie von niemand gesungen werden konnte, ein verkehrtes Urteil abgab, wurde er von uns zurecht gewiesen, und als er unsere Gründe nicht widerlegen konnte, verlachte er mich mit meinen Genossen, indem er es für empörend hielt, einem jungen Manne nachzugeben. Als dieses, wie es sich zugetragen, durch einige unserem Lehrer angezeigt worden war, ließ er uns nicht länger von unserem Nebenbuhler verlachen. Kurz er entschied den Streit zu unseren Gunsten und brachte es dahin, dass dieser Gesang nach unserer Verbesserung nachher sowohl vom Chore als auch von der Schule zu Rotweil häufig gesungen wurde. In dieser Verbindung der beiden Modi ist oben eine kleine Terz angefügt, wie gewöhnlich beim Dorius und Aeolius, unten aber ein Ton, was, wie wir oben dargelegt haben, im Hypoaeolius geschieht; er lautet so:

Entnommen ist er dem 2. Kap. des hohen Liedes, sein Umfang reicht vom großen *D* bis zum doppelten *cc*, um einen Ton kleiner als eine Doppeloktave, ein Umfang, von dem ich keinen Gebrauch machen würde. Doch genug über diese Verbindung.

Vierunddreifsigstes Kapitel.

Über die sechste Verbindung, welche aus der sechsten und neunten Oktavengattung besteht.

Die sechste Oktavengattung von Parhypate meson bis Trite hyperbolaeon, d. i. vom großen *F* bis zum kleinen *f* wird mit der neunten Oktavengattung von Paramese, d. i. von mi in b-Schlüssel zu *mi* in der Oktave desselben, nämlich Bb-Schlüssel, durch die gemeinsame verminderte Quinte aus Paramese, d. i. aus mi im b-Schlüssel zu Trite hyperbolaeon, verbunden. Unten aber wird der Triton vom großen *F* zu mi im b-Schlüssel, welcher der des Hyperphrygius, d. i. des zweiten weggelassenen Modus ist, (über denselben siehe Kap. 25) und oben aber von dem kleinen *f* zu *mi* im Bb-Schlüssel derselbe Triton, der des Hypoaeolius, d. i. des ersten weggelassenen Modus (über den siehe im 18. Kap.) zugesetzt. Diese Verbindung ist nicht mehr wert, als die Einrichtung ihrer einfachen Modi, und wir halten sie, wie jene, für unbrauchbar und unpassend, man müßte denn innerhalb dieses Umfanges die Phrasis anderer Modi so abändern, dass von der ursprünglichen sich keine Spur mehr zeigt; doch dieses ist gekünstelt und unnatürlich. Übrigens haben wir hierüber viel im 28. Kap. gesprochen und unter anderem, dass diese Verbindung die anderen um eine Apotome übersteigt. Denn da das ihnen Gemeinschaftliche in einer verminderten Quinte besteht, ist es um eine Apotome kleiner als die Quinte, welche das den anderen Gemeinschaftliche ist; aber die beiden Enden selbst übertreffen die Enden der anderen Verbindungen je um eine Apotome, da sie nämlich anstatt zwei Quarten zwei Tritone haben; folglich übertrifft diese Verbindung alle anderen um eine Apotome. Doch nun folge hierfür folgendes einfache Beispiel. In diesem haben wir jedoch den Triton in einem Sprunge, weil ihn das diatonische Geschlecht verschmäht, niemals gesetzt, wie auch in den früheren Beispielen nicht. An die verminderte Quinte aber haben wir, damit einigermaßen eine Phrasis zustande komme, zuweilen einen Ton unten angesetzt. Das Übrige ergiebt sich aus dem Beispiele selbst, das wir weniger der Nachahmung als der Veranschaulichung halber gesetzt haben.

Ein erscenenen Beispiel der Verbindungen der verworfenen Modi Hyperaeolien und Hyperphrygien.

Fünfunddreifsigstes Kapitel.

Über die siebente Verbindung, welche aus der siebenten und zehnten Oktavengattung besteht.

Die siebente Oktavengattung von Lichanos meson zu Paranete hyperbolaeon, d. i. vom großen *G* zum kleinen *g* wird mit der zehnten Oktavengattung von Trite diezeugmenon, d. i. vom kleinen *c* zum verdoppelten *Cc*, durch die gemeinsame Quinte von Trite diezeugmenon zu Paranete hyperbolaeon, d. i. vom kleinen *c* zum kleinen *g*, verbunden. Unten aber ist vom großen *G* zum kleinen *c* die Quarte *ut/a*, die des *Hypojonicus*, oben aber von *g* zu *Cc* dieselbe, die des *Jastius* oder *Jonicus* angefügt. Selten findet man Gesänge dieser Modi, seien es der einfachen oder der Verbindungen, an ihren Plätzen, da jedes *c* deren Stelle ist, sondern jetzt werden dieselben alle mit */a* im b-Schlüssel in das große *F* gesetzt, was wir in dem vorigen Buche in der Antiphon „Alma redemptoris mater" gezeigt haben. Hier ist keine Schwierigkeit, denn diese beiden Modi sind heutzutage in so häufigem Gebrauche, dass wir über dieselben nicht mehr sagen wollen noch müssen, indem wir in dem Früheren alles berührt haben. Für den Autor des Beispieles, das wir beifügen werden, giebt man *Hermannus Contractus, Graf von Veringen* an, welcher Mönch des Klosters von St. Gallen in der Schweiz war, das durch sehr viele ausgezeichnete Männer nun seit vielen Jahrhunderten blüht. Dieser, wird weiter berichtet, soll in der Theologie sehr gelehrt und ebenso in den profanen Disziplinen, wie in der Mathematik, in der Redekunst und Poesie und endlich in den Sprachen sehr erfahren gewesen sein; auch über die Musik und über das Monochord soll er manches Lesenswerte geschrieben haben. Außer dem Supplement zur Chronik, aus welcher hervorgeht, dass er vor 500 Jahren, nämlich nach dem Jahre 1000 nach Chr. Geb. gelebt hat, ist mir nichts von seinen Schriften zu Gesicht gekommen. Jener berühmte Mann aus so edeler Familie, *Jo. Vernherus von Rhüschach*, welcher zu der Zeit, als wir dieses schrieben, den Rang eines Komturen des Deutsch-Herren-Ordens in Alshausen, wo jener Graf begraben ist, inne hatte, hat mich darauf aufmerksam gemacht, er, gleichfalls ein Mann von grofsem Geiste, von solchen Verdiensten um die edelen Studien, um die Professoren der Disziplinen, endlich um die Philosophie Christi selbst, dass er mit Hülfe Christi einen wahren Adelssitz, wie ihn die Tugend verleiht, auch in der andern Welt unzweifelhaft erwarten darf. Doch zur Sache. Jedenfalls ist diese Harmonie, von wem sie auch sein mag, so, dass nichts schöner ersonnen, nichts angenehmer und süfser ausgedacht werden konnte. Die Worte sind passend und aus der h. Schrift genommen und von *Sebastian Brant*, einem ausgezeichneten Manne unserer Zeit und Rat des Kaisers Maximilian mit Beibehaltung der Zahl und der Accente der Silben ins Oberdeutsche, worin er sehr viel galt, übertragen worden.

Als Beispiel der Verbindungen des Jonicus und Hypojonicus eine sehr elegante Sequenz von der h. Jungfrau.

A - ve prae - cla - ra ma - ris stel - la, in lu - cem gen - ti - um Ma - ri - a di - vi - ni - tus or - ta. Eu-ge De - i

por - ta, quae non a - per - ta, ve - ri - ta - tis lu - men ip - sum so - lem ju - sti - ti - ae, in - du - tum car - ne, du - cis

in or - bem. Vir - go de - cus mun - di, Re - gi - na coe - li, prae - e - le - cta ut sol, pul - chra, lu - na - ris ut

ful - gur, a - gno - sce o - mnes te di - li - gen - tes. Te ple - nam fi - de vir - gam al - mae stir - pis Jes - sae,

na - sci - tu - ram pri - o - res de - si - de - ra - ve - runt Pa - tres et Pro - phe - tae. Te li - gnum vi - tae san - cto

ro - rau - te pneu - ma - te, pa - ri - tu - ram, di - vi - ni flo - ris a - mig - da - lum si - gna - vit Ga - bri - el. Tu

a - gnum, re - gem, ter - rae do - mi - na - to - rem Mo - a - bi - ti - ci de pe - tra de - ser - ti ad montem fi - li - ae

Sy - on tra - du - xi - sti. Tu - que fu - ren - tem Le - vi - a - than ser - pen - tem, tor - tu - o - sum - que et ve - ctem

col - li - dens dam - no - so cri - mi - ne mundum ex - e - mi - sti. Hinc gen - ti - um nos re - li - qui - ae tu - ae sub

cul - tu me - mo - ri - ae, mi - rum in modum quem es e - mi - xa pro - pi - ti - a - ti - o - nis a - gnum re - gnan - tem

coe - lo ae - ter - na - li - ter de - vo - ca - mus ad a - ram ma - cian - dam my - ste - ri - a - li - ter. Hinc man - na ve - rum

Sechsunddreifsigstes Kapitel.

Dass die Modi durch die Teilung der Oktave, welche durch die Quinte und Quarte geschieht, am besten erkannt werden.

Da wäre jetzt, redlicher Leser, der Kranz, d. i. das zweite Pensum über die Verbindung der Modi, fertig. Es erübrigt noch, dass wir etwas weniges über das richtige Erkennen der Modi und ebenso über die an Umfang dürftigen Gesänge gleichsam als die letzte Krone beifügen, damit das Werk als ein vollständigeres in die Hand der Leute komme. Das Wesen der Modi beruht hauptsächlich in dem Wesen der Systeme, welches in der Oktave besteht;

aber die Systeme selbst, da sie alle durch Quinte und Quarte geteilt sind, nehmen von diesen verschiedene Formen und hernach durch das Auf- und Absteigen gleichsam neue Gattungen an, was man sogleich an der ersten Oktavengattung selbst, welche von *A* bis *a* reicht, sehen kann. Denn bei arithmetischer Teilung wird man in dem tieferen Teile des Gesanges häufig die erste Quartengattung *re sol* hören, oben aber die durch *fa* in der Mitte geteilte erste Quintengattung *re la*, wie das im *Hypodorius* zu geschehen pflegt. Bei harmonischer Teilung hingegen wird man oben häufig die zweite Quartengattung *mi la* hören, unten aber *re la*, wie es im *Aeolius* gewöhnlich geschieht, was weiter zu verfolgen nicht notwendig ist, da wir dieses weitläufig und auch durch einleuchtende Beispiele gezeigt haben. Aber wir wiederholen das hier aus der Ursache, weil der Gesang durch seine dahingleitende Bewegung, welche durch Arsis und Thesis entsteht, viel Bemerkenswertes uns bietet, wie wir auch in dem ersten Buche nach der Meinung anderer gelehrt haben. Jedoch hier kann eine Verwirrung entstehen, weil die Quinten selbst, da sie oft je vier Modi gemeinsam sind, zuweilen derartig Quarten angefügt haben, so dass oft beide verändert werden, was wir in den Gesängen des Dorius und Hypodorius und ebenso in denen des Aeolius und Hypoaeolius oft eintreten sehen und wir oben in einigen Beispielen nachgewiesen haben. Dasselbe sagen wir von den in den Jonicus und Hypojonicus veränderten lydischen und hypolydischen und von manchen in jene Modi geratenen mixolydischen und hypomixolydischen Gesängen. So viel Einfluss hatte die Unkenntnis der Sänger und ihr bloß auf Waghalsigkeit sich verlassender und stützender Geist. Denn wer hätte schon seit vielen Jahrhunderten dieses verbessert, oder besser gesagt, wer hätte daran denken sollen, da ja die ganze schöne Wissenschaft zugleich mit den Disziplinen verbannt war. Daher werden wir zwei Beispiele anführen, deren Grenzen *D* und *d* sind, aber von denen das eine dem *Phrygius* angehört, mit dem jene Grenzen nichts zu schaffen haben, das andere dem *Hyperjastius*, damit der Leser an ihnen betrachte, wie viel Unterschied die Phrase eines jeden Modus im Gesange habe und dass nicht so aufs Geradewohl erfunden ist, was wir in dem vorigen Buche angeführt haben: der I. hat *re la*, II. *re fa*, III. *mi fa* etc. Jedoch verwerfen wir nicht gänzlich die Finale, besonders wenn die gemeinschaftlichen Quinten in einem Gesange so unentschieden sind, dass man nicht leicht erkennen kann, von welchem Modus die Phrase vorherrsche. Auch die Finalen hätten gleichfalls den Phrasen angepasst werden müssen, aber jetzt passen viele Sänger die Phrasis des Gesanges selbst gerade den Finalen an und deshalb wird das Wesen des Modus verwischt. So geht's im menschlichen Leben; was will man machen, es giebt nichts Gesundes. Am Neuen freuen wir uns, oft sogar am Läppischen. Aber nun lasst uns die Beispiele selbst hören.

Beispiel des Phrygius zwischen D und d.

Pan-ge lin-gua glo-ri-o-si cor-po-ris my-ste-ri-um, San-gui-ni-sque pre-ti-o-si, quem in

mun-di pre-ti-um fru-ctus ven-tris ge-ne-ro-si Rex ef-fu-dit gen-ti-um.

Beispiel des Hyperjastius zwischen D und d.

Ve-ni San-cte Spi-ri-tus, rep-le tu-o-rum cor-da fi-de-li-um, et tu-i a-mo-ris in e-is

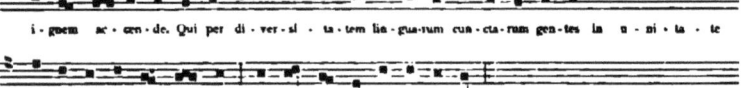

i - gnem   ac - cen - de. Qui per di - ver - si - ta - tem lin - gua-rum cun - cta - rum gen - tes   in   u - ni - ta - te

fi - de - i con - gre - ga - sti   Al - le - lu - ia, Al - le - lu - ia.

Oft wird der Schluss eines Gesanges entstellt, wie wir das oben von dem Schlusse des nicäischen Glaubensbekenntnisses in dem *Aeolius* beklagt haben. Manche Kantoren finden wirklich ihr Vergnügen daran und halten es sogar für schön, die Schlüsse der Gesänge zu verkehren und des Zuhörers zu spotten (auditorem suspendere naso). Das that auch *Jodocus a Prato* in dem Gesange „Factum est autem" über das Geschlechtsregister Christi aus Luk. Kap. 3, welchen er, nachdem er ihn (wie den früheren „Liber generationis J. Ch.," [1]) den er aber richtig geschlossen hat) nach der Verbindung des *Phrygius* und *Hypophrygius* eingerichtet hatte, in *G* zu schliefsen wagte, wie er den nach dem *Dorius* eingerichteten Psalm „Memor esto" im kleinen *e* schliefst. Jedoch das kann nicht als etwas Neues erscheinen, da man in manchen einfachen Gesängen in verschiedenen Kirchen ganz verschiedene Schlüsse findet. Den Grund dafür sehe ich in dem Umstande, dass zuweilen der Gesang so unbestimmt sich fortbewegt und so in der Phrase mehrerer Modi spielt, dass man nicht leicht beurteilen kann, in welchem Modus der Gesang schliefsen wird. Ein sehr prächtiges Beispiel hierfür sei dieses, das dem *Phrygius* angehört.

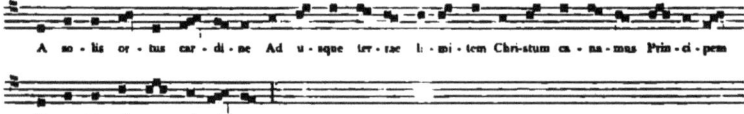

A   so - lis   or - tus   car - di - ne   Ad   u - sque   ter - rae   li - mi - tem   Chri-stum   ca - na - mus   Prin - ci - pem

Na - tum   Ma - ri - a   vir - gi - ne.

Wer wird aber einen eigensinnigen und affektierten Kantoren abhalten, dass er diesen Gesang so schliefst, wir wir ihn jetzt beifügen, so dass nämlich der *Dorius* entsteht, da das Absteigen in ihm ebenso dem *Dorius* wie dem *Phrygius* angehört.

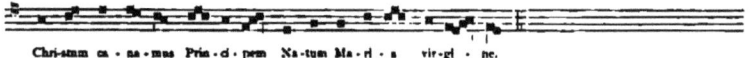

Chri-stum   ca - na - mus   Prin - ci - pem   Na - tum   Ma - ri - a   vir - gi - ne.

Aber, wird jemand sagen, es ist niemand so thöricht, der nicht merkte, dass so der Gesang verderben würde; mag sein; wie trat aber in dem nicäischen Glaubensbekenntnisse und ebenso in dem Gebete des Herrn die allgemeine Verderbnis ein, ohne dass sie jemand bemerkte? Wird hier wohl das Ohr besser acht geben, als dort? Doch genug der Klage. Den vorigen ähnlich ist folgendes: Während die Grenzen des *dorischen* Modus dieselben sind, wie die des *Hyperjastius*, nämlich *D* und *d*, so hält sich doch der Introitus „Gaudeamus", ein sehr gebräuchlicher Gesang des dorischen Modus, in den meisten Codices innerhalb *C* und *c*, als wenn er dem Hypojastius oder Hypojonicus angehörte, während die Phrasis dafür zeugt, dass er dem Dorius angehört. *Jodocus a Prato* hat in der *Messe* „*Gaudeamus*" denselben Tenor mit der gewohnten Licenz hart genug in das System des *Mixolydius* verrückt, jedoch *dolisch* geschlossen. Aber in der That, das sehe ich häufig bei den alten Kirchenmusikern beachtet, dass sie, besonders bei den authentischen Gesängen unten eine Note aufserhalb der eigentlichen

---

[1] Im 3. Buche abgedruckt.

Oktave aufnehmen und oben eine auslassen. So bewegt sich, wie es sich in dem schon genannten Gesange *Gaudeamus* zeigt, der *Dorius* zwischen *C* und *c*, was er mit dem Hypomixolydius gemein hat; der *Phrygius* zwischen *D* und *d*, was etwas früher im *Pange lingua* gezeigt worden ist; der *Lydius* zwischen *E* und *e*, wie man in vielen Gradualien sehen kann; der *Mixolydius* zwischen *F* und *f*, wie es sich in dem Introitus „Viri Gallilaei" und in vielen anderen zeigt; der *Aeolius* zwischen *G* und *g*, nach welcher Form der Tenor in der Messe des *Petrus Platensis* vom h. Antonius und der in dem bekannten Volksliede „Basias me" ist, welchen *Jodocus a Prato* eingerichtet hat; er kann auch zwischen *C* und *c* sein, wenn *fa* ist in b-Schlüssel, wie beim feierlichen Gottesdienste. Nach der Form der jetzt genannten Modi würde der *Jonicus* sich zwischen *B* und *b* ergeben, aber ich weifs nicht, ob ich ihn irgendwo so gesehen habe. Daher können allgemein die Modi sich in der Regel in der zunächst niederen Oktave bewegen, so jedoch dass die Phrasis bewahrt und die unterste Saite der Quinte als Finale beachtet werde. Ich könnte noch mehr Beispiele auch von anderen Modi geben, aber es scheint mir nicht nötig, dieses weiter zu verfolgen; denn dem Fleifse des Lesers ist manches zu überlassen, damit er sich an dem von ihm Erfundenen erfreue und deutlich einsehe, dass wir nichts unschicklich gesagt haben:

Siebenunddreifsigstes Kapitel.

Dass die Modi nicht immer die äufsersten Saiten ausfüllen, sondern teils durch die Phrasis und teils auch durch die Finale erkannt werden.

Was wir in dem vorigen Buche nach Boethius gesagt haben, nämlich, dass die Musik einst sehr einfach gewesen sei, dass sie im Auf- und Absteigen kaum eine Quinte ausfüllte, das müssen wir jetzt durch Beispiele zeigen. Aber auch das ist zu bemerken, was wir im 28. Kapitel dieses Buches gesagt haben von den Quintengattungen, welche und welchen Modi sie gemeinsam sind. In diesen müssen notwendig die Finalen den Modus bestimmen, obgleich auch so nicht der Aeolius vom Dorius, der Jonicus vom Mixolydius auf irgend eine Weise unterschieden werden kann, geschweige denn, dass wir sie von den plagalen richtig trennen. Manche schreiben alle diese Gesänge den plagalen Modus zu, und wie ich glaube, wegen ihrer Bescheidenheit. *Berno* behandelt dieses auch in seiner *Isagoge* weitläufiger, gelangt aber dahin, dass er sagt, es hätten manche noch vier Modi ausgedacht, so dass es im ganzen 12 Modi gäbe, so sehr hat die Wahrheit über die 12 Modi auch bei den Menschen eines so barbarischen Zeitalters eine Spur zurückgelassen. Wir werden Beispiele von drei Quarten- und vier Quintengattungen setzen, obgleich man bei den alten Kirchenmusikern in denjenigen Antiphonarien, die wir gesehen haben, nach der zweiten und dritten Quintengattung Beispiele mehr als eines Modus nicht leicht finden wird. Ferner werden wir durch Beispiele zeigen, was jede Quintengattung oben und unten annimmt und inwiefern die Phrasis darin herrscht.

Re sol.

Also ein Beispiel der ersten Quartengattung *re sol* in der Finale des *Phrygius* und *Hypophrygius*.

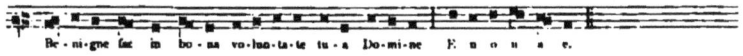

Be - ni - gne fac in bo - na vo-lun-ta-te tu - a Do-mi-ne E u o u a e.

Mi la.

Ein Beispiel der zweiten Gattung, geschlossen in der Finale des *Mixolydius* und *Hypomixolydius*, sei dieses, welches man, wie gesagt, dem plagalen Modus zuschreiben will.

Jam lu-cis or-to sy-de-re Deum pre-cemur supplices, ut in di-ur-nis a-cti-bus nos ser-vet a no-cen-ti-bus.

Ut fa.

Ein Beispiel der dritten Gattung, geschlossen in der Finale des *Dorius* und *Hypodorius*, sei dieses:

A - ti - mo - re i - ni - mi - ci e - ri - pe Do - mi - ne a - ni - mam me - am.   E u o u a e.

Ein Beispiel derselben Gattung in der Finale des *Phrygius* und *Hypophrygius*.

In ma - tu - ti - nis Do - mi - ne me - di - ta - bor in te   E u o u a e.

Hierzu ein anderes Beispiel derselben Gattung in der Finale des *Mixolydius* und *Hypomixolydius*.

Nach dieser Form giebt es viele Antiphonen.

In Is - ra - el magnum nomen e - jus.   E u o u a e.

Manche fügen ein Beispiel dieser Gattung bei, das sie in das Tetrachord Synemmenon gesetzt haben, so dass es dem *Jonicus* und *Hypojonicus* angehört; es ist dieses:

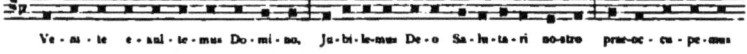

Ve - ni - te e - xul - te - mus Do - mi - no,   Ju - bi - le - mus De - o Sa - lu - ta - ri no - stro   prae - oc - cu - pe - mus

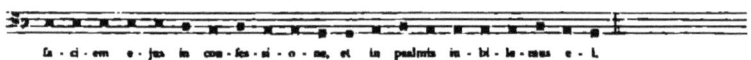

fa - ci - em e - jus in con - fes - si - o - ne, et in psalmis in - bi - le - mus e - i.

Ich würde vielleicht läppisch erscheinen, wenn ich alle so kleine Formen und sogar noch kleinere, wie die große und kleine Terz, durchginge; weil es deren viele giebt und noch vielmehr gebildet werden können, deshalb wollen wir zu den Quintengattungen schreiten und wollen zeigen, in wie vielen Modi wir diese finden konnten. Ein Beispiel der ersten Gattung *Re la*, des *Dorius*, ist dieses:

Re la des Dorius und Hypodorius

E - sto mi - hi Do - mi - ne in De - um pro - tec - to - rem.   E u o u a e.

Nach der Form des *Hypodorius* habe ich kein einziges Beispiel gefunden, welches nicht in das große *C* hinabstiege; jedoch ist der Introitus, welcher am Montag nach dem zweiten Sonntage in der Fastenzeit gesungen zu werden pflegt, innerhalb *D* und *a* eingeschlossen, mit Ausschluss des Verses; wer will, mag dort nachsehen. Ein Beispiel des *Phrygius* oder besser des *Hypophrygius* ist dieses:

Re la des Hypophrygius.

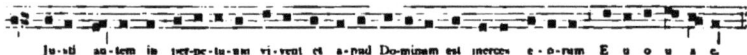

Ju - sti au - tem in per - pe - tu - um vi - vent et a - pud Do - minum est merces e - o - rum E u o u a e.

Die Form des *Hypolydius* in dieser Gattung, welche auch die des *Hypojonicus* sein kann, wird häufig in den Responsorien gefunden, welche zur Prim, Terz, Sext und None gesungen werden, wie hier:

Re la des Hypolydius.

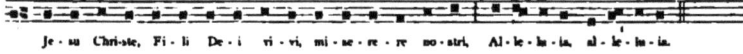

Je - su Chri - ste, Fi - li De - i vi - vi, mi - se - re - re no - stri,   Al - le - lu - ia, al - le - lu - ia.

16*

Gesänge des *Hypomixolydius*, in dieser Gattung eingeschlossen, sind sehr selten; doch dieses ein Beispiel:

Re in des Hypomixolydius.

Spi - ri - tus Do-mi - ni re - ple - vit or - bem ter - ra-rum. Al - - le - lu - ja. E u o u a e.

Und obgleich wir eine Intonation des *Hypojonicus*, die von der des *Hypolydius* verschieden wäre, nicht kennen, wie wir oben bezeugt haben, so wollen wir doch, da die beiden Modi durch die Lage verschieden sind, eine in dieser Quintengattung gefundene Formel in dem Sitze des *Hypojonicus* beifügen; dieselbe lautet so:

Re in des Hypojonicus.

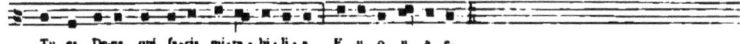

Tu es De-us, qui fa-cis mi-ra - bi - li - a. E u o u a e.

Und dies sind die Formeln der obigen Modi, die, in dieser Gattung eingeschlossen, gefunden werden; denn ich glaube kaum, dass jemand die Gesänge des *Hypoaeolius* von denen des *Hypodorius*, wie auch nicht die des *Hypolydius* von denen des *Hypojonicus* in dieser Gattung, obgleich dieselbe vier Modi gemeinsam ist, anders unterscheiden kann, als durch die Lage; aber ein solches Beispiel des *Hypoaeolius* habe ich noch nicht gefunden. Im allgemeinen ist gewiss das zu bemerken, dass, obgleich man meint, diese Formeln seien den plagalen Modi zuzuschreiben, wie wir im Anfange dieses Kapitels gesagt haben, man jedoch in den Antiphonarien dieselben zuweilen nicht den Intonationen der plagalen, sondern denen der authentischen Modi zugeschrieben findet, wie sich das in dem ersten Beispiele dieser schon genannten Gattung gezeigt hat und später oft zeigen wird.

Zweite Gattung *Mi mi.*

Ich habe nur ein Beispiel der zweiten Gattung *Mi mi* gefunden, denn alle anderen Gesänge haben entweder oben einen Halbton oder unten einen Ton.

Mi mi des Hypophrygius.

In do-mum Do - mi - ni lae - tan-tes i - bimus. E u o u a e.

Dritte Gattung *Fa fa.*

Von der dritten Quintengattung habe ich nur zwei Formeln gefunden; die eine, die des *Lydius*, zwar diesem Modus eigentümlich, ist sehr selten, die zweite, die des *Hypomixolydius*, sehr häufig.

Fa fa des Lydius.

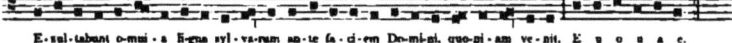

E-xul-tabunt o-mni - a li-gna syl - va-rum an-te fa - ci - em Do-mi-ni, quo-ni - am ve - nit. E u o u a e.

Fa fa des Hypomixolydius.

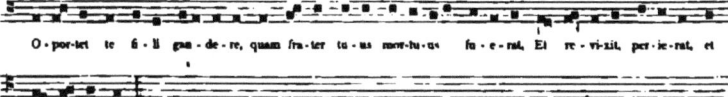

O - por-tet te fi - li gau-de-re, quam fra-ter tu - us mort-tu - us fu - e - rat, Et re - vi-xit, per-ie-rat, et

in - ven-tus est.

Vierte Gattung.

Man findet sehr viele Beispiele dieser Gattung aus fast allen Modi.

Ut sol des Dorius.

La-pi-des pre-ti-o-si o-mnes ma-ri tu-i, et tur-res Je-ru-sa-lem gem-mis ae-di-fi-ca-

bun-tur. E u o u a e.

Ut sol des Hypodorius.

Us-que mo-do non pe-ti-stis quid quid in no-mi-ne me-o. Pe-ti-te, et ac-ci-pi-e-tis, Al-le-

lu-ja. E u o u a e.

Einzelne Introites gehören dieser Formel an, wie: „Dominus dixit ad me" in der ersten Messe am Christfeste; ebenso der Hymnus: „Christe, qui lux es et dies." Aber die folgende Form wird als dem Hyperphrygius angehörend erscheinen können, wenn sie im b-Schlüssel, wie allgemein dessen Gesänge notiert werden, geschlossen würde, aber sie kann in E geschlossen werden, so dass sie dem Hypophrygius angehört; so:

Ut sol des Phrygius oder Hypophrygius.

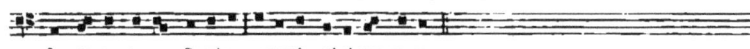

In ma-nus tu-as Do-mi-ne commendo spi-ri-tum me-um.

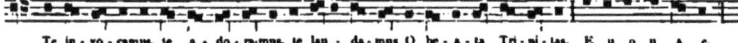

Te in-vo-camus, te a-do-ra-mus, te lau-da-mus O be-a-ta Tri-ni-tas. E u o u a e.

Ut sol des Mixolydius.

San-cti tu-i Do-mi-ne flo-re-bunt si-cut li-li-um. Al-le-lu-ja. Et si-cut o-dor bal-sa-mi

e-runt an-te te. Al-le-lu-ja. E u o u a e.

Ut sol des Hypomixolydius.

Jam lu-cis or-to sy-de-re Deum precemur suppli-ces. Ut in di-ur-nis a-cti-bus nos servet a no-cen-ti-bus.

Als Beispiel *Ut sol* des *Jonicus* findet man den Introitus *Requiem aeternam;* obgleich dieselbe Quinte, wie wir oben gesagt haben, vier Modi gemeinsam ist, so steht der Vers jedoch im *Hypojonicus.* Aber in dieser nicht so schweren Sache scheinen wir mehr als genug Beispiele beigebracht zu haben. Wer mehr will, kann sie meinetwegen überall finden.

Nun müssen wir noch kurz beifügen, was jede Quintengattung oben oder unten annimmt, wenn sie die Oktave nicht ausfüllt. *Re la* hat häufig unten *ut* und oben *fa*, *Mi mi* oben *fa* unten *re*, *Fa fa* oben *sol*, sehr selten unten *mi*, *Ut sol* oben *la* unten *fa* in Diezeugmenon, dagegen in Synemmenon oben *la*, aber sehr selten unten einen Halbton. Hierfür wollen wir wenige Beispiele anführen, denn sie stoßen überall auf in den Büchern der Alten.

Re la des Dorius mit einem unten zugefügten Tone.

Ec-ce in nu-bi-bus coe-li Do-minus ve-ni-et cum po-te-sta-te ma-gna. Al-le-lu-ja. E u o u a e.

Reges Thar-sis et in-su-lae mu-ne-ra of-fe-rent Re-gi Do-mi-no. E u o u a e.

Re la des Dorius mit Halbton oben und Ton unten.

Tra-di-tor au-tem de-dit e-is sig-num dicens: Quem o-scu-la-tus fu-e-ro, ip-se est, te-ne-te

e-um E u o u a e.

Mi mi des Phrygius mit Halbton oben.

Hic est di-sci-pu-lus me-us. Si e-um vo-lo ma-ne-re, do-nec ve-ni-am, quod ad te? Tu me se-que-re, E u o u a e.

Mi mi des Hypophrygius mit Ton unten.

A vi-ro i-ni-quo li-be-ra me, Do-mi-ne. E u o u a e.

Fa fa des Lydius mit Ton unten.

Vox cla-man-tis in de-ser-to, pa-ra-te vi-am Do-mi-ni, re-ctas fa-ci-te se-mi-tas De-i nostri E u o u a e.

Ut sol des Mixolydius mit Ton oben.

De coe-lo ve-ni-et do-mi-na-tor Do-minus, et in ma-nu e-ius ho-nor et im-pe-ri-um E u o u a e.

Ut sol des Hypomixolydius mit Ton unten.

E-go dae-mo-ni-um non ha-be-o, sed glo-ri-fi-co Patrem me-um, di-cit Do-minus. E u o u a e.

Diese Beispiele gehören außer zweien zumeist den authentischen Modi an, da die plagalischen auch hier meistens ihre Bescheidenheit bewahren; so hält sich der *Hypodorius* häufig zwischen *C* und *G*, woran auch der *Hypophrygius* teil nimmt, beide jedoch halten sich oft, indem sie oben einen Ton zusetzen, innerhalb der Grenzen der zweiten Deduktion von *C* bis *a*, ebenso der *Hypolydius* und *Hypojonicus*, aber der *Hypomixolydius* innerhalb *F* und *d*. Die Formeln des *Hypodorius* und *Hypomixolydius* stoßen überall auf, aber solche des *Hypolydius* und *Hypophrygius* sind diese:

Ut re mi fa sol la des Hypolydius.

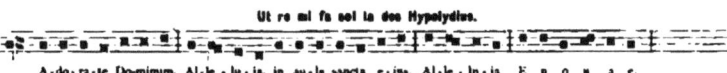

A-do-ra-te Do-minum, Al-le-lu-ja, in au-la sancta e-ius. Al-le-lu-ja E u o u a e.

Ut re mi fa sol la des Hypophrygius.

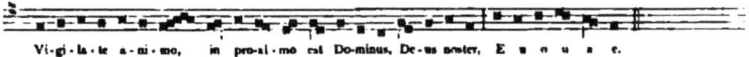

Vi·gi·la·te a·ni·mo,   in pro·xi·mo est Do·minus, De·us noster,   E u o u a e.

Zu dieser letzten Form gehört der Introitus auf Ostern Resurrexi, zu der ersten viele Responsorien, welche vor den Psalmen der Horen angestimmt werden. Doch wie ich nicht von Tadel frei wäre, wenn ich über dieses, als ob es der Behandlung unwürdig zu sein schiene, nichts gesagt hätte, so würde ich mit Recht läppisch erscheinen, wenn ich das, was überall aufstöfst, weiter ausführen wollte. Denn wer wüsste aufserdem nicht, dass die Modi auch innerhalb der Septimen eingeschlossen werden, dass ebenso die Oktaven zuweilen einen Ton oder Halbton zusetzen, wie die Formel derselben es mit sich bringt. Der Leser, dem wir etwas vorher bemerkt haben, dass wir ihm manches zur Untersuchung zurückliefsen, möge es sich selbst zurecht legen.

Achtunddreifsigstes Kapitel.
Über den Vorzug der Phonascen und Symphoneten und ebenso über den des Choral- und Mensuralgesanges.

Während wir zum Schlusse dieses gewiss mühevollen Buches eilen, drängt sich unserem Geiste eine gar nicht zu unterschätzende Betrachtung auf, ich meine über die schon längst in unserer Zeit aufgeworfene Frage, was von beiden mehr Lob verdiene, die Erfindung eines Themas, oder das Hinzufügen mehrerer Stimmen; d. h. damit es auch Ungebildete verstehen können, ob es höher anzuschlagen sei, wenn jemand einen naturgemäfsen Tenor erfinden kann, der alle Gemüter anspricht, der in den Geist eindringt, kurz, der so in unserem Gedächtnisse haftet, dass er, ohne dass wir daran denken, uns überschleicht, in welchen wir gleichsam aus dem Schlafe erwacht ausbrechen, wie wir es häufig bei manchen Tenoren sehen; oder wenn jemand einem derartig erfundenen Tenor, wie gesagt, drei oder vier Stimmen hinzufügt, die ihn gleichsam erklären sollen durch sectiones, Fugen, Veränderungen des Modus, Tempus und der Prolatio. Die Leute der ersten Art nennen wir *Phonascen*, die der andern *Symphoneten*, Benennungen, welche bedeutende Autoren gebraucht haben. Und weil andere Worte fehlten und diese nicht unpassend scheinen, hielten wir es für erlaubt, so zu sagen. Hierfür folge ein Beispiel, damit man desto besser einsehe, was wir meinen. Es fragt sich, ob der, welcher zuerst den Tenor „Te Deum" oder irgend einen anderen, wie „Pange lingua", erfunden hat, an Schöpfergabe dem vorzuziehen ist, der nachher hierzu eine vollständige Messe komponiert hat. Zuerst, um einiges vorauszuschicken, können wir nicht leugnen, dass bei beiden dieses vor sich geht, mehr durch die Kraft des Genies und eine gewisse natürliche und angeborene Fähigkeit, als durch Kunst. Hierin scheint der Grund zu liegen, dass in sehr vielen Fällen auch solche, welche von der Musik auch nichts verstehen, in der Erfindung von Tenoren ausnehmend stark sind, wie es sich in unserer Volkssprache, sei es in der ober- oder niederdeutschen, zeigt. Ferner dass die, welche im Beifügen von Stimmen stark sind, gleichfalls in der Regel die Musik schlecht gelernt haben, um von anderen Disziplinen zu schweigen. Es ergiebt sich daher, dass keines von beiden einem Menschen möglich ist, wenn er nicht dazu geboren, und wie man zu sagen pflegt, wenn es ihm nicht die Mutter gegeben hat, was von dem Maler ganz wahr ist, ebenso von dem Bildhauer und von den Predigern des göttlichen Wortes (denn von den Dichtern ist es unzweifelhaft), kurz von allen der Minerva geheiligten Beschäftigungen. Daher ist die Vergleichung, die wir machen, passend. Aber auch das kann nicht geleugnet werden, dass beides bei ein und demselben Menschen zutreffen kann, dass er nämlich mit Glück Tenore erfindet, und, wenn er sie erfunden, noch andere Stimmen zufügt, wo dann allerdings eine doppelte Befähigung vorliegt. Doch wir sprechen über den Vorzug in diesen beiden Dingen. Aber fürwahr, wenn, wie Aristoteles meint, der mit Recht Lob verdient, der in jeder Disziplin die Grundlage gefunden hat, denn das Übrige, sagt er, hinzuzufügen, ist ganz leicht, so sehe ich nicht ein, weshalb jener erste Künstler, der einfache Bildner des einfachen Gesanges (so will ich jetzt den Tenor nennen) dem nachzustehen braucht, der nicht sowohl leicht erfindet, als dem schon Erfundenen etwas hinzufügt. In allen Disziplinen fürwahr sehen wir, dass immer die ersten Erfinder das meiste Lob verdient haben. So hält man dafür, dass *Hippokrates* den *Galenus* überrage, obgleich ihn *Galenus* mit seinen 1000 Büchern übertrifft. Viel Ähnliches könnte angeführt werden, aber es erscheint dies zu spitzfindig. Vielmehr möge jeder auf das als der Beachtung ganz würdig sein Augenmerk richten, was von beiden älter, was nützlicher sei, kurz was dem anderen nachstehe. Dass nämlich der einstimmige Tenor, wie die Modi ja auch einstimmig sind, länger im Gebrauche war, als der von mehreren Stimmen gebildete Gesang, beweisen schon die von Völkerschaften entlehnten Namen der Modi sonnenklar, während über mehrere gleichzeitige Stimmen bei den Alten sich, so viel ich weifs, nichts Gewisses findet. Es ist deshalb nicht zweifelhaft, dass wie „Eins" der „Vielheit" vorangeht, so es auch viel älter ist, einstimmig, als vielstimmig, zu singen. Ferner, da die Musik die Mutter des Ergötzens ist, halte ich das für viel nützlicher, was zur Ergötzung vieler, als das, was zur Ergötzung nur weniger beiträgt. Ein ausgezeichneter und prächtiger mit passendem Texte vorgetragener einstimmiger Tenor ergötzt mehr Menschen, gebildete und ungebildete. Denn so ein vier- oder mehrstimmiges Kunstwerk verstehen auch unter ausnehmend gebildeten Menschen in der That nur sehr wenige. Zwar loben es alle, wenn sie es hören, um nicht für ungebildet gehalten zu werden, falls sie es tadeln würden. Wie oft, grofser Gott, denke ich, wenn ich Leute Lobreden halten höre auf Gesänge, die sie nicht verstehen, bei mir in der Stille an jenen Vers des Horaz:

Nam saliare Numae carmen, qui laudat, et illud

Qui mecum ignorat, solus vult scire videri,

d. h. Wenn einer die saliarischen Verse Numas, die er so wenig als ich kennt, lobt und sich anstellt, er nur kenne sie wohl. Allerdings möchte es unhöflich erscheinen, wenn du das, was alle loben, allein für nichts achtest und sagst: Was ist denn da dran? Du wirst fürchten müssen jenes Sprüchwort zu hören: Ein Esel zur Leyer. Dass aber die Symphoneten den Phonascen nachstehen, haben wir in unserer Zeit und ebenso viele Jahre früher deutlich gesehen, da es ja jetzt fast keine Messe giebt, die nicht irgend einem alten Thema entlehnt wäre; so die Messe „Fortuna", so die „Homo armatus" und viele nach Themata französischer und deutscher Sprache, mehr aber aus den Gesängen des Chors, wo einstimmiger Gesang vorhanden ist. Daher schliefse ich mich leicht der Meinung derjenigen an, welche die Phonascen für ausgezeichnet und keineswegs für geringer als die Symphoneten halten, und verlasse freiwillig als Überläufer das Lager derer, welche den gregorianischen Choral verachten, blofs aus dem Grunde, weil er nicht mit soviel Abwechslung ausgestattet sei und nicht soviel Geschwätz entwickele als der Mensuralgesang, während doch hierin die ersten berühmten Phonascen nicht weniger Geist gezeigt haben, als irgend einer der heutigen Symphoneten in dem Zusammenstoppeln vieler Stimmen. Ich meinesteils bin der Ansicht, dass zu der christlichen Frömmigkeit, in welcher die alten Kirchenmusiker stark waren, sehr viel der einfache nach den Modi geschickt unterschiedene Gesang beitrage, und dass er nicht wenig Einfluss habe auf die geistige Andacht, ganz besonders derjenige Gesang, wie ihn bei den Italienern *Ambrosius* eingerichtet hat und ebenso *Gregorius* und *Augustinus*, die Leuchten der Kirche, dann bei den Franzosen und Deutschen ausgezeichnete Männer, zu denen im Kloster des h. Gallus in der Schweiz der *Abt Notker* und *Hermann, Graf von Veringen*, mit dem Beinamen *der Gebrechliche* gehörten, ein Mann von grofsem Geiste, wie wir an einer anderen Stelle bei Besprechung der Verbindung des Jonicus und Hypojonicus bezeugt haben. Dieser scheint mir in der Prosa von der Himmelskönigin, der Mutter J. Chr., welche „Ave praeclara" betitelt wird, mehr musikalisches Genie bekundet zu haben, als die ungeheure Schar der anderen auf 1000 Heuwagen von Gesängen. Aber die, welche die Natur der Modi nicht kennen, wie in der Regel in unserer Zeit die Sänger, und die Bedeutung des Gesanges nur nach den Konsonanzen beurteilen mit Hintansetzung der Affekte, und Aufserachtlassung seiner wahren Anmut tadeln, was sie nicht verstehen. Ich spare hier Namen, denn ich könnte solche nennen, die musikalischer als irgend welche Esel das verworfen haben, was in Ordnung war und an seine Stelle so Unpassendes, so Thörichtes gesetzt haben, dass sie sich gänzlich allen Gefühles bar gezeigt haben. Aber so ist der Geist unseres Jahrhunderts. Es wäre billig gewesen Anderes aber Besseres an die Stelle zu setzen, wenn man irgend etwas entfernen wollte. Aber weit entfernt, dass ich, denn ich muss frei aussprechen, was ich denke, den kirchlichen Gesang abgeschafft wünschte, behaupte ich vielmehr, dass nie etwas Vollkommeneres entstanden ist, da in demselben die Komponisten eine mit Frömmigkeit verbundene Bildung mit den deutlichsten Beweisen bekundet haben. Ich spreche von der Sammlung der Messen (Graduale genannt), in welchem sie mit sehr viel Glück alle Modi behandelt, und nicht blofs behandelt, sondern dem Stoffe entsprechend dem Inhalte angepasst und so die natürliche Anlage der Modi so zum Ausdrucke gebracht zu haben, so dass allen denen, welche diese Dinge nicht nach ihrer Neigung, wie es heutzutage geschieht, sondern mit Kunstverständnis und mit Anwendung von Urteil abschätzen, hinreichend bekannt ist, dass von einem Menschen nichts Vollkommeneres hätte geliefert werden können. Darauf traten Missbräuche ein, ich gebe es zu, und hin und wieder versuchten Ungebildete dem Wohlgeratenen ihre läppischen Einfälle anzuhängen. Aber welches Fach giebt es, in dem wir nicht mit Recht beklagen können, dass solches darin vorgekommen? Die h. Schrift selbst nämlich hat wohl keine Verfälscher und Betrüger gehabt? Wozu erwähnt denn der h. Paulus im Anfange der erst entstehenden Kirche so oft die falschen Apostel? Warum tadelt er so oft und fährt sie fromm und voll Eifers an, oder zieht gegen sie jenes Schwert des h. Geistes? Oder hat nicht, was Christus nur immer anfing, pflanzte und aufrichtete, jener böswillige Satan zu zerstören, zu verwirren, umzuwerfen gewagt? Nichts aber ist thörichter, als wegen der Missbräuche einiger Menschen sofort das abzuschaffen, was in rechter und frommer Weise eingerichtet und festgestellt worden ist, wie wir es leider in unserer Zeit gesehen haben, wenn man nicht etwas Anderes und zwar Besseres und Frommeres an die Stelle setzt. Es möchte vielleicht besser sein, wenn einiges verdorben ist, stillschweigend drüber wegzugehn oder es zu ertragen, als alles so planlos zu ändern. Aber das ist unseres alten bösen Adams, d. i. des Fleisches Lust und Hoffart, die ein Vergnügen darin findet, dass alles drunter und drüber geht. Man hebe die Missbräuche auf, man schneide das Geschwür ab, aber dass das Bein heil bleibt; es hat sich was Trübes in die Quelle gemischt, man schöpfe es heraus. Was ist aber je in dieser Welt so glücklich begonnen worden, dass nicht sofort hinterdrein seine Verderbnis folgt? So hat die Saat ihr Unkraut, der Purpur spürt seine Motten, das Eisen seinen Rost. Schau auf die Elemente, durchforsche, was aus ihnen gemischt ist, betrachte die einzelnen Teile der Natur, was, möchte ich wissen, giebt es, das nicht sofort an seiner Güte und Stärke, Schwäche und Schlechtigkeit auf dem Fuße folgend angeheftet hat, so dass mir durchaus alles Menschliche dem Meere ähnlich erscheint. Das Meer ist salzig; lege hinein allen Zucker, alle Waren aus Calcutta, alle Wohlgerüche, tausend Wagen hymettischen Honigs, um es süfs zu machen, ein Windstofs fürwahr und dazu kein starker und heftiger, wenn er es nur berührt hat, wird es wieder salzig machen, wie es früher war. Und diese Verderbnisse der Natur haben auch die Heiden eingesehen, um so schimpflicher möchte es sein, dass wir Christen sie nicht einsehen, oder vielmehr nicht einsehen wollen. Daher hätten wir, um zur Sache zurückzukommen, das Beste, was die reinsten und heiligsten Männer erfunden haben, loben und nicht verachten und nicht verlachen, und ferner, was an ihnen die Ungunst der Zeit oder die Tücke des Satans verschlechtert hat, gutmütig, ohne uns zu sträuben, verbessern sollen. Da es in anderen Disziplinen so viele giebt, die das durch längere Zeit hindurch Verfälschte mit Glück reinigen und nach Kräften verbessern; wird in den h. Gesängen nicht das Gleiche gestattet sein? Etwa weil es mehr auf sich hat, das gelernt zu haben, was zur Pracht der Welt gehört, oder das, was sich auf das Lob des allergütigsten Gottes bezieht? Und davon zu schweigen, dass nichts so sehr geeignet ist, die Sprache der Kinder zu bilden, als jene einfache Musik; denn die andere Musik ist mir für die Fassungsgabe sehr weniger Menschen angemessen. Und daher halte ich es erst recht für die Pflicht eines edelen Menschen, dem guten Menschen, der aber ein Unglück erlitten, zu helfen. Doch nur allzuwahr ist, was die Griechen sagen: *Τὰ μόστα τὰ μέγιστα μιμήσεταίτις θάσσον ἤ μιμήσεται* d. h. alles sehr Grofse wird einer leichter tadeln als nachahmen. Und so sehen wir es auch mit unserem Gegenstande in unserer Zeit geschehen, dass von denen, welche den kirchlichen Gesang verwarfen, die Einen, weil sie daran zweifelten etwas Derartiges erfinden zu können, ihn gänzlich beiseite liefsen, die Anderen an Stelle der abzusingenden Psalmen so unpassende Harmonien setzten, dass ich mich öfters über ihre Unsinnigkeit und ihre Thorheit gewaltig wundere. Dass die alten Dichter in der That Phonascen, d. i. Erfinder von Harmonien oder Modi gewesen und diese Modi ihren Gesängen angepasst und zu denselben gesungen haben, das wird, wie ich glaube, unter Gebildeten niemand bezweifeln. Dies bezeugt bei den Hebräern von David, dem königlichen Sänger, die h. Schrift, und nicht weniger wahr scheint es von den Griechen und Lateinern, zumeist jedoch von den Lyricern. Weit entfernt, daran zu zweifeln, dass damals auch jene Worte in irgend einen prächtigen Modus gekleidet dem Ohre angenehmer gewesen seien, glaube ich sogar, dass sie bei den Fürsten und Magnaten mehr Zuneigung besessen und gröfsere Belohnung erhalten haben als irgendwelche Symphonier in unserer Zeit und dass deshalb von jenem göttlichen Geiste dafür gesorgt worden ist, dass gerade jene Modi zuerst in der Kirche eingerichtet wurden. Und dass dem so sei, wird der Leser am Gegenstande selbst erfahren, sobald er unter meiner Anleitung anfängt die Modi aufmerksamer zu betrachten und hin und wieder für sich andächtig und fromm etwas leise zu singen aus den Hymnen, sei es der h. Schrift oder der h. Väter, wie es die Dichter mit ihren Gedichten zu machen pflegten und die alten Kirchenmusiker mit ihren Psalmen; und dies kann ja zu jeder Zeit geschehen, während das Andere, nämlich mehrstimmig zu singen, nicht ebenso statthaben kann. Denn wie oft, möchte ich wissen, kannst Du drei oder auch nur zwei finden, die mit Dir einen mehrstimmigen Gesang anstimmen? Ich spreche aus Erfahrung: immer fehlt hierbei etwas, immer giebt es etwas Unlust oder Beschwernis. Die in der Sache bewandert sind, wollen gebeten sein, wer aber nicht versteht, sitzt verstimmt dabei, während andere singen, weil er entweder wünscht auch selbst mitsingen zu können, oder weil er sich schämt, gerade dies nicht gelernt zu haben, oder weil er es gering achtet, indem er es nicht versteht oder es nicht erfasst. Die aber einige Fortschritte gemacht haben in der Sache und doch nicht sicher sind, deren Zahl grofs ist, fehlen immer und immer wieder im Singen, woraus den Kundigen eine ungeheure Unlust erwächst. So selten ist es, dass auch nur drei in dieser Sache sich zusammenfinden. Hierzu kommt, dass auch die, welche den Gesang gründlich kennen, selten passende Stimmen haben; denn wieviele giebt es, die den Bass, die Grundlage der anderen Stimmen, richtig, und so, wie es seine Würde erfordert, anstimmen können? Denn jeder möchte ihn am liebsten singen, sogar die, welche mehr räuspern als singen. Den Diskant könnten am besten Knaben singen, wenn sie nur nicht häufig des Gesanges unkundig wären. In dem sogenannten Alt bleibt sehr häufig auch eine kräftige Stimme stecken, da sie etwas von ihrem Rechte geltend macht. Tenor zu singen, schämen sich manche, weil es nämlich eine allzugewöhnliche Stimme sei, andere sträuben sich, da sie sich lieber in einer anderen Stimme hören lassen möchten. So fehlt hierbei nicht der Fehler des Ehrgeizes, gewöhnlich nennt man es die Empfindlichkeit der Sänger, die bei manchen um so gröfser ist, je ungebildeter sie sind. Sie sind aber sehr oft nicht nur ungebidet, sondern, was die Folge jenes Fehlers zu sein pflegt, auch anmafsend. Die Guten will ich natürlich überall ausgenommen wissen. Aus diesen und den früher erwähnten Gründen möchte ich keineswegs ausgezeichnete Phonascen den Symphoneten nachgestellt haben, aber auch vom kirchlichen Gesang, der auf wahrer Kunst und naturgemäfsen Modi beruht, glaube ich nicht, dass er dem vielstimmigen Gezwitscher nachstehen müsse. Von beiden möchte ich, dass sie in ihrer Ehre und in ihrem Ansehen und der Achtung bleiben, die sie bei den Alten genossen und in der sie heute noch stehen.

Neununddreifsigstes Kapitel.
Ermahnung an die Phonascen über die Erfindung der Tenore.

Erlaube mir Arethusa die letzte Arbeit! Mit diesem Verse des Virgil will ich einleiten das nützliche und die Mühe lohnende Unterfangen, das ich am Ende dieses Buches beginne, nämlich den Leser auf eine, wenn auch nicht gerade sehr schwere doch für dieses Geschäft sehr passende Sache aufmerksam zu machen. Er möge, nachdem er nun in diesem Buche die Natur aller Modi gelernt, sich herbeilassen und wenigstens versuchen, ob er selbst nach dem Muster eines von diesen Gesängen eine Harmonie, oder wie man es gewöhnlich nennt, den Tenor für irgend ein Gedicht finden könne, der den Worten sich passend anschliefsend lieblich in den Ohren ertönt und im Gemüte haftet und in der Seele des Zuhörers Stacheln zurücklässt, in dem die Kraft der Natur zum Ausdruck gebracht zu sein scheint, kurz einen Tenor, in dem die Seele des Menschen auf einmal, gleichsam wie aus dem Schlafe erwacht, ausbricht, wie wir in dem vorigen Kapitel gesagt haben. Obgleich ich selbst, der ich mit der Gabe eines solchen Genies durchaus nicht begabt bin, dieses nicht leisten kann, so werde ich doch nicht aufhören, andere zu einem solchen Versuche aufzumuntern. Es wird vielleicht einst der kommen, dem diese Gabe durch Gottes Geschenk, wie früher vielen, wird verliehen werden. Gleichwohl sehe ich, dass in unserer Zeit dies manche versucht haben, aber allerdings unglücklich, weil sie das Wesen der Modi durchaus nicht kannten, und, indem sie sich auf die Ungebundenheit des Gebrauchs verliefsen, alles, was ihnen in den Sinn kam, ohne alles und jedes Urteil vorbrachten. Ich spreche von denen, welche in unserer Zeit zu den Oden des Horaz vierstimmige Gesänge geliefert haben, in denen man aufser dem Concentus (Zusammenklang) keine Spur eines nur mäfsig grofsen Geistes findet. Ich für meine Person verlange einen Tenor, den einer auch allein bei sich singen oder mit andern anstimmen, oder den viele zugleich aber als einen singen können, wie es im Chor mit den h. Hymnen und Psalmen gewöhnlich geschieht. Ferner verlange ich einen solchen, der den kurzen und langen Silben ihr Zeitmafs giebt, was heutzutage im Chor auffallenderweise nicht beachtet wird, früher jedoch, wie ich glaube, nicht vernachlässigt worden ist, woher es kommen mag, dass zuweilen einer einzigen langen Silbe mehrere Noten gegeben worden sind, während man später dieses so aufser acht gelassen hat, dass man kurzen und langen Silben gleichmäßig ohne Unterschied mehrere Noten gab. Es sind viele Jahre verflossen, seitdem ich als junger Mann auf einige Oden des Horaz Harmonien gemacht habe; diese haben nachher einige in Deutschland verbreitet ohne meinen Namen zu nennen, was mich nicht schmerzte; aber das schmerzte mich, dass sie die Harmonien, die ich auf einige bestimmte Gedichte gemacht hatte, überhaupt auf alle anzuwenden versucht haben, während dies doch unmöglich geschehen kann, aufser zum grofsen Gespötte der Gelehrten. Besonders kann es nicht geschehen in verschiedenen Arten und auch bei ein und derselben Art, wenn sich die Sätze nicht innerhalb der gleichen Perioden halten. Nachher wurde ich öfter gebeten, dies irgendwie den Wissbegierigen zu zeigen, was ich nun nicht ungern zu thun mich entschlossen habe, aber nur beiläufig und mit Mafs, um den Leser nicht länger als billig hinzuhalten, der jedoch wissen möge, dass ich dies keineswegs ohne Vorgang thue, damit man nicht etwa die Sache für zu leicht halte, als dass sie zu einer so ernsten Abhandlung passe. *Franchinus* wenigstens hat im 4. Buche 10. Kap. über die Harmonie der musikalischen Instrumente im Sapphicum dieses versucht, indem er den Tenor in den Dorius, den Bass aber in den Hypodorius einschloss; wie wenig glücklich ihm aber dieses gelungen ist, sei dem Urteil des Lesers anheimgestellt. Wir werden nicht je zwei Stimmen, sondern nur eine einrichten, und giebt es hierfür einen klareren Autor als Horaz? Es mögen hierbei die verzeihen, welche behaupten, dass die Leichtfertigkeit dieses Autors wohl wenig passe für kirchliche Gesänge, während sie doch wohl sehen, wie die alten Kirchenfürsten sich nicht gescheut haben Hymnen nach der Art desselben Dichters für den öffentlichen Gebrauch einzurichten und nur mit Veränderung der Worte dem Chore vorzuschreiben. Deshalb wird mir leicht Verzeihung zuteil werden, wenn wir an die Gesänge desselben Mannes, die einerseits bekannter sind und andererseits den Leser leichter auf das, was wir wollen, führen können, das Unsrige anfügen und so das Unheilige dem Heiligen zu dienen zwingen. Aus dem Wunsche nun, der studierenden Jugend gefällig zu sein und nun ebenso den Poeten und den Sängern zu genügen, will ich nach den drei gebräuchlichsten Modi, dem Dorius, Phrygius und Jonicus einige Beispiele liefern nach den Grundlagen der drei Quartengattungen *re, mi* und *ut*, wie sie heutzutage im Gebrauche sind bei den gewöhnlichen Sängern. Und zwar haben wir mit dem Dorius als dem Fürsten aller Modi und nicht mit dem Jonicus angefangen, denn der Dorius ist vor allen ein ernster und für Anfänge sehr passender Modus. Die sehr einfache Erzählung der 1. Ode haben wir so eingerichtet, dass sie zwischen *D* und *d* verläuft mit oben hinzugefügtem Ton, wie es die Licenz der Modi erlaubt. Hierbei möchten wir jedoch den Leser darauf aufmerksam machen, dass er nicht nach den vorgelegten sechs Versen der Ode meine, dass gar alle Verse auf diese Form passten, sondern dass sie dem Stoffe entsprechend nach dem Geiste des Singenden zu verändern seien, so dass jedoch das Oktavensystem, auf dem das Wesen des Modus beruht, unverändert bleibt. Ich weifs, dass Franchinus und die Komponisten unserer Zeit, um die Unterschiede der Silben darzustellen, die Brevis und Semibrevis angewandt haben, über welche wir in folgendem Buche ausführlicher handeln werden. Wir entschlossen uns für die Anwendung der Semibrevis und Minima, denn hier wird sozusagen die Mensur, der sogenannte Takt nicht beachtet. Denn jene Alten passten, um ihre Gefühle auszudrücken, mehr die Harmonien den Worten als die Worte der Mensur oder dem Takte an, obgleich jedes Gedicht seine eigentümliche Mensur hat, aber doch nicht ganz und gar so, wie es jetzt die Musiker verlangen. Es giebt auch Noten der Gefühle, deren Prüfung wir dem Urteile des Lesers überlassen. Manchmal nimmt dieser Dichter nach Quintilian einen Schwung an, wofür wir einer Silbe mehrere Noten gegeben haben, die wir aber auch nicht nach der Mensur, sondern nach der Empfindung gesetzt haben, wie die Beispiele zeigen werden.

Melodie zu der I. Ode des Horaz nach dem Dorius.

Me-coe-nas a - ta-'vis e - di - te Re - gi-bus O et prae-si-dium et dul - ce de - cus me-um. Sunt quos

cur - ri - cu - lo pul-ve(rem) O - lym-pi- cum. Col-le - gis - se ju - vat, me - ta-que fer - vi - dis E - vi - ta - ta

ro - tis pal - ma-que no - bi - lis Ter-ra-rum Do-mi-nos e - ve - hit ad De - os.

Nach dieser Weise nun können auch andere Oden dieser Gattung gesungen werden.
In der dritten Ode aber tritt durch das kürzere Versmaß in dieser Gattung eine Veränderung
ein. Weil aber diese Ode überaus fein ist, sie ist nämlich an seinen besten Freund Virgil geschrieben, so wollen wir die ganze auf das Schiff gerichtete Apostrophe hier wiedergeben.
In dem 9. Verse jedoch, wo er über die Tollkühnheit der Menschen abschweift, nimmt er
einen sehr feierlichen 'Aufschwung, und dies wollen wir dadurch anzeigen, daß wir dem
Systeme des Dorius eine kleine Terz beifügen, was, wie wir in diesem Buche schon oft gezeigt haben, dem Dorius, Hypodorius und Aeolius sehr geläufig ist.

Melodie zu der III. Ode des Horaz nach demselben Modus.

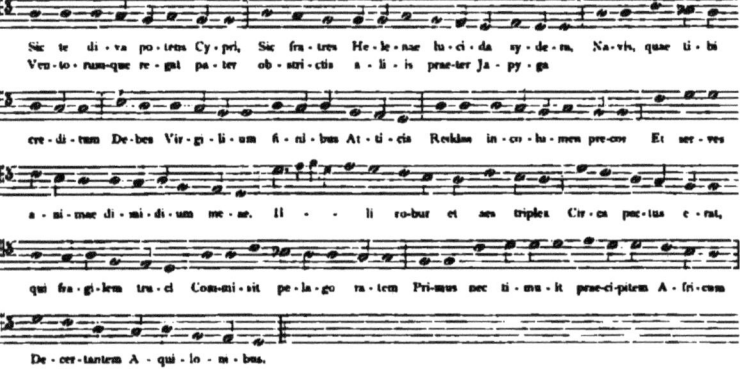

Sic te di - va po - tens Cy - pri, Sic fra - tres He - le - nae lu - ci - da sy - de - ra, Na-vis, quae ti - bi
Ven - to - rum-que re - gat pa - ter ob - stri - ctis a - li - is prae-ter Ja - py - ga

cre - di - tum De - bes Vir - gi - li - um fi - ni - bus At - ti - cis Reddas in - co - lu - men pre-cor Et ser - ves

a - ni - mae di - mi - di - um me - ae. Il - - li ro - bur et aes triplex Cir - ca pec - tus e - rat,

qui fra - gi - lem tru - ci Com-mi - sit pe - la - go ra - tem Pri - mus nec ti - mu - it praec-ci-pitem A - fri-cum

De - cer - tantem A - qui - lo - ni - bus.

Jetzt lasset uns in dieser Gattung einen *Ἀμοιβαῖον* d. i. einen Wechselgesang, der durch
alle Verse auf gleiche Weise gesungen werden kann, beifügen, damit wir den Leser über-
zeugender und leichter in den Gebrauch der allgemeinen Form einführen können. Wie übrigens
der Wechselgesang einzurichten ist, wird er teils aus der vorhergehenden und teils aus den
folgenden Oden ersehen können.

IX. Ode des 3. Buches nach dem Modus Dorius.

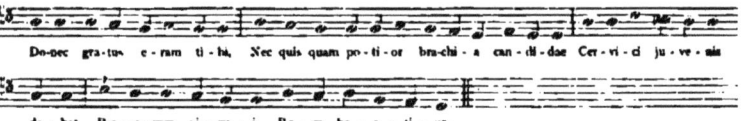

Do-nec gra-tus e - ram ti - bi, Nec quis quam po - ti - or bra-chi - a can - di - dae Cer - vi - ci ju - ve - nis

da - bat Per - sa - rum vi - gu - i Re - ge be - a - ti - or.

Hier lasse man jetzt ein Mädchen zu demselben Weise singen und es wird sich ein
wunderbarer Genuss ergeben. Aber mehr Annehmlichkeit wird es bringen, wenn jemand fein
die Harmonie nach dem Inhalte abändert, was man auch an der folgenden Ode sehen kann.

XIII. Ode des I. Buches zu demselben Modus.

In dem Schlusse dieser Ode findet sich ein ganz göttlicher Gedanke trotz des leichten
Gegenstandes; er ist entnommen der Iphigenia auf Aulis des *Euripides*. Übrigens nimmt der
Dichter hier einen Aufschwung.

Aber es ist jetzt genug des glyconeischen und asclepiadeischen Versmafses im Dorius;
wir wollen nun in demselben Modus die 9. Ode des 1. Buches geben, an welcher wir im Anfange die allgemeine Form darstellen, dann werden wir beifügen, wie der Sache und dem
Stoffe entsprechend abzuändern ist. Diese Ode hat im ersten Verse an erster Stelle einen
Jambus, in den anderen Versen sehr selten. Übrigens hat Horaz in keiner Versart mehr Oden
gedichtet; und da er sich in dieser Form so sehr gefiel, brachte er viele auf den Gedanken,
als sei dieses Versmaß von ihm erfunden. Es erhebt sich aber dieser Modus sehr gern um
eine kleine Terz über die Oktave, was in Gesängen der oberdeutschen Sprache häufig ist, und
dieses haben wir auch hier nachgeahmt.

IX. Ode des I. Buches zu demselben Modus.

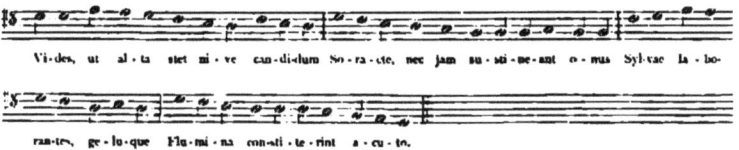

Das ist nun die Form dieses Versmafses im allgemeinen; übrigens ist dieselbe abzuändern,
so oft der Dichter einen Ausruf thut oder einen Aufschwung nimmt, oder wo der Satz noch
nicht beendigt ist. Von der ersten Art stehe folgendes Beispiel aus der 19. Ode des 2. Buches
der Carmina und der 27. Ode des 1. Buches und auch sonstwo.

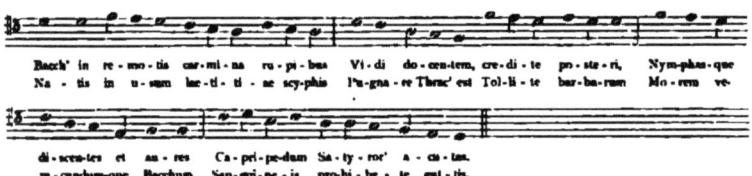

Aber wo der Satz durch den vierstrophigen Vers nicht ausgefüllt wird, da ist eine andere Mafsregel nötig. Da es hiervon viele Beispiele giebt, wollen wir hierfür zwei, nämlich aus der 15. Ode des 2. Buches und aus der 2. Ode des 3. Buches der Carmina beifügen, aus dem das Übrige sehr leicht abzunehmen ist.

Wir wollen auch aus den Epoden einige jambische Verse beifügen, da wir sehen, dass auch die Kirchenmusiker an dieser Art Gefallen gefunden haben. Weil jedoch diese Gedichte mit den Versfüßen abwechseln, glauben wir dasselbe auch in den Noten beachten zu müssen. Sie sind folgendermafsen.

Jambischer Vers zu dem Dorios.

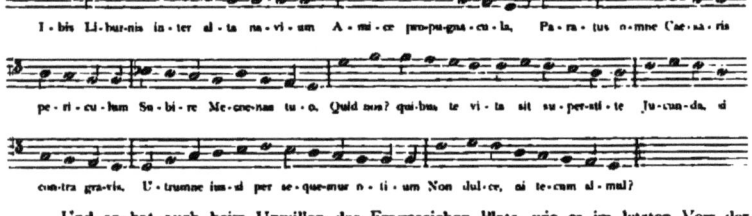

Und so hat auch beim Unwillen das Fragezeichen Platz, wie es im letzten Vers der Fall war. Ein anderes Beispiel nach demselben Modus lautet so:

po - tes, ver - tis mi - nas? Et me re - mor - sa - rum pe - tis? etc. Ca - ve, ca - ve, Namque in ma - los a - sper-

ri - mus Pa - ra - to tol - lo cor - nu - a.

Es wäre eigentlich genug der Spielerei in diesem Modus, doch wollten wir noch ein Beispiel des phaleeischen Versmaßes beifügen, da *Aurelius Prudentius* in demselben den ebenso feinen als ganz christlichen Hymnus nach der Mahlzeit der Nachwelt hinterlassen hat. Da er diesen tristrophisch eingerichtet hat, werden wir passend eine Harmonie für je drei Verse geben, bei welcher es nicht darauf ankommt, welchen man in Rücksicht auf das Gehör dem anderen vorsetzt. Es ist aber die Quinte der zwei Modi, des Dorius und des Hypodorius, oder wenn man will, des Aeolius und Hypoaeolius mit einem unten angefügten Ton, was sich auch an den folgenden Beispielen zeigen wird.

Melodie eines phaleeischen Gesanges.

Pe - scit vi - sce - ri - bus ci - bo-que sumpto Quem lex cor-po - ris im - be - cil - la po - scit Laudem lingua

De - o Pa - tri re - pen-dat.

So auch folgende Stelle des Martial:

> Vitam, quae faciunt beatiorem
> Iucundissime Martialis haec sunt;
> Res non parta labore, sed relicta etc.

Ferner soll *Robertus Gaguinus* nicht lange vor unserer Zeit, ein Mann von nicht unbedeutendem Rufe, der auch der Gründer der französischen Geschichte genannt worden ist, eine Harmonie zum elegischen Versmaß in derselben Quinte der genannten Modi komponiert haben voll Rührung und Thränen und daher für das Elegische ganz passend. Es tritt aber in ihrer Mitte eine Diminutio der Mensur ein, die man gewöhnlich Tripla, wir aber das trochäische Maß nennen, worüber ausführlicher in dem folgenden Buche. Es stehe folgendes Beispiel aus Boethius.

Melodie eines elegischen Gesanges von Robert Gaguinus.

Car - mi - na qui quon-dam stu - di - o flo - ren - te per - e - gi Fle - bi - lis heu moestos co - gor in - i - re Mo-dos.

Hier hörten wir ganz und gar die Trauer sehr geistreich ausgedrückt. Weil jedoch dieses Versmaß auch auf andere Dinge angewendet zu werden pflegt, glaubten wir eine zweite Form beifügen zu müssen, die zwar bewegter aber ebenso überall passend ist. Es diene aber dazu folgendes Beispiel aus Ovid.

For - ma bo-num fra - gi' est, quantumque acce-dit ad an - nos Fit mi - nor, et spa - ti - o car-pi - tur il - la su - o

Non semper vi - o - Lae, Nec semper li - li - a flo - rent, Et ri - get a - mis-sa spi - na re - li - cta ro - sa.

　　Der Pentameter im elegischen Versmafs tritt wegen der so vielen kurzen Silben am
Ende weniger gefällig an das Ohr heran, wenn nicht ein zweisilbiges Wort, auf das der
Hochton fallen und dem entsprechend in der Musik ein längeres Verweilen gelegt werden
kann, den Vers schliefst. Und dies sehen wir bei Ovid, dem Meister in dieser Gattung
ängstlich beachtet, bei anderen elegischen Dichtern aber so sehr aufser acht gelassen, dass es
scheinen könnte, sie hätten ein zweisilbiges Wort am Ende geflohen. Nach der Formel des
Gaguinus in der That lässt sich ein Gedicht des Ovid, weil das Wort am Ende zweisilbig ist,
sehr gut singen, andere aber nicht. Und daher haben wir in dem Notensatze der Harmonie
der vorletzten Silbe des Pentameters eine lange Note gegeben, weil sie bedeutend lieblicher
klingt als eine kurze. Auf gleiche Weise fast kann man auch heroische Versmafse bilden,
aber mit gehobener Stimmung und erhöhter Stimme. Übrigens halte ich kein Versmafs für
so schwierig in Noten zu setzen als das heroische für einen, der nicht dazu geboren ist; und
deshalb ist es gar schwer, hierüber bestimmte Anleitung zu geben. Durch in musikalischem
Takte geschriebene Noten hierüber etwas anzugeben ist noch schwieriger; denn die Noten der
Affekte lassen sich nicht zeichnen, da sie ungleiche Zeitdauer besitzen, und das trochäische
Zeitmafs hält überall den Singenden fest. Eine nicht geringe Schwierigkeit entsteht auch
daraus, dass der Satz nicht an einer bestimmten Stelle, wie in den meisten anderen Gattungen,
sondern da, wo es dem Dichter passend schien, endigt. Im allgemeinen jedoch kann vielleicht
dieses vorgeschrieben werden: es möge der höchste Fleifs angewendet werden, dass die
Harmonie zum Gegenstande passe; denn wenn dieses bei jedem Gedichte schon ist, so ist es
hier nahezu notwendig, sonst wird man sich vergebliche Mühe machen, und der Zuschauer
vor dem Falle des Vorhanges davon gehen. Auch Trauriges hat hier seine Stelle, ebenso
Fröhliches, Erregtes, Ernstes, und mit dem Ernste manchmal vermischt, Leichtfertiges, wie es
der Stoff des zu Sagenden erfordert. Nach dem dorischen Modus aber, an den ich mich gewöhnt habe, gesungen, hat das heroische Versmafs eine wunderbare Erhabenheit und Würde.
Ich kann mich jedoch erinnern, dass *Hermann Busch*, ein ausgezeichneter Dichter unserer Zeit,
seine *Flora* nach dem Jonicus sang; es war dies aber ein heroisches Gedicht über das Lob
der berühmten Stadt Köln, das Feinste, was, wie ich glaube, seit 800 Jahren gedichtet worden
ist, wie es auch dem Erasmus, dem Meister der Wissenschaft, einst schien. Und *Busch* selbst
sang eben jenes Gedicht nach dem genannten Modus ebenso würdevoll als zierlich vor der
kölnischen Universität im Jahre 1508 nach Chr. und ich habe ihn damals als 20jähriger
junger Mann mit grofsem Vergnügen gehört. Seltener pflege ich den Jonicus anzuwenden,
zuweilen den Hypojonicus oder die verbundenen Jonicus und Hypojonicus.

Über die auf mi endenden Gesänge.

　　Soweit führten wir in möglichster Kürze Beispiele an über *re*, die Finale der ersten
Quarten-, Quinten- und Oktavengattung; gleichwohl hat das alles auch bei dem Aeolius statt,
so oft nämlich der Leser im b-Schlüssel *fa* beigesetzt sieht, welche Änderung ein tüchtiger
Komponist nach Gutdünken eintreten lassen kann. Daran schliefst sich, dass wir einige
über *mi*, der Finale der zweiten Gattung der drei Konsonanzen anführen. Aber wir wollen
dies nur an einem oder dem anderen Beispiele thun, weil der Phrygius mit seinem plagalen
Modus zu religiösfeierlich ist, als dass er überall angewendet werden könnte. Und so wird
das erste Beispiel seine Form im allgemeinen angeben, das zweite die dem Stoffe entsprechende
Veränderung zeigen. Die Kirchenmusiker haben allerdings in den Hymnen viele auf *mi*
endigende Gesänge feierlich eingerichtet, teils im authentischen, wie „Pange lingua" etc.,

„Gaude visceribus mater" etc.; teils im plagalischen, wie „Urbs beata Jerusalem" etc., „Salve festa dies" etc., „A solis ortu cardine" etc.; und zwar ist die allgemeine Form folgende:

Melodie der V. Art Horaz'scher Öden zum Phrygius.

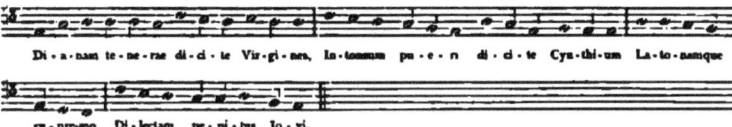

Di - a - nam te - ne - rae di - ci - te Vir - gi - nes, In - tonsum pu - e - ri di - ci - te Cyn - thi - um La - to - namque

su - pre - mo Di - lectam pe - ni - tus Jo - vi.

Dies ist nun, wie gesagt, die allgemeine Form nach der vierzeiligen Strophe. Weil jedoch nicht immer nach derselben der Satz sich endigt, so werden wir wohl daran thun, wenn wir irgend eine ganze Ode in einem Zuge dem Leser vor Augen führen, damit er dann von seinem eigenen Talent unterstützt und mit Hülfe der Kunst durch sich selbst entscheide, was zu thun sei. Ich habe es so gemacht und zwar mit Absicht.

Melodie der V. Ode des Horaz zum Phrygius.

Quis mul - ta gra - ci - lis te pu - e - r in ro - sa Per - fu - sus li - qui-dis ur - get o - do - ri - bus, Gra - to, Pyrrha

sub an - tro? Cu - i fla-vam reli-gas co-mam. Simplex mun-di - ti - is? heu quo - ti - ens fi - dem Mu - ta - tos - que

De - os fle - bit et a - spe - ra Ni - gris ae - quo - ra ven-tis E - mi - ra - bi - tur in - so-lens. Qui nunc te fru - i -

tur cre-du - lus au - re - a, Qui sem-per va - cu - am, sem-per a - ma - bi-lem Spe - rat ne - sci - us au - rae

Fal - la - cis, mi - se - ri quibus In - ten - ta - ta ni - tes. Me ta - bu - la sa - cer vo - ti - va pa - ri - es

in - di - cat hu - mi - da Su - spen-dis - se po - ten - ti Ve - sti-men - ta ma - ris De - o.

Über die in ut endigenden Gesänge.

Über das doppelte *ut*, das verbundene und nicht verbundene, von denen das eine Synemmenon, das andere Diezeugmenon ist, haben wir im vorigen Buche hinreichend gesprochen. Unsere Zeit unterscheidet sie entweder nicht oder so, dass sie mehr das verbundene anwendet und das andere aber in der Regel mit ihm vermischt. Deshalb werden wir hierin, wie gesagt, dem grofsen Haufen der gewöhnlichen Sänger nachahmen und nur Beispiele des Jonicus, nicht auch des Mixolydius anführen. Den ersten Platz werden wir einräumen dem Knaben Jesus, wie er bei unserem Lehrer *Erasmus von Rotterdam* dem Menschengeschlechte gar zierlich predigt und mit Recht ihm seine Verdienste um dasselbe vorhält und endlich über seine Undankbarkeit sich beschwert. Aber wir werden nur den Anfang anführen, das Übrige wird ein des Modus Kundiger leicht aus sich selbst finden. Nur dies Eine möge der Leser wissen, dass wir absichtlich die sogenannten Klauseln dieses Modus zuweilen in *re* und nicht

in *u* haben endigen lassen, denn es hat viel mehr Anmut, obgleich dadurch eine Septime eintritt, welche das Wesen des Gesanges zu verschmähen scheint, da er ja die Oktave verlangt.
Doch diese ist leicht zu singen für den, der in den Modi geübt ist.

Melodie des Anfangs einer Rede des Knaben Jesu zum Jonicus.

Cum mi - hi sint u - ni bo - na, quae vel fron-de - a tel - lus, vel O - lym-pus in-gens con - ti - nct

Di - ci - te mor-ta - les, quae vos de-men - ti - a cœ - pit? Haec au - cu - par' ut un - de vis Ma - li - tis, quae

de pro-pri - o de - po - sce - re fon - te, A - de - o be-nign' et ob vi - o? Men-da-cce-que lu - vct tre-

pi - do, mi - se - ro - que tu - mul-tu Umbras bo - no-rum per - se - qui?

Dies nun ist die einfache Formel, die auch auf das heroische Versmaß angewandt werden
kann. Es möge sich aber der Leser an das erinnern, was wir im 20. Kapitel dieses Buches über
den Jonicus gesagt haben: dass er nämlich für trochäische Verse passe. Deshalb glaubten wir zwei
Formeln der Art anführen zu müssen. Die eine ist vierzeilig trochäisch und enthält vier Arten
trochäischer Dimeter: die brachykatalektische, katalektische, akatalektische und hyperkatalektische.
Es ist eine sehr schöne Ode auf dieselbe Jungfrau Maria, die Mutter Jesu, deren vier ersten
Verse wir angeben werden. Als Verfasser giebt man den *Peter Burrus* Kanonicus in Amiens an.

(Die Takteinteilung ist vom Herausgeber.)

Vir - go vir - gi - num lux, Et lu - men pu - er - pe - ra, Huc a - de - sto te cœ - nen - ti, At-que

sor - di - dum cor ab - lu - e.

Die zweite Formel ist trochäisch-jambisch und bewegt sich in je zwei abwechselnden
Füfsen, so dass der erste ein Dimeter-Trochäicus, der andere ein Trimeter-Jámbicus ist, aber
beide katalektisch, freilich ganz anders als in unserer Zeit Einige solche Gesänge abzuteilen
versucht haben. Von dieser Art ist die folgende Ode 18, 2. Buch der Carmina von Horaz.
Wir werden derselben im Anfange den Hypojonicus geben, nachdem sie aber einen Aufschwung
zu nehmen anfängt auch den Jonicus, so dass die Verbindung der beiden Modi entsteht. Hier aber
haben wir die Verse in der Regel auf *u* geendigt, die jedoch in der Mitte oft passend nach Belieben des Singenden auf *re* hätten geendigt werden können, so dass die Natur des Modus nichts-
desto weniger in Wahrheit bestehen bliebe. Doch nun lasst uns nunmehr den Horaz selbst hören!

Eine Ode des Horaz latenlert nach dem Hypojonicus und Jonicus.

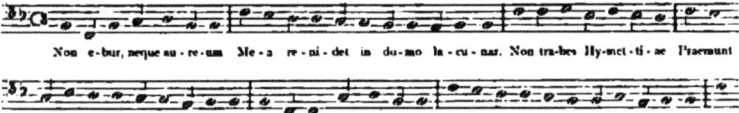

Non e-bur, neque au - re - um Me - a re - ni - det in du - mo la - cu - nar. Non tra-bes Hy-met - ti - ae Praemunt

co - lum-nas ul - ti - ma re - ci - sas A - fri - ca, neque At - ta - li I - gno-tus he-res re - gi - œ - cu - pa - vi. Nec

18*

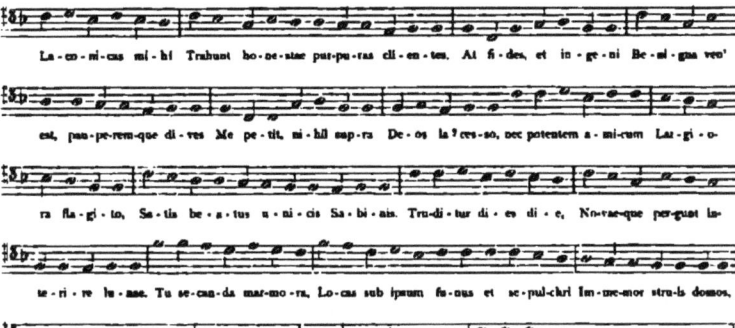

La - co - ni - cas   mi - hi   Trahunt   ho - ne - stae   pur-pu-ras   cli - en - tes.   At   fi - des,   et   in - ge - ni   Be - ni - gna veo'
est,   pau-pe-rem-que di - ves   Me   pe - tit,   ni - hil   sup - ra   De - os   la ? ces-so,   nec potentem a - mi-cum   Lar - gi - o-
ra   fla - gi - to,   Sa - tis   be - a - tus   u - ni - cis   Sa - bi - nis.   Tru-di - tur di - es   di - e,   No-vae-que per-gunt In-
te - ri - re   lu - nae.   Tu se-cun-da   mar-mo - ra,   Lo-cas sub ipsum   fu - nus   et   se-pul-chri   Im-me-mor stru-is domos,
Ma - ris-que Bai - is   ob-stre-pen-tis ur - ges.   Sum-mo-re - re   li - to - ra,   Pa-rum   lo - cu - ples con-ti-nen-te ri - pa.

Soweit über die Vermischung der beiden Modi. Übrigens werden wir in der Quinte des Jonicus, dem sich bald die Quarte anfügt, ein sehr heiteres Beispiel beifügen, aus dem sich allerdings das γλαφυρόν, wie es bei Lucian heißt, ersehen lässt. Es ist die 12. Ode des 3. Buches, einem Tanze sehr ähnlich, in welcher der Dichter zum Lachen reizt und zugleich mit bitterer Ironie die Liebschaft eines Mädchens lobt, so dass man sieht, er hätte unmöglich durch Tadeln mehr erreicht. Die Ode lautet so:

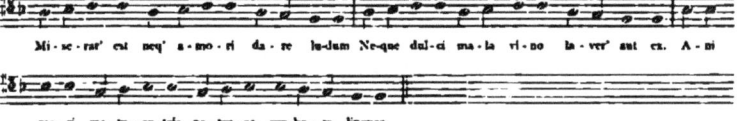

Mi - se - rat' est   neq'   a - mo - ri   da - re   lu-dum   Ne-que   dul - ci   ma - la   vi - no   la - ver' aut ex.   A - ni
ma - ri   me - tu - en-teis   pa - tru - ae   ver-be - ra   linguae.

Doch genug jetzt mit den Tanzweisen (Sed satis saltationum nunc est). Den Schluss dieser Abhandlung möge bilden eine Harmonie zum sapphischen Versmaße in der gemeinschaftlichen Quinte der gleichen Modi mit Hinzufügung eines Tones oben und eines kleinen Halbtones unten in folgender Form:

Aus Prudentius.

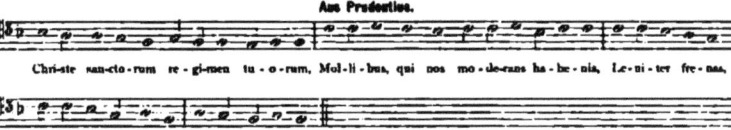

Chri-ste   san-cto - rum   re - gi-men   tu - o - rum,   Mol-li - bus,   qui   nos   mo - de-rans ha - be - nis,   Le - ni - ter fre - nas,
fa - ci - li - que   sep-tos   Le - ge   co - ër - ces.

Nachdem wir nun so dieses Buch über den allgemein so genannten Cantus planus beendigt, will ich unter Gottes Schutz an die Erfindung unserer Zeit gehen, nämlich an den Cantus mensuralis, wie man ihn nennt, aber nur mit einer gewissen Scheu; denn was kann man thun in einer neuen Sache, wo man der Führung von Gewährsmännern entbehrend allein auf die Praxis zu sehen gezwungen ist?

Ende des zweiten Buches.

Des HEINRICH LORITI, GLAREANUS, PATRICIERS aus GLARUS in der Schweiz

DODECACHORDONS

Drittes Buch.

Vorrede.

In den zwei vorhergehenden Büchern haben wir hinlänglich und, wie ich glaube, gründlich den Cantus planus behandelt, welcher rücksichtlich seiner Noten einfach und einförmig ist. Es folgt, dass wir nun auch der Reihe nach über den variierten Gesang, welcher vielfacher Gattung ist, sprechen. Es ist mir aber bekannt, dass unter den Gelehrtesten dieser Zeit auch jetzt noch heftige Zweifel obwalten, ob bei den Alten eine Musik dieser Art, wie wir sie jetzt behandeln werden, gewesen ist, da bei keinem Autoren, soviel ich weiß, irgend ein Gesang dieser Art gefunden wird. Noch viel weniger scheint es manchen, dass einst ein vier- oder noch mehrstimmiger Gesang sollte im Gebrauche gewesen sein. Denn das steht fest, dass, wenn ein Citharspieler zur Lyra sang, einer auch nur eine Stimme sang, wenn aber mehrere, auch diese nur eine Stimme sangen, wofern es nicht ein Wechselgesang gewesen ist. Andere hingegen sind der Meinung, es sei allerdings bei den Alten irgend ein mehrstimmiger Gesang gebräuchlich gewesen: denn wozu anders war es nötig, solche Vorschriften über die Konsonanzen in den Schriften zu hinterlassen? Ebenso sagt *Athenaeus* im 14. Buche, wo er über den Dreifuß des Pythagoras von Zacynth spricht, jener habe den Bass und eine andere und eine hohe Stimme so eingerichtet, dass wenn jemand nicht nach dem Gesichte, sondern nur nach dem Gehöre urteilte, er es für die genau unterschiedenen Stimmen von überhaupt drei auf der Cythara Spielenden gehalten hätte. Wie die Sache sich auch verhält, sicher ist sie wenigstens in der Hinsicht neu, dass wir unter den Alten keinen Autoren haben, den wir hier nachahmen können, sondern wir haben erst seit einem Jahrhundert, wie ich glaube, nicht eben berühmte Männer, von denen aber nur wenige uns Denkmäler von irgend welcher Bedeutung hinterlassen haben, so dass beinahe einzig *Franchinus*, ein Mann, des immerwährenden Gedächtnisses ganz würdig, wie Herr und Meister ist. Und obgleich er selbst manche, die er hoch schätzt, erwähnt, so sind sie uns nicht bekannt geworden. Sicher, je gelehrter in unserer Zeit die Sänger und Einrichter der Stimmen (manche nennen sie *Symphonisten*, wir *Symphoneten*, Quintilian nennt sie *Phonasci*, obgleich nicht ganz und gar in der Weise, wie wir sie in dem vorigen Buche bezeichnet haben, man nennt sie jetzt allgemein *Komponisten* [compositores]) in dieser Kunst sind, so unerfahren sind sie meistens in anderen Disciplinen; doch will ich keineswegs das von mir Gesagte als eine Beschimpfung angesehen haben, denn wir können nicht alle alles, und ich glaube nämlich, das heifst etwas, wenn jemand vier Stimmen geschickt zu verbinden weifs. Doch dies zielt darauf hin, augenscheinlicher zu machen, wie so ganz und gar niemand in dieser Sache vorhanden ist, auf dessen Werke wir uns hätten stützen können, aufser dem einzigen *Franchinus*. Auch der in unserer Zeit ausgezeichnete Theologe Johannes Cocläus,[1] einst in der Musik unser Lehrer und ein allen Lobes würdiger Mann hat uns in dieser Sache unterstützt. Daher haben wir auch nur das, was von diesem Gesange besonders im Gebrauche ist, herausgenommen, um es zu behandeln und in aller Kürze, gleichsam im Abriss, zu durchgehen; denn wenn ich fortfahren wollte, die Meinungen vieler Musiker, die *Franchinus* anführt, ausführlich darzulegen, es würde die Sache kein Ende nehmen. Daher habe ich geglaubt eher darauf hinarbeiten zu müssen, eine weitläufig behandelte Sache in gewisse bestimmte Regeln zusammenzufassen, geschweige denn, dass ich sie ohne Nutzen für den Leser weithin ausdehnen wollte, obgleich dieses viel leichter gewesen wäre, als jenes. Man möge auch mit den neuen Worten Nachsicht haben, die, wie wir glauben, keinem verweigert worden ist von allen, die jemals eine neue Sache zu behandeln sich angeschickt haben. Doch nun genug des Vorworts, lasst uns den Gegenstand mit Gottes Hilfe beginnen.

Erstes Kapitel.
Über die Form der Noten.

Der in diesem Gesange häufig gebräuchlichen Notenformen giebt es sieben: die Maxima, welche durch einen viereckigen nach der einen Seite hin längern Körper dargestellt wird und rechts einen Schweif aufwärts oder abwärts hat; die Longa, welche durch einen ganz quadratförmigen Körper mit einem rechts aufwärts- oder abwärtsgehenden Schweife geschrieben wird; die Brevis, eine ebenso quadratförmige Note aber ohne Schweif; die Semibrevis, gewöhnlich von der Form eines Rhombus, einst von dreieckiger Form, indem ein Quadrat durch seine Diagonale geteilt wurde; die Minima, welche der Semibrevis einen auf- oder abwärtsgehenden Schweif ansetzt. Diese fünf sind vor einem halben Jahrhundert im Gebrauch gewesen. Manche nennen diese wesentliche Noten, weil sie eine zweifache Teilung erlangen, bald durch zwei bald durch drei, wie wir später zeigen werden. Diesen sind nun später zugefügt worden: die Semiminima, von der Form einer Minima, jedoch entweder mit ausgefülltem mittleren Raume, oder mit einem oben angesetzten Hacken; die Fusa, mit ausgefülltem Körper wie die Semiminima, setzt dem geschwärzten auch einen, dem nicht geschwärzten Körper zwei Hacken an. In diesen beiden letzten nun heben gleichmäfsig die Ausfüllung und der Hacken die Hälfte auf. Die Organisten aber und viele andere, welche musikalische Instrumente gebrauchen, haben auch die Fusa geteilt, so dass sie eine achte Notenfigur erhalten, die einige Semifusa nennen; sie wird verschieden dargestellt, meistens jedoch durch einen der Fusa angesetzten Hacken. Aber das alles zu verfolgen ist nicht unsere Sache. Beispiele werden in dieser Beschreibung es besser lehren.

Maxima.   Longa.   Brevis.   Semibrevis.   Minima.   Semiminima.   Fusa.   Semifusa.

[1] Auch Cochlaeus genannt, Fétis unter Cochlée.

Zweites Kapitel.
Über die Ligaturen.

Damit aber die Noten genauer mit den Silben zusammenhängen und angepasst werden, hat man Verbindungen derselben erfunden, die man Ligaturen nennt. Aber hierin ist uns *Franchinus* zu weitläufig durch seine zwar schöne aber umständliche Einteilung. Wir sind daher unserm Lehrer *Johannes Coclius* gefolgt und haben das ganze Geschäft über die Ligaturen, wie man sie nennt, welche jetzt gebräuchlich sind, in 8 Regeln zusammengefasst; denn die Noten, welche in diesen Regeln nicht enthalten sind, mögen ohne Zweifel den Breven zugeschrieben werden.

1. Regel: Eine Note (sie sei ein einzig länglich-schiefer und fast viereckiger Körper, oder sie sei ein wirklich viereckiger und stufenweise zusammenhängender Körper), welche auf der linken Seite einen aufwärtsgehenden Schweif hat, ist mit der folgenden Semibrevis, deshalb, damit nicht unter den Breven eine einzige Semibrevis allein wäre, indem in ihrer eigenen Form die Semibrevis nicht verbunden wird.

2. Regel: Eine Note, welche auf der linken Seite einen Schweif abwärts hat, ist eine Brevis.

3. Regel: Jede mittlere Note ist eine Brevis; daher hat eine Longa in der Mitte keinen Platz, wie *Franchinus* lehrt, obgleich dies manche vernachlässigen.

4. Regel: Fehlt der ersten Note der Schweif, so ist sie Brevis, wenn die zweite steigt.

5. Regel: Fehlt der ersten Note der Schweif, so ist sie Longa, wenn die zweite fällt.

6. Regel: Die letzte viereckige Note, die abwärts geht, ist eine Longa.

7. Regel: Jede Note, die auf der rechten Seite einen Schweif hat, ist eine Longa.

8. Regel: Die Maxima wird ohne eine Verschiedenheit der Quantität verbunden.

Aber dies wird durch die beigefügten einfachen Beispiele deutlicher. Jedoch werden wir später, wenn wir über die Deduktionen der sechs *voces musicales*, wie man sie nennt, sprechen werden, ein reichhaltigeres Beispiel dieser Sache aus *Ludwig Senfl* aus Zürich, eines Landsmannes, anführen, welcher unter den Symphoneten unserer Zeit einen bedeutenden, seines Lehrers *Heinrich Isaac* würdigen Namen erlangt hat.

Beispiele der 1. Regel, der 2. Regel, der 3. Regel, der 4. Regel, der 5. Regel,

der 6. Regel, der 7. Regel, der 8. Regel.

Auflösung:

1. Regel, 2. Regel, 3. Regel, 4. Regel,

5. Regel, 6. Regel, 7. Regel, 8. Regel.

Drittes Kapitel.
Über die Pausen.

Die Pause ist das künstliche Aussetzen der Stimme; dieselbe ist sowohl zum Ausruhen und Atemschöpfen der Singenden als auch zur Anmut des Gesanges erfunden worden, damit

nämlich nicht ein andauernder Tenor einer Stimme den Zuhörern lästig werde, sondern damit
das Gehör, dieser sonst so sehr empfindliche Sinn, sich erhole; deshalb bringt es dem Gesange
nicht gewöhnliche Ergötzlichkeit, wenn sie an gehöriger Stelle angebracht wird. Aber auch
in diesem Kapitel folgen wir dem *Franchinus* nicht vollständig, jedoch seine Lehre weicht nicht
viel von den Vorschriften des *Cochus* ab. Eigentlich giebt es sechs Pausen, welche man durch
schräge (transversis) von oben durch das Liniensystem gezogene Striche darstellt, jedoch in
ungleichen Ausdehnungen; diese wollen wir nur verfolgen. Die *Pausa modi* berührt vier Linien,
geht durch drei Zwischenräume und gilt so viel, wie eine *perfekte Longa*, da „nebenbei bemerkt"
in der Musik jeder *Perfektion* eine Drei- und jeder *Imperfektion* eine Zweiteilung zugeschrieben
wird, was wir in dem Folgenden deutlicher angeben werden. Hier also nennen wir eine Longa
perfekt, welche drei Breven, und imperfekt, welche zwei Breven gilt. Die *Pausa Longa* berührt
drei Linien, geht durch zwei Zwischenräume und gilt soviel, wie eine imperfekte Longa. Die
eigentliche *Pause* ist von einer Linie zur nächsten gezogen und einer Brevis gleich. Die *Semipausa* ist die, welche von einer Linie abwärts bis in die Mitte des Zwischenraumes geht und
ist einer Semibrevis gleich. Das *Suspirium* dagegen ist die Pause, welche von einer Linie aufwärts bis in die Mitte des Zwischenraumes geht und ist einer Minima gleich. Das *Semisuspirium* setzt dem Suspirium einen Hacken an und ist gleich einer Semiminima; aber sie ist selten.
Übrigens geschieht es, dass am Anfange eines Gesanges eine Semipause, häufiger auch in der
Mitte eine eigentliche Pause gesetzt wird in allen Stimmen aus dem Grunde, weil oft die gewöhnlichen Themata die Tempora nicht ausfüllen. Damit nun ein Symphonet nicht in den
Verdacht der Unkenntnis des Taktes komme, setzt er Pausen dieser Art in alle Teile des Gesanges, jedoch nicht ohne große Konfusion der Singenden, weshalb ich wenigstens sie entweder ganz abschaffen oder wenigstens in einer Stimme ändern oder durch ein anderes Zeichen
bezeichnen würde. Unsere Musiker nennen sie *Generalpausen*. Zuweilen wird eine Semipause
mit einem Suspirium (aber im Anfange) auf gleiche Weise allgemein in alle Stimmen gesetzt,
wie wir das häufig in Volksliedern sehen. Schließlich werden am Ende der Stimmen zwei
durch alle Zwischenräume gezogene Linien beigefügt; auch diese heißen Generalpausen. Dieses
sei die Beschreibung:

Pausa modi,   Pausa longa,   Pausa proprie,   Semipausa,   Suspirium,   Semisuspirium,   Generales.

Viertes Kapitel.
Über die Punkte.

Der Punkt, dessen wir uns nämlich häufiger bedienen, ist dreifach: 1. *Punkt der Division*,
der den Wert der Note weder vermehrt noch vermindert, sondern der nur anzeigt, dass dieselbe der vorhergehenden oder nachfolgenden Note angefügt und zugezählt werden soll, um
im Gesange die Dreiteilung hervorzubringen. Dieser Punkt wird nur im *Cantus perfectus* gebraucht und zwar nur hingezeichnet und nicht gesungen. 2. *Punkt der Perfektion*, der eine perfekte Note, welcher er nachgesetzt ist, als perfekte Note erhält, die sonst imperfekt werden
könnte; auch diesen gebrauchen wir im *Cantus perfectus* und er wird gleichsam gesungen. 3. Der
Punkt der Addition, welcher den Wert der Note, nach der er steht, um die Hälfte vermehrt,
d. i. er macht aus jeder Note $^3/_2$ derselben; dieser Punkt wird in jedem Gesange gebraucht.
Franchinus nennt ihn *Punkt der Augmention*. Manche verstehen unter ihm den *Punkt der Perfektion*
mit, weil er nämlich nichts anderes bewirkt als dieser. Aber dieses sind die Beispiele:

Exemplum puncti divisionis, Perfectionis, Additionis.

Auflösung:

Hier in diesem ersten Beispiele des *Punktes der Division* wird man von den durch den Punkt abgesonderten Semibreven die eine der vorhergehenden Brevis, die andere der nachfolgenden zugeteilt sehen; aber in dem folgenden Beispiele sehen wir beide Semibreven von den zwei Breven abgesondert. Hieraus folgt, (so viel bewirkt der Punkt, was in den folgenden Kapiteln sich mehr zeigen wird) dass in dem 1. Beispiel nur *zwei vollständige Tempora* sind, während in dem 2. Beispiele deren *drei* sind. Aber in dem Beispiele des *Punktes der Perfektion* bleibt die Brevis selbst, während sie in Rücksicht auf die folgende Semibrevis imperfekt werden sollte, durch die Gegenwart des Punktes perfekt. Endlich sieht man in dem Beispiele des *Punktes der Addition*, dass, wie die folgende Note die Hälfte der vorhergehenden ist, so dieses auch im allgemeinen von dem Punkte gilt. Aber auch bei *Franchinus* giebt es reichlich Beispiele, welche diese Sache erklären und die wir beizuschreiben uns nicht verdriefsen lassen.

In diesem Tenor und zwar in den ersten zehn Noten sind zwei Breven, von denen die erste wegen der folgenden Semibrevis imperfekt wird, was der der Semibrevis nachgesetzte Punkt bewirkt; aber die folgende wird durch die vorhergehende Semibrevis imperfekt, und auch dies geschieht wegen des Punktes, der vorangeht, damit die Dreiteilung gewahrt werde. Aber der Punkt, welcher der Semibrevis, welche zunächst den drei Breven voransteht, voraufgeht, zeigt an, dass diese Semibrevis zu der dritten und nicht zu der ersten Brevis kommen muss, weil Ähnliches vor Ähnlichem nicht imperfekt wird, wie später gesagt werden wird. Und so oft dieses eintrifft, bezieht sie sich immer auf die erste folgende Note, der sie beigefügt werden kann, niemals auf die vorhergehende. Ferner trennt ein Punkt zwischen zwei Semibreven diese so, dass er anzeigt, dass die erste der ersten, die zweite der folgenden Brevis zugezählt werden soll. Was wir aber hier durch ein Beispiel über das *Tempus* lehren, wollen wir ebenso für den *Modus* und die *Prolatio* zur Beachtung geben. Ebenso ist bei demselben ein Beispiel des Punktes der Perfektion, in welchem auch der Punkt der Addition vorkommt, den er selbst den *Punkt der Augmentation* nennt.

In diesem Tenor (sagt Franchinus) bewirkt der der ersten Brevis beigesetzte Punkt, dass sie selbst perfekt bleibt, die, wenn sie nicht durch den Punkt perfekt bliebe, um ihren dritten Teil, nämlich durch die punktierte Minima mit der darauffolgenden Semiminima, imperfekt werden könnte. Dasselbe bewirkt der der dritten Brevis nachgesetzte Punkt. Aber in dem Zeichen ₵ für das imperfekte Tempus bedeuten die Punkte nur die Hälfte der Note, denen sie folgen, wie wir früher gesagt haben. Daher werden die Punkte der Division und der Perfektion nur perfekten Mensuren, jedoch die Punkte der Addition überall notiert. Aber über die Punkte ist es übergenug.

Fünftes Kapitel.

Über den Modus,[1]) das Tempus und die Prolatio.

Ein Maſs giebt es in allen Dingen, kurz es giebt bestimmte Grenzen, sagt *Flaccus*. So hat auch jeder Gesang sein gewisses Maſs. Unsere Musiker machen einen zweifachen Modus, einen *Modus major* und *minor*. Der *Modus major*, sagen sie, ist die Messung der Longen in den Maximen und der *Modus minor* ist die Messung der Breven in den Longen, das *Tempus* die Messung der Semibreven in den Breven und schlieſslich ist die *Prolatio* die Messung der Minimen in den Semibreven. Diese Gattungen heiſsen *perfekt*, wenn die Dreiteiligkeit, und *imperfekt*, wenn die Zweiteiligkeit durchgeführt wird. So hat im perfekten Modus major die Maxima drei, im imperfekten hingegen nur zwei Longen. Im perfekten Modus minor hat die Longa drei und im imperfekten nur zwei Breven. Ebenso hat das perfekte Tempus drei, das imperfekte hingegen nur zwei Semibreven in der Brevis, und schlieſslich die perfekte Prolatio drei und die imperfekte nur zwei Minimen in der Semibrevis. Aber die Teilung der Noten in zwei und drei ist in den nach diesen folgenden Notengattungen nicht vorhanden, welche nämlich nur in je zwei geteilt werden, sondern nur in den fünf, welche, wie gesagt, von den Musikern wesentliche (essentiales) genannt werden. Hierüber die Beschreibung und zwar mit den Zeichen.

Modus major perfectus, Bezeichnung. | Modus major imperfectus. | Modus minor perfectus, dessen Bezeichnung. | Modus minor imperfectus. | Tempus perfectum, Bezeichnung desselben.

Tempus imperfectum, desselben. | Prolatio perfecta, Bezeichnung derselben. | Prolatio imperfecta.

Sechstes Kapitel.

Über die Zeichen.

Damit man ferner im Gesange die schon genannten Gattungen des Modus, des Tempus und der Prolatio erkenne, sind von den Musikern Zeichen erfunden worden, um die Perfektion und die Imperfektion anzuzeigen. *Franchinus* macht für das Zeichen des *Modus major perfektus* zwei durch drei Zwischenräume gezogene und meistens am Anfange der Gesänge vor den Kreis gesetzte Linien, aber für den *Modus minor perfektus* eine durch drei Zwischenräume gezogene und vor den Kreis gesetzte Linie. Der *Modus major imperfectus* aber wird durch eine bloſse Maxima, der *Modus minor imperfectus* jedoch durch eine Longa ohne an den Anfang der Gesänge gesetzte Pausen, d. i. um mich deutlicher auszudrücken, ohne Zeichen bezeichnet, wie es sich bei der Prolatio zeigen wird. Im *Tempus perfectum* wird ein Kreis, im *Tempus imperfectum* ein Halbkreis vorgezeichnet; die *Prolatio perfecta* endlich wird durch einen in den Kreis gezeichneten Punkt, die *Prolatio imperfecta* ohne Punkt angedeutet, so dass der Punkt den Wert einer Semibrevis, des kleinsten Elementes in diesem Geschäfte, hat, und der Kreis den Wert einer Brevis, und eine begrenzte aufrechtstehende Linie den Wert der Longa und Maxima, so dass auch im Gesange der Modus in seiner Definition besteht. Und ebenso passend wird das *Tempus*

---

[1]) Modus beiſst hier nicht Tonart, sondern Maſs der Noten, Wert der Noten; Tempus das Zeitmaſs, auch Wert der Semibreven. Takt und Tempo verrieten die Alten im Taktzeichen. Ein Überrest ist uns bis heute noch geblieben in dem sogenannten „alla breve" Takt: ₵.

durch einen Kreis bezeichnet, da die Zeit ja aus kreisförmiger Bewegung entsteht. Diese Meinung lässt sich wenigstens hören, obgleich, um es aufrichtig zu bekennen, was die Sache angeht, diese fast dem Gutbefinden der gewöhnlichen Sänger überlassen ist und gänzlich des Ansehens der Alten entbehrt; deshalb scheint es mir nicht der Mühe wert, die Meinungen anderer weitläufig durchzugehen. Denn manche, wenn sie dem Kreise eine Zahl beifügen, wollen durch den Kreis nicht das Tempus sondern den *Modus* und durch die Zahl das *Tempus* bezeichnen. Diese machen daher als Zeichen für den *Modus perfectus* und ebenso für das *Tempus perfectum* einen Kreis mit einer *3*, so O*3*, aber für den *Modus perfectus* und *Tempus imperfectum* einen Kreis mit einer *2*, so O*2*, und endlich einen Halbkreis mit einer *2*, so C*2*, für den *Modus imperfectus* und *Tempus imperfectum*. Aber zu welchem der beiden *Modi* sie gehören, unterscheiden sie nicht, während die Alten nach demselben Franchinus behaupten, dass die *Modi* niemals bei einer rücksichtlich des andern *perfekt* oder *imperfekt* werde. Ich weifs nicht, ob dies fortwährend so beachtet wurde. Mir zwar scheint es, als sei jener Modus major perfectus, wie auch die Maxima in seltenem Gebrauche gewesen, und deshalb haben sich die Musiker weniger um ihn gekümmert. Manche setzen dem Kreise zwei Zahlen bei, indem sie durch den Kreis den Modus major, durch die erste Zahl den Modus minor und durch die letzte Zahl das Tempus bezeichnen. Und so ist alles perfekt oder imperfekt, je nachdem es der Kreis oder Halbkreis und die Zahl eine *3* oder *2* ist, so dass, wenn man zu dem Kreise die Zahl *3* doppelt setzt, auf diese Weise O*33*, man sagt, die beiden Modi und ebenso das Tempus seien perfekt, aber durch den Halbkreis mit zwei zugefügten *2*, so C*22*, sei alles imperfekt; und ebenso auch dieses vermischt O*32*, O*23*, O*22*, C*33*, C*32*, C*23*. Diese Meinung, wenn sie Aufnahme fände, gefiel mir sehr; allein dann wäre es nötig, dass die Prolatio in den Kreis des Modus eingeschrieben würde, welche jetzt in den Kreis des Tempus eingeschrieben wird. Jedoch hat die Meinung des Franchinus, über die etwas früher gesprochen wurde, jetzt mehr Aufnahme gefunden, dass nämlich der Modus major perfectus durch zwei an den Anfang der Gesänge vor den Kreis gesetzte und durch drei Zwischenräume gehende Linien, der Modus major imperfectus durch das Fehlen dieser Linien, der Modus minor perfectus aber durch eine auf diese Weise gezogene Linie und derselbe Modus minor imperfectus ohne die Linie angedeutet wird. Ebenso wird das Tempus perfectum durch einen Kreis, das Tempus imperfectum durch einen Halbkreis, (d. i. ein solcher, dem ¹/₄ fehlt) und schliefslich die Prolatio perfecta durch das Vorhandensein eines Punktes, und die Prolatio imperfecta durch das Fehlen des Punktes bezeichnet. Daraus sieht man, dass das Fehlen der Linie in dem imperfekten Modus und das des Punktes in der imperfekten Prolatio etwas bewirkt und in dem imperfekten Tempus für das Fehlen des Kreises der Halbkreis gesetzt worden ist. Daneben nennen die Musiker noch gewisse signa implicita (d. i. solche Zeichen, welche auf die Natur des Gesanges schliefsen lassen), und zwar des Modus perfectus, wenn man irgend einem Gesange drei Longen oder demselben an Werte gleiche geschwärzte Noten findet, des Tempus perfectum, wenn man drei geschwärzte Breven oder zwei beisammengesetzte Halbpausen antrifft, und endlich der Prolatio perfecta, wenn man drei geschwärzte Semibreven oder zwei bei einandergesetzte Suspirien findet. Eine solche Bezeichnung des Modus findet sich allerdings bei Franchinus, nämlich durch drei Zwischenräume gezogene Linien (denn ein anderes bestimmtes Zeichen des Modus wendet jener nicht an), jedoch mit dem Unterschiede, dass dann, wenn diese Pausen angebende Zeichen des Modus sind, dieselben an den Anfang des Gesanges vor den Kreis, das Zeichen des Tempus, zu setzen sind; wenn sie aber wahre Pausen sind, welche nämlich andeuten sollen, dass eine Zeitlang geschwiegen werden soll im Gesange, dann sind sie in die Mitte zu setzen. Aber ich glaube, dass die durch drei Zwischenräume gezogenen Linien bestimmte Zeichen des Modus perfectus sind, sie mögen nun an den Anfang oder in die Mitte gesetzt werden, deshalb, weil es nicht gestattet ist, sie irgendwo anders so zu setzen; aber am Anfang vor den Kreis gesetzt sind sie, wie derselbe versichert, nicht wesentlich sondern andeutungsweise Pausen. Aber lasst uns eine nur einfache Darstellung dieser Zeichen setzen, da dieses in den Gesängen der perfekten Modi, des Tempus und der Prolatio viel deutlicher erscheint.

Implicita signa des Modus perfectus, des Tempus perfectum, der Prolatio perfecta.

Siebentes Kapitel.
Über den Takt oder über die Mensur.

Dieses über den Modus, das Tempus und die Prolatio und deren Bezeichnung. Aber wie in Gedichten eine zierliche Caesur nicht wenig zur Deutlichkeit beiträgt und eine deutliche Arsis und Thesis viel Zierliches bringt, so muss notwendig bei unserm Gesange, wenn eine genaue Messung der Stimmen und ein gleiches Eilen aller der vereinigten Singenden fehlt, eine wunderliche Verwirrung entstehen. Daher wollen wir jetzt die Mensur des Gesanges, die man auch Takt nennt, auseinander setzen. Manchen beliebt es, zum Abmessen im Gesange hauptsächlich das Tempus zu berücksichtigen, weil dieses zwischen dem Modus und der Prolatio sich befindet, wie die Sonne zwischen den Planeten, nach deren Lauf wir die Zeiten des Jahres abmessen. Dieser Meinung folgte die frühere Zeit und bis jetzt ein grofser Teil Germaniens; so würde sich der Takt nach der Geltung der Brevis richten, obgleich die, welche auch dieser Meinung folgten, im Tempus perfectum nicht drei Semibreven in einem Takte setzten, sondern die Zweiteilung beobachteten, indem öfter die Mensur sich nicht genau deckte. Daher beziehen andere die Mensur auf die Prolatio als das Element hierin. So hält es ein grofser Teil Galliens und es ist wahrlich den Schülern leichter. Auf diese Weise entsteht der Takt nach der Mensur der Semibrevis. Aber auch hier ereignet sich in der Prolatio perfecta dieselbe Verschiedenheit, die wir früher beim Tempus imperfectum angegeben haben. Dieses alles weiter zu verfolgen, ist nicht nötig, würde auch nicht von grofsem Nutzen sein. Vielleicht wird es besser sein, den Leser beiläufig aufmerksam zu machen, dass der Takt oder die Mensur meistens durch die Untersuchung des Modus, des Tempus und der Prolatio am besten zu geschehen hat. Denn in der Perfection wird durch je drei, in der Imperfektion durch je zwei geteilt, in der Mischung aber auf verschiedene Weise. Gesetzt es sei alles perfekt, was jedoch niemals oder sehr selten geschieht, so wäre dieses die Beschreibung:

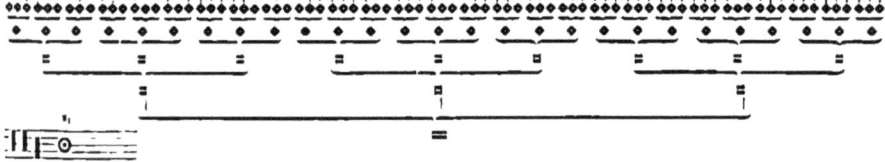

¹) Hier bedeuten die beiden ersten Striche den modus maior perfectus und der dritte etwas tiefer stehende Strich den modus minor perfectus.
²) Hier haben die drei Striche dieselbe Bedeutung, wie oben; der Kreis bedeutet das Tempus perfectum und der Punkt im Kreise die Prolatio perfecta, so dass alles perfekt ist.

Wenn aber alles imperfekt ist, was am häufigsten zutrifft, so ist dieses die Beschreibung, welcher alle Vorzeichen fehlen mit Ausnahme des Halbkreises, der im Tempus so viel bedeutet, wie das Fehlen der Pausen im Modus und des Punktes in der Prolatio.

C

Dieses aber findet sich auch auf vielfache Weise vermischt. Jedoch wollen wir eine Form, die am meisten gebräuchlich ist, beisetzen, denn wer will, wird sich aus diesen leicht andere mischen, obgleich ich nicht weifs, ob dies nach eines jeden Belieben geschehen darf, wenigstens möchte ich, wie sehr ich auch die Pedanterie mancher hasse, auch hierin das einmal Aufgenommene gebrauchen. Es ist aber alles imperfekt mit einziger Ausnahme des Tempus.

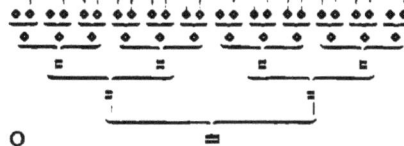

O

Die Musiker pflegen nur zu einem Part des Gesanges entweder den Kreis oder den Halbkreis mit Punkt zu setzen, so ⊙ ℂ, und es dann Augmentation zu nennen; denn so gilt die Minima gleich einer Semibrevis und die perfecte Semibrevis drei Semibreven. Wenn aber diese Zeichen allen Teilen des Gesanges beigesetzt werden, was jetzt wenig gebräuchlich ist, so ist die Prolatio perfect. Wenige Noten in irgend einem Part des Gesanges deuten deutlich auf Augmentation hin. Auf diese Weise hat *Jakob Hobrecht* den nicht nur durch ein Zeichen, sondern auch auf verschiedene Art buntgemachten Tenor der Messe „*Si dedero*" eingerichtet; desgleichen *Jusquin* in der Messe *L'omme armé* über die *Voces musicales*. Manche sagen, eine Augmentation sei besser eine gröfsere Prolatio zu nennen, nicht ohne damit die schon genannte Meinung zu tadeln. Weil aber die Sache neu ist und nicht auf alte Schriftsteller sich stützt, mag darüber streiten, wer will, denn ich lehre dieses nicht als meine, sondern als die Vorschriften anderer. Wenn ich dies alles durch Beispiele darzulegen versuchte, die Sache würde kein Ende finden, weshalb wir in Rücksicht auf die Augmentation den Leser an die Kantoren verweisen. So oft Musiker wollen, dass im Takte zu eilen sei, was sie dann für nötig halten, wenn sie glauben, das Gehör sei ermüdet; um nämlich demselben den Überdruss zu benehmen, ziehen sie von oben einen Strich durch den Kreis oder Halbkreis und nennen dieses Pathos *Diminutio*, nicht weil der Wert oder die Zahl der Noten vermindert wird, sondern weil der Takt rascher ist. [1] So setzen gewisse Symphoneten zu dem ersten Kyrie einen Kreis ohne

---

[1] Siehe die Anmerkung auf Seite 147.

Strich, so O, zu dem Christe, einen Halbkreis mit Strich, so C, und zu dem letzten Kyrie wiederum einen Kreis aber mit Strich, so O, damit es nicht scheine, als wäre man zu den Anfängen des Gesanges zurückgekehrt. Aber ein Beispiel der Diminutio ist folgendes nach *Franchinus*.

Übrigens bedient sich unsere Zeit zu frei der Diminutio des Taktes auch durch diese Zeichen O3, C 3, so dass man drei Semibreven auf einen, freilich auf jenen prächtigen und majestätischen Takt rechnet, welchen die gewöhnlichen Sänger jetzt uneigentlich *Tripla* nennen, da sie zu keiner einzigen Note im Verhältnis steht, wie es das Verhältnis der Tripla erfordert, sondern in den vier Stimmen mit gleichem Werte einherschreitet. Ich würde sie lieber einen *Trochäus*, obgleich sie öfter in den Schlüssen einen Jambus hat, oder auch *Tribrachys* nennen, der ja diesen beiden Füßen gemeinsam ist. Ferner fügen die Musiker dieser Zeit die Diminutio sehr oft zu den Enden der Gesänge: *Et in terra pax* etc., *Patrem omnipotentem*, etc. und *Agnus Dei* etc. Manche lassen das Zeichen weg und schwärzen alle Noten, andere wieder halten das Zeichen bei und schwärzen die Noten; viele halten sie fälschlich für eine *Hemiolia*, während in der Hemiolia in Wahrheit das 1½fache Verhältnis statthat. Den Namen „*Tripla*" hat diese Diminutio unzweifelhaft daher, weil sie in e i n e r Mensur, d. i. in einem Takte drei Semibreven hat. Manche geben dieselbe durch eine einzige vorgesetzte 3 an, was jedoch von *Franchinus* mit Recht getadelt wird. Manche zeichnen über die 3 einen Kreis, so, ♀, um anzuzeigen, es sei das Verhältnis des Tempus perfectum aber durch die Schnelligkeit des Taktes vermindert, was die dem Kreise beigefügte Zahl, wie sie sagen, anzeige. Manche auch zeichnen im sesquialtera-Verhältnis, so oft dasselbe in Minimen sich vorfindet, einen Halbkreis mit einer 3, so C3, die nicht weniger zu tadeln sind, als die, welche die Tripla durch eine bloße 3 zu verzeichnen pflegen. Solches Schwanken in den Vorschriften verwirrt, indem bei einigen die Zeichen so, bei anderen anders geordnet sind, so dass man bei manchen bei der großen Neuheit der Sache und der Autoren weder die Merkmale des Modus, des Tempus und der Prolatio, noch auch das, was jedem dieser beizufügen oder zu verbinden ist, auseinanderhalten kann. Die *Diminutio* nun findet im perfekten und imperfekten, die *Semiditas* aber, wie man sie nennt, nur im imperfekten Tempus statt. Angenommen es habe eine Stimme einen Halbkreis ohne Strich, so C, eine andere aber einen Halbkreis mit Strich, so C, so gelten die Noten in dem ersten Zeichen um die Hälfte mehr als die anderen, was *Hobrecht* in der Messe „*Si dedero*" beachtet hat. Manche beobachten dasselbe Verhältnis in diesen Zeichen O, O. Ferner können die *Augmentation* und die *Diminutio* auch durch einen vorgeschriebenen Kanon bezeichnet werden, wovon unsere Musiker übermäfsigen Gebrauch machen, oft auch durch närrische und dunkle Rätsel, die aufser Oedipus niemand errät. Wie wenn jemand einem Gesange beischriebe: Die Longa sei Brevis; oder umgekehrt: Die Brevis sei Longa; oder: Schrei, hör nicht auf! für: Lass die Pausen aus. Aber jene Diminutio und Augmentatio, die durch die Proportionen zu geschehen hat, wie wir später lehren werden, ist würdig feingebildeter Ohren, da sie nämlich in die unzweifelhaften Vorschriften der Kunst fällt.

Neuntes Kapitel.
Über die Imperfektion der Noten.

In der Musik besteht, wie wir schon früher oft gesagt haben, jede Perfektion in der Dreiteilung, von welcher man auf doppelte Weise abgehen kann, entweder durch den Überfluss oder durch den Mangel irgend einer Note. Wenn eine Note überflüssig ist, so muss irgend eine der gröfseren vermindert werden, damit auch die kleinere in die Dreizahl kommt und es entsteht eine *Imperfektion*. Fehlt aber eine Note, so ist aus den zwei vorhandenen eine, nämlich die zweite, zu verdoppeln, und so entsteht die *Alteration*, über die wir etwas später sprechen werden. Es ist also die Imperfektion die Beraubung einer in der Dreiteilung perfekten Note Dieselbe geschieht nur in perfekten Zeichen; denn wie kann etwas imperfekt werden, was schon imperfekt ist? Aus den fünf ersten Noten, die manche wesentliche nennen, wird die Maxima nur imperfekt, die Minima macht nur imperfekt, die Longa, Brevis und Semibrevis machen bald imperfekt, bald werden sie imperfekt, und weder kann die gröfsere die kleinere, noch eine gleiche die gleiche, sondern die kleinere die gröfsere Note sowohl von vorne als von hinten imperfekt machen, und dieses stets, wenn nicht ein Punkt der Division dieses verhindert. Aber in betreff der Imperfektion wird folgende Regel besonders für nützlich gehalten: Wenn eine kleinere Note einer gröfseren folgt, so nimmt sie sich von der gröfseren weg, wenn der Punkt es nicht hindert. Z. B. Wenn eine Brevis auf eine Longa folgt, so nimmt die Brevis sich selbst weg, d. h. die Longa, welche vorher drei Breven galt, beträgt jetzt deren zwei. Wiederum, wenn der Longa eine Semibrevis folgt, nimmt sie sich weg, wie z. B. die Longa, welche im *Modus perfectus* und *Tempus perfectum* neun Semibreven galt, wird, wenn eine Semibrevis folgt, acht Semibreven gelten. Ebenso wird eine Longa, welche im Modus imperfectus jedoch Tempus perfectum sechs Semibreven gilt, wenigstens wenn eine Semibrevis folgt, nur deren fünf gelten, wenn nicht ein Punkt dieses hindert. So wird eine Brevis, welche vorher drei Semibreven galt, wenn ihr eine Semibrevis folgt, nur zwei Semibreven gelten, wenn nicht ein Punkt dieses hindert. In der *Prolatio perfecta* gilt von Semibreven und Minimen dasselbe. Wir wollen jedoch einige Beispiele dieser Imperfektion beifügen, damit diese etwas dunkle Sache deutlicher werde. Es ist aber dieses ein Beispiel des *Modus minor perfectus* und *Tempus perfectum* und der *Prolatio perfecta* aus *Franchinus*.

Tenor.

Cantus.

In diesem Tenor macht die erste Brevis die folgende Longa von vorne um ⅓ ihres Wertes imperfekt. Die erste Semibrevis macht die zweite Brevis von hinten um ⅓ ihres Wertes imperfekt, wie auch die zwei Minimen die vierte Brevis imperfekt machen, als wenn nur eine Semibrevis folgte. Und die zweite Longa wird durch die ihr folgende Brevis um ⅓ ihres Wertes imperfekt. Auf ähnliche Weise wird die erste Brevis nach dem Zeichen der Prolatio perfecta durch die nächste Semibrevis, jedoch diese wieder von der nächstfolgenden Minima um ⅓ ihres Wertes imperfekt. Hierzu behauptet Franchinus, dass die Imperfektion sowohl von vorne als von hinten und nicht nur in verschiedenen sondern zuweilen in einer und derselben Note geschehe, wie in der Longa perfecta durch zwei Semibreven, von denen die eine der Longa vorhergeht und die andere derselben folgt. Dasselbe gilt auch in der Prolatio perfecta von einer durch zwei Minimen eingeschlossenen Brevis. Hierzu setzt er dieses Beispiel.

Tenor.

In diesem Beispiele wird also gezeigt, wie Noten von vorne und von hinten imperfect werden. Denn die erste Longa, während sie nämlich im Modus minor perfectus und zugleich Tempus perfectum neun Semibreven gelten soll, gilt jedoch nur deren sieben. Dasselbe ist auch von der ersten Brevis nach dem Zeichen der Prolatio perfecta zu sagen; aber die zweite Longa hingegen bleibt perfekt, denn eine ähnliche kann vor einer ähnlichen nicht imperfekt werden; aber die dritte Longa wird um ¹⁄₈ ihres Wertes durch die Brevis imperfekt, welche auch selbst durch die folgende Semibrevis imperfekt wird; daher gilt die Longa sechs und die Brevis aber zwei Semibreven. Wenn jedoch der Longa im imperfekten Modus aber perfekten Tempus zwei Semibreven entweder vorhergingen oder nachfolgten, mögen es einfache, getrennte oder verbundene sein, so machte die erste den ersten und die zweite den zweiten Teil imperfekt. Aber dieses unterscheidet der Punkt der Division, und die Übereinstimmung der Stimmen wird es einem nicht ganz Unbeanlagten genug angeben; denn die Komponisten beachten dieses alles nicht so durchaus, so dass man hier einen ganzen Wald von Meinungen angeben könnte. Daher giebt es dreierlei, was die Imperfektion anzeigt: Das Erste ist, worüber wir im Anfange dieses Kapitels gesprochen haben, wenn eine Note überflüssig ist; das Zweite ist der Punkt der Division, wie die Beispiele oben, wo wir über die Punkte sprachen, deutlich gezeigt haben; das Dritte ist der *Color*, über den noch einiges zu sagen wäre. Der *Color* nun nimmt auch in den perfekten Mensuren ¹⁄₉, in den imperfekten aber, insoweit es sich auf die drei Notengattungen Longe, Brevis und Semibrevis erstreckt, ¹⁄₄ des Wertes weg, wenn nicht eine Brevis mit einer Semibrevis gesetzt wird; denn dann kommt eine Semibrevis einer Minima

gleich, obgleich ich glaube, dass einst die Brevis und Semibrevis wirklich nach dem Hemiolia-
und Trochäischen Verhältnisse auf diese Weise eingerichtet waren, denn auch in diesem Verhältnisse schwärzt man die Noten ohne Beifügung einer Zahl, worüber wir später bei den
Proportionen uns erklären werden. So oft ferner in perfekten Mensuren der Color vorkommt,
wird oft in den kleineren Noten eine blofse Reduktion ohne Verminderung des Wertes an-
empfohlen und ist auch nicht eine ununterbrochene Folge der geschwärzten Noten erforder-
lich, wenn nur das Verhältnis der Reduktion nach der Dreiteilung richtig ist. Ein Beispiel
hierüber ist dieses aus *Franchinus*.

Aber in den imperfekten Mensuren nimmt, wie gesagt, der Color [1], weg, aufser in den
Minimen und den diesen folgenden Notengattungen. Weil überall in den Gesangbüchern Bei-
spiele von Kompositionen hierüber aufstofsen, so wollen wir nur eine blofse Darstellung dieser
Sache beifügen, zuerst mit einfachen und hernach mit geschwärzten Noten.

Auflösung:

Zehntes Kapitel.
Über die Alteration.

Wir nennen hier Alteration die Verdoppelung einer Note in ihrem Werte, wozu die Musiker besonders aus dem Grunde gezwungen wurden, weil Ähnliches vor Ähnlichem nicht imperfekt werden kann. Es war daher nötig, entweder eine andere Notenform zu erfinden oder die erfundene dupla zu machen, damit das dreiteilige Verhältnis, im Modus Tempus und in der Prolatio bestehen blieb. Denn nirgendwo, als in perfekten Mensuren, hat die Alteration statt, weshalb, so oft im Modus perfectus zwei Breven, oder im Tempus perfectum zwei Semibreven, oder in der Prolatio perfecta zwei Minimen über die Dreizahl hinausgehen und dieses nicht durch irgend eine Erneuerung der Imperfektion verhindert wird, stets die zweite und nicht die erste verdoppelt wird. Dieses zeigt öfter der Punkt der Division an. Ferner werden weder Pausen noch kleinere Notenfiguren alteriert. Ein Beispiel hierüber aus demselben *Franchinus*.

In diesem Tenor sind Modus und Tempus perfekt; daher wird die zweite Brevis verdoppelt und gilt sechs Semibreven; ebenso die vierte und sechste, für welche es keineswegs gestattet ist, eine Longa zu setzen. Denn dieselbe könnte, da sie vor Ähnliches käme, keineswegs imperfekt werden, indem sie nicht zwei, sondern drei Breven gelten würde. Auf ähnliche Weise ist die zweite, vierte, sechste, achte, zehnte und zwölfte Semibrevis dupla. Dasselbe gilt auch von der zweiten Minima, welche dem Zeichen der Prolatio perfecta folgt, denn diese macht, wie die vierte und sechste, zwei Minimen aus. Hierüber glaube ich ausreichend genug bemerkt zu haben. *Franchinus* fügt diesem einiges bei über zwei entfernte Teile,[2] die bald der imperfekten Note folgen, ohne alteriert zu werden, bald der perfekten, wobei die zweite jedoch alteriert wird. Ebenso giebt er den Grund an, weshalb die zweite und nicht die erste alteriert werde, was weiter zu verfolgen nicht der Mühe wert schien. Denn wer das, was wir gesagt haben, verstanden hat, muss auch das, was ihm in dem täglichen Gebrauche aufstöfst, gut durchschauen.

Elftes Kapitel.

Über die Syncope und eine Klage über die verschiedene Behandlung dieser neuen Einrichtung mit Beispielen, welche geeignet sind, die Sache darzulegen. Endlich Beispiele über die Deductionen der sechs Voces musicales.

Syncope nennt man es, wenn kleinere Noten durch gröfsere getrennt unter sich abwechselnd auf einander bezogen werden. Dieselbe ist im Gesange sehr gebräuchlich und verschafft ihm grofse Anmut, wenn sie recht angewendet wird; zumeist findet sie zu grofsem Vergnügen des Gehörs Anwendung in dem Zusammenspielen zweier Stimmen, jedoch nicht weniger in drei und mehr Stimmen. Hierfür viele Vorschriften und Beispiele zu geben, ist unnötig, weil sie überall zur Hand und niemand unbekannt sind. Doch muss man sich hierbei vor unpassender Trennung der Noten hüten, welche nämlich eintritt, wenn sie entweder allzulang ist, oder durch Pausen oder durch zu grofse Noten auseinandergehalten wird, wie z. B. die Minimen durch Longen

---

[1] Dieses d ist im Glarean kein Druckfehler; es findet sich auch bei Gaffor; zudem zeugt die Übereinstimmung der beiden Stellen für die Ursprünglichkeit.

[2] Entfernte Teile sind z. B. Breves und Maxima, Minimä und Longa etc.

oder durch die Pause einer Brevis. Jedoch die tägliche Übung wird dieses alles deutlicher machen. Wir wollen nur ein einziges Beispiel beifügen.

Auch *Franchinus* erwähnt diese Sache. Jedoch die Vorschriften, welche bisher gegeben worden sind, beruhten auf der bloßen Willkür der ersten und vornehmsten Männer dieser Kunst, wie es ihnen am bequemsten schien, und doch besaß unter ihnen bis jetzt keiner ein solches Ansehen, dass man mit Fug und Recht bei seiner Meinung allein stehen blieb, was man sowohl überall sehen kann, da über die Musik seit 50 Jahren so viele Bücher erschienen sind, als ganz besonders sich noch deutlicher ergiebt aus den Beispielen der gelehrtesten Männer, welche, um von anderm zu schweigen, die Zeichen für Modus, Tempus und Prolatio nicht auf gleiche Weise angewendet haben. Dieses werden wir nun kurz darlegen, bevor wir zu den Proportionen schreiten, einem festen und unanzweifelbaren Geschäfte, das von natürlichen Grenzen und nicht von der Willkür der Geister abgegrenzt ist. Bei *Franchinus*, dem einzigen dastehenden Lichte dieser neuen Lehre, kann man die verschiedenen Ansichten der Musiker sehen, welche an dieser Stelle nach ihm wieder aufzuzählen uns unnötig scheint. Nur das, was er schon als angenommen bezeichnet, wollen wir betrachten. Erstens, was ist es nötig so viele Zeichen

---

[1] Text nach *Musicae Epitome sive Compendium ex Glareani Dodecachordo*.

der Diminutio zu setzen, wie z. B. eine dem Halbkreise nachgesetzte 2, ferner einen senkrecht durch den Kreis gezogenen Strich und endlich einen umgekehrten Halbkreis? Diese drei machen aufser der Proportion dupla die Zeichen der *Diminutio* aus. Und dem entsprechend machen sie, wo zur Bezeichnung der Diminutio früher die beiden Zeichen C und ℭ genügt haben, selbst zwei andere Erwerbungen (¹) und (₂ ¹), ebenso ₵ und ℈. Dieses letzte Zeichen hat *Jodocus a Prato* im Anfange des *Credo* der Messe des VI. Tones „L'om' armé" und wieder das Zeichen ₵ und ₵₂ im *Qui tollis* der Messe „Fortuna". Beispiele der beiden ersten findet man überall. Manche haben keine Zeichen für den Modus aufser die durch drei Zwischenräume gezogene Pause, wie wir oben gesagt haben. Andere zeigen das trochäische Mafs durch einfache 3 an, und andere durch dieses Zeichen ℭ3. Jodocus in der Regel durch einen vollständigen Kreis mit beigefügter 3, welcher Weise auch wir zuweilen folgen. Übrigens können viele die *Tripla*, die *Hemiolia* und die *trochäische Form* nicht auseinanderhalten oder vielmehr nicht unterscheiden. Während die *Tripla* zur *Hemiolia* rücksichtlich des Mafses der Schnelligkeit *dupla* ist, ist dagegen das *trochäische Mafs* sowohl durch andere Mensur als auch durch andere Weise des Singens sehr weit von der Tripla und der Hemiolia verschieden. Franchinus trennt die *Semiditas* weit von der *Diminutio;* andere hingegen kennen diesen Unterschied nicht, indem sie die *Diminutio* auf den Wert der Noten beziehen, während Franchinus dieselbe auf das blofse Verhältnis des Taktes bezog. Einige werfen das alles durch einander und quälen die Sänger mit Rätseln so, dass nur aus der Harmonie und nur von Geübten die Sache verstanden werden kann. Was soll ich von der *Imperfektion* reden, da Franchinus will, dass Ähnliches vor Ähnlichem unter keinen Umständen imperfekt werde, und dieses lehrt er so ängstlich. Aber wie oft lassen dieses nicht nur gewöhnliche Leute, sondern auch *Jodocus a Prato*, gleichsam der Kaiser der Sänger, aufser acht und zwar sehr oft. Wenn ich dies mit Beispielen zu beweisen unternähme, würde ich meines Vorhabens zu wenig eingedenk sein, das der Erklärung der zwölf Modi galt, und nicht der Musik im allgemeinen. Hier wollte ich nur einige Gesänge beifügen, aus denen der Leser ersehen möge, wie ungebunden man *Prolatio, Tempus* und *Minutio,* sei es durch Schwärzen oder durch Zeichen, verdirbt oder besser gesagt durcheinander wirft, so dass ich geradezu einen Stein waschen würde, wenn ich alles verfolgen, unterscheiden und bestimmen wollte. Es werden drei Beispiele sein, von denen das erste den Tenor im Modus Hypodorius hat und in vier Stimmen zweifach notiert ist, einmal mit einer *dreifachen Prolatio*, nämlich integra, diminuta und proportionata, zweitens durch ein *dreifaches Tempus*, nämlich integrum, diminutum und proportionatum. So hat dieses *Sebald Heyden* unterschieden, den wir im ersten Buche erwähnt haben. Das zweite Beispiel ist von *Johannes Ghiselin*, in welchem er die Sesquialtera und die Tripla gleichsetzte mit folgenden Zeichen ○ und ○. was man jedenfalls verstehen kann. Aber dass er die beiden mit dem trochäischen Mafs verknüpft hat und zwar mit doppelter Bezeichnung, nämlich mit der Prolatio im Tenor und mit dem Tempus aber im Basse, hiervon könnten wir wohl sagen, es sei dies willkürlich vom Komponisten so gemacht. Doch die Sache ist so viel nicht wert. Der Tenor gehört dem Modus Hypodorius an, wie der vorige. Das dritte Beispiel ist dreistimmig, nach meinem Urteil von allzugrofser Freiheit durch die Vermengung der Tripla, der Hemiolia und des trochäischen Mafses. Die Tripla und Hemiolia entschuldigen die Zeichen ○ und ○ das andere nicht. Aber doch ich verweile länger, als ich sollte, bei dieser neuen Sache. Lasst uns die Gesänge hören, welche wir angegeben haben.

---

¹) Der Originaldruck ist hier so unklar, dass es schwer hält eine genaue Wiedergabe der Zeichen herzustellen, fast scheint es als wenn im Halbkreise ein durchstrichener Punkt stände, doch ist dies eben nicht genau festzustellen.

Erstes Beispiel.

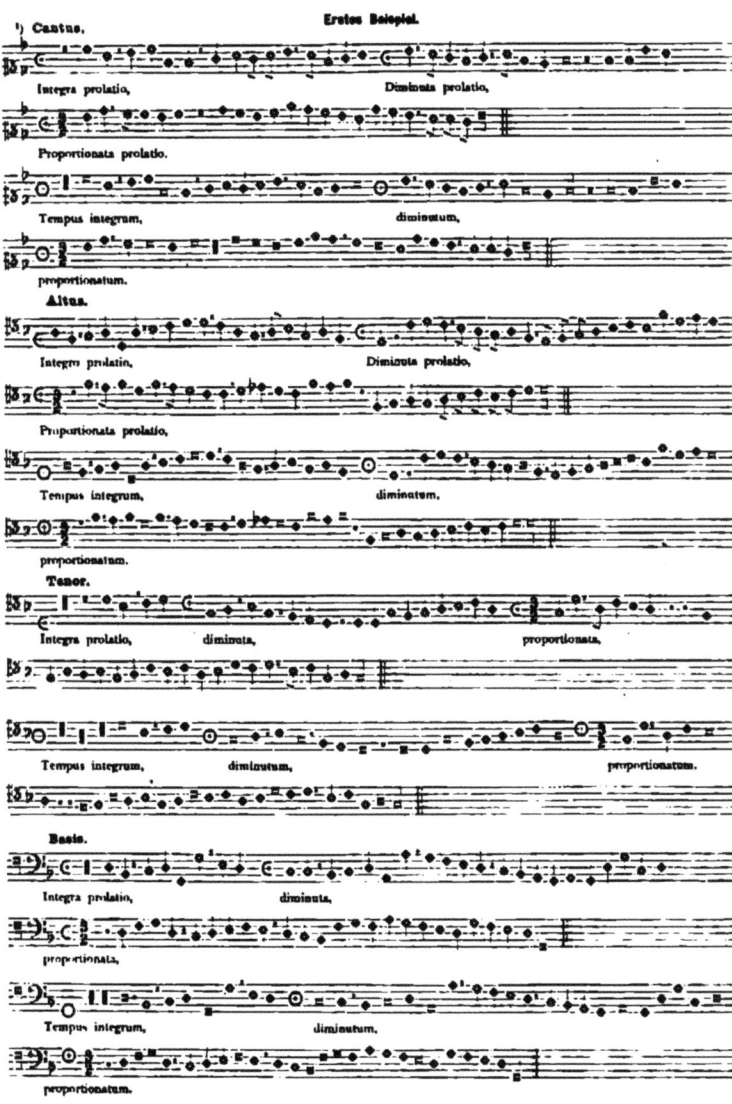

Was wir ferner in dem ersten Buche über die Deductionen der sechs Voces im Cantus
planus aufgestellt haben, wollten wir hier gleichfalls in diesem Gesange insoweit beobachten,
dass nämlich auf die Unerfahrenen, welche nur durch die einfachsten Beispiele geführt werden
wollen, Rücksicht genommen werde. Hierfür diene folgende einfache und einstimmige und
für Knaben berechnete Einführung.

Einfache Aufeinanderfolge der voces musicales.

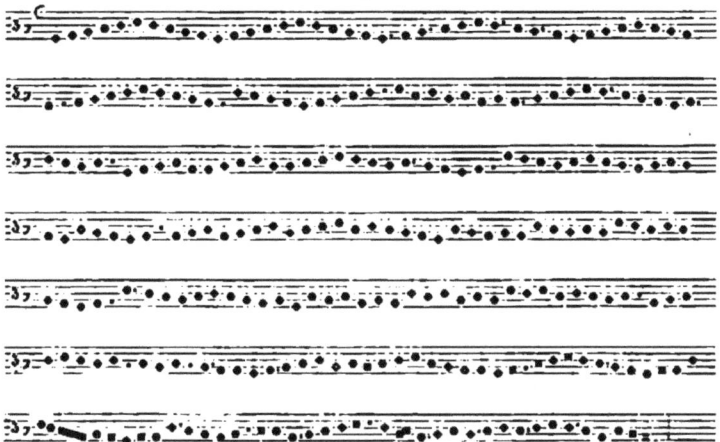

Zwölftes Kapitel

Über die musikalischen Proportionen.

In dem letzten Teile meines Unternehmens möge es mir gestattet sein darzulegen, was
vor mir wohl keiner der musikalischen Schriftsteller gethan hat, dass ich einerseits mit dem
einverstanden bin, was über die musikalischen Proportionen gründlich die meisten geschrieben
haben, weil die Arbeit gelehrt und dem innersten Wesen der Arithmetik entnommen ist, dass
ich aber andererseits nicht damit einverstanden bin, weil dies mir mehr zur Schaustellung des
Genies als für bedeutende Förderung in der Musik erfunden zu sein scheint. Denn um nur
so obenhin über das Genus multiplex, das leichteste unter den fünf Arten der Ungleichheit
zu sprechen, inwiefern unterscheidet sich die dupla ratio von der semiditas oder die quadrupla und octupla von jedwelcher andern Teilung der Imperfekten? Mit der überteiligen
Art hat es, ich weifs es wohl, eine andere Bewandtnis, aber doch konnten sie, mit Ausnahme
des $\frac{9}{1}$-teiligen, die fünf geistreichsten Komponisten entbehren. Über die drei folgenden Arten
habe ich dieselbe Ansicht. Dennoch missbillige ich nicht das fleifsig ausgearbeitete Werk des
Franchinus über die musikalischen Proportionen, sondern ich spreche blofs von der Bequemlich-
keit für den Gebrauch. Die Kunst muss so überliefert werden, wie sie einmal ist. Nun aber
ruft die Sache selbst laut, es sei überflüssig, so viele Proportionen zu beachten, die niemand,
mag er auch im Gesang noch so geübt sein, behalten kann, und die keiner von den gewieg-
testen Musikern unseres Zeitalters aufser in ganz geringem Mafse für die Komposition an-

zuwenden sich herbeigelassen hat, da bei ihnen anerkanntermaßen größere Mühe für das Erlernen als Lieblichkeit oder Annehmlichkeit im Singen sich ergiebt. Deshalb werden wir gerade von dem wohlwollendsten Leser am leichtesten Nachsicht erlangen durch die Kürze; denn wir wollen nur eine kleine Probe hiervon geben. Nach der Definition des *Franchinus* aus Euclid lib. 5 ist die Proportion das gegenseitige Verhältnis zweier beliebig großen Größen derselben Art. In dieser Definition stört mich das, um jeden Scrubel zu vertreiben, nicht sonderlich, dass manche, welche *ratio* von *proportio* unterscheiden, für das Wort *proportio* lieber *ratio* sagen wollen, wie man in unserer Zeit *proportio* von *proportionalitas* trennt; denn wie den Alten *proportionalitas* ein unerhörtes Wort ist, wie ich glaube, so wird man auch *proportio* kaum bei einem klassischen Schriftsteller finden. Allein vieles dieser Art muss hier weggelassen werden. Aber es scheint der Mühe wert, dass wir diese Sache etwas tiefer angreifen, aber kurz, wie anderes. Jede mit einer anderen in Vergleich gebrachte Größe nun ist derselben entweder gleich oder ungleich, was wir der Deutlichkeit halber durch Zahlenbeispiele veranschaulichen werden. Denn jede Zahl, mit einer anderen verglichen, ist dieser entweder gleich oder ungleich; ist sie gleich, so entsteht gar keine Differenz; ist sie aber ungleich, so wird wieder entweder die größere Zahl mit der kleineren verglichen, wie 4 : 2, und die größere wird Ungleichheit heißen; oder es wird die kleinere mit der größeren verglichen, wie 2 : 4, und es wird die kleinere Zahl Ungleichheit heißen. Auf beiden Seiten giebt es fünf Arten der Ungleichheit. Die erste Art ist die vielfache (genus multiplex), wenn die größere Zahl die kleinere einige Male ganz in sich schließt, so dass nichts fehlt und nichts übrig bleibt, was manche „mehrmals genau" nennen. Wenn daher die größere Zahl die kleinere zweimal in sich schließt, so entsteht das doppelte Verhältnis (dupla ratio), wie 4 mit 2 verglichen, wenn dreimal, das dreifache Verhältnis (tripla) wie 3 mit 1, 6 mit 2, wenn viermal, das vierfache Verhältnis (quadrupla) u. s. w. Die zweite Art wird die überteilige (genus superparticulare) genannt, wenn die größere Zahl die kleinere nur einmal in sich fasst und außerdem irgend einen Teil derselben, sei es $^{1}/_{2}$, $^{1}/_{3}$, $^{1}/_{4}$ u. s. w. Ist der Teil $^{1}/_{2}$ so ist es das 1$^{1}/_{2}$teilige Verhältnis (sesquialtera ratio), auch sesquipla, sescupla und griechisch hemiolia genannt, wie 3 : 2, 6 : 4. Wenn es $^{1}/_{3}$ ist, so nennt man es das 1$^{1}/_{3}$teilige Verhältnis (sesquitertia), griechisch epitritus, wie 4 : 3, 8 : 6; wenn es $^{1}/_{4}$ ist, so heißt es das 1$^{1}/_{4}$teilige Verhältnis (sesquiquarta). Die dritte Art ist die übermehrteilige (genus superpartiens), wenn die größere Zahl die kleinere einmal ganz in sich fasst und noch außerdem einige Teile derselben, und zwar heißt es superbipartiens, wenn sie noch 2, wie 5 : 3, und supertripartiens, wenn sie noch drei Teile enthält, wie 7 : 4. Oft wird auch die die Teile benennende Zahl beigefügt, wie 5 : 3 ist die proportio superbipartiens tertias, 7 : 4 die proportio supertripartiens quartas; in den übrigen auf gleiche Weise. Die vierte Art ist aus der vielfachen und überteiligen zusammengesetzt, in welcher die größere Zahl die kleinere entweder zweimal, oder dreimal, und wenn es beliebt, auch irgend einen Teil derselben in sich fasst. So hat 5 : 2 das 2$^{1}/_{2}$teilige Verhältnis (dupla sesquialtera) und 7 : 3 das 2$^{1}/_{3}$teilige Verhältnis (dupla sesquitertia), in welcher die Benennung sesqui nicht, wie im einfach überteiligen Verhältnisse, das Ganze bezeichnet, sondern wir sind nur durch den Mangel der Worte gezwungen so zu sagen; denn wenn wir sagten dupla altera oder dupla tertia, so wäre das undeutlich. Die fünfte und letzte Art ist aus der vielfachen und übermehrteiligen (multiplex und superpartiens) zusammengesetzt, wenn die größere Zahl die kleinere mehrmals ganz und mehrere Teile derselben in sich fasst, wie 8 : 3, welches ist dupla superbipartiens tertias, oder 11 : 4, welches ist dupla supertripartiens quartas. Manche, wie Franchinus, teilen die zwei Arten, das überteilige und übermehrteilige ab nach den aliquoten und aliquanten Teilen. Einen aliquoten Teil nennen sie den, welcher einigemal genommen, genau das Ganze ausmacht, wie $^{1}/_{2}$, $^{1}/_{3}$, $^{1}/_{4}$ etc., einen aliquanten Teil aber nennen sie den, welcher einigemale genommen nicht das Ganze sondern mehr oder weniger ausmacht; z. B. als aliquote Teile von 6 nennen sie 1, 2, 3, aliquante aber 4 und 5. Aber Boethius hat uns hierüber nichts hinterlassen, der doch sonst, wo es die Sache fordert, nicht so ängstlich in der Bildung neuer Worte ist; daher ist es einfacher für überteiliges Verhältnis irgend einen Teil und für übermehrteiliges irgend welche Teile zu sagen, wie das Boethius zu thun pflegte; denn dem pflichten wir ganz bei. Dieselben fünf Arten giebt es auch mit denselben Benennungen bei den minores inaequalitates, nur dass man die Präposition vorzusetzen und zu sagen hat: subdupla, subtripla etc. Aber wie dieses Geschäft stattfindet bei Zahlen und damit verglichenen Tönen, so findet es auch statt bei den Noten verschiedener Stimmen in Rücksicht auf den Wert, und so entsteht hier ein Verhältnis. Und in den Gattungen der gröfseren Ungleichheit (majoris inaequalitatis) werden die Noten nach der Benennung desselben Verhältnisses in ihrem Werte vermindert, aber in denen der kleineren Ungleichheit (minoris inaequalitatis) werden die Noten nach derselben Benennung vermehrt und damit dieses handgreiflicher werde, werden wir über einige, jedoch wenige sprechen und Beispiele beifügen.

Zweifaches Verhältnis (dupla proportio).

Das zweifache Verhältnis nun ist das, wenn die gröfsere Zahl die kleinere zweimal enthält, wie 4 : 2. Wenn aber in dem Gesange Zahlen beigeschrieben sind auf diese Weise ⁴/₁, ¹/₂ ⁴/₂, so wird der Wert der Noten um das Doppelte vermindert: es wird so die Longe für eine Brevis, die Brevis für eine Semibrevis gesungen und die übrigen auf dieselbe Weise. In der subdupla proportio hingegen wird der Wert der Noten um das Doppelte vermehrt: es gilt so die Brevis für eine Longa und die Semibrevis für die Brevis. Aber es muss die Zusammenstellung nach gleichen Verhältnissen geschehen, so dass Perfektes mit Perfektem und Imperfektes mit Imperfektem ins Verhältnis gesetzt wird, sonst wird man oft ein widerliches Verhältnis zu stande bringen, was Franchinus durch Beispiele schön zeigt; die Sache ist eben auch nicht schwer zu verstehen. Die Proportionen werden aufgehoben durch in der Mitte vorkommende Zeichen des Tempus oder durch entgegenstehende Gattungen der Proportionen, so dupla durch dieses und ähnliche Zeichen O (oder durch subdupla. So die tripla und alle übrigen Gattungen durch dieselben Zeichen und durch andere Proportionen, was wir durch Beispiele zeigen werden. Als Beispiel der dupla sei dieses aus Franchinus.

---

[1] Text nach Musicae Epitome sive Compendium etc.

In diesem Gesange hebt das Zeichen C die Proportion auf, welche die folgenden Zahlen wiederum erneuern. Aber wir werden nach demselben Autoren ein Beispiel setzen, wo eine entgegengesetzte Proportion eine Proportion aufhebt, was jedoch nur dann gilt, wenn kein Zeichen dazwischen kommt; denn dann werden die Noten um den doppelten Wert vermehrt, der hier nur in den vorigen Wert zurückkehrt.

Dreifaches Verhältnis (tripla proportio).

Das dreifache Verhältnis entsteht, wenn die größere Zahl die kleinere dreimal enthält, wie 6 : 2. Wenn aber dem Gesange diese Zahlen ³/₁, ⁶/₂, ⁹/₃ beigesetzt sind, so wird der Wert der Noten um das Dreifache vermindert und in diesem Falle gelten die drei Semibreven eine Semibrevis, ebenso drei Breven eine Brevis und in den übrigen auf dieselbe Weise. In subtripla proportion hingegen wird der Wert der Noten um das Dreifache vermehrt. Die Sänger vermindern und vermehren auch in dieser und in andern Proportionen durch Vorausschickung eines Kanons, wie z. B. der Tenor wachse in duplo, triplo, quadruplo etc. Jedoch ein Beispiel des dreifachen Verhältnisses ist dieses aus *Cocläus*.

¹) In musicae Epitome sive etc. sind diese beiden Ligaturen aufgelöst.

23*

Auch diese Proportion wird durch die Zahlen der entgegenstehenden Proportion d. i. der subtripla, aufgehoben, wenn nämlich kein Zeichen dazwischen gesetzt worden ist, was sich aus diesem Beispiele des Franchinus zeigen wird.

Vierfaches Verhältnis (quadrupla proportio).

Das vierfache Verhältnis entsteht, wenn die größere Zahl die kleinere viermal in sich enthält wie 4 : 1. Wenn übrigens dem Gesange Zahlen beigefügt werden, auf diese Weise ⁴/₁, ⁴/₂ ¹²/₆ so wird der Wert der Noten um das Vierfache vermindert, es gilt dann die Longa eine Semibrevis, die Brevis eine Minima und in den übrigen auf dieselbe Weise. Ein Beispiel ist dieses aus *Coclius*.

¹) Text nach *Musicae Epitome* sive etc.

Wir haben übrigens Beispiele dieses und des zweifachen Verhältnisses gesetzt mehr deshalb, weil sie den Lernenden leichter sind, als dass wir glaubten dieselben gehörten so sehr zur Sache oder zu dem nötigen Gebrauch der Musik. Es ist eine Übung des Geistes, aber nicht so wie in anderen Dingen nützlich. Denn wenn jemand dieses Beispiel so setzen wollte, was hindert ihn, dieses unangefochten zu thun?

Cantus.   Tenor.

Dieses Verhältnis wird aufgehoben durch subquadrubla, wenn kein Zeichen dazwischen kommt, wie aus dem schon genannten Beispiel und aus diesem Beispiele des *Franchinus* hervorgeht.

Cantus.

Tenor.

Cantus.   Auflösung:

Tenor.

Es ist schon früher gesagt worden, dass die Noten in den Gattungen der kleinern Ungleichheit in derselben Weise vermehrt würden, wie sie in den Gattungen der gröfseren Ungleichheit vermindert werden, nämlich nach der Bezeichnung des Verhältnisses. Es schien uns ausreichend nur ein Beispiel hierüber aus Franchinus beizusetzen, so dass in andern Gattungen ein ähnlicher Fall, wenn er irgendwo aufstofsen sollte, verstanden werden kann, denn wir lehren hier die Vorschriften anderer und nicht die unsrigen.

Cantus.

Tenor.

Cantus.   Auflösung:

Tenor.

Bis dahin glauben wir über die vielfache Art übergenug gesagt zu haben; hierbei hätten wir uns nicht so lange aufgehalten, wenn es uns nicht bekannt wäre, dass diese Gattungen am leichtesten zu verstehen und zu fassen seien. Jetzt werden wir nur eine Gattung der übertheiligen Art setzen, welche die Gelehrtesten ihren Gesängen unterzumischen nicht verschmähten.

Das 1½teilige Verhältnis (sesoupla oder sesquialtera proportio).

Das 1½teilige Verhältnis entsteht, wenn die größere Zahl die kleinere einmal und außerdem noch die Hälfte derselben enthält, wie 3 : 2, 6 : 4. Im Gesange aber werden die Zahlen so gesetzt ³/₂, ⁶/₄, ⁹/₆ und die Noten werden um die Hälfte vermindert: es wird so nun die Semibrevis mit einer Minima, oder drei Minimen für eine Semibrevis gesungen, desgleichen die Brevis mit Semibrevis für eine Brevis. Hingegen in der subsesquialtera proportio werden die Noten um die Hälfte vermehrt. Ein Beispiel des 1½teiligen Verhältnisses ist dieses aus *Cocläus*.

¹) Cantus.   Tenor.

Cantus.   Auflösung:

Glo · ri · a . . . . In . . . . ex · cel · · · sis . . De · · o.

Tenor.

Glo · ri · a   in   ex · · cel · sis   De · · · o.

¹) cf. S. 175 unten.

Wenn wir dieses Beispiel auch in dem dreifachen Verhältnisse gesetzt haben, so wollten wir es doch hier wieder anführen, damit die Studierenden leichter den Unterschied derselben verständen, aufserdem damit es handgreiflicher werde, in welch grofsen Irrtum die verfallen, welche fälschlich glauben, das dreifache Verhältnis werde durch eine 3 oder das zweifache Verhältnis werde durch eine 2 angedeutet, während doch kein Verhältnis mit weniger als zwei Zahlen bezeichnet werden muss, und im Gegenteil, wenn das gestattet wäre, viel richtiger das 1½teilige Verhältnis durch eine 3 bezeichnet würde, da dieses drei Minimen für zwei hat. Kleiner wäre der Fehler, wenn sie die Diminutio des Tempus perfectum durch eine 3 angeben wollten, worüber wir vieles gesagt haben, als wir weiter oben über die Diminutio Unterweisung gaben. Das ist durchaus nicht mit Stillschweigen zu übergehen, dass in der Prolatio perfecta die perfekte Semibrevis durch das 1½teilige Verhältnis in die Mensur der aufser Verhältnis gesetzten imperfekten Semibrevis kommt, ebenso die perfekte Brevis in die Mensur einer ohne Proportion gesetzten imperfekten Brevis, wie *Franchinus* durch dieses Beispiel zeigt.

Auch der *Color* reicht den Sängern zuweilen zur Bemerkung dieses Verhältnisses aus. Bei *Jakobus Hobrecht* sind hiervon zwei Beispiele in Breven und Semibreven mit beigesetztem Punkte in einem Gesange des *Hypoaeolius*, dem er jedoch unten eine grofse Terz und oben einen Halbton anfügt.

Tenor.

Cantus.

Auflösung:

Tenor.

Bass.

In diesem Basse ist das 1½teilige Verhältnis nicht durch eine Zahl sondern durch das Schwärzen jeder zweiten Note, der ein Punkt beigefügt ist, bezeichnet; derselbe hat einen passenden Ernst, wenn er auch dem Tanze sehr nahe zu stehen scheint. Wir fügen von demselben Autor einen andern Gesang bei, worin die Semibreven nach demselben Verhältnisse eingerichtet sind, welcher auch dem Tanze näher steht, jedoch nicht ohne Anmut ist.

Cantus wie im vorigen Beispiel.

Tenor.

Auflösung:

In diesem Tenor sieht man gegen das Ende das 1½teilige Verhältnis durch Semibreven
eingerichtet, wie in dem Basse des vorhergehenden Gesanges durch Breven. Außerdem hat
hier der Anfang des Basses fast dasselbe Verhältnis in Semibreven, eine wirklich schöne Mensur.
Aber es ist das zu beachten, dass die Zahl wegzulassen ist, wenn das Schwärzen angewendet
wird, und umgekehrt dass, wenn etwa die Zahl angewendet wird, das Schwärzen keineswegs
zur Anwendung kommen darf. In den Minimen habe ich lieber die Zahl gesetzt, als geschwärzt,
damit sie nicht mit den Semiminimen, welche durchs Schwärzen nicht 1½teiligen Verhältnisses
sind, zusammenfallen und den Sängern großes Bedenken und Beschwerde im Unterscheiden
der Semiminimen von den Minimen bereiten, indem die einen im 3- die andern im 2teiligen
Verhältnis sich zeigen. Ferner scheint dieses Gleichmachen dreier für zwei in diesem Verhältnis ungelehrten Komponisten die Gelegenheit gegeben zu haben das 1½teilige Verhältnis mit
einer 3 zu notieren, weil in demselben drei Minimen zweien gleich gemacht werden, worüber
Franchinus vieles auseinander setzt. Aber weder ist dieses Verhältnis mit der perfekten Prolatio
dasselbe, noch ist es durch die Zeichen ⊙ ₵ zu notieren, weil die perfekte Prolatio drei Minimen der imperfekten anderthalben Semibrevis entgegensetzt, aber dieses Verhältnis setzt dieselben einer einzigen alleinigen Semibrevis entgegen. Jedoch über das 1½teilige Verhältnis ist
es jetzt genug. Übrigens ist auch zu bemerken, dass die Pausen Verhältnissen unterworfen
sind, und nicht blos einem einzigen, sondern verschiedenen, je nachdem die Tempora perfekt
oder imperfekt sind. Wir haben aber gesagt, dass die Verhältnisse durch aufstoßende Zeichen
oder entgegenstehende Verhältnisse aufgehoben würden. Aber wenn jenem Zeichen, durch
welches ein Verhältnis aufgehoben worden ist, ein entgegenstehendes Verhältnis folgt, so entsteht ein neues Verhältnis, welches die Noten nach dem Namen des Verhältnisses entweder
vermindert oder vermehrt. Damit dieses deutlicher werde, haben wir über das 1½teilige Verhältnis ein Beispiel des *Franchinus* gesetzt und beschließen damit die Unterweisung.

Dieses, bester Leser, ist ungefähr das, was von den Musikern unserer Zeit gelehrt wird, jedoch von denselben, wie das viele Gesänge beweisen können, nicht genau und auch nicht fortwährend beachtet wird. Das Übrige mag bei Franchinus, einem gelehrten und fleifsigen Manne, gesucht werden; denn ich wollte nicht durch fremde Arbeit geistreich erscheinen, ein Geschäft zwar unendlicher Bemühung aber nicht sehr grofsen Nutzens.

Dreizehntes Kapitel.

Beispiele der zwölf Modi und zwar zuerst des Hypodorius und Aeolius.

Bis dahin haben wir die Regeln oder Vorschriften dieser neuen Kunst, so gut wir konnten, mit Klarheit und Kürze untersucht. Es erübrigt nun noch durch Beispiele darzuthun, dass dieselben sich über alle Modi, welche wir in dem ersten Buche gezeigt haben, verbreitet haben, obgleich fast alle Kantoren dieser Zeit damit unzufrieden sind und dagegen lärmen: so reichlich ist die Natur in ihren Gaben, dass wir unbewusst dieser als unserer Führerin folgen. Wir werden gute, einfache, feine, leicht sangbare und ungezierte Gesänge setzen, einige auch vom gewöhnlichen Volke entnommen, in denen uns die Kraft der Natur ausgedrückt zu sein scheint, den Leser seinem Urteile überlassend; denn nicht allen gefällt alles, und was wir einmal gehört haben, vernachlässigen wir, während es mir doch scheint, dass ein gelehrter Gesang immer berücksichtigt werden muss, wie auch ein gelehrter Gesang eines Poeten, besonders von denen, welche als wahre Musiker erscheinen wollen, d. i. von denen, welche nicht nur nach dem Gehör, sondern auch nach den Regeln der Kunst urteilen. Im allgemeinen aber, da wir in dem ersten Buche die Natur der Modi sorgfältig, und wie ich glaube deutlich genug erklärt haben, scheint dieses hier nicht wiederholt zu werden brauchen, wofern es nicht zuweilen, damit die Blätter nicht leer bleiben, beliebt, manches einzureihen, was jedoch als Beigabe dieses Gesanges erscheint. Hierbei wird es vielleicht angebracht sein, vorauszuschicken, dass in dem neuen Geschäfte noch nicht durch irgend einen bestimmten oder verordneten Volksbeschluss feststeht, auf welche Weise die vier oder noch mehr oder weniger Stimmen zu benennen seien. Denn wie wir ebenfalls erwähnt haben, ist bis jetzt keiner in dieser Kunst von so grofsem Ansehen gewesen, dass man bei seinem Ausspruch allein stehen geblieben wäre, sondern nur der Usus hat uns einige Benennungen gebracht, welcher scheint berücksichtigt werden zu müssen. Nämlich dieser entscheidet nach Willkür über die Kraft und das Gesetz des Ausdrucks, sagt Flaccus. Dieser Usus nennt die oberste Stimme Cantus, die mittlere Tenor, die tiefste Basis, bei Gott nicht unpassend. Denn keine Stimme ist angenehmer als die von Knaben gesungene, so dass mit Recht jene catexochen mit dem Namen Cantus benannt wird. Das Volk sagt häufiger Discantus, so dass es ihn von dem gewöhnlichen Namen Cantus unterscheidet. Der Tenor aber scheint uns so benannt zu werden, weil er gleichsam der Faden des Themas und die zuerst erfundene der Stimmen ist, welche meistens die anderen Stimmen berücksichtigen, nach dem alles geordnet wird. Der Bass aber hat, weil in ihn, wie in ihre Stütze sich alle Stimmen neigen, von seiner Bestimmung die Benennung gefunden; denn wo in einem Zusammenklange diese Stimme weniger stark sein wird, dort werden auch alle übrigen Stimmen verschwindend erscheinen, wie wir in dem ersten Buche gesagt haben, und sie können keine Majestät haben. Die vierte Stimme, welche, wie der Cantus mit dem Tenor, mit dem Basse die Oktave inne hat, hat man Alt, andere Altitonans genannt. Aus diesen vier Stimmen nun, wie aus vier Elementen entsteht durch ein sehr schönes Geschenk der Natur, eine Mischung, der manche noch eine Stimme beifügen, so dass sie aus fünf Stimmen besteht; andere fügen noch zwei Stimmen bei und andere noch mehrere, aber in der That nicht so sehr zum Vergnügen der Ohren, soviel ich davon verstehe, als um ihre Geschicklichkeit zu zeigen. Denn es kann kaum möglich sein, dass der menschliche Geist, durch so Vieles und so Verschiedenes in Anspruch genommen, alles das zugleich aufmerksam betrachte. Daher scheinen mir diejenigen, welche mehr als vier Stimmen zugleich in einen Zusammenklang bringen, es ebenso zu machen, wie die, welche in der Überzeugung, dass ein physischer Körper aus fünf Elementen bestehen könne, zu jenen vier die Quintessenz, wie die gewöhnlichen Physiker unserer Zeit sagen, hinzuzufügen sich bemühen. Sicher kann ein ausgezeichneter Komponist nicht weniger Geschicklichkeit in der Verbindung zweier oder dreier Stimmen zeigen, als in dem Haufen und Gezwitscher mehrerer Stimmen. Ich weifs, dass dies andern anders scheint und ich tadle ihr Urteil nicht; es mag jeder dem folgen, welchem er will; ich habe meine Meinung gesagt. So viel Menschen, so viel Sinn, jeder hat seine Weise, sagt der Komiker.

Übrigens wie die, welche ganze Bücher von Briefen herausgeben, oft Briefe anderer nicht so rein Sprechender ihren eigenen fein ausgearbeiteten beimischen, natürlich damit die Gegensätze, wie die Philosophen sagen, mehr hervorleuchten, was, wie wir sehen, etwas vor unserer Zeit *Angelus Politian* gethan hat; so schien es uns auch in diesen Beispielen nötig, nämlich dass wir jenen so gelehrten Gesängen eines *Jodocus a Prato* und anderer klassischer Komponisten auch die Gesänge anderer beifügten, wenn sie auch nicht so schön sind, damit der Leser aus den Gegensätzen ein wenig schärfer beurteilen könne, als es bisher geschehen ist. Besonders aber ist zu wissen, dass wir dreifache Beispiele, gleichsam solche dreier Zeitalter setzen. Die ersten, von denen wir jedoch nur wenige setzen werden, sind alt und einfach und gleichsam aus der Kindheit dieser Kunst, auf welche Weise nach meiner Meinung vor 70 Jahren die ersten Erfinder sich hören liefsen; denn so viel uns bekannt, ist sie nicht viel älter. Dieser Gesang (dass ich es frei heraussage, was im Herzen sitzt) ergötzt mich zuweilen wunderbar durch seine Einfachheit, wenn ich bei mir der Unverdorbenheit des Altertums betrachte und die Zügellosigkeit unserer Musik erwäge; denn in demselben verbindet sich mit wunderbarem Ernste eine Majestät, welche weit mehr den Ohren eines verständigen Menschen zusagen als das Gezwitscher vieles Unpassenden und das Lärmen der Mutwilligen. Die zweiten Beispiele sind solche der schon reifenden und erstarkenden und endlich gereiften Kunst, wie man vor 40 Jahren bekanntlich gesungen hat. Diese gefallen sehr, da sie als gesetzt den Geist wahrhaft ergötzen. Die dritten sind schon Beispiele der vollkommenen Kunst, der nichts zugefügt werden, die aber auch nichts als das endliche Greisenalter erwarten kann, wie man sie vor 25 Jahren schon gesungen hat. Ist ja leider diese Kunst jetzt in eine solche Ausgelassenheit geraten, dass sie den Gelehrten fast zum Ekel ist, und dieses aus vielen Ursachen, besonders aber deshalb, weil wir, indem wir den Fufstapfen der Ältern, welche das Verhältnis der Modi genau beobachtet haben, zu folgen uns schämten, in irgend einen anderen verzerrten Gesang geraten, der auf keine Weise, aufser dadurch, dass er neu ist, gefällt, was wir schon früher auch irgendwo beklagt haben. Und so werden wir jetzt in Bezug der zwei Modi der ersten Oktavengattung, des Hypodorius und Aeolius, kurz Beispiele setzen, und zwar vom Hypodorius einen zweistimmigen Gesang nach e i n e r Melodie, welche Art einst bei *Okenhm* gebräuchlich war, später von vielen anderen, vorzüglich aber von *Jusquin* glücklich behandelt worden ist; zweitens ein zweistimmiges Beispiel, worin *l'aqueras* und *Jusquin* denselben Text behandeln, nämlich einen sogenannten *Tractus*, jedoch ist in dem Gesange des *Jusquin* der Schluss vierstimmig, den wir von dem übrigen Körper nicht trennen wollen. Drittens werden wir einen sehr alten dreistimmigen Gesang eines unbekannten Autors setzen, viertens einen sehr einfachen vierstimmigen, in welchem aber das Wesen des *Modus* sehr schön ausgedrückt ist. So kommt es, dass den Zahlen auch die Gesänge entsprechen und was die *Monas*, d. i. der Zusammenklang zweier Stimmen aus einer einzigen, betrifft, so werden wir zwei Beispiele setzen, eines aus der Messe „Hercules" von *Jusquin*, das in seinem Sitze gesetzt und in *D* geschlossen ist, das andere ist um eine Quarte höher versetzt nach *G* mit *fa* im b-Schlüssel, wie das im *Dorius* und *Hypodorius* häufig zu geschehen pflegt; es ist aus der Messe „O salutaris hostia" von *Petrus Platensis*. In dem ersten Beispiele geht die um eine Quinte tiefere Stimme um eine Semibrevis voraus; in dem folgenden Beispiele geschieht das Gegenteil, denn es fängt der Tenor an und es folgt der Bass in der Quinte um ein Tempus integrum später.

Erstes Beispiel einer Monas im Hypodorius aus der Messe „Hercules" von Jodocus Pratensis.

(Kanon in einer Stimme notiert.)

Zweites Beispiel desselben Modus von Petrus Platensis.

(Kanon in einer Stimme notiert.)

Aber bis dahin wäre es bezüglich der *Monas* dieses Modus genug; über die *Dyas* hat der Wettstreit der zwei Komponisten *Vaqueras* und *Jodocus Pratensis* ein um etwas längeres Beispiel geliefert, das wir hier beisetzen, damit, wie wir etwas früher erwähnt haben, wir das Urteil des Lesers anregten, genauer zu betrachten, was er in einem jeden lobe und was er tadele. Hierin wird er nämlich unser Urteil vergebens erwarten. Denn aufserdem, dass jeder Vergleich gehässig ist, tritt hier auch das hindernd dazu, dass ich teils darin zu unerfahren bin, als dass ich hierüber etwas Sicheres angeben könnte, teils auch durch zu grofse Neigung zu dem *Jodocus* bestochen bin, da ich ihn nicht mit anderen zu vergleichen pflege, obgleich ich weifs, dass das, was Horaz in betreff eines Vergleichs der Dichter mit Homer gesungen hat:

> Wird auch der *Mäonide* zuerst genannt
> Die Völker kennen *Pindar*, sie kennen auch
> des *Koers* Lied! *Alcäus* Töne
> Leben, *Stesichorus* Muse lebet,

auch für die Klasse dieser Männer passt. Ich weifs, dass wir auch jenen anderen grofsen Dank schulden, welche ich hochschätze, sowohl wegen ihrer Geistesschärfe als auch wegen ihrer nicht geringen Gelehrsamkeit, was wir von *Okenhem, Hobrecht, Isaac, Petrus Platensis, Brumel* und anderen, welche aufzuzählen zu weit führen würde, in diesem Buche oft bezeugt haben. Daher scheinen wir jetzt in diesen Beispielen kurz auseinandersetzen zu müssen, wie sie den Modus *Hypodorius* ausdrücken.

In dem ersten zweistimmigen Beispiele des *Vaqueras* drückt der Tenor uns den *Hypodorius* gut aus, aber der Bass den Dorius, dem er aber aus Mutwillen oben eine Quinte zufügt. In dem zweiten Beispiele desselben zeigt uns der Cantus denselben Hypodorius, dem er oben einen Halbton und unten einen Ton zufügt. In dem Tenor, wenn es auch die Phrasis und sogar die Finale des Hypodorius ist, sind jedoch die Grenzen innerhalb der beiden *Ff*. Aber in dem ersten Beispiele des *Jodocus* bringt uns der Cantus den oben um einen Ton defekten Hypodorius, die andere Stimme aber, der Anmut und jeglicher Lieblichkeit voll, den Dorius mit oben beigesetzter kleiner Terz, was, wie wir oft angegeben haben, im Dorius, Hypodorius und Aeolius sehr häufig ist. In dem folgenden Beispiele aber bringt der Tenor den Hypodorius ohne Absteigen in die Quarte, der Bass aber drückt den Dorius aus, und ebenso verhält es sich auch hernach, wo die anderen Stimmen hinzutreten.

Es folgen je zwei Beispiele zweier Stimmen im Hypodorius.

Beispiel zweier Stimmen des Hypodorius von Vaqueras.

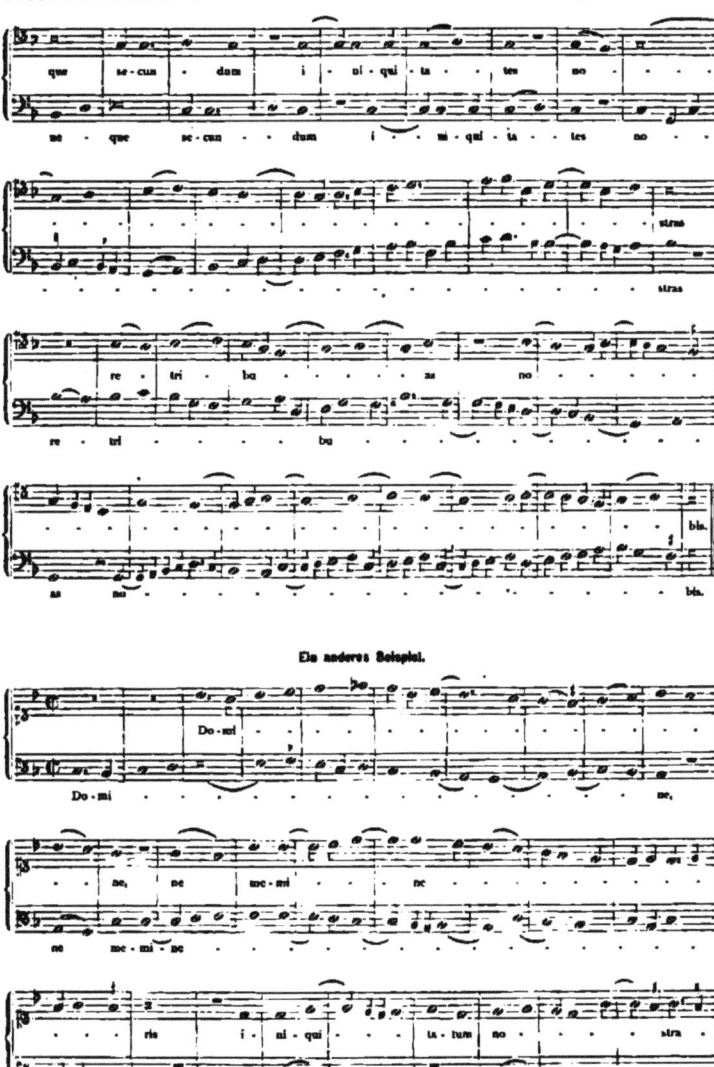

Ein anderes Beispiel.

Beispiel des Hypodorius für zwei Stimmen von Jodocus Pratensis.

Ein anderes Beispiel. (Domine non secundum tacet.)

Vierstimmiges Beispiel des Hypodorius von demselben Jusquin.

Zur bestimmtern und genauern Beurteilung der sämtlichen Beispiele der Modi, welche wir bis jetzt gesetzt haben und ferner setzen werden, schien es der Bemerkung wert und diesem Geschäfte sehr nützlich, dass wir unter vielem anderen, was wir bis jetzt erwähnt haben, auch das dem Leser in Erinnerung bringen, dass eine geheime Verwandtschaft der Modi und ein gegenseitiges Herauswachsen des einen aus dem anderen besteht, die freilich nicht durch den Scharfsinn der Komponisten erfunden, sondern durch die Natur so angeordnet ist. Denn wir sehen es geschehen, dass, so oft ein Tenor des Hypodorius eingerichtet wird, dessen Bass ein *Dorius*, oft auch ein *Aeolius* ist, wie sich in dem folgenden Beispiele zeigt, in welchem, während der Tenor ein Hypodorius ist, der Bass das System des Dorius hat mit oben zugefügter kleiner Terz. Der Cantus und der Alt halten sich zuweilen mit dem Tenor, zuweilen variieren sie. So oft wiederum der Tenor ein Phrygius ist, geraten Bass und Cantus oft in den Aeolius, was man sehen mag in den Klagen der Magdalena, welche wir später im Phrygius anführen werden; zuweilen kommt der Cantus in den Hypophrygius. Ebenso, wenn der Mixolydius im Tenor ist, haben Cantus und Bass das System des Hypomixolydius, welches das des Dorius ist. Desgleichen, wenn der Hypojonicus eingerichtet wird, kommt der Jonicus in den Bass; und endlich, wenn der Tenor die gemeinsame Quinte zweier Modi hat, so sind die Modi selbst rein in den äußersten Stimmen, so der authentische im Bass und der plagalische im Cantus. Im allgemeinen lenkt die Bassstimme lieber in den authentischen und der Cantus in den plagalischen Modus aus einem natürlichen mehr unbegreiflichen als erklärbaren Grunde. Aber sowie in einem Tenore des Dorius und Phrygius der Bass gern in den Aeolius sich begiebt, dessen System vom Dorius nur um einen Halbton verschieden ist, so geschieht es oft, dass der jonische Bass einen lydischen Tenor erhält, wie das bei *Jodocus Pratensis* vorkommt in dem *Agnus Dei* der Messe *Fortuna*, und umgekehrt, ein jonischer Tenor einen lydischen Bass, was oft vorkommt, wie der Leser, wenn er aufmerksam ist, leicht sehen wird. Denn die Cantoren machen dieses nicht absichtlich oder durch ihre Kunst, sondern es entwickt ihnen mehr durch ein Geschenk der Natur als nach ihrem Willen. Jedoch ist das, was ich jetzt gesagt habe, nicht immer beachtet worden, sondern nur in den meisten Fällen, denn oft findet man das Gegenteil, besonders in verkünstelten Gesängen. Aber das erwähne ich deshalb, um den Geist des Lesers zu schlagfertigerm Urteile zu erwecken, denn nichts schärft so den musikalischen Geist, oder nichts ist fürwahr so echt musikalisch, als ein treffendes Urteil über die Modi. Mir wenigstens wollte es als ein Wunder der Natur vorkommen, dass von denen, welche das Verhältnis der Modi nicht kannten, doch oft so schön die Grenzen der Modi beachtet und ihr Wesen ausgedrückt worden ist. Denn wenn sie zuweilen von demselben abweichen und der

Natur nicht folgten, so ist das nicht zu verwundern; denn wo giebt es ein Teil der Natur, in welchem nicht zuweilen ein Irrtum eintritt? Daher pflege ich solche außerhalb der Natur der Modi hinausstürzende Gesänge Monstergeburten zu nennen, welcher Art man überall findet. Jetzt werden wir eine sehr alte dreistimmige Cantilene anführen, von der ich nicht sagen kann, wie sehr sie mich immer angelächelt, oder vielmehr, wie oft ich sie angelächelt habe, so sehr hat die Einfachheit derselben mein einfaches Gemüt gleichsam bezaubert, so dass ich mich an derselben niemals habe satt hören können. Der Leser möge dieses meiner thörichten Gemütsempfindung zu gute halten, bitte ich wiederholt. In derselben ist der Tenor ein rechter Hypodorius, der Bass ein Dorius mit oben beigefügter kleiner Terz, die diesem Modus und dem Dorius und Aeolius gemeinsam ist; der Cantus ist in der Phrasis und in der Finale ein Hypodorius, aber wegen der Übereinstimmung mit dem Tenor steigt er hinab in die gemeinsame Quinte der beiden Modi mit wirklich nicht geringer Anmut. Die Worte sind nicht von dem Autor selbst, sondern später von irgend einem anderen beigefügt; zwar sind sie fromm, aber ich weiß nicht, ob überall die Silben gut angepasst sind; unser Urteil betraf die Harmonie.

Dreistimmiges Beispiel im Hypodorius von einem unbekannten Autor.

Der folgende vierstimmige Gesang ist von *Antonius von Vinea* aus *Utrecht* in Belgien. In demselben schreitet der Tenor, weil er derselben Oktave zweier Modi angehört, einher, als wenn er ein Aeolius wäre; dass er jedoch der Hypodorius ist, beweist die tiefere Oktave und auch die Finale. Der Bass aber erhebt sich ganz feierlich um eine kleine 'Terz, die diesem Modus und den zwei anderen Modi, dem Dorius und Aeolius, gemeinschaftlich ist. Der ganze Gesang aber hat in allen Stimmen eine angeborene Anmut, so dass man einen Schlafenden

---

¹) Glarean hält an dem b (nicht a) besonders fest.

wirklich erwachen sieht. Der Cantus ist einfach und keineswegs gesucht mit allerlei Schmuck, nicht ausschreitend mit allerlei Lockmittel; deshalb muss er auch bei den Angesehensten mit Recht mehr Achtung geniefsen und gerade durch die Anmut den Leser anlocken. Soweit über den Hypodorius. Ihm ist verbunden der Aeolius in derselben Oktavengattung nach Heraclid bei Athenäus lib. 14, wie wir in dem ersten Buche gezeigt haben. Nach dem letzten vierstimmigen Beispiele dieses Hypodorius, werden wir hintereinander mit einer kleinen Vorrede Beispiele des Aeolius anführen.

Vierstimmiges Beispiel des Hypodorius. Antonius à Vinea, Traject.

(Cant. 4.)

Über die Beispiele des Modus Aeolius.

Der andere Modus dieser Oktavengattung ist der Aeolius, über den wir in dem vorigen Buche hinreichend gesprochen haben. Hier mögen nur die Beispiele desselben behandelt werden. Dieser Modus entfällt in der That den Komponisten, indem die Natur sie dazu anleitet oder sozusagen zwingt. Denn da sie den Dorius aus Mutwillen ändern wollten in der obern Oktave, gerieten sie, ohne es zu wissen, in den Aeolius, ebenso wie wir von dem Lydius gesagt haben, den sie durch dieselbe Ausschreitung später in den Jonicus mehr verdreht als gebracht haben. Ich werde vier Beispiele der Monas anführen, von denen die drei ersten die *Dyas* in der *Monas*, d. h. zwei Stimmen in je einer Stimme haben; das vierte Beispiel hat deren sogar drei. Das erste Beispiel ist von *Jakob Hobrecht*, der in Rücksicht der Zahl und der Majestät der Gesänge nach dem Urteile des *Erasmus von Rotterdam*, unseres Lehrers, und auch nach unserm Urteil keinem nachsteht. Er war der Lehrer des *Erasmus* in der Musik, als dieser noch Knabe war, wie ich aus dessen Munde vor vielen Jahren selbst gehört habe. In diesem Gesange ist das System des Aeolius mit einer oben zugefügten kleinen Terz oder Quarte. Das andere Beispiel, ebenfalls mit derselben kleinen Terz oben, ist von *Jodocus Pratensis*. In demselben ist zwar die Phrasis wirklich aeolisch, jedoch der Schluss jonisch, was *Jodocus* oft ohne Bedenken gethan hat, indem er Annehmlichkeit und Anmut lieber in der Seltenheit als in dem Verhältnis und der Beschaffenheit des Modus suchte. Das dritte Beispiel ist von *Jusquin* aus der nach der Fuge gemachten Messe, in welchem die höhere Stimme beginnt und nach zwei Tempora die tiefere in der Unterquarte folgt. Es ist aber das wahre System des Aeolius und nicht das des Dorius, wie manche geschrieben haben, auch geschlossen in der untersten Saite der Quinte. Das vierte Beispiel, dessen Autor unbekannt ist, hat die Dreistimmigkeit in der Einstimmigkeit. In demselben herrscht die Phrasis des Aeolius in einer Doppeloktave, aber nach dem dritten Tempus zeigt sich auch das System des Dorius, weiter darnach herrscht lange der Phrygius und zuletzt in der oberen und unteren Oktave der Aeolius. Diesen Gesang können drei Stimmen gleichmäfsig beginnen, jedoch es möge die tiefere Stimme anfangen, dann die hohe und endlich die mittlere einstimmen, und sie werden ihn in der Doppeloktave, den Sitzen des Aeolius oben und unten sehr schön beschliefsen. Jedoch lasst uns jetzt das erste Beispiel *Hobrechts* hören!

Erstes Beispiel einer Monas im Aeolius von Jacobus Hobrecht.

(Canon in einer Stimme mit doppelt so langen Noten unter ₵ notiert.)

Zweites Beispiel einer Messe im Aeolius von **Jodocus Pratensis.**

(Canon in einer Stimme mit doppelt so langen Noten unter C notiert.)

Drittes Beispiel einer Messe im Aeolius von demselben Autor.

Ple - ni   . . . sunt   . . . .   coe - li . . . .   et   ter - ra   . .

Ple - ni . . . sunt . . .   coe - li . . . . et

(Canon in einer Stimme mit doppelt so langen Noten unter C notiert.)

Viertes Beispiel einer Messe im Aeolius von einem unbekannten Autor.

(Canon in einer Stimme ohne Taktzeichen notiert.

Dies dürfte bezüglich der Monas des Aeolius genügen. Über die *Dyas* war mir kein Beispiel zur Hand. Über die *Trias* werden wir aber ein sehr schönes Beispiel von *Jakob Hobrecht* anführen, worin der Bass sehr schön diesen Modus hat. Übrigens haben einige einen Alt beigefügt, aber wir pflegen dem Leser nur Echtes zu bieten und nicht Verfälschtes aufzudrängen. Es ist wunderlich, dass manche sich ein Vergnügen daraus machen, anderen ihre Possen so unüberlegt anzuhängen. In der That, wenn du in deinen eigenen Werken solches ungern geschehen siehst, weshalb wirst du dich nicht bei fremden davor hüten? Jedoch ich wasche einen Stein. — Der Cantus und der Tenor sind hypoaeolisch, obgleich ersterer unten die hypodorische Quinte annimmt, so dass er zwischen *a* und *a* sich hält, der Tenor aber zwischen *G* und *g*, indem nämlich oben ein Ton fehlt, den er unten zusetzt, auf welche Weise *Jodocus Pratensis* das *Gaudeamus* aus dem Dorius zu einem Aeolius machte, wie wir in dem vorigen Buche 36. Kap. gesagt haben.

Beispiel einer Trias im Aeolius von **Jacobus Hobrecht.**

Über den jetzt folgenden vierstimmigen Gesang.

Der folgende Gesang von *Adam von Fulda*, einem Franken, ist auch in der Landessprache zierlich komponiert und wird in ganz Deutschland gesungen. In demselben zeigt der Tenor recht den Aeolius, dem oben eine kleine Terz und unten ein Ton zugefügt ist, was auch der Dorius und Hypodorius haben, wie schon öfter gesagt worden ist. Die durch die Quarte und Quinte geteilte Oktave des Modus umschließt sehr gut den Tenor. In unserer Zeit halten dieses die Cantoren zu großer Schande der Kunst für einen Dorius, während doch diese beiden Modi zwei verschiedenen Oktavengattungen angehören: der Aeolius der ersten und der Dorius der vierten. In diesem Gesange ist uns etwas Wunderliches passiert: als wir den Text desselben ins Lateinische übertragen wollten, weil wir dieses nicht nur für die Deutschen, sondern auch für andere Nationen schrieben, wollten wir, so gut es ginge, die einzelnen Silben den einzelnen Noten anpassen, d. h. den kurzen Noten kurze Silben und den langen Noten lange Silben geben, und so ergab sich uns, ohne dass wir einmal daran dachten, folgendes Gedicht, wie man es unten sieht. Einiges unvollständig, Anderes unschön; jedoch die Noten selbst waren Schuld, weil man sie nicht ändern durfte, dass nicht alles ganz vollkommen wurde.

O vera lux et gloria	Dimetrum jambicum acatalecticum.
Altissimi Patris	Dimetrum jamb. brachycalect.
Jesu redemptor humanae gentis,	Dimetrum jamb. scazon hypercalect.
Spes simulque salutis portus.	Dimetrum trochaicum sed scazon.
Oramus te, mundi decus Patris honos,	Trimetrum jamb. catalecticum.
Intende rebus hominum pene perditis	Trimetrum jamb. acatalecticum.
Quas, tu nisi pedo vides propitio, collapsuras,	Quadratum jamb. catalect.
Casuque pessimo mox	Dimetrum jamb. catalect.
Ruituras, certius nihil.	Dimetrum jamb. acatalect.
Tot fulgurant miseriae,	Dimetrum jamb. catalect.
Hostisque noster animo	Dimetrum jamb. catalect.
Nequissimus.	Monometrum jamb. catalect.
Defensa Christe, quos cruore redemisti	Trimetrum jamb. acatal. sed. scazon.
Coelum domicilium da nobis, fiat. Amen.	Hexametrum heroicum sed. claudum.

Beispiel des Aeolius für vier Stimmen von Adam von Fulda, Francus German.

(NB. Im Tenor die Melodie zu „Ach hülf mich leidt vnd senlich klag"; Tonsatz wahrsch. nach Arni von Aich, fol. 22.)

des pro-pi - ti - o col- la-psu - - ras ca - su - - que pes - si- mo mox
ti - o col-la - psu - - - - ras ca - su - - que pes-si-mo mox ru - i - tu-
col- la - psu- ras ca - su- que pes - si- mo mox ru - i - tu - ras cer-
o col - la - - - - - psu - ras ca - - - su - que pes-si-mo . . mox
ru-i-tu - ras cer-ti-us ni - - hil. Tot fulgu- rant mi-se - ri - ae, ho-stis- que no-
- - - ras cer-ti- us ni- - hil. Tot fulgu- rant mi-se -ri - ae, ho - stis -que no-
ti-us ni- hil. Tot ful - gurant mi-se-ri- ae, ho - stis- que no-ster a - ni-mo
ru - i - tu - ras cer-ti - us ni-hil. Tot ful - gu-rant mise - ri - ae, ho - stisque noster a - ni-mo ne-
- ster a - nimo ne - quis - si-mus. Defensa Chri-ste, quos . . cru - o - re
ster a - ni- mo ne - quissi -mus. Defen - sa Chri- ste, quos cru - o- re . . . . re - de-
nequis - si- mus. De - fen- sa Chri- ste, quos cru- o - re re- de - mi- sti,
quis - - - - si - mus. De - fen - sa Chri - ste, quos cru - o - - re re-
re - de- mi - sti, coe - lum do- mi-ci - li- um da nobis, fi-at. A- men.
- mi- sti, coe - lum do-mi-ci- li - um da nobis, fi - at. A- men.
coe- - lum do-mi - ci- - li - um da no - bis, fi - at. A- men.
- de - mi - sti, coe - lum do - mi - ci - li - um . . . da nobis, fi - at. A - men.

Wir werden aber ein anderes Beispiel dieses Modus von unserem Freunde *Damian à Goes*, einem portugiesischen Ritter und Edelen und ausgezeichneten Komponisten unserer Zeit, beifügen, welcher, nachdem er fast ganz Europa durchwandert hatte, hierher zu *Erasmus* an den Fuß des Schwarzwaldes kam, bei dem er mehrere Monate zu Gaste war; es entstand unter uns Bekanntschaft und wir schlossen eine Freundschaft, welche, so lange ich lebe, niemals aufhören wird. In dem Basse und Cantus dieses Gesanges ist die wahre Formel des Aeolius, die dritte Stimme füllt nach keiner der beiden Seiten hin den Modus aus, sondern beteiligt sich an den beiderseitigen Enden und vermischt sich mit ihnen. Die Worte aber sind aus dem 7. Kap. des Propheten Michäas.

Ein anderes Beispiel des Aeolius von dem Portugiesen Damian à Goes.

per me,) qui - a ce - ci - di, (ce- ci - - di,) qui-
me, qui- - - - a ce - - - - - - - ci-
a ce - ci - di, qui - a ce - - - - ci - di, qui-
a ce - - - ci - di, qui - a ce - - - - - ci- di,
di, qui - a ce - - - - - - - - ci - di, con-
a ce - - - ci - - di, con - sur -
con - sur - gam, - - - - cum se - de -
sur - - - - gam, cum se - - - de - m,
gam, cum se - de - m, con - sur - - - -
m, se - de - m, In - - te - - - -
con - sur - - - - gam, - - cum - se- - de-
gam, cum - - se - - de - m, In te - -
ne - bris Do - - - - mi - - nus lux me-
m, In - te - - - - - ne- bris (Do - mi- nus lux me - a
ne - bris Do - - - - mi - nus lux - - me - -

Vierzehntes Kapitel.

Beispiele über den Hypophrygius.

Jetzt sind Beispiele des hypophrygischen Modus zu setzen, über den wir nur das voraus-zuschicken nötig haben, was wir in dem vorigen Buche erinnert haben, nämlich dass die Ge-sänge dieses Modus selten seien, welche entweder in das grofse *B* hinab- oder über das kleine *b* nicht·hinaufstiegen; daher halten sie sich innerhalb der beiden *Cc*, als wenn sie jonische wären, von denen sie jedoch sehr weit abstehen. Öfter geschieht es auch bei den Komponisten, dass sie bis in das kleine *d* hinauf und nicht unter *D* hinabsteigen, was auch bei seinem Haupt-modus, dem Phrygius der Fall ist, wie wir auch in dem vorigen Buche 36. Kap. durch das Beispiel des *Pange lingua* gezeigt haben, so dass es wahr ist, was manche Musiker sagen, dass wirklich keine zwei Modi näher verbunden würden, als der Hypophrygius und der Phrygius, denn häufig werden sie vereinigt und bewegen sie sich innerhalb der Oktave, None und Decime, während die andern auch über die Undecime hinausgehen nämlich zur Oktave mit Quarte. Nach der im vorigen Kapitel beschriebenen Form werden wir drei Beispiele dieses Modus an-führen, zuerst ein dreistimmiges, einfach und alt und der erst emporkommenden Musik an-gehörig, in dessen Cantus oben und unten zu der Oktave dieses Modus ein Ton beigefügt worden ist. In dem Tenore fehlt unten ein kleiner Halbton, welcher oben zugleich mit einem Tone beigefügt worden ist. Im Basse hingegen findet der oben ausgelassene Ton unten seinen Platz; die Phrasis jedoch ist aeolisch. Das zweite Beispiel ist vierstimmig und gehört dem schon gelehrtern und geübtern Jahrhundert an; Cantus und Tenor, wie in dem vorigen; der Bass ist um eine kleine Terz tiefer, die Harmonie besonders ernst und den Modus schön aus-drückend. Das dritte Beispiel ist in allen Stücken vollkommen, wie seit nunmehr 20 Jahren die auf ihrem Höhepunkt angekommene Musik strahlt. Aber wie dieser Gesang mehr genial ist, so ist er auch weit mehr zügellos; das ist meine Meinung. Dem Leser, wie wir das stets bemerkt haben, steht es gleichsam frei, zu urteilen, wie er will. Die Worte des ersten Bei-spieles sind aus dem 11. Psalm.

Erstes Beispiel über den Hypophrygius.

Va-

Zweites Beispiel des Hypophrygius von dem Deutschen **Heinrich Isaac.**

28*

¹) a statt f wäre vielleicht noch besser.

Drittes Beispiel des Hypophrygius von Jodocus a Prato.

Ott, Sammelwerk 1538, Nr. 40, schreibt diesen Tonsatz Heinrich Finck zu und setzt ihn in das Tempus perfectum mit vielfachen Varianten (siehe den Abdruck im H. Finck, S. 80 neue Ausgabe, Publikation Bd. 8). Das Jenaer Exemplar dieses Sammelwerkes verbessert Finck in Hellinck. Petrucci in 1504 Fo. 25 teilt den Satz ohne Autor mit.

Ein Beispiel des Modus Hyperaeolius.

Beispiele von den Modi, die wir bis jetzt vorgenommen haben, sind uns überall aufgestofsen; jedoch von diesem und folgenden Modus nicht. Soviel mir bekannt, wird ein vollständiges Beispiel dieses Modus nicht gefunden, aber wie es gebildet werden könnte, haben wir in dem vorigen Buche bemerkt. Bei *Petrus Platensis* habe ich ein um eine kleine Terz oben defektes Beispiel mit unten zugefügtem Tone gefunden; da jedoch die Messe nach dem Aeolius notiert ist, dem oben ein Ton fehlt, den er unten hat, wie wir gegen Ende des 36. Kap. in dem vorigen Buche gezeigt haben, werden wir dasselbe sogleich anführen, wenn wir erst das Beispiel des in unserer Zeit so ausgezeichneten Komponisten *Sixtus Dietrich*[1]) gesetzt haben, was er uns neulich aus Constanz geschickt hat. In demselben bewegt sich der Tenor zwischen *b* und *bb* mit oben hinzugenommenem Tone nach dem Gesetze der authentischen Modi und hat so die ganze Oktave über der Finale, so dass er mit Recht den authentischen zugezählt werden könnte, wenn er nämlich in die Zahl der Modi aufzunehmen ist. Über denselben ist nicht mehr nötig, weil wir in dem vorigen Buche, so viel ich weifs, nichts über denselben vernachlässigt haben.

Sixtus Dietrich. (Hyperaeolisch.)

Folgender Gesang scheint dem Autor unwillkürlich entfallen zu sein; der Tenor desselben hat, wie gesagt, die Finale des Modus, der Oktave desselben fehlt oben eine große Terz, unten setzt sie einen Ton zu. Die übrigen Stimmen entfernen sich nicht weit von der Natur des Phrygius, während die ganze Messe, wie schon gesagt, von dem Autor nach dem Modus Aeolius eingerichtet ist.

Ein anderes Beispiel des Hyperaeolius von **Petrus Platensis** (ex Missa super B. Antonii).

Fünfzehntes Kapitel.
Über den Hypolydius.

Auch von diesem Modus sind Beispiele bei den Komponisten unserer Zeit nicht im Gebrauch; bei den Alten jedoch waren sie, wie wir in dem vorigen Buche gesagt haben, nicht ungebräuchlich. Unsere Musiker verändern in demselben Modus die dritte Quintengattung *fa fa* in die vierte *ut sol*, bei Gott keine Kleinigkeit, weil er nämlich auf diese Weise in den Hypojonicus gerät, welcher ein ungleich schönerer und weicherer Modus ist als dieser. Nun hat diesem Modus die Anlockung des Hypojonicus so geschadet, dass sie ihn fast aufgehoben und vernichtet hat. Beispiele dieses Modus sind, wie wir in dem vorigen Buche gesagt haben, der Introitus in der Fastenzeit „Esto mihi" und der von den Bekennern „Os justi", auserdem andere Gesänge, von denen aber nicht wenige in irgend einem Teile verdorben sind; so wenig können die weichlichen Ohren unserer Zeit etwas nur einigermafsen Rauhes ertragen. Weil ich aber, wie schon gesagt, bei den Komponisten unserer Zeit kein Beispiel dieses Modus fand, welches nicht auf irgend eine Weise verunstaltet, nämlich in den Hypojonicus gezwängt gewesen wäre, da ersuchte ich einige Bekannten dieser Gegend, dass sie dieses Geschäft übernehmen und auf würdige Weise behandeln sollten. Da hat *Gerard von Salice*, Priester unserer hlg. Religion, ein geborener Belgier, welchem Lande diese Kunst sehr viel verdankt, den Introitus *Os justi* würdig genug, wie es mir schien, ertönen lassen, indem er nur an einer Stelle über der Oktave des Modus einen Ton hinzunahm, welche Licenz in allen Modi gestattet ist. Der Cantus zeigt auch innerhalb der Grenzen dieses Modus vortrefflich dessen Wesen; der Bass ist wahrhaft lydisch, demselben ist jedoch oben eine grofse Terz zugefügt. Der Psalm *Laudate Dominum* ist von einem gewissen *Antuacensis*,[1]) in welchem, während der Cantus den Hypolydius, der Tenor den Lydius zu geben scheint, der in allem konfuse Schluss jedoch bewirkt, dass im Basse besonders die Teilung unbestimmt ist; die Phrasis selbst ist die der beiden Modi mit *mi* im b-Schlüssel. Der Leser möge sich mit diesen Beispielen begnügen, denn zur Darlegung der Sache reichen sie aus. Wir schicken jedoch eine Monas voraus, in welcher der Alt von dem Tenor aus in der Quinte nach einer Semibrevis anfängt; der Modus bewegt sich schön zwischen *C* und *c*. Darauf wird eine Dyas beigefügt, worin der Tenor, während oben ein Ton hinzugenommen wird, in denselben Schlüsseln eingeschlossen wird; der Cantus aber, indem er oben einen Ton und unten einen Halbton zusetzt, ist gleichfalls in *c* und *Cc*, dem natürlichen Systeme dieses

---

[1]) Der Tossats selbst ist mit *Legendre* gezeichnet, *Antuacensis* deutet also auf seine Geburtsstadt. Siehe auch Eitner's Bibliographie der Musik-Sammelwerke p. 584 unter Gendre.

Modus, eingefügt, wiewohl die Anfänge ziemlich auseinanderstehen. Der Autor der beiden ist *Gregorius Meyer*, über den in folgendem mehr.

Beispiel des Hypolydius von dem Niederländer Gerard von Salix.

Beispiel des Hypolydius von Legend (Legendre).

Sechzehntes Kapitel.

Beispiele über den Jonicus.

Der andere Modus der dritten Oktavengattung von *C* bis *c* ist der Modus Jonicus, der auch Jastius heißt und in unserer Zeit sehr gebräuchlich ist, auf den die Kantoren und Komponisten jedes *ut* beziehen, wie wir in dem vorigen Buche über denselben ausreichend geschrieben haben. Wir werden drei Beispiele desselben anführen: das erste, zwar sehr gelehrte, zwei- und dreistimmige, ist von *Jodocus Pratensis*; in demselben hat der Cantus die deutliche Phrasis des ganzen Modus, der Tenor nur die Quinte, darauf an zweiter Stelle der Bass den ganzen Modus in der That mit solcher Mäßigung und solcher Anmut, wie es sich einem Menschen geziemte, um damit seinen Schöpfer zu verehren. Das zweite jugendliche Beispiel hat *Adam Luyr* aus *Aachen* in seiner Jugend gemacht und mir in Köln einst überreicht, als ich dort Mathematik lehrte. Das dritte ist von *Johannes Richafort*, der im Komponieren der Stimmen in unserer Zeit sehr gerühmt wird. In allen Beispielen dieses Modus findet eine Versetzung durch die Quarte von dem eigentlichen Sitze statt, damit der Bass innerhalb der Skala Platz habe und nicht außerhalb derselben umherirre, was auch in den meisten anderen Modi, wie im Dorius und dessen plagalen Modus, dem Hypodorius, und in dem plagalen dieses, dem Hypojonicus zu geschehen pflegt. Denn hierzu ist das Tetrachord Synemmenon nützlich, sonst müßte es von der Skala geradezu verbannt werden, indem es uns mehr Verwirrung als Nutzen bringt. Über das Wesen dieses Modus will ich mehr nicht anführen, weil wir früher über denselben genug gesagt haben, und weil er allen bekannt ist. Ich würde freilich auch nicht so viele Beispiele angeführt haben, wenn ich nicht durch Zufall zu diesem Entschluss gebracht worden wäre. Auch ein schönes fünfstimmiges Beispiel des Modus giebt es, das „Stabat mater dolorosa" von *Jodocus Pratensis*, eine edele Komposition, die wir aber, weil sie in aller Hände ist, mit Fleiß weggelassen haben.

Zweistimmiges Beispiel über den Jonicus von Jodocus Pratensis.

Ein zweites Beispiel des Jonicus von Adam Luyr aus Aachen.

Ein drittes Beispiel des Jonicus von **Joannes Richafort.** (Evangeliorum. 1554 a, Nr. 28.)

Siebzehntes Kapitel.

Beispiele über den Dorius.

Dieser Modus wäre mit dem gröfsten Rechte der erste, sowohl wegen seines ehrwürdigen Ernstes als auch wegen einer gewissen erhabenen und unbeschreiblichen Majestät; weil er aber der vierten Oktavengattung angehört, so blieb er uns der sechste in dieser Ordnung. Das gewöhnliche Volk, obgleich es dies nicht weifs, schützt und verteidigt immer noch seine Würde und macht ihn sogar zum ersten. Die Ursache davon haben wir in dem 1. Buche 7. Kap. angegeben. Jetzt werden wir mehrstimmige Gesänge in ihm behandeln, nicht seiner Würde gemäfs, wie wir es allerdings müssten, sondern unseres Verfahrens gemäfs, indem wir nur das eine oder das andere Beispiel anführen, damit man uns nicht vorwerfen kann, wir hätten nichts über denselben gesagt; denn er ist sehr gebräuchlich und viele Tausende von Gesängen werden nach ihm gefunden. Denn welcher Komponist hätte nicht zuweilen nach diesem Modus Begrüfsungen der h. Jungfrau versucht und dieses häufig in einem Wetteifer mit anderen, welcher Kampfesart sich gerne *Jakob Hobrecht* bestrebte, der ja alle Komponisten seiner Zeit übertraf, was er in der Messe „Hercules dux Ferrariae" schien zeigen zu wollen; denn was er auch zu sagen unternahm, war, wie der Dichter sagt, ein Gesang. Prächtig ist dessen nach diesem Modus gesungene Begrüfsung der h. Jungfrau. Wir werden vier kurze Beispiele dieses Modus anführen: das erste von *Gregorius Meyer*, eine Monas, aus der eine Dyas entsteht, worin der Modus sehr gut zwischen *D* und *d* sich erstreckt und der Bass unter dem Thema in der Quinte nach drei Semibreven beginnt; das zweite Beispiel ist zweistimmig von *Antonius Brumel* aus der Messe „Festivali" (denn so nennt er sie), gelehrt, dabei auch angenehm und in beiden Stimmen den Modus schön ausdrückend; das dritte Beispiel ist dreistimmig von *Thomas Tramen* aus *Aachen*, welcher der Lehrer des jungen *Adam*[1]) gewesen ist, dessen wir beim Jonicus gedachten; das vierte Beispiel ist vierstimmig von *Johannes Mouton*, dem Komponisten Königs Franz von Frankreich zur Zeit, als ich in Paris lebte.

Beispiel einer Monas im Dorius von Gregorius Meyer.

(Canon in einer Stimme notiert.)

---

[1]) Adam Luyr, Kap. 16.

Zweistimmiges Beispiel im Dorius von Antonius Brumel.

¹) Glarean bezeichnet den Bass als im Aeolius stehend.

Viertes Beispiel des Dorius von **Joannes Mouton.**

33*

Zweiter Teil.

Achtzehntes Kapitel.

Über den Hypomixolydius.

Dieser Modus hat bei den Alten drei Namen, denn er wird Hypomixolydius, Hyperjastius und Hyperjonicus genannt. Den Grund hiervon haben wir in dem vorigen Buche 22. Kap. angegeben. Daselbst ist auch gesagt worden, dass er mit dem Dorius dasselbe System habe, sich jedoch durch die Teilung und die Finale unterscheide. Auch ist daselbst gesagt worden, dass er der plagale Modus des Mixolydius sei, mit dem er die Quinte *ut sol* gemeinsam und die Quarte *re sol* unten habe, die der Mixolydius oben hat. Dieser Modus war bei den Alten in grofsem Gebrauche, jetzt ist er nicht mehr so gebräuchlich. Zwar komponieren die Komponisten unserer Zeit die alten Themata sehr schön vierstimmig, aber sie selbst erfinden selten neue. Jedoch ein Beispiel dieses Modus für vier Stimmen von *Johannes Vannius* aus dem Breisgau werde ich beifügen, welches dieser ertönen liefs, als er sich in Freiburg in der Schweiz als Komponist aufhielt im Jahre 1516. Zu dieser Zeit rieten die Einen, während die Anderen, zu denen auch ich gehörte, den Schweizern widerrieten, mit Franz, dem Könige von Frankreich, Frieden einzugehen. Dieser Gesang, welcher den Gelehrten sehr gefiel, glaubte ich anführen zu müssen; der Leser selbst möge urteilen. Es ist auch der Gesang „Salvator mundi" von *Johannes Mouton* sehr schön, welcher allgemein gebräuchlich und daher hier weggelassen ist; ebenso die Messe „Si dedero" von *Jakob Hobrecht*, die wir in 8. Kap. dieses Buches erwähnten. Übrigens zwängt *Jodocus a Prato* das nach diesem Modus komponierte „Sanctus de B. M. V." in das Tetrachord Synemmenon, indem er jedoch das System unverändert lässt. Wir werden ein sehr schönes Beispiel desselben von zwei Stimmen beisetzen, wie es jener um eine Quarte von dem eigentlichen Sitze erhoben aufgestellt hat. Der Tenor drückt den Modus rücksichtlich des Umfanges, der Mitte und des Schlusses gut aus, der Bass aber hat den authentischen Modus desselben, den Mixolydius, obgleich oben eine grofse Terz zugefügt wird und das Ende sich mit dem plagalen verbindet, was jenem Autoren sehr geläufig gewesen ist, wie wir in Früherem öfter beklagt haben. Aber lasst uns jetzt das erste Beispiel, die Dyas in der Monas von *Gregorius Meyer* hören, in welchem der Alt nach 1½ Tempus über dem Tenor in der Quinte anfängt.

Gregorius Meyer.

(Canon in einer Stimme notiert.)

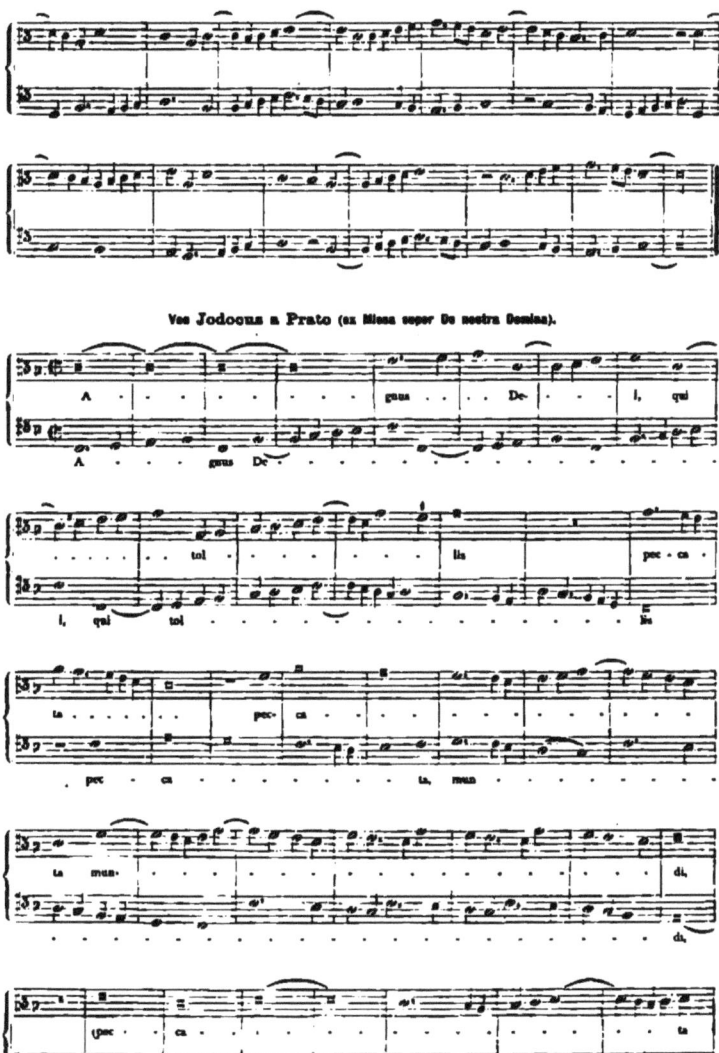

Von Jodocus a Prato (ex Missa super De nostra Domina).

Beispiel des Hypomixolydius von Joannes Vannius.

Zweiter Teil.

tra,   ne- que vin- di- ctam su - mas

ris nos,   ne- que vin- di- ctam su- mas

tra,   ob- li- vis-ca-ria nos, ne-que vin- di - ctam su-

ob - li-vis - ca - ris nos.   ne- que vin- di-

de pec- ca- tis no- stris.

de pec- ca - tis no- stris.

mas de pec- ca - tis no- stris.

ctam su - mas de pec-ca-tis no- stris.

Dis-sol-ve li- tis vin-cu- la, a-strin-ge foe-de-ra pa- cis.

Dis-sol-ve li- tis vin-cu- la, a-strin-ge foe-de-ra pa-

Dis-sol-ve li- tis vin-cu- la, a-strin-ge foe-de-ra pa-

Dis-sol-ve li- tis vin-cu- la, a-strin-ge foe-de-ra pa-

cis. Do- mi- nus da- bit vir- tu- tem, Do-

cis. Do-mi-nus da- bit vir- tu-

cis. Do- mi-nus da- bit vir-tu- tem,

cis. Do-mi- nus da- bit vir- tu-

¹) Hemiolen.

Neunzehntes Kapitel.

Über den Phrygius.

Nicht nur an einer Stelle ist von uns gesagt worden, dass nach der gewöhnlichen Meinung der Musiker kaum zwei andere Modi näher mit einander verknüpft seien als der Phrygius mit seinem plagalen, dem Hypophrygius. Die Ursache hiervon haben wir in Früherem angegeben, weil der plagale Modus auch sehr selten in das grofse ♮[1] hinab und noch seltener nicht über das kleine ♭ hinaufsteigt, so dass er sich überhaupt zwischen den beiden C hält, als wenn es ein Jonicus wäre, von dem er doch, wie gesagt, durch die Phrasis unendlich verschieden ist; der authentische aber steigt aufwärts in das kleine e und abwärts mit seinem plagalen in das grofse C. Weil aber der Hypoaeolius mit diesem Modus dieselbe Oktave inne hat, so wird man Beispiele dieses Modus finden, welche nur durch den Schluss von dem Hypoaeolius sich unterscheiden, von welcher Art wir hier ein zweistimmiges Beispiel beigefügt haben, welches in der Phrasis ebenso mit dem Hypoaeolius als mit unserm Modus übereinstimmt, aber das zu weite Aufsteigen und der Schluss zeigen den Phrygius. Hierauf folgt ferner ein vierstimmiges Beispiel, das wir in den vorigen Büchern erwähnten,[2] ein wirklich ganz schönes und gelehrtes Beispiel der Klagelieder Magdalenae am Grabe des Herrn, das sehr viel Affekt, eine angeborene Lieblichkeit und sehr viel Energie besitzt, so dass man wirklich ein flehendes Klageweib mit ihrem Gefolge zu hören glaubt; daher ist es mit Recht bei den Alten überliefert und durch dieses Beispiel ausreichend gezeigt, dass dieser Modus Phrygius zu Religiösem sehr passend ist. In diesem Gesange haben Tenor und Alt den Modus Phrygius sehr gut im Auf- und Absteigen, der Bass aber und der Cantus haben den Aeolius, was sich auch in den Beispielen der früheren Modi nicht nur einmal zeigte. Weil ferner am Ende infolge einer gewissen hoffnungsvollen Zuversicht er sich so prächtig erhebt und mit so ungeheurem Jubel sich in die Höhe schwingt, dann wieder gleichsam ermattend und sich selbst tadelnd von der unmäfsigen Freude in die gewohnte tiefste Klage zurückfällt, erschien mir hierin der Komponist wie ein Wunder der Natur. Aber der Leser selbst möge urteilen. Einen bestimmten Autor haben wir nicht erfahren können. Aber nach unserer Sitte lassen wir eine Monas vorausgehen, in welcher der Bass ein Tempus nach dem Tenor in der Quinte beginnt, oben fehlt ein Ton an der äufsersten Saite des Phrygius, der an der untersten erscheint, und so bewegt er sich zwischen D und d, als wäre er ein Dorius, von dem er jedoch mehr als man gewöhnlich glaubt, absteht, was wir in dem vorigen Buche sorgfältig an einigen Stellen erklärt haben.

Monas im Phrygius von Gregorius Meyer.

(Canon in einer Stimme notiert.)

[1] H.
[2] Seite 95.

(Glarean sagt im Register: Wird **Paul Wuest** zugeschrieben.)

¹) Original hat

Beispiel des Phrygius. Klagelied der hl. Magdalena am Grabe des Herrn. (Wird Isaac zugeschrieben. Glarean im Register.)

Zweiter Teil.

Letzter Teil.

Zwanzigstes Kapitel.
Über den Modus Hypoaeolius.

Dieser Modus, der mit seinem Hauptmodus schon seit vielen Jahren in Knechtschaft lebte, aber durch die Gunst des Himmels aus der Verbannung, in welche er durch die Ungunst des Geschickes keineswegs eines begangenen Verbrechens halber gehalten wurde, nach dem Rückkehrsrechte wieder aufgenommen worden ist, der Plagale des Aeolius, ist bei den Komponisten in gröfserem Gebrauch (obgleich sie es nicht wissen) als bei denen, welche im Chore den Cantus planus haben, bei welchen er sehr selten ist, wie wir oben gezeigt haben, indem seine Quarte *la mi* unten willkürlich in *sol re* verändert wurde und er so in den Hypodorius zurückfiel durch die Unkenntnis der Musiker, welche so verwandte Modi nicht zu unterscheiden vermochten. Aber auch hierüber haben wir im vorigen Buche ausführlich gesprochen. Nun müssen wir Beispiele von ihm behandeln. Doch vor allen verdient den Preis jene Komposition, welche *Jodocus Pratensis* über den Psalm „Miserere mei Deus" fünfstimmig eingerichtet hat. In diesem hat der sogenannte 2. Tenor die drei Worte „Miserere mei Deus" mit je acht Silben und je acht Noten. Weil jedoch dieser Gesang in aller Hände ist, wollen wir seinen Tenor nicht, wie jener mit je acht, sondern mit je drei Noten einrichten, damit der Leser das Aufsteigen und Absteigen gleichsam mit einem Blicke übersieht. Darauf folgt ein Beispiel der Monas dieses Modus von dem Komponisten *de Orto*, in welchem der Tenor sehr fein diesen Modus ausdrückt, das Ende des Basses aber in dem Aeolius abschweift. Zuletzt werden wir drei mehrstimmige Gesänge setzen, und zwar zuerst ein zweistimmiges von *Jodocus Pratensis* aus der Messe „Pange lingua", die nach dem Modus Phrygius eingerichtet ist, dessen

Cantus in diesem Teile aeolisch ist, indem er unten eine große Terz anfügt und geendigt ist wie der Phrygius. Der Tenor aber hat einmal oben die Quarte des Aeolius, das Übrige wie der Hypoaeolius mit kleiner Terz. Das folgende dreistimmige Beispiel ist von dem Komponisten *Crara*, das in freierer Weise im Tenor aufsteigt und einige Berührung mit dem Hauptmodus, dem Aeolius, hat, der im Basse vorherrscht; im Cantus aber ist die Phrasis phrygisch, das Ende jedoch hypoaeolisch. Der dritte Gesang ist von *Johannes Mouton*, den ich früher oft erwähnt habe, mit dem ich auch in Paris mich einst unterhalten habe, aber durch einen Dolmetscher, am Hofe Franz I., Königs der Franzosen. Die Harmonie ist sehr lieblich und angenehm zu hören. In dessen Tenor und Alt herrscht der Hypoaeolius, im Basse aber der Aeolius; der Cantus verläuft zwischen *e* und *Ce*, wie wenn er ein Jonicus wäre, es ist aber der Hypoaeolius, dem oben eine kleine Terz fehlt, die er unten gefunden hat.

Formel des H. Tenors im Hypoaeolius bei Jodocus Pratensis in Psalm 50.

Mi - se - re - re me - i   De - us.   Mi - se - re - re me - i   De - us.   Miserere mei Deus.

Man sieht hier nämlich den Hypoaeolius vom kleinen *e* bis großen *E* und zwar arithmetisch geteilt im kleinen *a*, wo er auch schließt, nämlich auf der untersten Saite der Quinte, oben aber ist ein Halbton angefügt, was seinem Hauptmodus dem Aeolius in der That zukommt; hier aber maßt sich auch das sein plagaler Modus an.

Bonus im Hypoaeolius von Orto.

(Canon in einer Stimme notiert.)

Erstes Beispiel des Hypoaeolius von **Jusquin Pratensis** (ex Missa super Pange lingua).

Pleni (weiterer Text fehlt.)

Zweites Beispiel des Hypoaeolius von Joannes Mouton.

Zweiter Teil.

Drittes Beispiel des Hypoaeolius von **Nicolaus Craen.**

Einundzwanzigstes Kapitel.

Über die Beispiele des Lydius.

Die Beispiele dieses Modus sind am seltensten von allen, besonders aber bei den Komponisten, welche denselben gar nicht kennen, die jedoch zuweilen Themata desselben aus dem Chore der Kirche behandeln oder verderben, wie sie auch häufig vom Chore verdorben gesungen werden. Die Ursache hiervon haben wir im vorigen Buche weitläufig auseinander gesetzt, wo wir auch auf den zweifachen Gebrauch des Modus hingewiesen haben, den einen zwischen *F* und *c*, so dass der vollständigen Oktave oben ein Halbton fehlt, jedoch ist dieses in dem Gesang des *Heinrich Isaac* nicht genau beobachtet, wie sich gleich zeigen wird, während doch der Gesang aus dem Chore es so hatte, den zweiten mit vollständigem Systeme einer Oktave zwischen den beiden *Ff*, aber auch hier findet sich selten ein Gesang, der nicht an irgend einer Stelle aus dem Diezeugmenon in das Synemmenon verändert wäre. Wir werden zwei zweistimmige Beispiele vorführen von *Sixtus Dietrich*, den wir oben beim Hyperaeolius erwähnt haben: das eine mit unvollständiger Oktave vom grofsen *F* ins kleine *c*, indem ein Halbton fehlt, ist, wie schon gesagt, nicht häufig bei den Alten gebraucht, wie die Chorgesänge zeigen, das zweite mit vollständiger Oktave zwischen den beiden *Ff*, wie es gleichfalls bei den Alten nicht in häufigem Gebrauche gewesen.

Form des alten Lydius zwischen F und c von Sixtus Dietrich.

Tenor des wahren Lydius zwischen F und f von demselben Sixtus.

Beispiel des früheren Gebrauches des Lydius von **Heinrich Isaac.**

Es folgt ein Beispiel des reinen Lydius mit einem nach dem Gesetze der authentischen oben beigefügten Töne, in welchem dieser Modus sehr elegant ausgedrückt ist. Verfasser ist *Ludwig Senfl* aus Zürich, mein Landsmann und nicht zu unterschätzender Schüler unseres *Isaac*.

Viertes Beispiel des Lydius von Ludwig Senfl aus Zürich.

(Ott 1537, 40 und Montanus 1553, Nr. 8 derselbe Tonsatz.)

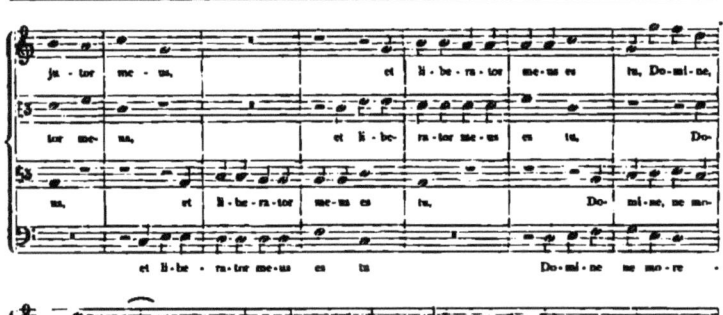

Doch wir müssen noch ein Thema beifügen, welches durch den blofsen Halbton, durch
den sich der Lydius und Jonicus von einander unterscheiden und durch dessen Veränderung
aus dem Lydius der Jonicus entstehen kann, was, wie wir mehr als einmal beklagt haben, in
unserer Zeit allzuoft geschehen ist, uns die Augen öffnen kann, um die Unterschiede der Modi
rasch zu bemerken. Der Gesang, eine sogenannte Communio, liegt zwischen den beiden *F*,
weil er entweder *mi* oder *fa* in b-Schlüssel haben kann, was wir hier mit Choralnoten beifügen, damit der Leser desto besser den Zusammenklang der vier Stimmen bemerken kann.
Gemacht hat ihn uns zu liebe *Gregor Meyer*, den wir später bei der Verbindung des Aeolius
und Hypoaeolius erwähnen werden. Er hat den Gesang zweifach eingerichtet, einmal im
Tetrachord Diezeugmenon und wiederum im Tetrachord Synemmenon. Ein ganz ähnliches,
aber viel längeres Beispiel haben wir im vorigen Buche 25. Kap. beim Lydius angeführt:
„Illuminare, illuminare Jerusalem".

Ein gewöhnliches Beispiel des Lydius und Jonicus, der eine im Tetrachord Diezeugmenon, der andere im Synemmenon.

Ein wahres Beispiel des Lydius von Gregor Meyer.

Beispiel des Jonicus innerhalb derselben Schlüssel von demselben Gregor Meyer.

Beispiele des verschmähten Hyperphrygius für gleiche Stimmen.

Über diesen Modus haben wir im vorigen Buche nicht nur an einer Stelle gesprochen, dass er nämlich das umgekehrte aber unpassend geteilte System des Lydius sei. Deshalb will ich jetzt blofs Beispiele anführen von unserem Freunde *Sixtus Dietrich*, den wir beim Hyperaeolius und noch soeben erwähnt haben, der uns zu Liebe diese Gesänge verfasst und herausgegeben hat. Die Tenore sind gewöhnlich aus dem Chore;[1] der eine wird am Mittwoch vor der Mitte Fasten als Offertorium, der andere am Montage nach Mitte Fasten als Communio gesungen. Ich glaube nicht, dass es nötig ist, hier die Grenzen oder das Wesen aller der Stimmen darzulegen, da ja die Grenzen durch die Linien bestimmt genug sind, das Wesen aber sich teils aus der Phrasis teils aus der Finale leicht erkennen lässt. Ersterer Gesang ist für gleiche Stimmen komponiert.

Ein noch der Form des Lydius oben an einem kleinen Halbton defektes Beispiel des Hyperphrygius von Sixtus Dietrich.

[1] Darunter versteht Glarean den gregorianischen Kirchengesang.
[2] Offert. fer. IV. post Dom. Quadr., mit der schwarzen röm. Choralnote notiert.

Ein anderes Beispiel des Hyperphrygium von demselben Sixtus Dietrich.

Zweiundzwanzigstes Kapitel.

Über den Mixolydius.

Es folgt der Mixolydius, ein Hauptmodus, aber dessen Vorrang steht mehr durch Alter und Ehrwürdigkeit als durch allgemeinen Gebrauch im Wert. Bei den alten Kirchensängern war er sehr beliebt wegen seiner vielen Vorzüge, zumeist aber wegen seines gesetzten Ernstes, welcher das gewöhnliche Volk beherrscht und im Zaume hält. Dies zeigt sich in vielen Introitus und Responsorien, die einem Hauptmodus angemessen sind. Unser Zeitalter freilich erkennt kaum seinen Adel an, so sehr ist es für alles Gesetzte abgestumpft. Die Ursache, weshalb er bei den Komponisten sozusagen verbannt ist, wurde im vorigen Buche weitläufig besprochen; es täuschte nämlich der Umstand, dass die dritte Quartengattung der letzten Quintengattung anstatt der ersten zugefügt ist, so sehr hat das Einschmeichelnde, Verlockende und Verführerische des jonischen Modus ihren Geist nach einer anderen Seite abgelenkt. Doch wir wollen nun Beispiele von ihm anführen und zwar erstens eines von *Antonius Brumel* ein einstimmiges, das aber zwei zugleich singen können, indem nur ein Tempus dazwischen gesetzt ist. Wenn auch der Gesang ein wenig hart ist, so bringt er doch den Modus schön zum Ausdruck. Das zweite Beispiel ist zweistimmig, in ihm giebt der Cantus den Hypomixolydius, der Tenor den Mixolydius. Es rührt aber her von dem Franzosen *Johannes Mouton*; einige schreiben es dem *Jusquin* zu in dem fünfstimmigen Gesang „Benedicta es".[1] Der Zusammenklang ist freilich bewundernswert, aber wie manche glauben, schadet die Schnelligkeit etwas dem Ernste. Das dritte vierstimmige Beispiel schreibt man dem *Heinrich Isaac* zu, dessen Anfang einen mehr als wunderbaren Ernst nicht ohne die höchste Annehmlichkeit für das Gehör hat.

---

[1] Vide Ambros III, 221.

Erstes Beispiel des Mixolydius. **Brumel** in homophonia (ex Missa δρ).

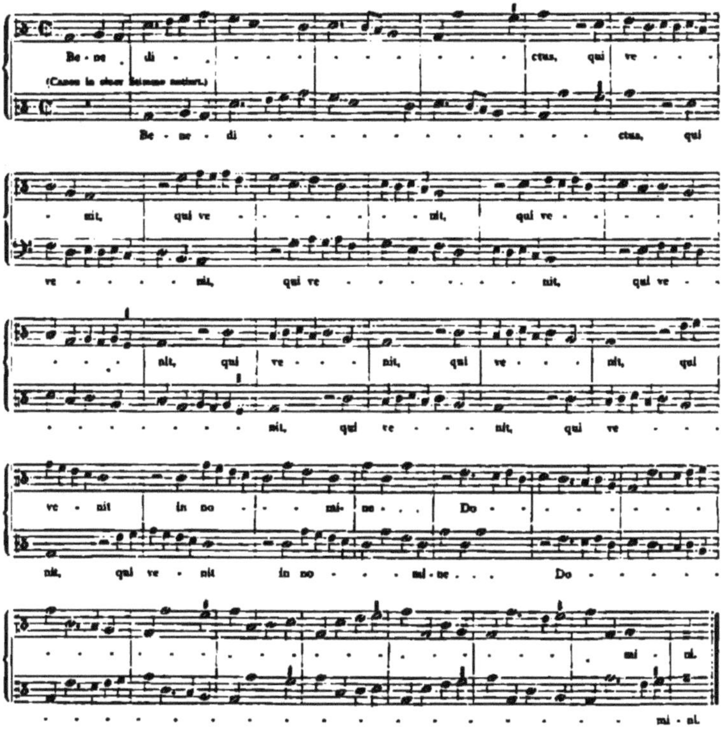

Zweites Beispiel des Mixolydius. (**Jean Mouton.**)

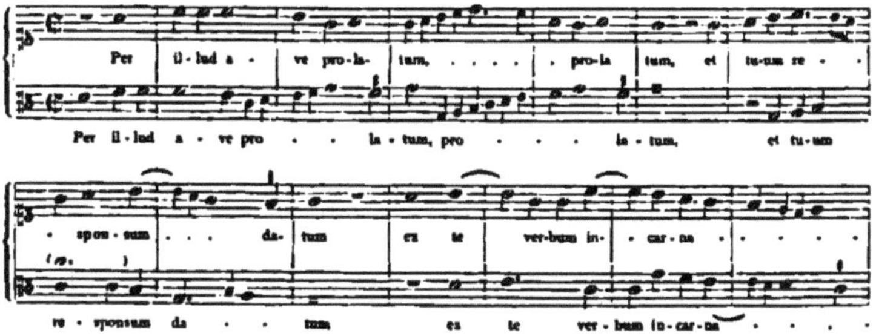

Drittes Beispiel des Mixolydius von **Heinrich Isaac.**

[1]) Glarean zeichnet nach damaligem Gebrauche ein ♭ auf f vor, um anzuzeigen, dass fis ausgeschlossen ist.
[2]) Von hier ab Cschlüssel auf der 3. Linie.

Glarean's Dodecachord 1547.   40

Zweiter Teil.

Dritter Teil.

o,   lan-   gue- o, . . .   lan . . . . gue- o.)

- o,   lan . . gue - o, ... lan- gue - o, . . lan - gue o.)

o, . . . lan-gue . . o.   lan- gue . . . . . o.)

. . gue . . . . o.

Dreiundzwanzigstes Kapitel.

Über den Hypojonicus.

Dieser letzte Modus ist in unserer Zeit so allgemein und in so häufigem Gebrauche, dass ich, wenn ich nicht von allen anderen Modi Beispiele angeführt hätte, Beispiele von diesem Modus beiseite gelassen hätte, während er bei den alten Kirchensängern, wo alles gesetzt und ernst war, fast verbannt war. Aber ich werde um so kürzer sein, indem ich nur drei oder vier Beispiele anführen werde. Seine natürliche Finale ist das kleine *c*, sein Umfang die beiden *G g*, aber man rückt auch diesen, wie den Jonicus, seinen authentischen Modus, in das grofse *F* hinunter, jedoch nicht ohne *fa* in dem kleinen *b*. *Jodocus Pratensis* hat nach diesem Modus sehr gelehrt und lieblich das „Ave Maria" eingerichtet ohne die Harmonie von ihrem Sitze zu verdrängen. Hieran fand zwar jener ausgezeichnete Jüngling und glückliche Nacheiferer des Jodocus Pratensis, *Antonius Fevin* später solches Gefallen, dass er eine Messe darnach einrichtete, sehr geistreich und von so grofser Bescheidenheit, wie ich sie kaum eingezogener gesehen habe. Aus derselben werden wir das zweistimmige „Pleni sunt coeli" anführen, in welchem der Tenor, indem er an dem eigentlichen Sitze verbleibt, hypojonisch ist, der Bass aber jonisch. Diesem haben wir zwei Beispiele des *Jodocus* beigefügt, von denen das erste einem germanischen und gallischen Volksliede entnommen und sehr lieblich ist. In demselben sind der Cantus und der Tenor gleichsam durch ein Joch aneinander gekoppelt durch zwei Tempora von einander getrennt, und indem sie durch zehn Klauseln ganz schön gegliedert sind, schreiten sie mit einer solchen Miene und mit einem solchen Staate einher wie ein seine Braut führender Bräutigam, so dass sie als ein Paar erscheinen. Der Alt und der Bass leiten sie zierlich ein und begleiten sie und beteiligen sich so am Spiele, dass man sie für Musikanten halten könnte, die zur Hochzeit gezogen sind. Dann ist auch das zu betrachten, mit welcher Anmut die sechste Klausel des Cantus und des Tenor seitwärts aber nicht ohne wunderbare Lieblichkeit in die Quarte des Dorius abschweift. Der letzte Gesang aber, das „Ave Maria" von demselben *Jodocus*, wie wir schon gesagt haben, ist freilich älter, jedoch kann er den täglich zu tausenden auftauchenden neuen Gesängen mit Recht vorgezogen werden. Aber nach unserer Gewohnheit möge diesen allen vorausgehen und sie gleichsam einleiten eine Dyas aus der Monas von *Gregorius Meyer*, dem Organisten an der Kathedrale zu Solothurn in der Schweiz, den wir oft in diesem Buche erwähnen. Sie verläuft gleichfalls in dem natürlichen Sitze des Modus. In diesem Gesange fängt der Bass in der Quinte unter dem Tenor nach zwei Tempora an, während beide Stimmen den Modus zum Ausdrucke bringen.

---

¹) b wurde hier gewählt, um den Schluss mit der grofsen Terz einzuleiten.

Erstes Beispiel des Hypojonicus einer Monas, aus welcher eine Dyas entsteht, von Greg. Meyer.

Zweites Beispiel des Hypojonicus von Antonius Fevin.

Drittes Beispiel des Hypojonicus von **Jodocus Pratensis.**

Viertes Beispiel des Hypojonicus von Jodocus Pratensis.

Zweiter Teil.

Vierundzwanzigstes Kapitel.

Über die Verbindung zweier Modi; Beispiele davon und nebenbei Lob des Jusquin Pratensis.

Dieses sind die Beispiele der zwölf Modi im variierten Gesange, den man nach meiner Meinung nicht unpassend den Mensuralgesang nennt, die wir aus verschiedenen Autoren in möglichster Kürze für das angeführt haben, was, wie wir glaubten, bewiesen werden musste. Es erübrigt jetzt, von der Verbindung der Modi Beispiele anzuführen, allerdings nicht gewöhnliche, sondern bedeutende, solche, welche die Sache schön darthun; über die Art der Verbindung selbst uns weiter zu verbreiten, wollen wir unterlassen, da wir im vorigen Buche hierüber ausführlich gesprochen haben. Es wird aber alles in derselben Ordnung vor sich gehen, wie in dem vorigen Buche, dass wir nämlich mit dem Dorius und Hypodorius anfangen, dann Beispiele von je zwei verbundenen Modi beifügen, über welche wir kurz unser Urteil aussprechen, teils um anderen eine bessere Handhabe für das Urteil zu geben und den Leuten gleichsam die Augen zu öffnen, teils damit die Kraft der grofsen Geister in dieser Kunst klar zu Tage trete, welche einigen überaus unbilligen Richtern gering, mir aber aufserordentlich grofs und der Bewunderung ganz würdig scheint. In dieser Klasse von Autoren und in dieser grofsen Schar von grofsen Geistern ragt weitaus, oder es müsste mich meine Zuneigung täuschen, an Geist, Sorgfalt und Fleifs hervor Jodocus a Prato, den das Volk in seiner Muttersprache hypochoristisch Jusquinus nennt, wie wenn man sagt Jodocuschen. Wenn diesem Manne bei jener natürlichen Anlage und Geistesschärfe, die ihn auszeichnete, die Kenntnis der zwölf Modi und der wahren musikalischen Lehre zu Teil geworden wäre, so hätte die Natur nichts Erhabeneres und Prächtigeres in dieser Kunst hervorbringen können. So vielseitig war sein Geist, so mit natürlicher Schärfe und Kraft ausgerüstet, dass er in diesem Geschäfte alles hätte leisten können. Aber es fehlte ihm meistenteils das Mafs und ein aus der Theorie geschöpftes Urteil, und so hat er die Ausschweifungen eines übersprudelnden Genies an einigen Stellen seiner Gesänge nicht so unterdrückt, wie er es hätte sollen. Doch diesen geringen Fehler möge man ihm zu gute halten, wegen seiner anderen unvergleichlichen Vorzüge. Keiner hat wirksamer die Stimmungen des Gemütes im Gesange ausgedrückt, als dieser Komponist, keiner hat glücklicher begonnen, keiner hat rücksichtlich der Anmut und Lieblichkeit billigerweise mit ihm streiten können, wie auch keiner der Lateiner im epischen Gedichte besser ist als Maro. Denn wie Maro vermöge seiner glücklichen Naturanlage sein Gedicht den Dingen anzupassen, z. B. wichtige Dinge mit gehäuften Spondeen vor Augen zu stellen, die Behendigkeit mit reinen Daktylen auszudrücken, für jeden Stoff die passenden Worte zu setzen, kurz, wie Flaccus über Homer sagt, nichts unpassend anzugreifen pflegte, so schreitet unser Jodocus bald mit raschen und dahinstürmenden Noten einher, wo es die Sache erfordert, bald stimmt er seinen Gesang in Tönen an, die den Gegenstand hinhalten, und, um es kurz zu sagen, nie hat er etwas herausgegeben, was nicht lieblich für das Ohr gewesen wäre, was nicht als geistreich die Gelehrten gebilligt hätten, kurz was endlich, wenn es auch weniger durchdacht erscheinen konnte, nicht erwünscht und angenehm denen gewesen wäre, die es mit Urteil anhörten. In den meisten seiner Werke zeigt er gerne seine Kunst, wie in der Messe über die *voces musicales* und in der Messe *ad fugam;* in manchen spielt er den Spötter, wie in der Messe *la sol fa re mi,* in manchen streitet er mit Anstrengung, wie in der *Messe de B. V.* Wenn schon auch andere oft dies alles versucht haben, so haben sie doch nicht mit gleichem Glücke für ihr Unternehmen ein gleiches Ergebnis gefunden. Dieses war für mich der Grund, in diesem letzten Schlusssteine hauptsächlich Beispiele von diesem Manne anzuführen. Wenn ferner auch sein Genie unbeschreiblich ist und wir es mehr bewundern als nach Verdienst darlegen können, so scheint er mir jedoch nicht blofs seines Genie's wegen anderen vorgezogen werden zu müssen, sondern auch wegen seines Fleifses im Ausfeilen. Denn die, welche ihn kennen, behaupten, dass er erst nach langem Bedenken und nach vielfältiger Verbesserung seine Werke herausgegeben und erst dann einen Gesang veröffentlicht habe, wenn er ihn einige Jahre bei sich zurückbehalten, umgekehrt, wie *Jakobus Hobrecht,* wie wir oben sagten, es gemacht haben soll. Daher behaupten auch einige nicht unpassend, dass man den einen mit Recht dem Virgil, den andern mit Ovid vergleichen könne. Wenn wir dieses zugeben, mit wem werden wir dann den *Petrus Platensis,* einen wunderbar lieblichen Komponisten, besser als mit Horaz vergleichen? In diesem Falle dann auch den *Isaac* mit Lucanus, den *Ferin* mit Claudianus, den *Brumel* mit Statius. Doch ich dürfte mit Recht thöricht erscheinen, dass ich über sie so kurzhin aburteile und vielleicht mit Recht jenes Sprüchlein zu hören bekomme: Schuster bleib bei deinem Leisten. Deshalb wende ich mich zur Erklärung und Beurteilung der Beispiele.

Victimae paschali laudes.

Als Beispiel der ersten Verbindung nun, des *Dorius* und *Hypodorius,* diene der von demselben Autor *Judocus Platensis* herausgegebene Gesang über die h. Auferstehung Christi, den wir oben zweimal erwähnt und auch als Beispiel dieser Verbindung im 2. Buche angeführt haben. In ihm wird man mit Recht das für geistreich halten, dass in den vier Stimmen das ihm vorliegende Thema in solchen Zwischenräumen erklingt, wie es sich am besten passte. Die oberste Stimme, in ihrem ersten Teile einem Volksliede entnommen, giebt den Hypodorius mit unten angefügter grofser Terz, in ihrem zweiten Teile aber den Dorius mit oben angefügter Quarte. Sie endigt aber auf der höchsten Saite der Oktave, was im Gegenteil auf der untersten hätte geschehen müssen; doch sie ist gleichfalls dem Volke entnommen, deshalb wollte er sie nicht ändern. Der Tenor aber verläuft eine grofse Terz tiefer, als es die Form des Hypodorius fordert; aber dieses thut auch der Autor mit gewohnter Licenz. Dem Volke entlehnte Gesänge aber wendet er geschickt auf alte in demselben Modus befindliche Gesänge an, während solche anderer Modi nicht so gut passen würden. Gleichwohl wäre es diesem Autor nicht schwer gewesen, Gesänge verschiedener Modi und noch mit Anmut zu verbinden, da er fast keine Messe herausgegeben hat, mochte sie ist geschrieben sein, in welchem sie wollte, ohne im Credo den Aeolius beizumischen, was auch andere, aber nicht mit gleichem Glücke, versucht haben. Die einzelnen Stimmen haben etwas Bemerkenswertes, so der Tenor etwas Gesetztes, der Bass einen wunderbaren Ernst, obgleich es vielleicht nicht allen gefällt, dass er beim Worte Galilaea so aufsteigt. Wie wir aber nicht leugnen können, dass dieses seinem ungebundenen Genie entsprossen, so müssen wir andrerseits gestehen, dass es eine anmutige Beigabe ist. Der Cantus verrät das Altertum, seine siebente Note vom Ende ertönt allein, während alle anderen Stimmen schweigen. Doch dies ist zu geringfügig im Vergleich zu dem Genie dieses Mannes, deshalb müssen wir zu anderem fortgehen.

De profundis.

Hier möge jeder genau aufmerken, wie der Anfang dieses Gesanges ist, mit welchem Ausdruck und mit welcher Würde er uns das Wort *de profundis* gegeben hat: der Art, dass er jene Modi aus ihrer natürlichen Stelle, nicht, wie es in der Regel sonst hierin zu geschehen pflegt, nach oben gerückt, sondern die Systeme beider Modi zusammengefasst hat, wiewohl er die Phrasis mit wunderlicher und absichtlich gesuchter Seltsamkeit gewaltig verschwommen gemacht hat, indem er bald den Sprung eines *Lydius* bald den eines *Jonicus* anwendet, bis er mittelst jener so reizenden Kunstgriffe endlich unvermerkt aus dem Dorius in den Phrygius gerät ohne das Gehör zu beleidigen. Dass dies schwer zu bewerkstelligen ist, besonders bei diesen beiden Modi, dem Dorius und Phrygius, haben wir oben gezeigt. Darum hat er die verbundenen Systeme des dorischen und hypodorischen Modus gegen die Natur der Modi in *E* geschlossen, wo der Sitz des Phrygius ist. Doch dies hat er auch in anderen Gesängen gethan und nicht er allein aus einer unmäfsigen Vorliebe für das Neue und einen allzugrofsen Eifer durch Seltsamkeit Ruhm zu erhaschen, ein Fehler, an dem in der Regel auch die geistreichern Professoren der schönen Künste gewaltig leiden, so dass, mag dieser Fehler noch so sehr den Komponisten eigentümlich sein, sie ihn doch mit vielen gemeinsam haben. Nichtsdestoweniger bleibt dieser Gesang zwischen A und d, wie die Systeme des Dorius und Hypodorius stehen. Obgleich er nichts anderes durch diese Seltsamkeit gesucht hat, so hat er doch klar gemacht, es könne durch die Kraft des Genie's bewirkt werden, dass das, was man einst den alten Musikern entgegenzuhalten pflegte, ihm umsonst vorgerückt werde, nämlich der Spruch: „Vom Dorius zum Phrygius"; da er dies so geschickt und ohne Beleidigung des Ohres gethan hat. Doch genug über diesen Gesang.

Liber generationis.

Die zweite Verbindung ist die des *Hypophrygius* und *Phrygius* in dem grofsen *B* und kleinen *c*. Aber selten steigt sie in das grofse *B* ohne auch in das grofse *A* zu steigen und daher befindet sich insgemein diese Verbindung zwischen dem grofsen *C* und kleinen *c*. Allein eben dieser unser *Jodocus*, welcher das Geschlechtsregister unseres Erlösers nach den Evangelisten Matthäus und Lucas vierstimmig nach der Verbindung dieser Modi setzt, steigt abwärts in A re und aufwärts in das kleine f, hier einen Halbton und dort einen Ton zufügend aber dies mit der gewohnten Licenz, und zwar hat er das erste, nach Matthäus, welches wir hier anführen werden, nach der wahren Finale des Modus, nämlich in *E* eingerichtet, das zweite, nach Lucas hat er in das grofse *G* gezwängt, ohne die Phrasis des Modus zu verändern und dieses auch mit der gewohnten Licenz. Der Gesang besitzt eine grofse Majestät und es ist wunderbar, dass er in einer so unfruchtbaren Materie, nämlich in dem blofsen Hernennen von Namen so viel Ergötzliches gestalten konnte, als wäre es irgend eine vieldarbietende Geschichte. Es könnte noch vieles gesagt werden, jedoch andere müssen auch etwas zu besprechen haben.

Agnus Dei aus der Messe Fortuna.

Die dritte Verbindung, die des *Lydius* und *Hypolydius*, ist in unserer Zeit selten, denn, wie oben oft gesagt, sind alle Gesänge dieser Modi in den *Jonicus* gezwängt. Aber hier mag man sich besonders darüber wundern, auf welche Weise in diesem Beispiele aus dem Jonicus der Lydius entstanden ist, da die ganze Messe im *Jonicus* intoniert ist; jedoch dieses hat ohne Zweifel der in die unterste Oktave versenkte Bass bewirkt. Denn wie in anderen Gesängen, wenn der Tenor hypodorisch ist, der Bass sehr oft ein dorischer oder aeolischer wird, und ebenso wie der phrygische Tenor oft einen aeolischen Bass und Cantus hat, so hat auch hier der jonische Bass einen lydischen Tenor und Alt. Ob der Autor dieses absichtlich oder zufällig gemacht hat, ist ungewiss. Übrigens treibt er mit dem Kanon nach Sitte der Kantoren seine Possen. Denn wer wird aufser Oedipus ein Rätsel der Sphinx lösen? Aber er hat dieses den gewöhnlichen Kantoren zu Liebe gethan nach dem griechischen Sprüchwort: *Ἀλωπεκίζειν πρὸς ἑτέραν ἀλώπεκα*, d. i. Cum vulpe vulpinare tu quoque invicem, wie *Erasmus* es gelehrt übersetzt, d. h. volkstümlich: Heule mit den Wölfen.

Et in terra pax.

Die vierte Verbindung ist die des Mixolydius mit seinem plagalen Modus, dem *Hypomixolydius*, deren Gebrauch in unserer Zeit nicht häufig ist; jedoch haben Komponisten aus den alten Beispielen der Kirchengesänge, weil sie die Pracht dieser Modi durchschaut hatten, gleichsam aus Begeisterung angeregt, in einem sehr lobenswerten Wetteifer sich versucht, was ihre Kraft vermöge in jenem Gesange „Et in terra pax" von der h. Jungfrau und Himmelskönigin Maria, der Mutter J. Chr., besonders aber *Antonius Brumel* und *Jodocus Pratensis*, als beide schon zum Ende ihres Lebens neigten. In diesem Gesange hat *Brumel* gewiss nichts unterlassen, um den Kantoren seine Kunst zu zeigen, vielmehr hat er sich bemüht mit aller Anstrengung seines Geistes den Nachkommen einen Beweis seines Talentes zu hinterlassen. Jedoch *Jodocus* übertraf ihn nach meiner Meinung bei weitem an natürlicher Kraft und Geistesschärfe und führte sich in diesem Wettkampfe so, dass mir die gemeinschaftliche Mutter aller, die Natur, gleichsam als ob sie aus den vier Elementen das vollkommenste Gebilde hätte gestalten wollen, ihre äufsersten Kräfte angestrengt zu haben und überhaupt ein besserer Gesang nicht erfunden werden zu können scheint. Daher zögerten auch die meisten Gelehrten nicht, diesem Gesange den Vorzug zu geben, besonders aber *Johannes Vannius*, dessen wir beim Hypomixolydius gedachten, dem wir gerne beipflichten, sowohl weil er vor uns dieses Urteil abgab, als auch, weil er uns hierin weit voransteht. Der Tenor hat anfangs ein Absteigen in die Quarte des Hypomixolydius, sonst ist der ganze Gesang mixolydisch und nicht hypomixolydisch. Der gröfste Affekt desselben scheint mir freilich in dem ersten Teile des Gesanges bei dem Worte *Primogenitus* ausgedrückt zu sein. Andere ziehen den zweiten Teil vor, jedoch es giebt durchaus keinen Teil desselben, der nicht sehr Bewundernswertes enthielte.

Kyrie eleyson.

Dasselbe Beispiel der fünften Verbindung, der des *Aeolius* und *Hypoaeolius*, würde ich nicht zweimal angeführt haben, wenn ich bei den Komponisten unserer Zeit irgend eines gefunden oder aufgetrieben hätte. Weil aber in dem vorigen Buche von uns auch andere Beispiele der Verbindung dieser Modi angeführt worden sind, dieses Beispiel aber das bei weitem auffallendste ist, da es von vielen behandelt, von jedem verdorben oder versetzt, endlich unten oder oben um die zwei Quarten verstümmelt oder verändert worden ist, besonders von *Brumel* und *Jusquin* in jenen zwei herrlichen Messen „de B. M. V.", so habe ich den ausgezeichneten *Gregorius Meyer*, dessen wir oft gedachten und welcher als Organist an der Kathedrale zu Solothurn in grofser Achtung steht, inständigst gebeten, dass er dieses Thema entsprechend seiner Geschicklichkeit würdig behandeln möge, sowohl in seinem Sitze als auch mit jenen beiden eigentümlichen mit dem Körper dieses Gesanges entstandenen zu beiden Seiten angefügten Quarten. Wir können uns diesen Gesang als einen prächtigen Vogel vorstellen, dessen Körper die Quinte *Re la* und dessen Flügel die beiden Quarten *Mi la* wären. Unzweifelhaft würde es unpassend sein, diesem Körper irgend einen anderen Flügel anzufügen, als den, worin er geboren worden ist, damit er nämlich nicht in der Weise der Aesopischen Krähe acherlich mit fremden Federn fliege. Er willfahrte mir, und was ich wollte, schickte er mir entsprechend seiner uneigennützigen Liebe zu mir als auch seiner Geneigtheit, ehrenwerte Bestrebungen zu unterstützen. Und dieses nun will ich dem Leser mitteilen. Der Gesang fand solches Lob, dass ich nicht anstehe ihn unter die Gesänge eines *Jusquin* einzureihen, nämlich die Anerkennung des so gelehrten Mannes *Johannes Alus*, Predigers und Domherrn derselben Kirche, welcher der Ansicht war, es sei für jene wichtigern Beschäftigungen mit der Theologie und der h. Schrift keine kleine Zierde, wenn einer die Kenntnis in den Sprachen und die mathematischen Disciplinen hinzubringe, und einem Priester der h. Religion zieme es sich am meisten, dass er aus diesen die Musik verstehe. Und der Mann hat sich in seiner Meinung nicht getäuscht; er war nämlich in der Musik sehr erfahren. Und auch in dieser Arbeit entzog er mir seine Unterstützung nicht, als er zu Freiburg am Fuße des Schwarzwaldes mit mir zusammen lebte und mich teils mit seiner Orgel, teils durch damit verbundene Aufführungen *Jusquin*ischer Gesänge öfter ergötzte. Da dieser nun diesen Gesang unseres *Gregorius* ausnehmend lobte, fand er leicht unsere Zustimmung und war so schuld, dass ich ihn in die Hände der Menschen kommen liefs, weil er eines feinen Ohres würdig ist.

Ein Beispiel der sechsten Verbindung, des *Hyperaeolius* und *Hyperphrygius*, der zwei weggelassenen Modi, habe ich absichtlich nicht angeführt, weil nirgendwo ein solches gefunden wird, ein neues zu bilden aber läppisch wäre, besonders bei einer so grofsen Anzahl von Modi, auch würde der Tenor überhaupt von ganz übermäfsigem Umfange sein, indem er nämlich die übrigen Verbindungen aller Modi um eine *Apotome* überstiege. Übrigens haben wir in dem vorigen Buche ein Beispiel gebildet, nicht so sehr zur Nachahmung als zur Unterweisung, um nämlich die Sache verständlicher zu machen, nicht damit irgend einer etwas derartiges auch versuche, was, so viel ich wenigstens finde, niemand gewagt hat.

Planxit autem David.

Das Beispiel der siebenten und letzten Verbindung, nämlich des *Jonius* und *Hypojonicus*, ist von dem gleichen *Jodocus Pratensis*, von welchem auch die anderen Beispiele aller Verbindungen, mit Ausnahme der fünften, genommen sind. Planxit autem David. Ich zweifle nicht, dass über seinen Anfang manche ausrufen werden: Siehe der Berg ist schwanger, und was gebiert er? Ein Mäuslein. Doch jene bedenken nicht, dass in diesem Gesange das für einen Trauernden Passende durchgeführt ist, der oft im Anfang auszurufen, dann allmählich zu stummer Klage sich wendend leise mit sich zu sprechen und nach und nach zusammenzusinken, bisweilen, wenn das Gefühl von neuem ausbricht, die Stimme wieder zu erheben und ein Geschrei auszustofsen pflegt, was wir alles in diesem Gesang aufs schönste beachtet sehen, wie es sich jedem ergiebt, der genauer zusieht. Überhaupt ist in demselben nichts, was des Autors nicht würdig wäre. Die Gemütsstimmung hat er fürwahr überall und wunderbar ausgedrückt, wie gleich im Anfange des Tenors bei dem Worte Jonathan.

Beispiel der Verbindungen des Dorius und Hypodorius von **Jodocus Pratensis.**

Zweiter Teil.

¹) Org.

Vom Dorius zum Phrygius von Jodocus Pratensis.

(1520 Wyssung fo. 204 hin und wieder anders rhythmisiert, d. h. statt einer Brevis zwei Semibreves und umgekehrt. Vielfacher Schlüsselwechsel, ebenso wie im Glarean. In 1520 viele Fehler.)

Beispiel der Verbindung des Phrygius und Hypophrygius von **Jodocus Pratensis.**

(1539a Novum et insigne. Montanus. Nr. 8. Die Unterlage des Textes gab manche bessere Lesart.)

Li-   ber   ge-   ne-   ra-ti-   o   nis   Je-   su

Li-   ber   ge   ne-ra   ti-   o   nis

Li   ber   ge   ne-

Li   ber

Chri   sti.   Je   su   Chri

Je   su   Chri

ra-ti-   o   nis   Je   su   Chri

ge   ne   ra-ti-o   nis   Je

sti,   fi-   li-   i   Da   vid,   fi-

sti,   fi-   li-   i   Da   vid,

sti,   fi-   li-   i   Da   vid,   fi-   li-   i

su   Chri   sti,   fi-li-i   Da   vid,   fi

li-   i   A   bra   ham,   A-

fi-   li-   i   A-bra   ham,   A-bra-ham   sa-

A   bra   ham.   A-bra-

li-   i   A   bra

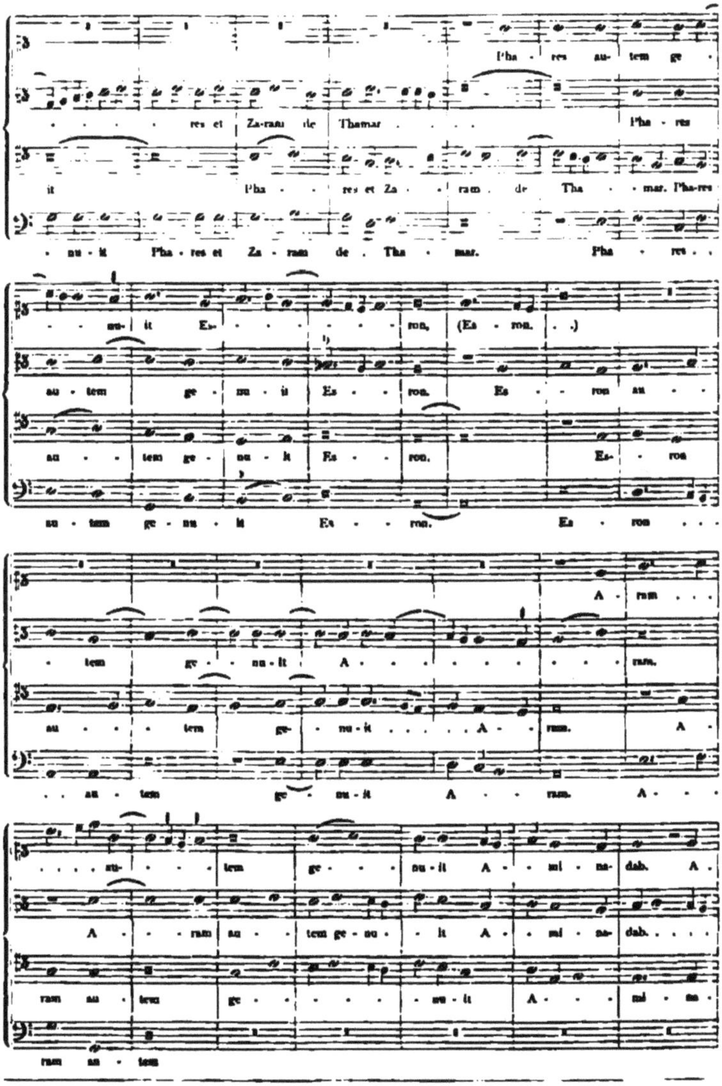

¹) In beiden Drucken b.

Zweiter Teil von demselben Autor.
Cantus breві.

Dritter Teil.

Beispiel der Verbindung des Lydius und Hypolydius von Jodocus Pratensis (ex Missa super Fortuna).

¹) Die Original-Notierung des Basses siehe aus Ende.

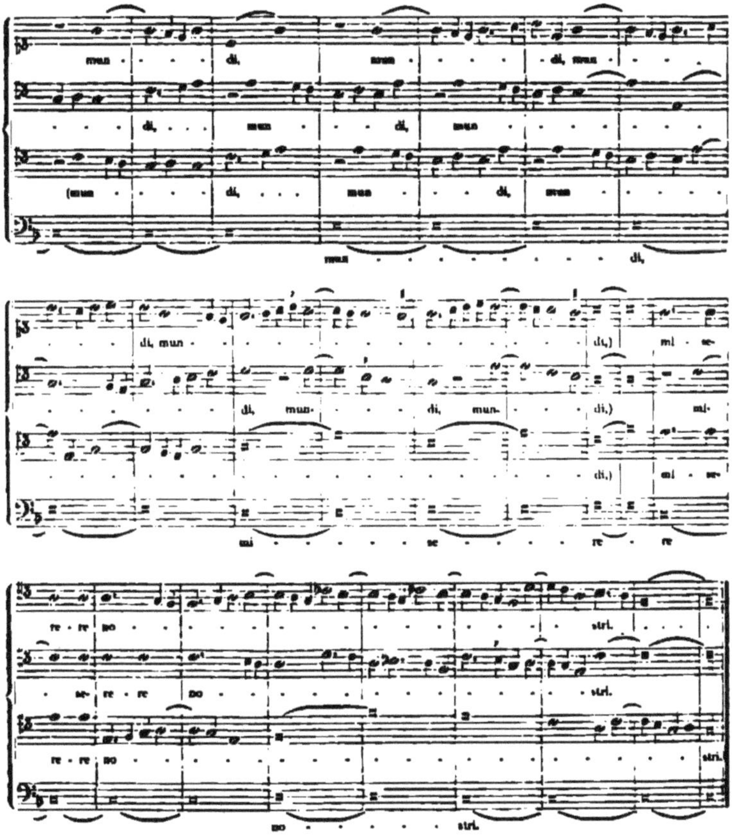

Die Original-Notierung des Basses obigen Tonsatzes lautet:

Canon d. i. Rätsel des Sphinx:

In gradus undenos descendant multiplicantes
Consimilique modo crescant antipodes uno.

A-gnus De-i qui tol-lis pec-ca-ta mundi mi-se-re-re no-stri.

Resolutio.

Ein anderes Beispiel über dieselben Tonarten von demselben.

Dritter Teil.

Beispiel der Verbindung des Lydius und Hypolydius von Jodocus Pratensis (ex Missa super Fortuna).

Die Original-Notierung des Basses obigen Tonsatzes lautet:

Canon d. l. Rätsel des Sphinx:

In gradus undenum descendant multiplicantes
Consimilique modo crescant antipodes uno.

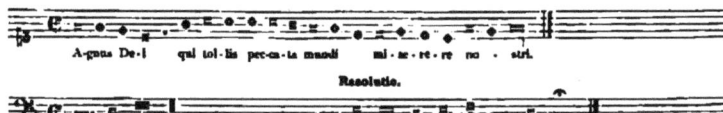

A-gnus De-i qui tol-lis pec-ca-ta mundi   mi-se-re-re no-stri.

Resolutio.

Ein anderes Beispiel über dieselben Tonarten von demselben.

Beispiel der Verbindung des Mixolydius und Hypomixolydius von demselben J. Pratensis (ex Missa super De nostra Domina).

¹) Um die Quinten zu mildern ist statt ♩ ♩ des Originals ♩·♪ gesetzt worden, welches auch der Nachahmung im Discant entspricht.

Beispiel der Verbindungen des Aeolius und Hypoaeolius von **Gregorius Meyer** (ex Missa super De nostra Domina).

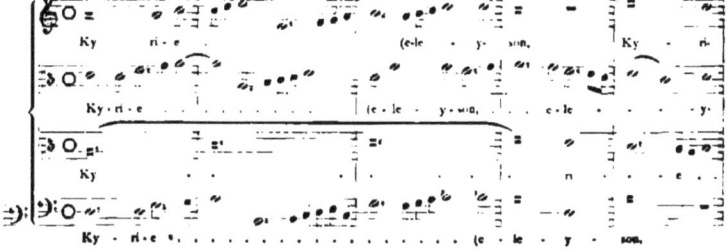

¹) Alle Noten in Ligatur und doppelt so lang.

X.

e - le - - - - y - son, e - le - y - son, e -
le - - - - - - - - - - - - - y - son, e - le - - y -
son, e - le - - - -
son, . . . e - le - - y - son, e - le - - - - - y - son, e - le -
le - - y - son, Ky - ri - e e - le - - - - y - son, Ky - ri - e
son, Ky - ri - e . . . . . e . . . . le . . . . .
- y-son, Ky - ri - . e . . . .
- - - - - y - son, Ky - ri - e e - le - y-son, e - le - y - son, e - -
. e - le - y - son, e - le - y - son,
- - - - y - son, Ky - ri - e e - - -
. e - le - y - - son, Ky - ri - e . . . . . e - le - -
le - - - - y - son, Ky - ri - e . . . . . . e - le - y - son, e - le - - -
e - le - - y - son, e - - le - - y - son, Ky-
le - y - son, Ky - ri - e e - - - - le - - y - son,
- - - - - - - - - y - son, Ky - ri - e . .
- - y - son, e - le - - - - - - - y - son, . . e-

Beispiel der Verbindungen des Jonicus und Hypojonicus von Jodocus Pratensis.
(Verglichen mit Petrucci 1504 fo. 25 Auct. inc.: Motetti C.)

Dritter Teil.

in vi - - ta . . . . su - - - a, in mor - te
- - ri in vi - ta su - - - - - - a, in mor - te
in vi - ta . . . . su - - - a, ... in mor - te
- co - - - ri in vi - - - ta su - - - - a in mor - te
quo - que non sunt di - vi - - - - - - si.
quo - que non sunt di - vi - - - - - - si, a - qui - lis
quo - que non sunt di - vi - - - - - - si.
quo - que non sunt di - vi - - - - - - si, a - qui - lis
Le - o - ni - bus . . for - - ti - o - - - - - - res.
ve - lo - ci - o - - res, le - o - ni - bus . . for - ti - o - res . . . .
Le - o - ni - bus for - - ti - o - - - - - - - res.
ve - lo - ci - o - - - - res, le - o - ni - bus forti - o - - - - res.
Fi - li - ae Is - ra - el, su - per Saul . . . fle - - - - - te. Qui vos ve-
Fi - li - ae Is - ra - el, su - per Saul . . . . fle - te. Qui vos ve-
Fi - li - ae Is - ra - el, su - per Saul . . . . fle - te. Qui vos ve-
Fi - li - ae Is - ra - el, su - per Saul . . . . fle - - - - - te. Qui vos ve -

Vierter Teil.

1) In beiden Drucken gleich.

Fünfundzwanzigstes Kapitel.
Über die Tenore, welche die Oktave nicht ausfüllen.

Über die Verbindung zweier Modi ist dieses ausführlich genug; es bleibt noch übrig, nach dem Beispiele des vorigen Buches Gesänge beizufügen, welche die Oktave nicht ausfüllen, und zwar nach den Quinten- und Quartengattungen. Allein ich wenigstens weiß nicht, ob ich irgend einen Gesang gefunden habe, welcher innerhalb der Grenzen einer Quarte eingeschränkt gewesen wäre. Innerhalb der Quinte findet man sie zwar, jedoch selten so, dass nicht oben oder unten etwas beigefügt ist. Damit uns jedoch nicht der Vorwurf gemacht wird, hierüber nichts gesagt zu haben, verfolgen wir nun, indem wir die Quarte weglassen, Beispiele der Quintengattungen, und zwar sei für die erste Quintengattung *Re la*, welche den vier Modi, dem *Dorius, Hypodorius, Aeolius* und *Hypoaeolius* gemeinsam ist, folgendes vierstimmige Beispiel:

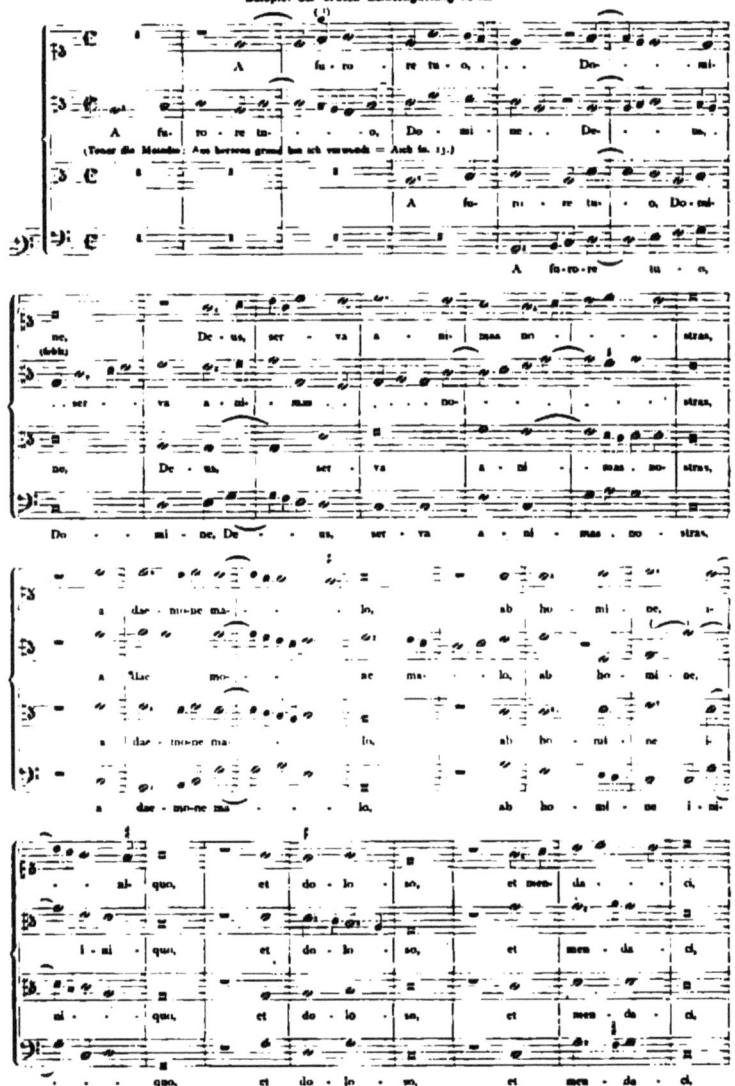

Dieses Beispiel ist deutsch allgemein bekannt, alt und wirklich nicht unelegant. Sein Tenor, dem oben ein Halbton zugefügt ist, hat besonders einen Anflug des *Aeolius*, auch hat er unten einen Ton beigefügt, was auch beim Dorius gebräuchlich ist; aber in dem Basse ist der wahre *Aeolius* mit kleiner Terz oben, was dieser auch mit dem Dorius und Hypodorius gemein hat, wie wir früher nicht nur einmal gesagt haben; der Cantus ist hypoaeolisch, wie jener Modus nicht echter gebildet werden kann. Diesem Beispiele ist das des Portugiesen *Damian d. Goes*, dessen wir beim Aeolius gedachten, sehr ähnlich.

Beispiel der zweiten Quintengattung Mi mi.

Nunmehr wollen wir von der zweiten Quintengattung *Mi mi*, von der wir oft bemerkt haben, dass man sie selten finde, ohne oben ein *fa* und unten ein *re* angefügt zu haben, ein Beispiel von *Andreas Sylvanus* anführen. Da dieser nämlich sah, dass Knaben in dieser Kunst oft unerfahren seien, dass man aber mehr Erwachsene treffe, welche singen könnten, hat er eine Messe eingerichtet, in welcher der Cantus, entnommen dem weit verbreiteten Gesange *Malheur me bat*, in dieser Quinte immer und immer wieder als der gleiche durch alle Teile der Messe einherschreitet. Von den zwei beigefügten Stimmen, Tenor und Bass, stellt die eine den Phrygius, die andere den Aeolius dar, während aber oft die Finale nicht beachtet ist. Wir glauben aber, nur den einen oder den anderen Abschnitt hersetzen zu müssen. .

Von Andreas Sylvanus.

Beispiel der dritten Quietsengattung Fa fa.

Beispiele dieser Gattung findet man selten, oder besser gar nicht, was wir jetzt schon
so oft, vielleicht gar zum Überdruss des Lesers bemerkten. Das Beispiel, das wir unten anfügen, ist von Gregor Meyer, über den wir bei der Verbindung des Aeolius und Hypoaeolius
gesprochen haben. In dessen Cantus ist das System des Lydius und Hypolydius gar artig
ausgedrückt, im Alt das des Lydius oben mit grofser Terz, im Basse endlich findet sich der
wahre Hypolydius so kunstreich gezeichnet, dass kein Maler mit dem Pinsel es besser
könnte.

Von Gregorius Meyer.

Beispiele der vierten Quintengattung ut sol.

Unsere Zeit hat die vierte, den vier Modi Jonicus, Hypojonicus, Mixolydius und Hypomixolydius gemeinschaftliche Quintengattung *ut sol*, wie wir schon oft gesagt haben, in die Synemmena und Diezeugmena verlegt, so dass der Sitz des Jonicus nun das grofse *F* ist, während er einst das grofse *C* war; dieses aber ganz sachgemäfs, wie es sich oben zeigte. Der Mixolydius hat seinen Sitz unverändert beibehalten. Von beiden will ich nun ein Beispiel anführen, vom *Jonicus* in *Synemmenon* ein in unserer Zeit allgemein bekanntes sapphisches Gedicht, vom *Mixolydius* aber eines aus dem Buche des *Listenius*, der in unserer Zeit über Musik geschrieben hat.

Ut — sol in Synemmenis.

¹) Alle Stimmen auf nur vier Linien notiert und der Cantus ohne ♭.

Ut sol in Dissonganzis.[1]

Sechsundzwanzigstes Kapitel.
Über das Genie der Komponisten.

Das wäre also das Ende dieses Buches, das zwar eine ungeheuerliche Gröfse hat, wenn man die Beispiele berücksichtigt, aber nicht gar grofs ist, wenn man den Text betrachtet. Doch ich wollte noch ein Kapitel beifügen, nämlich über das Genie der Komponisten; denn

---

[1] Der Cantus giebt den Hypomixolydius, der Bass den Mixolydius, der Tenor die Quinte des Mixolydius und Hypomixolydius. (Glarean.)

Der Tenor ist notiert: der Bass in doppelt so langen Noten.

diesen fehlt in dieser Kunst nicht ihr guter Geist, wonach sie geprüft und gebilligt werden können. Von ihnen nun gab es manche (ich muss mich nämlich hier kurz fassen), die nur um sich zu zeigen ihre Erzeugnisse veröffentlichten, und das ist der bei weitem gröfste Haufen, andere thaten dies um möglichst viele zu erheitern und die Jugend zu üben, einige um die Herrlichkeit des kirchlichen Gesanges zu fördern. Ferner findet man solche, die ihre Not durch diese Kunst erleichterten und dieser giebt es viele. Doch über einzelne müssen wir einiges bemerken, wie wir es durch Hörensagen von glaubwürdigen Leuten vernommen haben.

Über Jodocus Pratensis.

Vorerst über Jodocus Pratensis, das Hauptgenie der Komponisten, über welchen wir schon in früherem als einmal gesprochen haben. Dieser soll vieles, was ergötzlich zum Anhören ist, gethan haben, bevor er allgemein bekannt wurde. Unter vielem anderen erzählt man auch folgendes: Der französische König Ludwig XII. habe ihm irgendwelche geistliche Pfründe versprochen; doch da das leichtsinnig gemachte Versprechen, wie das an den Höfen der Könige zu gehen pflegt, nicht gehalten wurde, habe Jodocus, darüber aufgebracht, den Psalm „Memor esto verbi tui servo" mit solcher Erhabenheit und Feinheit komponiert, dass er, vor einen Gerichtshof von Sängern gebracht und dann in strengem Gerichte geprüft, von allen bewundert wurde. Der König, schamrot, habe nicht gewagt sein Versprechen länger hinauszuschieben und die versprochene Wohlthat gewährt. Nun aber habe jener, als er die Freigebigkeit des Fürsten erfahren, sofort einen zweiten Psalm zur Danksagung angefangen, nämlich den Psalm „Bonitatem fecisti cum servo tuo Domine". Doch bei diesen zwei Kompositionen kann man sehen, um wie viel mehr die noch ungewisse Aussicht auf Belohnung anspornt, als eine sichere hinterlegte Wohlthat. Denn nach meiner Meinung wenigstens ist, wenn man auf Gefühlsausdruck Rücksicht nimmt, die erste Arbeit bedeutend anmutiger als die zweite. Als derselbe Jodocus von einem gewissen hohen Herrn eine Wohlthat begehrte und dieser, der gern zögerte, in der verstümmelten französischen Sprache immer und immer sagte: „Laise faire moy", d. h. Lass mich machen, komponierte er unverweilt nach diesen Worten eine ganze feine Messe: „La sol fa re mi". Um sich aber mit seiner Kunst sehen zu lassen, hat er unzweifelhaft jene beiden Messen: „Lhomme armé" eingerichtet, einerseits über die „voces musicales", andererseits nach dem 6. Tone, denn so nannte er den *Hypojonicus*. Dieser Jodocus liebte es auch aus einer Stimme mehrere abzuleiten, was ihm viele nachgeeifert haben. Aber vor ihm hatte sich *Johannes Okenhem*, von dem bald die Rede sein wird, in dieser Übung ausgezeichnet. Da wir hiervon oben einige Beispiele in verschiedenen Modi, aber in derselben Bewegung des Tempus einherschreitende, gesetzt haben, wollen wir hier solche anführen, in welchen ein zweites Zeichen das Mafs des Tempus verzögert, und die so in zweifachem Verhältnis zu singen sind. Es sind aber aus der ersten Messe, in welcher er öfter die Modi gewechselt hat, drei sehr kleine Stücke nach dem *Hypodorius*.

Aus der Messe Jusquins über die „Voces musicales" (L'omme armé).

Drittes Buch. Sechsundzwanzigstes Kapitel. Über das Genie der Komponisten.

399

Derselbe Jodocus hat uns auch in einem Beispiele durch Vorsetzung dreier verschiedener Zeichen gelehrt, aus einer Stimme drei andere zu entlocken, wobei der Wert der Noten des Tenors, wenn man das Thema betrachtet, doppelt so grofs ist, wie der der Noten im Basse. Die Noten des Basses stehen zu denen des Cantus im 1½teiligen Verhältnis, so dass wir eine Mischung des 1½teiligen und des doppelten Verhältnisses wahrnehmen. Jedoch wir werden das Beispiel zuerst so setzen, wie er es selbst aus der gleichen Messe gesetzt hat, darauf werden wir die Auflösung des Themas in den drei Stimmen mit dem eigentlichen Sitze einer jeden Stimme beifügen.

Drei Stimmen aus einer, aus der Messe L'homme armé über die voces musicales von demselben Jodocus.

Auflösung:

In der That, damit ich frei heraussage, was ich denke, in den Symphonien dieser Art ist es mehr darum zu thun das Genie zu zeigen, als eine grofse Annehmlichkeit für das Gehör zu bereiten; von derselben Beschaffenheit ist auch das unseres Landmannes und gelehrten Komponisten unserer Zeit, *Ludwig Senf* aus Zürich, dem er selbst nach Sitte der Kantoren den Canon vorsetzte: „Omne trinum perfectum", d. h. Aller guten Dinge sind drei. Übrigens konnte für das Unternehmen auch dieser Canon gesetzt werden aus dem 5. Buche der Odyssee: Τρὶς μάκαρες ᾤanol καì τετράκις, was Virgil in der Aeneide so übersetzt: O drei- und viermal Glückliche! Dieses nicht sehr schwierige Rätsel wird ein erfahrener Leser leicht lösen, wenn er das Verhältnis der Konsonanzen, der Quarte, Quinte und Oktave in Erwägung gezogen hat nach der Weise, nach welcher Macrobius den genannten virgilianischen Vers erörtert hat.

Canon im Hypoäolius von **Ludwig Senfl** aus Zürich. Motto: Omne trinum perfectum. (Aller guten Dinge sind drei.)

Auflösung:

Aber weit bewunderungswürdiger ist das Beispiel des *Petrus Platensis*, was er unzweifelhaft in der Nacheiferung *Josquins* in demselben Verhältnis übrigens mit vier verschiedenen
Zeichen geschrieben hat. In demselben bewegen sich Bass und Alt ohne Diminutio, dieser im
Tempus perfectum, jener im Tempus imperfectum, der Cantus aber mit Diminutio auch im
Tempus imperfectum. Der Tenor hat das 1½teilige Verhältnis, welches durchaus nicht schwer
zu singen ist, wenn jemand die Hemiolia richtig hineinmischen wird. Dasselbe ist hypodorisch,
jedoch am Ende unsicher. Andere haben es aufgelöst; uns schien es besser, es nackt beizusetzen. Der Leser wird dieserhalb nicht billig gegen uns unwillig sein können, wenn wir
demselben einiges zur Entzifferung überlassen, da wir so vieles andere gutmütig angegeben
haben.

Fuge von vier Stimmen aus einer nach dem Hypodorius von Petrus Platensis.

Auflösung: (Nach Bellermann.)

---

¹) Der Punkt ist hds. ergänzt.

Derselbe *Petrus Platensis* hat auch eine ganze Messe für vier Stimmen aus einer Stimme eingerichtet, nämlich die Messe „O salutaris hostia", in welcher er durch die Buchstaben einer jeden Stimme deren Anfang und Ende bezeichnet. Wir wollen nur ein *Kyrie* derselben mit der Auflösung des Anfangs beifügen, damit der Leser hieraus das Übrige, was für uns zu viel ist, nach derselben Form leichter auflösen könne. Wirklich werden die Anfänge der vier Stimmen durch die Buchstaben *S. C. F. B.* bezeichnet und zwar durch *S.* der Anfang der obersten Stimme, welche wir Cantus nennen, durch *C.* der des Contratenors, jetzt Alt genannt, durch *F.* der des Tenors und durch *B.* der des Basses. Das Ende wird durch dieselben Buchstaben mit einem sie bedeckenden Halbkreise bezeichnet.

Fuge für vier Stimmen aus einer, aber auf andere Weise, zu dem Hypodorius von demselben **Petrus Platensis.**

Kyrie

eleison,   Kyrie   eleyson.

Auflösung der Anfänge.

Cantus.   Alt.   Tenor.   Bass.

Auflösung:

Aber kehren wir zu *Jodocus* zurück, mit dem wir angefangen. Dieser Autor hat oft aus einer Stimme zwei gemacht auf die Weise, dass, wenn etwa eine Stimme vorsang, eine zweite dasselbe singend, ein Tempus später folgte, jedoch wenigstens einen Ton höher oder tiefer, so dass, wenn jemand einen Gesang in *sol* anfing, er die zweite Stimme in *la* anfangen hörte, oder umgekehrt, wenn die erste in *la* anfing, die zweite in *sol* ihren Anfang nahm. Daher bestand zwischen den Systemen der beiden Modi eine geheime Verbindung. Wir wollen hierüber einige Beispiele anführen mit Hinzufügung der beiden Modi, denn sie sind in der That schön.

Beispiel der Verbindungen des Jonicus und Hypojonicus geschlossen wie der Phrygius.

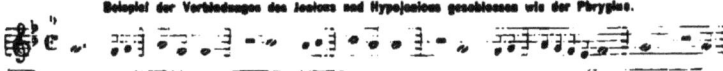

*) Das zweite ♭ deutet nicht etwa *fes* an, sondern bezeichnet f ganz besonders.

Diese zwei Stimmen können auch von mäßig Geübten unter einer Notation gesungen werden; aber die Notation der zwei Stimmen hier und in dem Folgenden werden dem Leser besser den Gang der beiden Modi zeigen. Freilich ist auch in diesem Beispiele das Ende der beiden Modi in den *Phrygius* gezwängt nach der Willkür des Autors; er konnte nämlich den beiden Verbindungen ihre Finalen nicht geben, deshalb suchte er einen fremden Gast, während er umgekehrt in dem folgenden Beispiele der Verbindung des Dorius und Hypodorius ihre Finale gegeben hat ohne sie dem Jonicus und Hypojonicus zu geben.

Beispiel der Verbindungen des Dorius und Hypodorius geschlossen im Sitze des Phrygius.

(Die Verbindung der beiden vorhergehenden Beispiele giebt folgenden Canon in der Obersekunde:

etc.)

etc.)

In diesem Beispiel ist wirklich mehr Licenz im Auf- und Absteigen als der Umfang der Modi verlangt. Aber so ein Mensch ist unser *Jodocus* gewesen, weil er von Genie übersprudelte, wie wir früher gesagt haben.

Beispiel der Verbindungen des Dorius und Hypodorius mit oben zugefügter kleiner Terz.

In dem vorigen Beispiele war die zweite Stimme um einen Ton höher gesetzt, hier jedoch, wie auch in dem folgenden Beispiele um einen Ton tiefer.

Beispiel der Verbindungen des Jonicus und Hypojonicus mit oben zugefügter grosser Terz und nicht in seinem Sitze geschlossen.

(Die Verbindung der beiden vorhergehenden Beispiele giebt einen Canon in der Unter-sekunde.)

----

[*] Cschlüssel auf der 1. Linie.

Nach der Mitte dieses Beispieles ist das 1½teilige Verhältnis in dem ganzen Verlaufe durch eine wunderbare Syncopation, aber doch im richtigen Verhältnis beigemischt.

Phrasis und Systema des Phrygius mit Halbton oben und Ton unten zugesetzt; der Schluss mit Licenz gesucht.

Phrasis und Systema des Dorius mit unten und oben zugefügtem Tone; Schluss in der untersten Saite der Quarta.

Derselbe *Jodocus* gefiel sich auch in der nach der Minima eingerichteten Fuge, was er in der Messe „L'homme armé" nach dem sechsten Ton in dem letzten „Agnus Dei" zum Be-

32*

wundern zeigt. Auch dieser beigefügte ausgezeichnete Gesang ist von ihm; in demselben sind
ebenfalls zwei Stimmen in der Fuge der Minima eingerichtet.

Fuga ad minimam.

Okenheim.

Das reicht über Jodocus aus. Um etwas älter war Okenheim, gleichfalls ein Belgier, welcher an Genie alle übertroffen haben soll. Es steht nämlich fest, dass er ein gewisses Gezwitscher von 36 Stimmen eingerichtet hat, was wir zwar nicht gesehen haben. Wenigstens an Erfindung und Geistesschärfe ist er bewunderungswert gewesen. Er liebte aber *catholica* im Gesange, d. h. Gesänge so einzurichten, dass sie auf vielfache Weise, fast nach der Willkür der Kantoren, gesungen werden konnten, so jedoch, dass nichts destoweniger das Verhältnis der Harmonie und der Konsonanzen beachtet wurde, welcher Art man besonders folgenden Gesang desselben anführt, in welchem es nötig ist Ohren zu haben. Es ist eine Fuge in der Oberquinte (Epidiatessaron, denn so nennt man sie jetzt), dreistimmig nach einem perfecten Tempus.

¹⟩ Originalnotierung: etc.

Derselbe Okenheim hat eine Messe „ad omnem tonum" (denn so hat er sie selbst genannt) d. i. nach jedem Tone, komponiert, obgleich sie entsprechend den drei Quartengattungen nur zu drei Stimmen gesungen wurde; am Anfange setzte er keine Schlüssel, sondern bezeichnete nur eine Linie oder einen Zwischenraum mit einem Kreise und einem Fragestrich. Wir wollen nur das „Kyrie" anführen, damit der Leser sehe, dass der Tenor desselben entweder in *ut* oder in *re* oder in *mi* anfangen kann. Auch das beigefügte „Benedictus" zu zwei Stimmen ist aus derselben Messe.

(cf. Ambros III, 177.)

Jacobus Hobrecht.

Der dritte in dieser Klasse ist ohne Zweifel Jacobus Hobrecht, auch ein Belgier, welcher nämlich der Lehrer des Erasmus von Rotterdam gewesen ist, dessen Urteil über denselben wir beim Aeolius mitgeteilt haben. Es ist bekannt, dass derselbe von so viel Feuer und reichlicher Erfindung gewesen ist, dass er in einer Nacht eine ausgezeichnete Messe komponierte, welche auch von Gelehrten bewundert wurde. Alle Monumente dieses Mannes haben eine gewisse Erhabenheit und eine Ader der Mäßigung. Er war bei Gott nicht so ein Liebhaber der Seltenheit (raritatis), wie es Jodocus gewesen. Zwar liebte er es, sein Genie zu zeigen, doch ohne Prahlerei, weil er gleichsam das Urteil des Zuhörers lieber abwarten als sich selbst

---

[1] Kade in Ambros Musikgesch. V, 7 giebt der ersten Note rechtmäßiger Weise keinen Punkt, erhält aber dadurch einen so verschobenen Rhythmus, der dem Satze nicht eigen ist.

erheben wollte. Überall finden sich zahlreiche Kompositionen dieses Mannes; auch wir haben einige derselben in diesem Buche angeführt, besonders als wir über das 1½ teilige Verhältnis sprachen. Deshalb unterlassen wir es, mehr über denselben zu sagen.

Antonius Brumel.

Antonius Brumel verdient es ebenso unter die ausgezeichneten Komponisten gezählt zu werden; derselbe ist jedoch stärker durch Fleifs und Kunst als durch Naturanlagen. Eine Messe „de B. V. M." der Mutter J. Chr. giebt es von ihm, die des grofsen Mannes würdig ist; es giebt auch noch andere Messen von ihm; aus einer, welche *Drinx*[1]) betitelt ist, wollen wir hier drei zur Übung wirklich nützliche Gesänge für zwei Stimmen beifügen.

---

[1]) „Missa super Dringhs" in Missarum diversorum lib. I. Petrucci 1508, Nr. 3.

Es folgen andere Gesänge desselben Antonius.

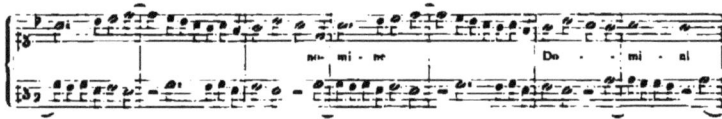

Heinrichus Isaac.

Den schon genannten Komponisten folgt verdientermafsen in Rücksicht auf Kunst und Genie der Deutsche Heinrich Isaac, welcher eine Unzahl gelehrter und ausgedehnter Kompositionen eingerichtet haben soll. Er behandelte besonders den Kirchengesang, in welchem er nämlich Erhabenheit und eine natürliche Kraft gewahrte, welche die in unserer Zeit erfundenen Themata weit übertraf. In der Phrasis ist er zuweilen ein wenig rauher und weniger bekümmert, dem herrschenden Geschmacke etwas zu bieten, als darum, dass seine Erzeugnisse ausgefeilt seien. Er fand auch ein Vergnügen daran, seine Vielseitigkeit zu zeigen in Klängen, (Phthongis) in denen eine beliebige Stimme unbeweglich bleibt, während die andern Stimmen hin- und herlaufen und von allen Seiten herbrausen, wie die vom Winde bewegten Wogen im Meere an einem Riff zu branden pflegen, was bekanntlich auch *Hobrecht* gethan hat, wenn auch in etwas anderer Weise. Dieser Isaac war auch in Italien bekannt, denn, wie wir im ersten Buche gesagt haben, erwähnt ihn *Politian*, in dessen Zeit, nicht viel vor uns unser Heinrich bekanntlich gelebt hat. Der gleiche Isaac hat auch einige dunkle Sachen (obscura) komponiert, die nicht allen zur Hand sind, wie besonders folgenden Gesang aus der Sequenz von der Empfängnis der allerseligsten Jungfrau. An derselben gefällt mir nicht sowohl die nahezu rätselhafte Einrichtung, die ihm mit anderen Komponisten gemeinsam ist, als der Umstand, dass auch durch ihn gezeigt worden ist, worauf wir oben gerade in diesem Buche hingewiesen haben, nämlich dass diese neue Kunst noch nicht durch feste Regeln eingeschlossen ist, dass nicht einem jeden Komponisten etwas erlaubt wäre, was bei Gott so klar ist, dass es von niemand in Abrede gestellt werden kann.

Originalnotierung des Cantus:

In ähnlicher Weise sind die übrigen Stimmen notiert.

In diesem Gesange nun ist der Tenor ein sehr eleganter *Dorius* mit einem unten zugefügten Tone; im Basse aber ist die Phrasis *aeolisch*, das Ende jedoch *hypodorisch*, was nicht
wunderlich ist, da sie nach ihrem Wesen die gleiche Oktavengattung haben. Im Cantus
herrscht die Quinte von vier Modi mit unten hinzugefügtem ganzen, oben mit hinzugefügtem
halben Tone. Der Alt hat das System des *Dorius*, das wie gewöhnlich in der untersten Saite
der Quarte und nicht der Quinte endet. Das Übrige möge der Leser selbst ersehen, denn wir
haben hauptsächlich die Darlegung des Verhältnisses der Modi zu unserer Aufgabe gemacht,
die Erklärung des Übrigen nur obenhin und wie man zu sagen pflegt, für den Augenblick.

Johannes Mouton.

Johannes Mouton, ein Franzose, den wir selbst gesehen haben, wie wir früher in diesem
Buche bezeugt, hatte etwas absichtlich gesuchtes Seltsames an sich, um sich von andern, die
wir bisher anführten, zu unterscheiden; sonst lieferte er einen leicht dahinfliefsenden Gesang.
Besonders verfasste er mit Rücksicht auf die Gunst des Königs Franz, von dem er ehrenvoll
ausgezeichnet worden war, Psalmen und einige Volkslieder, was der Gesang „Domine salvum
fac Regem" bezeugt, den wir beim *Dorius* angeführt haben. Ferner hat er sehr feierliche vom
Papst Leo X. gutgeheifsene Messen komponiert, z. B. „Alma Redemptoris" und vieles andere,
das in aller Händen ist. Wir werden zwei Gesänge von ihm von der allersel. Jungfrau Maria
anführen, nach welchen der Leser seine Phrasis beurteilen möge.

---

[1] Glarean schreibt hier ♯ vor.
[2] Hemiolen im Glarean.
[3] Hemiolen mit ♯ vorgezeichnet.

In diesem ersten Gesange hat er den Bass so eingerichtet, dass man nichtsdestoweniger aus dieser Stimme den Alt singen kann, wenn man sich auf die andere Seite stellt, auch mit den gleichen Noten, aber wie sie jetzt einem zugekehrt sind.[1] Auf diese Weise werden beide ihre Stimme aus einer absingen, indem sie in dem Zwischenraum von einer Oktave und zweier Tempora sich folgen, derart, dass der Bass im grofsen *D* anfängt, der Alt nach zwei Tempora im kleinen *d* folgt, dass ferner der Alt so absteigt, wie der Bass aufsteigt. Der Gesang hat etwas von der Phrasis des *Dorius*, was man zumeist im Tenor sieht, der schön dorisch ist. Doch wir haben nichtsdestoweniger von ihm eine Auflösung beigesetzt, das sogenante Ad longum.

Den folgenden Gesang hat er achtstimmig eingerichtet, ein Zusammenklang, der mir ausnehmend gefällt, wie wir oben im 13. Kap. dieses Buches gezeigt haben. Deshalb gestehn wir zu, dass wir gegen unsere Gewohnheit in diese unsere Abhandlung einen derartigen Zusammenklang aufgenommen haben, während wir doch den vierstimmigen Gesang billigen. Gleichwohl ist es nicht sehr höflich der allgemeinen Meinung zu widerstreben. Doch dem Hörer sei in diesen und ähnlichen Fällen sein Urteil belassen. Der Tenor ist hypoaeolisch, der Bass wahrhaft jonisch, Cantus und Alt gemischt.

---

[1] Man vergleiche die Partitur und man wird bemerken, dass der Altus dem Bassus im Canon in umgekehrten Intervallen folgt; wenn man daher das Buch auf den Kopf stellt und den Bassus von rechts nach links liest, so erhält man die Tonfolge des Altus.

Für acht Stimmen von Mouton (nur in vier Stimmen notiert).

(Der Satz außerdem in 1534 d Attalognant fo. 5. — 1540 g Kriesstein Nr. 17. — 1564 Thesaurus Nr. 4.)

So - la vir - go la - cta - - - - - - bat, so - la vir -
So - la vir - go, so - - la vir - go,
- - - - - - - - rum.
- - So - la vir - go, so - la vir - go
go la - cta - - - - - bat, so - la vir - go, so - la
so - - la vir - go, so - la
rum. So - la vir -
vir - go, so - la vir - go la - cta - bat, la -
go, so - la vir - - go la - cta - - - - - - -
so - la vir - go la - cta - - - - bat,
So - la vir - go la - cta - - - - - bat
la - cta - bat la - - - - cta - bat
vir - - - go la - cta - - - - - - - bat, la - cta - - -
vir - go la - cta - - - bat, so - la vir - go
go la - cta - - - - - bat,
- - cta - bat, so - la vir -

Doch ich würde nicht nur zu ausführlich und dabei bei Gott thöricht sein, wenn ich alle Komponisten unseres und des vorhergehenden Zeitalters und noch vielmehr, wenn ich ihre Gesänge durchmustern wollte. Besonders aber will ich hier von mir bekennen, dass mir alle leichtfertigen Gesänge missfallen haben, die nichts als ein gewisses Gezwitscher bieten und dazu angelegt sind, die Ohren der Thoren zu bestechen, wie z. B. jene schlecht zusammengeflickte Lappen von Flickgesängen ("illae Centonum laciniae male consarcinatae", hiermit meint er wohl die Quodlibet); ganz besonders aber haben mir missfallen alle üppigen und schändlichen Gesänge, die jetzt leider bei allen christlichen Völkern ertönen und sie überfluten. Meiner Meinung nach muss der Gesang würdevoll und auf des Höchsten Lob und nicht auf blofse Schaustellung gerichtet sein. Nach meiner Meinung muss er ein ehrbares Vergnügen unterstützen, kurz, zur Bildung der geistigen Anlagen verwendet werden und zumeist zur Bildung des Mundes des noch lallenden Knaben, wie Horaz sagt. Der Annehmlichkeit wegen ist er gesucht und erfunden worden; aber aufserdem kann er noch zu vielem nützlich sein; auch Scherze schliefse ich nicht aus, wenn sie nur an der Zeit und ehrbar sind. Übrigens erlangen die Scherze gröfseres Lob und verdienen es auch in Wahrheit, wenn sie würdevoll und bei passender Gelegenheit gesucht auftreten, wie man sich manche von *Jodocus Pratensis* erzählt, und wie auch der ist, den wir nunmehr erzählen wollen. Ludwig XII., König von Frankreich, soll eine sehr schwache Stimme besessen haben. Als dieser einst an einem Gesange Gefallen gefunden hatte, fragte er den vorzüglichsten seiner Sänger, ob er den Gesang für mehrere Stimmen einrichten könnte, dass er darin selbst eine Stimme singen könne. Der Sänger, über des Königs Forderung verwundert, von dem er wusste, dass er von der Musik gar nichts verstand, bedachte sich ein wenig, bis er endlich eine Antwort gefunden hatte, und sprach: Ja mein König, ich will einen Gesang machen, in welchem auch Ew. Majestät zu singen die Möglichkeit gegeben sein wird. Als am folgenden Tage der König gefrühstückt hatte und nach der Sitte des Hofes mit Gesängen zu erheitern war, brachte der Sänger den vierstimmig gesetzten Gesang hervor, den wir gleich anführen werden. In demselben gefällt mir nicht sowohl das Geistreiche der Kunst, als ich den mit der Kunst verbundenen Fleifs loben muss. Denn er hat den Gesang so eingerichtet, dass zwei Knaben aus einem Thema den Gesang anstimmten, gar fein und zart, damit nicht die gar dünne Stimme des Königs verdeckt würde, die zweite Stimme hatte er dem Könige gegeben in einem einzigen fortlaufenden Tone in der Tonhöhe des Altes, da diese zur Stimme des Königs passte; und nicht zufrieden mit diesem Kunstgriff (denn mit so grofser Sorgfalt berücksichtigte er alles in einer an und für sich unbedeutenden Sache, durch die er aber den König sich geneigt machte) richtete der Komponist, der selbst den Bass zu singen hatte, diesen, damit der König nicht strauchle, so ein, dass er immer und immer wieder in der zweiten Hälfte des Tempus den König in der Oktave unterstützte. Die Oktave ist aber gleichsam der gleiche Ton, durch welchen nun die Stimme des Königs auffallend gestützt wurde. Der König lächelte heiter zu dem Unternehmen und entliefs ihn wohlgelaunt nicht ohne ihn zu beschenken und nicht ohne die erhoffte Gnade. Derartige Scherze, sagte ich, gefallen mir. Doch nun lasst uns jetzt das seltene Wunderwerk hören, wie ein König in eigener Person mit seinen Sängern den Gesang anstimmt. Der Text war aus der lateinischen Sprache entnommen, aber jener verstümmelten, wie sie jetzt in Frankreich, nachdem es die alte Sprache der Gallier verlassen, in Wahrheit mehr stammelt als spricht. Aber es stehe einem jeden frei unter die Noten zu setzen, was er will.

Schlusswort.

Das ungefähr ist es, was ich über die zwölf musikalischen Modi erinnern zu müssen glaubte. Hierüber könnte ohne Zweifel vielleicht mehr gesagt werden, ob aber ohne Überdruss zu erregen noch mehr hätte angeführt werden können, darüber bin ich recht im Unklaren, da ich nichts Notwendiges übergangen habe. Deshalb will ich nichts weiter beifügen, bis jenes bei mir zur Gewissheit geworden ist. Unterdessen mögen die Leser mit dieser kleinen Arbeit zufrieden sein.

Freiburg im Breisgau.

E n d e.

Gott sei die Ehre!

In laudem Citharae ac Musices,

Glareani iuvenile Carmen dum
Agrippinae Coloniae philosophiae daret operam ad
Joannem Coclaeum Noricum
Theologum

Gaudebam lepidas cithara crepitante camoenas
    Tangere, et argutae fila canora lyrae.
Cornibus hymniferum tollit caput illa reduncis,
    Ceu cultos videas ludere saepe capros.
Et querulum collum clavo submugit eburno,
    Ventre latent blandi corpora mille soni.
Admiror sonitus, aequatuque foedera pacis,
    Cur medio summum concinat atque grave.
Murmurat ima gravi, dum tangis chorda susurro:
    Respondetque levi pulsa suprema sono.
Denique quae tremulis venit hinc symphonia Phthongis
    Mulceret fauces Cerbere saeve tuas.
Et num te sileam sacer et divine Poëta,
    O David querulae gloria prima lyrae?
Munera Pannonio tua sunt maiora metallo,
    Et meliora tuis picte Sabaee focis.
Orphea commemorant cithara traxisse Leones,
    Et testudineo saxa fidisse sono.
Te quoque cum regno Pluto mulcebat opaco,
    Eurydicen cogit redderre docta Chelys.
O quo te memorem cantu dulcissime Arion,
    Ad cuius pubum monstra marina ruunt?
Et Thamyris Musis, contendit Marsya Phoebo,
    Contendunt numeris ordine quique soni.
O quam dulce melos, vivat iucundus Iopas,
    Et tum Terpandri Timotheaea Lyra.
Stridula semiferi Chironis barbyta nunquam,
    Dircaei vatis carmina laude carent.
Hoc sanctum donum, hoc nobis venerabile munus,
    A superis coeptum est, tu quoque Phoebe dabas.
Et mihi persuasi citharam claro aethere lapsam,
    Quippe puto modulis pulchrius esse nihil.

ΤΕΛΟΣ.

Folgen noch 3 Blätter „Errata" und als Schluss:

BASILEAE PER HENRICHVM PETRI
MENSE SEPTEMBRI ANNO POST
VIRGINIS PARTVM.

M. D. XLVII.

Sach- und Namen-Register.

Berichtigungen und Zusätze.

Vorrede S. V, Z. 5 lies Errata statt Errato.

Vorrede S. IX, Z. 6 v. u. lies „weichlicher".

Vorrede S. X zu Z. 19, 20 u. 21. Im Anfange des 16. Kap. IV. Buches sagt Boethius: „Wir sagten vorher, dass sieben Modi seien; es scheint aber nicht unpassend zu sein, dass noch ein achter zugefügt ist." (In den vorhergehenden Tabellen ist an achter Stelle, in der Oktave des Hypodorius der Hypermixolydius zugefügt.) Ferner Ende desselben Kapitels heisst es: „Warum aber der achte Modus, nämlich der Hypermixolydius, hinzugefügt worden ist, erhellt daraus. Es sei die Konso- $A\ B\ C\ D\ E\ F\ G\ H\ I\ K\ L\ M\ N\ O\ P$ Im 17. Kap., nachdem von A aus sieben Oktavengattungen aufnanz Biadia- $|\ \ |\ \ |\ \ |\ \ |\ \ |\ \ |$ ", gezählt worden sind, sagt Boethius weiter: „Es bleibt also ausserpason diese: $A\ B\ c\ d\ e\ f\ g\ a\ h\ c\ d\ e\ f\ g\ a$ dem $H-P$ $(a-a')$ übrig, welche zur Erfüllung der ganzen Ordnung hinzugefügt ist, und dies ist der achte Modus, den Ptolemaeus noch mit verknüpft." Eine hierauf bezügliche Stelle habe ich bei Ptolemaeus, der sonst nur von sieben Skalen spricht, nur in Kap. 10 gefunden, welche heisst: „Die Tonart, welche zu letzterer (zu der hypodorischen) um ein Diapason nach der Höhe zu entsteht, welche also mit ihr ein und dieselbe ist, nannten sie die hypermixolydische."

S. 1, Z. 2 v. u. statt Mathematik lies „Mathesis". Hiermit bezeichneten die Alten die Disziplinen, welche einer Veranschaulichung bedürfen, nämlich: Arithmetik, Geometrie, Musik und Astronomie.

S. 2, Z. 2 der Anmerkung fehlt nach Γ' das A.

S. 10, Z. 8 v. u. lies „grosse Terz".

S. 10 in der Tabelle in genus chrom. lieb. hyp. lies „major".

S. 17, Z. 1 Absatz 2 lies „Cleonides".

S. 27. Unter den grösseren Psalmen sind die Cantica zu verstehen; unter Psalmi corrupti die, welche in der Mitte mit einem einsilbigen, oder indeklinabelen, oder nichtlateinischen Worte, oder mit einem Eigennamen schliessen, wobei die Melodie eine Veränderung erleidet, wie bei „zum" in Credidi zu sehen ist.

S. 41 in der Überschrift der Tabelle lies „Je" statt „In".

S. 45. Die in diesem Kapitel gemachten Angriffe auf Franchinus Gafurius und Martianus Capella beweisen Glareans Unbekanntschaft mit den griechischen Transpositionsskalen. Man sehe die Bemerkung zu S. 51.

S. 16, Z. 9 v. o., S. 14, Z. 4 im 2. Absatz lies „Hypomixolydius".

S. 49, Z. 1 u. Z. 11 lies „Hypermixolydius".

S. 51, Z. 8 in Kap. 2. Bekanntlich verfallen die meisten musikalischen Schriftsteller des Mittelalters auf den Irrtum, dass sie, was sie über die griechische Musik bei den griechischen Schriftstellern finden, auf die mittelalterliche Musik beziehen, und so auch die sich findenden Aufzählungen und Aufstellungen der Transpositionsskalen für Oktavengattungen ansehen; daher dann auch die Verwirrung in der Terminologie. Glarean ist demselben Irrtume anheimgefallen, wie das im 2. Kap. bei der Stelle aus Boethius lib. 4. Kap. 14 deutlich zu ersehen ist, wenn man seine Erklärung der des Boethius gegenüberstellt. Nach Aufzählung der sieben Skalen sagt letzterer: Es sei im diatonischen Geschlecht die Ordnung der Stimmen aufgestellt von Proslambanomenos bis Nete hyperbolaeon, und dies sei der Modus Hypodorius. Wenn man Proslambanomenos um einen Ton in die Höhe zieht, und ihn in die Schwebung von Hypate hypaton bringt, und die übrigen Stimmen alle um einen Ganzton transponiert, so wird die ganze höhere Ordnung so fortlaufen, als sie es war, bevor man die Transposition um einen Ganzton aufnahm. Es wird also die ganze höher gemachte Aufstellung der Modus Hypophrygius sein. Wenn im hypophrygischen Modus die Stimmen um einen Ganzton höher transponiert werden, so entsteht die Modulation des hypodyschen Modus etc. Vergleicht man hiermit die Erklärung Glareans, so sieht man, dass derselbe übersehen hat, dass Boethius verlangt, bei der Transposition des hypodorischen Modus sollten auch die innerhalb der Oktave eingeschlossenen Stimmen um dasselbe Intervall eines Ganztones aufwärts gerückt werden, so dass der Modus Hypophrygius heissen müsste: // $Cis\ D\ E\ Fis\ G\ a\ h$; und so entsprechend die übrigen Modi. Während also Boethius daselbst zur Bildung der gebräuchlichsten Transpositionsskalen Anleitung giebt, stellt Glarean die sieben Oktavengattungen in der A-Skala ohne Vorzeichen auf, und legt demselben der Reihe nach die Namen der Transpositionsskalen bei, wodurch die Reihenfolge der Namen gegen die Benennungen der Oktavengattungen die umgekehrte wird. Derselben Behandlung dieser Stelle aus Boethius IV, 14 begegnen wir bei Gerbert Scr. II. 167, 116, 144; bei Coussemacker I. 75; während einige Autoren die Stelle auch richtig wiedergeben.

Indem wir uns hier darauf beschränken, die Anschauungen Glareans bezüglich des Verhältnisses der mittelalterlichen zur griechischen Musik kurz anzudeuten, verweisen wir den Leser, der sich über dieses Verhältnis näher informieren möchte, auf die so verdienstliche Abhandlung R. Eitners, Monatshefte IV. 109 etc.

S. 98. Da sich die Benennungen der mittelalterlichen Modi mit denen der griechischen nicht decken, so stimmen auch die hier angeführten Aussprüche der griechischen Schriftsteller nicht auf die Modi des Mittelalters. Eine eingehende Behandlung dieser Aussprüche siehe in „Harmonik und Melopöie der Griechen" von Rud. Westphal, S. 67 etc.

S. 101, Z. L. Das Neuma, dessen vierte und zehnte Note manche nur in b haben, ist zweifellos das Schismneuma auf „la" in der zweiten Zeile des Notenbeispiels.

S. 110 u. w. vergleiche des Herausgebers Abhandlung über das liturgische Recitativ in den Monatsheften für Musikgeschichte pro 1887.

S. 122, Kap. 17. Vergleiche Berno bei Gerbert Scr. II. 72—73.

S. 350, Z. 3, Tenor, 7. Note, lies c statt a.